HISTORIA UNIVERSAL

SIGLO XXI

Volumen 32

EL AUTOR

Pierre Bertaux

Nació en 1907; se doctoró en 1936 con una tesis sobre Hölderlin; en 1938 fue nombrado profesor de la Universidad de Toulouse; bajo la ocupación nazi, organizó la resistencia en el sur de Francia; posteriormente fue senador del Sudán francés (hoy República del Malí); en 1958 fue nombrado profesor de la Universidad de Lille. En la actualidad es profesor de la Sorbonne, en París.

TRADUCTOR

Manuel Ramón Alarcón

DISEÑO DE LA CUBIERTA

Julio Silva

Historia Universal
Siglo veintiuno

Volumen 32

AFRICA

Desde la prehistoria
hasta los Estados actuales

Pierre Bertaux

siglo
veintiuno
editores

MÉXICO
ESPAÑA
ARGENTINA
COLOMBIA

siglo veintiuno editores, sa de cv
CERRO DEL AGUA 248, DELEGACIÓN COYOACÁN, 04310 MÉXICO, D.F.

siglo veintiuno de españa editores, sa
C/PLAZA 5, MADRID 33, ESPAÑA

siglo veintiuno argentina editores, sa

siglo veintiuno de colombia, ltda
AV. 3a. 17-73 PRIMER PISO, BOGOTÁ, D.E. COLOMBIA

primera edición en español, 1972
© siglo xxi de españa editores, s. a.
décima edición en español, 1986
© siglo xxi editores, s. a. de c. v.
ISBN 968-23-0009-9 (obra completa)
ISBN 968-23-0229-3 (volumen 32)

primera edición en alemán, 1966
© fischer bücherei k. g., frankfurt am main
título original: afrika-von der vorgechichte bis
zu den staaten der gegenwart

derechos reservados conforme a la ley
impreso y hecho en méxico/printed and made in mexico

A mi hermano Hammadoun Dicko

En Africa no hay fronteras;
ni siquiera entre la vida y la muerte.

Léopold Sédar Senghor

Indice

1. INTRODUCCION ... 1

   I. Fuentes históricas ... 1
   II. La geografía ... 6
   III. Los primeros pobladores ... 9
   IV. Nociones generales ... 13

2. AFRICA PROTOHISTORICA ... 26

   I. Etiopía ... 26
   II. El oeste africano ... 31
   III. Expansión bantú ... 32
   IV. Ghana ... 34
   V. Los songhais. Los saos ... 39

3. EXPANSION DEL ISLAM ... 41

   I. Islamización del Sahara. Fin del reino de Ghana ... 41
   II. El reino de Malí ... 44
   III. El reino Songhai ... 48
   IV. Los marroquíes en Tombuctú ... 52
   V. Sossos, tekruris, mossis, bambaras ... 54

4. AFRICA OCCIDENTAL ... 58

   I. Los yorubas ... 59
   II. Benín ... 60
   III. Nupe ... 62
   IV. Kanem-Bornu ... 62
   V. Los Estados haussas ... 68

5. PEULES Y TEKRURIS — 73

- I. Futa Toro — 73
- II. Futa Djalon — 74
- III. Masina y Liptako — 76
- IV. Los peules en el reino haussa. Adamaua — 77
- V. Hamadu Seku — 78
- VI. El Hadj Omar — 80
- VII. Samori — 81

6. AFRICA ORIENTAL — 83

- I. Reinos cristianos de las cataratas: Nobatia, Dongola, Aloa — 83
- II. El reino Fung. Kordofan — 87
- III. Etiopía (siglos x al xvii) — 87
- IV. La costa oriental: Zendj — 93

7. AFRICA DEL TROPICO DE CAPRICORNIO — 100

- I. Kitwara. Monomotapa — 104
- II. Los lubas. Los lundas — 105
- III. Congo — 108

8. APARICION DE LOS EUROPEOS — 109

- I. Las expediciones portuguesas — 112
- II. Implantación portuguesa en el Congo y en el país de Monomotapa — 119
- III. Los portugueses en Monomotapa — 126
- IV. Los holandeses en Africa — 128
- V. Implantaciones europeas del siglo xvi al xix. — 132
- VI. La trata de esclavos — 133
- VII. La abolición de la esclavitud — 137

9. AFRICA DEL SUR — 142

- I. Hotentotes y bosquimanos — 142
- II. Los xosos-bantúes — 147
- III. La expansión de los bóers — 148
- IV. Los bóers y Gran Bretaña — 148
- V. Los zulúes. Chaka — 155
- VI. Los matabeles y otros grupos — 157

10.	EL REPARTO DE AFRICA	160
	I. Un inventario de la presencia europea y árabe en Africa hacia 1875	161
	II. Conferencia de Berlín de 1884-1885	167
	III. Africa del Sur y del Sudoeste. Cecil Rhodes.	173
	IV. La guerra de los bóers	180
	V. Etiopía en el siglo XIX	183

11.	CARACTERES Y EFECTOS GENERALES DE LA COLONIZACION	187

12.	LA COLONIZACION FRANCESA	197
	I. Senegal	197
	II. Africa occidental francesa	201
	III. Africa ecuatorial francesa	206
	IV. Efectos de la colonización francesa	209

13.	LA COLONIZACION BRITANICA	211
	I. Los comienzos	211
	II. Gold Coast	213
	III. Nigeria	217
	IV. Africa Central y Oriental británica	221

14.	LA COLONIZACION BELGA	230

15.	LA COLONIZACION ALEMANA	233

16.	AFRICA Y LAS DOS GUERRAS MUNDIALES	237
	I. Africa y la Primera Guerra Mundial	237
	II. Redistribución de las colonias alemanas	239
	III. La guerra de Etiopía	242
	IV. Sudáfrica en la Segunda Guerra Mundial	243
	V. Cuadro económico, social y cultural del Africa colonial	245

17.	LOS ORIGENES DE LA EMANCIPACION AFRICANA	251

18. EMANCIPACION EN LOS TERRITORIOS BRITANICOS 261

    I. Los comienzos 261
    II. Africa del Sur, apartheid y bantustanos 264
    III. Ghana 267
    IV. Nigeria 272
    V. Sierra Leona 274
    VI. Uganda 274
    VII. Kenya 277
    VIII. Tanzania 282
    IX. Rhodesia, Zambia, Malawi 283

19. EMANCIPACION DE LOS TERRITORIOS FRANCESES 288

    I. La Segunda Guerra Mundial 288
    II. La Conferencia de Brazzaville 290
    III. La «Unión francesa» 292
    IV. La «Comunidad» 300

20. EMANCIPACION DEL CONGO BELGA 307

21. MADAGASCAR 311

    I. Bosquejo histórico 311
    II. El descubrimiento 316
    III. Los sakalavas 318
    IV. La costa Este. Los reinos betsileos 319
    V. Los reinos de Merina 321
    VI. La colonización 326
    VII. La independencia 330

BIBLIOGRAFIA 332

INDICE ALFABETICO 345

INDICE DE FIGURAS 359

1. Introducción

La historia de Africa [1] no ha atraído aún, salvo en raras ocasiones, a los historiadores. La razón es que la documentación escrita, materia prima y base de la técnica historiográfica, es prácticamente inexistente en lo que se refiere al período que ha precedido a la llegada de los europeos; llegada que data, según las regiones, de cuatro a cinco siglos como máximo o, a veces, de unos cincuenta años solamente. Según los criterios habituales de los historiadores, todo lo anterior pertenece a la prehistoria o a la protohistoria, casi tanto como Teseo o Rómulo.

Antes de intentar trazar un panorama de esta protohistoria (que se extiende a menudo hasta comienzos del siglo XIX) no está de más describir brevemente el estado de las fuentes y recursos con los que puede contar el historiador de Africa. Son de un triple orden: la arqueología, la tradición oral y (muy raramente) el archivo.

I. FUENTES HISTORICAS

La arqueología africana se encuentra en su infancia por dos razones fundamentales. La primera es que, hasta el momento actual, las excavaciones han sido escasas y poco metódicas. A pesar de existir en Europa una curiosidad arqueológica relativamente despierta, el origen de los descubrimientos se debe a menudo al azar de las obras públicas (trazado de una carretera, apertura de una cantera, cimientos de edificaciones). Ahora bien, la intensidad de las obras públicas es infinitamente menor en Africa que en Europa. Además, hasta hoy, estas obras se han emprendido sólo excepcionalmente en regiones de civilización antigua, puesto que la actividad económica se ha ido desplazando desde el interior del continente, habitado desde tiempos remotos, hacia las regiones costeras, a medida que Africa se ha ido integrando en la actividad planetaria. Unicamente los trabajos mineros tienen alguna posibilidad de situarse en lugares antiguamente explotados, sobre todo si se trata de oro procedente de aluviones, ya menos si se trata de cobre o de

[1] Cuando decimos Africa nos referimos, de ahora en adelante, a la parte del continente africano situado al sur del Sahara, esto es, excluyendo Africa del Norte, desde el Atlántico hasta el mar Rojo.

estaño y nada si se trata de diamante o uranio. Y aun así, los antiguos yacimientos de oro, superficiales, están agotados y apenas atraen ya la prospección. Sin embargo, fue explotando industrialmente las minas de estaño de la llanura de Bautchi, en Nigeria, como se descubrió la civilización de Nok y sus figuritas, es decir, una de las más antiguas civilizaciones negroafricanas conocidas, que se remonta sin duda al primer milenio a. C.

El segundo motivo de desesperación de los arqueólogos es que en el suelo africano los vestigios se conservan mal y es muy difícil asignarles una fecha. Muy raramente hay acumulación de *humus,* como en Creta, por ejemplo, donde se amontonaron tres metros de tierra sobre los palacios micénicos, protegiéndolos hasta nuestros días de la disgregación. Incluso allí donde los vestigios escapan a la destrucción, la ausencia de una cubierta sedimentaria estratificada hace casi imposible fecharlos. El autor ha recogido por el suelo, en la sabana de la orilla del Níger, utensilios de piedra tallada: imposible decir si habían sido abandonados allí hacía meses, años, siglos o milenios. Como, igualmente imposible, fechar un megalito existente en las proximidades, ciertamente objeto de un culto antiguo, pero en cuya base había huellas frescas de sangre y una ofrenda en billetes de banco de cinco francos.

Por último, muchos lugares son de difícil acceso; las expediciones son rudas, costosas. Hay lugares perfectamente identificados que no han sido explotados jamás; apenas si han sido superficialmente reconocidos. Hay razones para pensar que —sobre todo si los propios africanos se interesan por su pasado— quedan considerables descubrimientos por hacer que esclarecerán un poco mejor la existencia de civilizaciones que ahora no sospechamos, como tampoco sospechábamos hace sesenta años las civilizaciones de Knossos o Sumer. Aprenderíamos también mucho más sobre la dirección, amplitud y cronología de las migraciones que —del mismo modo que en Europa las grandes migraciones germánicas del fin de la Antigüedad— han llevado a cabo los pueblos africanos a través de su propio continente.

La crónica, transmitida generalmente por vía oral, es un recurso del que no puede prescindir el historiador. Por incierto que sea su valor, no puede pasarse sin su auxilio. Una tradición puede conservarse asombrosamente durante siglos; a menudo en Africa, castas profesionales que son la «memoria social» del grupo se transmiten de generación en generación poemas que los *griots*[1] recitan periódicamente, acompañando su

---

[1] Se llaman «griots» los hechiceros africanos, mitad brujos, mitad juglares. *(N. del T.)*

melopea con rasgueos de guitarra. Se ha comenzado a recoger y a explotar esta vena. Ya es hora de hacerlo, pues a medida que se generaliza el uso de la escritura pasa en Africa lo que pasó en Europa: la capacidad de memoria se reduce, la tradición se extingue con los últimos ancianos analfabetos. Sin embargo, las crónicas orales no se pueden aprovechar como fuente histórica sino con reserva y precaución. La veracidad no es su principal preocupación. Al estar compuestas por bardos o aedos (los *griots*) que viven del favor del príncipe, su objetividad se resiente. La fábula se mezcla voluntariamente con el acontecimiento, la esencia divina con la genealogía. Por otra parte —¿no tiene la historia, después de todo, el mismo defecto?—, la crónica hablada retiene sobre todo los hechos destacados, los que se salen de lo vulgar, es decir, los menos característicos en realidad, los menos reveladores de la existencia real, cotidiana, normal. ¿Dónde está el límite de la fábula? Por último, los hechos que recoge la crónica no son siempre fechables, a falta de un sistema de referencia cronológica común. Mommsen decía que la Historia comienza con la fundación de Roma: «*ab urbe condita*». Esto quiere, sobre todo, decir que, en tanto que no nos situemos en relación a una fecha convenida, a un eje de los tiempos —fundación de Roma, nacimiento de Cristo, Hégira— no hay historia, sino únicamente crónicas dispersas, prácticamente sin referencia posible de una a otra. A veces, el azar sugiere una fecha. Torday, estudiando en 1910 la lista de los ciento veintiún soberanos Ba-Kuba (o Bu-Congo), averiguó que bajo el reinado del 98.º, Bo Kama Bomankala, no sucedió nada notable, salvo que un buen día el sol se apagó y las tinieblas reinaron durante algunos instantes. Ahora bien, el único eclipse total de sol visible desde este punto de Africa en el transcurso de los siglos XVII y XVIII tuvo lugar el 30 de marzo de 1680; lo que permitiría quizá fechar el reinado del soberano en cuestión. Si no se da una circunstancia de este tipo, las enumeraciones de soberanos, transmitidas de memoria, no permiten más que una cronología aproximativa, muy arriesgada cuando sólo se basa en una estimación arbitraria de la duración media de los reinados; sobre todo teniendo en cuenta que en Africa no es frecuente que los reyes mueran de viejos.

Los documentos escritos propiamente africanos son inexistentes antes de la época moderna. Las civilizaciones africanas, que han dado siempre gran importancia a la palabra hablada, apenas se han interesado por las técnicas de la escritura, que llegaron de fuera.

Los escritos más antiguos son algunos pasajes de Herodoto,

que estuvo en Egipto hacia el 445 a. C. Habla de la muy numerosa nación de los garamantes, que eran pastores nómadas que cazaban a los trogloditas etíopes, y que probablemente son los antepasados de los tuaregs del Sahara o quizá de los tibúes del Tibesti. Habla además de un «país más allá del desierto, donde los habitantes son pequeños y negros y donde un gran río infestado de cocodrilos corre de Este a Oeste». Cuenta en otro lugar que el faraón Necao II (609-594 a. C.) envió una expedición de marineros fenicios que, partiendo del mar Rojo, dieron la vuelta a Africa en cuatro años.

Hacia el 470 a. C., el cartaginés Hannón realizó un periplo marino. Hizo grabar el relato, del que poseemos una traducción en griego. Es posible que Hannón llegara al país de los negros en la costa occidental de Africa, pero nada prueba que rebasara la costa marroquí, yendo hacia el Sur.

En el 146 a. C., después de la destrucción de Cartago, los romanos constituyen con la parte de su antiguo territorio que corresponde al actual norte de Túnez una nueva provincia, la *Provincia Africa*. Este nombre, que aparece por primera vez en esta ocasión, se aplicará en adelante a todo el Continente a medida que éste se va descubriendo.

A principios del siglo II d. C., el geógrafo alejandrino Ptolomeo (este nombre designa sin duda una escuela de geógrafos más que a un individuo) manifiesta que dispone de informes relativamente detallados sobre las navegaciones por la costa oriental de Africa hasta el Cabo Delgado en el Océano Indico, y por la costa occidental atlántica, hasta el Golfo de Guinea.

Se puede decir que la antigüedad clásica ignoraba prácticamente la parte de Africa que se extiende al sur del Sahara.

Los egipcios estaban en contacto con los pueblos negros del Alto Nilo, pero —por lo menos hasta el período islámico— no nos han dejado prácticamente ninguna información directa sobre ellos.

Los hebreos apenas si son más explícitos; se encontrará un poco más adelante (comienzo del primer capítulo) las menciones del Antiguo y Nuevo Testamento que se refieren a los «etíopes», es decir, a los negros, sin que ello aporte mucha información sobre su país de origen. Sin embargo, en el libro de Esther (I, 1) se dice que Asuero reinaba desde la India hasta Etiopía sobre 127 provincias; designando Etiopía simplemente como el país de los negros.

Los documentos escritos se vuelven un poco más locuaces con la expansión en Africa del Islam, que corresponde a nuestra Edad Media. En el siglo VIII los cronistas árabes citan el nombre de Ghana, país del oro al otro lado del desierto; conocen el trayecto que siguen las caravanas de esclavos negros a través del Sahara. Hacia el 922, El Masudi de Bagdad, viajero y geógrafo, describe, por haberla visitado, la costa oriental del Africa hasta el actual Mozambique.

Hacia el 977, Ibn Haukal describe —quizá por haberla visto— Audoghast, ciudad sahariana (se cree haber identificado su emplazamiento en Mauritania), y dice que a algunas jornadas de allí reina «el rey de Ghana, que es el rey más rico de la tierra a causa de las minas de oro que controla», y al que el rey de Audoghast, por su parte, envía sal.

El Bekri, hijo de un gobernador árabe de Córdoba, escribe hacia 1077 una compilación utilizando los archivos de los califas omeyas de España.

Las descripciones de los viajeros, cronistas y geógrafos árabes como El Idrisi (que escribió hacia 1154), El Omari (muerto en 1348) y sobre todo los «Viajes» de Ibn Battuta (muerto en 1377) contienen raras, y a veces preciosas informaciones. En 1518, los piratas cristianos que se apoderaron de un navío árabe que navegaba hacia Túnez, enviaron al papa León X uno de sus cautivos, un joven moro que tenía unos veinticinco años. Nacido en Granada, de buena familia, había recibido en Marruecos una esmerada educación. Liberado, convertido, dotado de una pensión, tomó en Italia el nombre de Giovanni Leoni. Más conocido por el apelativo de Leo Africanus o León el Africano, escribió una «Descripción de Africa» acabada en 1526 y publicada en Venecia en 1553.

A finales del siglo XVI y comienzos del XVII, los cronistas negros de Tombuctú redactan en árabe el *Tarik el Fettach*, o «Crónica del Buscador», y el *Tarik es Sudán* o Crónica del Sudán, completada en el siglo XVIII por una biografía de los pachás del Sudán. La Crónica de Kano relata la historia de 33 soberanos haussas desde el siglo XI hasta la invasión peule de 1807. Un fragmento relativo a la historia de Sokoto cuenta la historia de tres príncipes, Mohamed Bello, su hermano y su hijo, que reinaron de 1817 a 1832.

Prescindiendo de un cierto número de relatos históricos etíopes, como la «Historia de los Gallas», escrita en 1593 por un eclesiástico etíope llamado Bahrey, los textos que acabamos de enumerar constituyen poco más o menos todo lo que hay en documentos escritos sobre la historia de Africa. Ninguno de ellos está escrito en una lengua propiamente africana.

Aparte de esto, el historiador no dispone, en cuanto a fuentes escritas, más que de las europeas modernas, empezando por los relatos de los navegantes portugueses —o al servicio de

Portugal, como el veneciano Ca da Mosto— cuando alrededor de los siglos XV y XVI inauguran la ruta marítima de las Indias bordeando Africa por el Sur.

Las fuentes europeas antiguas deben ser utilizadas con las reservas siguientes:
— un cierto número de archivos portugueses, pontificios, misionales, administrativos, aún no se han investigado y no siempre son accesibles;
— los documentos no han subsistido más que cuando han sido transferidos a Europa, puesto que las termitas destruyeron rápidamente los archivos conservados en Africa;
— los europeos no anotaban más que lo que concernía de inmediato a su específica actividad, comercial, misionera o exploradora, no interesándose apenas, más que a partir del siglo XIX, en el pasado propiamente africano, que hasta entonces ni siquiera sospechaban;
— por último, los contactos de los europeos con las civilizaciones africanas se han limitado prácticamente hasta la mitad del siglo XIX a una banda costera. Casi nadie se aventuraba hacia el interior del Continente. Cosa curiosa, se ha visto afluir a América millones de negros que no imaginaban que pertenecían a pueblos de un pasado digno de ser investigado.

II. LA GEOGRAFIA

Es cierto que el Continente africano está sólidamente protegido contra las curiosidades exteriores y la penetración, por un inmenso desierto y dos océanos. Las costas son inhóspitas. No hay nada allí que se parezca a los contornos del Mar Egeo, centro de circulación, de intercambios, de civilización. Los ríos africanos, con sus estuarios cortados por bancos de arena y sus corrientes interrumpidas por rápidos, no se prestan a la navegación. Por otra parte, el 53 por 100 de las aguas del Continente no corren hacia el Océano; vierten a lagos y mares interiores en vía de desecamiento. El Níger mismo se componía, en tiempos remotos, de dos ríos distintos, uno de los cuales (el curso superior del río actual) corría de Oeste a Este y se perdía en la cubeta del lago Debo. Solamente el otro, que corría de Norte a Sur, llegaba hasta el mar. En una época relativamente reciente (en el sentido geológico del término) el segundo ha captado al primero, conduciendo las aguas del macizo de Futa Djalon hasta el Golfo de Benín después de un rodeo de 4.000 km. por los confines del Sahara. Las cuencas fluviales no son individuales. Una simple crecida basta para hacer pasar hacia el Benué, y de allí al Níger y al Océano, las aguas del Logon, que durante la estación seca vierten en el Tchad.

El señor del continente africano es el sol. A un lado y otro del Ecuador, el clima africano se extiende hacia el Norte y hacia el Sur en zonas que son «grosso modo» simétricas.

En el centro, la zona de clima ecuatorial, con sus lluvias violentas, su calor y su humedad constantes, cubre el Continente de Oeste a Este con un manto de selva densa, exuberante, pero cuya anchura Norte-Sur raramente supera los 300 km.

En el Norte y en el Sur, las zonas tropicales, de Cáncer y de Capricornio, tienen climas cada vez menos húmedos a medida que nos alejamos del Ecuador: la media de lluvias anuales desciende de 1.500 mm. a 300 mm.; por lo que se suceden bandas de malezal espeso, de sabana arbórea, de sabana seca, interrumpidas por bosques situados a lo largo de ríos y arroyos. Los desiertos —Sahara al Norte, Kalahari al Sur— tienen sobre gran parte de su extensión una vegetación, sin duda rara y estacional, pero que permite sobrevivir a la fauna. Por último, más allá de las zonas desérticas, dos zonas de clima mediterráneo: Africa del Norte, de la que no nos ocupamos aquí, y, en la región del Cabo, lo que se denomina el clima «mediterráneo austral».

No obstante, este esquema de zonas climáticas dependiente de las latitudes está modificado al este del Continente por dos clases de accidentes: el relieve y los vientos.

Geológicamente, el continente africano es un zócalo estable y macizo que no ha sufrido plegamientos apreciables desde el período precámbrico. Sin embargo, el plegamiento alpino, que ha hecho surgir al noroeste del Continente el macizo del Atlas, ha roto por contragolpe el broquel y ha levantado su borde oriental. A través de 7.000 kms. se extienden fallas gigantes que van desde Siria hasta las costas de Mozambique, por el mar Muerto, el mar Rojo, Abisinia y los grandes lagos africanos. Allí, los desprendimientos verticales son impresionantes. Las diferencias de relieve llevan consigo que se produzcan climas muy diferentes de los que dependerían de la latitud, si este factor jugara él solo. Así, las altiplanicies etíopes, como Kenya, situada justamente bajo el Ecuador, se benefician de climas soportables para los europeos.

Otra variante climática es la que marca la oposición del régimen de lluvias entre el lado atlántico y el lado índico del Africa ecuatorial. Este último es relativamente seco (menos de 500 mm. de lluvia en el Ecuador). Esta particularidad es debida al régimen de los vientos del Océano Indico, el monzón

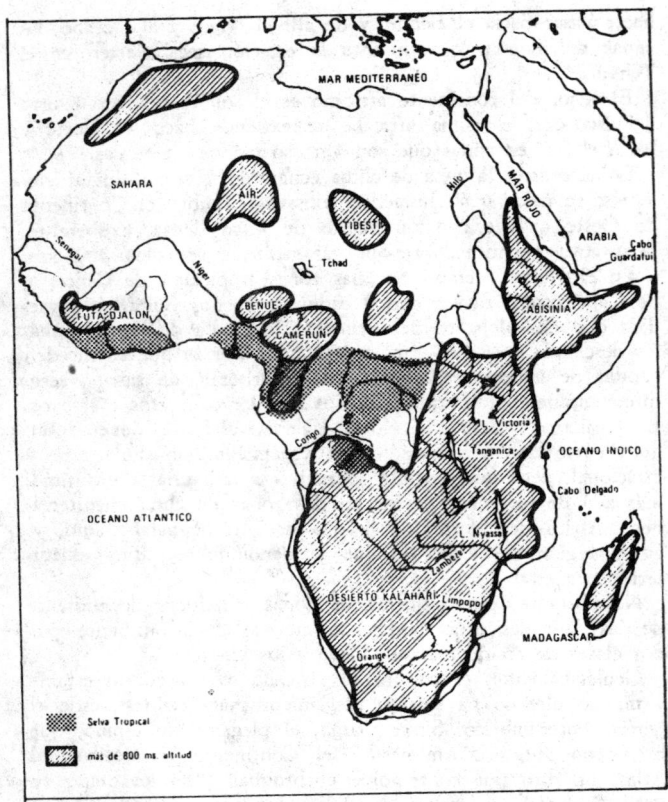

Fig. 1 Africa (mapa físico).

y los alisios, ocasionados por la masa continental asiática, más caliente en verano y más fría en invierno que la masa oceánica que la rodea.

En el Africa austral, por el contrario, el costado atlántico recibe menos lluvia que el costado índico.

De todas maneras —haya sequedad o lluvia torrencial— el clima africano no es favorable a la creación y a la acumulación de *humus*. La selva tropical, lujuriosa, engaña a este respecto. La capa de tierra vegetal es allí delgada; a la primera limpia, si no se toman extremas precauciones, esta capa será arrastrada, en algunos meses, por la lluvia y el viento. En la parte semidesértica y desértica se ejerce una intensa erosión mecánica, sobre todo eólica. En la zona de maleza y sabana, la alternación brutal de embarramiento y desecamiento del suelo forma, con las arcillas y arenas de descomposición y también con arenas y gravas de acarreo, un conglomerado duro y estéril: la laterita. A estas destrucciones naturales hay que añadir la devastación de los rebaños y sus pastores y los incendios de maleza que se producen regularmente todos los años y que abrasan toda la vegetación.

Tierra poco agradecida, clima penoso: en Africa, la lucha por la vida es encarnizada. La existencia de las plantas, de los animales y de los seres humanos, está aquí perpetuamente amenazada. El insecto es más peligroso que la fiera, y el microbio más que el insecto.

III. LOS PRIMEROS POBLADORES

Y, sin embargo, este Continente es considerado cada vez más, si no como la única cuna, al menos como una de las primeras de la humanidad; es el único Continente donde, hasta el momento actual, se han encontrado, escalonados sobre millones de años, fósiles característicos de la evolución continua desde los primates hasta el hombre histórico. En la región de los grandes lagos africanos se ha encontrado el *Procónsul,* que marchaba a dos patas hace veinticinco millones de años, y el *Pithecanthropus* que hace dos millones de años tallaba las piedras, fabricando los primeros utensilios. Es un sector privilegiado para los prehistoriadores, a quienes la garganta de Olduwai, cavada como un diente de sierra a través de las capas geológicas, permite encontrar y fechar vestigios que en otra parte están enterrados a 300 metros de profundidad.

Dos hechos que caracterizan la prehistoria y marcan la protohistoria de Africa. Dos hechos relativamente recientes (en la escala de las edades) y que van a determinar la historia de los pueblos africanos; dos hechos que muy bien podrían carecer de relación entre sí. Por una parte el desecamiento progresivo del Sahara; por otra, la aparición en Africa de las razas negras.

No solamente el Sahara no ha sido siempre un desierto, sino que además grupos relativamente numerosos de hombres han vivido y prosperado en él, desarrollando formas de civilización que se encuentran entre las más antiguas.

Se admite que ha habido en Europa cuatro etas glaciales; la última, la glaciación de Würm, finalizó hace aproximadamente doce mil años. En Africa parecen reconocerse períodos pluviales que podrían corresponder, sin que se esté seguro de ello, a las eras glaciales de Europa. Lo que parece cierto es que, hace una decena de millares de años, el Sahara estaba verde, el Ahaggar cubierto de bosques, los lechos de los ríos, hoy secos, fluían entonces con vivas aguas. Ni siquiera es necesario suponer un cambio muy importante en la pluviometría para comprender que en lo que hoy es desierto vivían antaño cocodrilos, elefantes, avestruces y jirafas que han desaparecido en la época histórica. En Ualata, de quince pozos que existían en el siglo pasado, solamente dos continúan dando agua. Las lagunas de Tombuctú han bajado varios metros en algunas decenas de años. El Tchad es el residuo de un mar interior y su superficie se reduce constantemente. Algunos cipreses muy viejos del Tassili dan testimonio de una época en la que llovía más.

Incluso admitiendo que la pluviometría no haya sido demasiado superior a la que existe hoy, incluso admitiendo que no haya habido un gran período pluvial, sino solamente oscilaciones climáticas periódicas con pluviosidad relativa durante el período de aparición del hombre, una en el Paleolítico Superior, otra en el Neolítico, es preciso admitir que el Sahara era habitable y estaba habitado durante estos períodos. Uno de los desiertos más áridos hoy, el Teneré, en el sur sahariano, es el fondo de un inmenso lago que fue muy rico en pesca. Sus bordes estaban habitados por pueblos de pescadores cuyos instrumentos se encuentran —en la superficie, sin siquiera tener que buscar— en la medida en que eran de piedra o de hueso: arpones, ganchos, puntas espinosas. Hace seis o siete mil años se pescaba en el Teneré. Las pinturas rupestres del Tassili demuestran que civilizaciones de cazadores y de pastores han vivido y prosperado en el Sahara. No es improbable que la agricultura se haya inventado en el Sahara. El sorgo, una especie de arroz y una especie de algodón crecen de forma silvestre. El trigo duro del antiguo Egipto se encuentra en el

Ahaggar, donde crece espontáneamente; y entre los utensilios prehistóricos se hallan piedras de moler cereales. Por último, numerosas representaciones rupestres de tiros con enganches provistos de ruedas autorizan a hablar de «carreteras de carros» que atraviesan el Sahara desde el Norte al Sur y al Sudoeste, hasta el valle del Níger.

Es posible, pues, imaginar —pero aquí comienza la hipótesis— que hubo civilizaciones constituidas en un Sahara fértil, al menos más acogedor que hoy día, y que estas poblaciones fueron arrojadas de su jardín del Edén por la sequedad progresiva, emigrando unas al valle del Nilo, donde se fijan y fundan la civilización egipcia, y otras hacia el Sur, hacia el Níger y más allá, lanzadas a un desplazamiento sin tregua que apenas si ha cesado en la actualidad. Estas migraciones han debido producirse en épocas diferentes, según el género de vida de las tribus; seguramente fueron pescadores los primeros que se replegaron sobre el Níger. Después, los agricultores. Los pastores resistieron aún largo tiempo, practicando la trashumancia; pero una parte de ellos marcharon finalmente a la búsqueda de pastos, uniéndose a los pescadores y a los agricultores que les habían precedido, no integrándose, sin embargo, con ellos. Aún hoy se ve, en algún poblado de las orillas del Níger, a los tres pueblos vivir en tres barrios diferentes; los pescadores bozos son los amos del río, los bambaras trabajan la tierra, los peules llevan a pastar a sus rebaños, practicando cada uno su especialidad sin preocuparse de los otros y sin deseo de mezclarse con ellos o adoptar su técnica.

La protohistoria de los pueblos africanos se esclarecería si se pudiera admitir (esquematizando) un punto de contacto común, situado, hace unos cinco u ocho mil años, en la actual franja sur y sureste del Sahara. Se comprenderían mejor sus movimientos de la época histórica, suponiéndolos inmersos antaño en una existencia errante debido al desecamiento de su cuna de origen, girando a través del Africa sudanesa, franqueando algunos el cinturón de selva ecuatorial y reemprendiendo más allá su marcha hacia el Sur, poblando el Congo y el Monomotapa en la época de nuestra Edad Media, llegando al Africa austral poco más o menos al mismo tiempo que los holandeses arribaron allí por vía marítima. Se comprendería mejor la extrema movilidad de los pueblos negros, raramente fijos, siempre dispuestos a partir de nuevo. La aldea negra, tribu nómada provisionalmente asentada, está siempre dispuesta a trasladarse a otra parte. En un continente con débil densidad de población, los pueblos apenas si han echado raíces.

Aquí se sitúa una segunda hipótesis. Las razas negras no

son muy antiguas. El esqueleto más antiguo que presenta caracteres negroides es «el hombre de Asselar», descubierto en 1927, precisamente en la franja sur del Sahara, en el valle de Tilemsi. Este esqueleto, que naturalmente no puede fecharse más que de una forma aproximada, no se remonta más allá del Neolítico Superior o del Paleolítico Inferior, quizá precisamente proviene de este período de gran aridez —el último interpluviario— que separa, al menos en esta región del Sahara, dos fases de la industria humana. Seguramente tres tipos humanos habitaban entonces el Sahara: protobereberes de tipo mediterráneo, camitas o etíopes de tipo africano oriental, negroides o negritos antepasados de los pigmeos, hotentotes y bosquimanos de hoy. Entonces es cuando —¿a causa de alguna mutación?— pudieron aparecer las razas propiamente negras, en condiciones de existencia ciertamente muy particulares; quizá entre los pueblos pescadores que vivían junto a los lagos del Sahara entre cielo y agua, y bajo el efecto de una doble insolación, directa y reflejada.

De todas formas, es inútil intentar identificar en Africa razas puras o, al menos, buscar un agua más pura remontando el arroyo hacia la fuente. En todos los tiempos las mezclas han sido considerables; las mutaciones, numerosas, diversas, paralelas o convergentes. Los únicos casos en que es posible constatar una cierta homogeneidad de caracteres étnicos, se dan cuando un grupo humano se ha encontrado durante largo tiempo y casi completamente aislado en condiciones de existencia bastante constantes. Entonces, y solamente entonces, ha podido crearse un tipo humano particular y relativamente homogéneo, de la misma forma que en el laboratorio los biólogos crean para la experimentación razas de ratas genéticamente homogéneas. Por el contrario, entre los peules, por ejemplo, ganaderos nómadas que aprendieron, como Jacob en el Antiguo Testamento, los procedimientos genéticos en la escuela de sus rebaños, se evitó metódicamente el peligro de consanguinidad durante siglos o milenios, escogiendo con una periodicidad determinada, una vez cada cuatro por ejemplo, dar por madre a sus hijos una cautiva sana y vigorosa proveniente de otro *stock* étnico.

Si las razas negras forman lo esencial, numéricamente hablando, de la población cuya historia describe el presente volumen, no hay que prestar demasiada atención, sin embargo, a una expresión a menudo utilizada: «el Africa negra». La población «negra» del continente africano no es de origen muy antiguo; otras poblaciones han vivido anteriormente y viven simultáneamente en esta tierra. La población «negra» no es homogénea; las razas «negras» no forman una unidad definida y el color de la piel no es una característica etnológica clara y constante. Y si estas razas tienen su cuna en Africa, no quiere ello decir que estén adaptadas al clima africano hasta el punto de no soportar otros climas e incluso prosperar más en ellos, como testimonia el auge alcanzado por la población negra en las islas Caribes y en el continente americano, incluso en un clima templado.

Nuestra hipótesis del enjambre común a partir de un hogar hoy seco situado en la zona sahariana explicaría la relativa pero indudable unidad profunda de las civilizaciones negroafricanas, así como su parentesco, en algunos casos, con la civilización egipcia. No es absolutamente necesario suponer, en cada caso de coincidencia, una influencia de Egipto sobre las tradiciones negro-africanas o a la inversa; es posible asignarles también un origen común, un hogar común hace unos seis u ocho mil años.

Lingüísticamente, nada se opone a esta hipótesis. Las lenguas que hablan los pueblos negros, muy diversas, parecen, sin embargo, emparentarse entre sí (salvo alguna que no se sabe encuadrar en ningún grupo conocido) y tener una cierta comunidad de vocabulario con las lenguas egipcias. El parentesco entre la familia sudanesa occidental y la familia sudanesa oriental podría remontarse a unos cinco o seis milenios; el parentesco interno de la familia bantú, al sur de la selva ecuatorial, parece remontarse a dos milenios y estar ligada a la familia sudanesa occidental, que toma el nombre de nigeriano-congolesa. Por otra parte, ciertas lenguas del nordeste llamadas camitosemíticas se atribuyen, por el momento, según los lingüistas, a procedencias asiáticas. En cuanto a las lenguas de los hotentotes y de los bosquimanos de Africa austral, lenguas onomatopéyicas, tienen vestigios de un estadio lingüístico muy anterior a la llegada de los negros al Africa austral.

IV NOCIONES GENERALES

El historiador de Africa tropieza con dificultades en su investigación; no menos dificultades encuentra en su exposición. Al dirigirse a un público occidental, está tentado de emplear los términos que son familiares a este público. Ahora bien, estos términos evocan nociones, familiares también, que no corresponden ni de lejos a las realidades africanas. Es así como el historiador se ve inducido a hablar de reinos, imperios, etc., términos que sugieren al lector nociones inadecuadas. En efecto, cualquiera que sea el origen de estos términos y las fuentes de las nociones que ellos representan (no vamos a examinar aquí esta cuestión), el hecho es que hoy han adquirido, en el uso corriente, una acepción fundamentalmente territorial. Probablemente se debe a la influencia de la concepción romana del derecho de propiedad aplicado a la tierra; quizá también en razón de las circunstancias históricas específicas de Europa occidental. Sea como sea, el «reino» ha tenido tendencia en Europa a modelarse sobre el tipo del dominio y la autoridad a tomar la forma de la propiedad. El reino es como el dominio del rey; y allí donde, a consecuencia de la revolución, ya no hay rey, el territorio del Estado es el dominio de la nación; esta concepción del Estado nacional —el principio de las nacionalidades— se extiende a continuación en Europa a las monarquías mismas que se identifican —sobre todo después de la desaparición de los Habsburgos— con los Estados nacionales. En todo caso, el occidental se representa normalmente en su mente, un Estado nacional —reino o república— con fronteras determinadas, con territorio delimitado, siendo todos los que residen en él permanentemente los súbditos, los «nacionales», sometidos a la autoridad del Estado.

En Africa no hay nada de esto, al menos hasta la llegada de los europeos. Incluso se puede constatar que si existe alguna herencia «colonialista» que el movimiento de descolonización no se preocupa de rechazar, es precisamente esta noción, completamente nueva en Africa, del Estado nacional de tipo territorial, así como los principios que de él se desprenden implícitamente, sobre todo el de que cualquiera que resida en el interior de los límites de un territorio dado está sometido a la autoridad del Estado y del Gobierno.

Hablar de reinos y de imperios en el Africa antigua sugiere, pues, ideas falsas; sin embargo, ¿qué otra cosa puede hacerse? Estas denominaciones son cómodas; son tradicionales; adulan además el amor propio de los africanos. Se glorifica a un príncipe peule del siglo XIX diciendo que ha vencido y sometido en sus campañas a ciento cuarenta reyes. Pero debemos intentar al menos, al emplear estos términos, prevenir al lector; intentemos exponer brevemente las realidades africanas que se esconden tras las palabras convencionales. Hagámoslo con una doble y aparentemente contradictoria preocupación: por una parte, mostrar su originalidad en relación con lo que nos es familiar en las instituciones occidentales; de otra parte, no perder de vista que estas realidades africanas no deben ser demasiado diferentes de lo que fue el mundo occidental en las edades protohistóricas. Incluso puede decirse que, al haberse desarrollado la protohistoria africana más recientemente y a veces todavía ante nuestros ojos, estamos mejor informados sobre ella que sobre la nuestra y que el conocimiento que de ella tenemos puede arrojarnos una nueva luz sobre las edades oscuras de los pueblos europeos. Estamos mucho más informados sobre los constructores de Zimbabué en Rhodesia del Sur (por poco que sepamos) que sobre los pueblos que levantaron los megalitos de Europa. Sabemos, en fin, menos sobre nuestros antepasados, los biturgos y los arvernos que vivían hace dos mil años entre el Lojra y el Garona, y los usípetos y tenctéreos que vivían en Hesse en la misma época, que sobre los lubas del Congo o los chonas del Zambeze que representan estados de civilización comparables.

Muchas particularidades de la historia de Africa no son originales para nosotros más que en la medida en que ignoramos nuestros orígenes; pertenecen menos a una determinada raza o tradición que a un estadio de civilización que para nosotros está sepultado en el olvido porque la tradición oral de nuestros antepasados no ha llegado hasta nosotros y porque —al contrario de los africanos— hemos perdido hasta el recuerdo de su existencia. ¿Son los cíclopes más legendarios que los antiguos pastores y herreros del Africa oriental? ¿No debería evocarnos la confrontación entre civilizaciones matriarcales y patriarcales aquel sacrilegio histórico, pero fundador de una nueva sociedad, que es el asesinato de Clytemnestra por su hijo? El enjambre de pueblos africanos, a partir de hipotéticos focos y las grandes migraciones a escala continental y milenaria, ¿no se parece al enjambre de los pueblos germánicos a partir de un hipotético foco báltico? ¿Difiere mucho la coexistencia en un mismo lugar de grupos étnicos diferentes sometidos a autoridades diversas —los pescadores del Níger que obedecen a su jefe y los pastores de sus orillas que tienen su propio soberano— de la situación en que estaban los visigodos en la Europa occidental de la Edad Media, cuando su rey residía en Toulouse sin por ello reinar sobre la población toulosana? ¿No evocan los relatos de los *griots*, bambaras y peules las canciones de gesta, el conde Rolando, el malvado Hagen? Cuando se han oído en Africa esa índole de recitales, se relee después la *Ilíada* con una nueva receptividad.

Precisamente este último acercamiento nos da —como, en una foto, un personaje de pie junto a un monumento— la posibilidad de captar la escala de los acontecimientos que relata el historiador. En una obra reciente sobre la historia de Grecia no es extraño que la guerra de Troya, tal como la cuentan los cantos homéricos —uno de los más raros y prolijos documentos existentes al respecto—, tenga un lugar importante; en cambio, en las trescientas páginas consagradas a la historia de Grecia antes de Pericles y Sófocles, antes de Herodoto y Tucídides, solamente encontramos una —es decir, el 0,33 %— que hable de la guerra de Troya, y aun en ella no se relatan las peripecias de la misma. Pero para llegar a esto, para situar los acontecimientos históricos en una proporción más exacta, han sido necesarios largos siglos de trabajo metódico para revelar, como sobre un cliché mal impresionado, un poco de lo que se esconde en las sombras de la historia de Grecia. En lo que se refiere a la historia de Africa, aún no hemos llegado a este punto. Debemos renunciar, al menos por el momento, a hacer una exposición completa, por sumaria que sea, sobre el Continente y los pueblos que en él han vivido a través de los siglos y milenios. Inmensos intervalos de negra noche ocultan lo esencial de la humanidad africana. La existencia «histórica» de los pueblos no constituye más que un mínimo porcentaje de la existencia total, real, cotidiana en el pasado de la humanidad. El historiador se ve obligado a concentrar su artillería sobre algunos nombres, algunos hechos y algunas fechas; y lamenta, en Africa más que en cualquier otra parte, estar obligado a hacerlo así. En ningún otro lugar tiene tan fuerte sensación de falsear las proporciones y de dejar de lado lo más importante del fenómeno humano. Las leyes de la perspectiva histórica no son leyes justas, ni siquiera de una justicia distributiva. Bastará, después de todo, no olvidar esto.

Antes de pasar a una descripción esquemática de las instituciones políticas africanas es conveniente recordar a qué realidad geográfica y humana se aplican: espacios inmensos; terreno generalmente ingrato; clima difícil casi por todas partes; población muy poco densa, muy dispersa, que se contabiliza en unidades por kilómetro cuadrado, polvareda humana que gira a través de un continente, que no se fija ni se amontona más que en algunos rincones relativamente privilegiados, y que sólo excepcionalmente adquiere una densidad comparable a la de la Europa histórica. Ahora bien, es preciso constatar que los fenómenos sociales y políticos, las modalidades de la «granulación humana», están en relación directa y constante con la densidad de la población en cuyo seno se produce.

Hay que tener en cuenta que, a causa de la débil densidad de población del continente africano, la posesión del suelo no tiene allí el mismo carácter que en Europa occidental. La noción de propiedad territorial ha sido llevada a Africa por los europeos; hasta entonces, en todo caso, la detentación del suelo no tenía valor y permanecía precaria. La tierra era un recurso ilimitado, como el aire o el agua. El que quería tierra virgen (si no lo es, se convierte en tal rápidamente) no tenía más que ir un poco más lejos y limitarse a expulsar a los raros ocupantes que hubiera, que preferían alejarse de buen grado antes que oponer una costosa resistencia. O bien, los recién llegados se entendían con los ocupantes y entraban en simbiosis con ellos. (Ciertamente, el «señor de la tierra» que los etnólogos conocen bien es una noción africana, pero no se identifica con la noción europea de propiedad.)

En Europa, regar la tierra con su sudor confiere al campesino derechos sobre ella. De donde proviene su sentimiento de propiedad. En cambio en Africa, ha sido relativamente raro que la tierra se haya valorado. Esto obedece a razones climatológicas y técnicas.

Razones climatológicas: el sol africano, la sequedad y, allí donde llueve, la violencia de las lluvias tropicales que embarran el suelo, son factores que no favorecen el desarrollo de la vida bacteriológica que constituye el *humus*. Sin embargo, la tierra cultivable de Europa occidental es mucho menos de lo que se cree un don de la naturaleza, sino que es sobre todo el resultado del trabajo continuado de los campesinos y del abono de su ganado. Es la creación del *humus* la que ata al suelo al cultivador. El ha «ganado» bien su tierra, puesto que es él quien la ha hecho. En cambio, apenas si hay creación de *humus* en Africa, salvo en algunos rincones privilegiados, en el oeste del Senegal por ejemplo, donde precisamente por esto se ha desarrollado una «raza campesina» —pues si el campesino hace la tierra, también la tierra hace al campesino—, así como en los lugares donde la proximidad de un río o de un arroyo, o de una ciudad con sus desechos orgánicos, permite al menos la actividad jardinera de las mujeres.

Razones técnicas, que están además ligadas a las precedentes: la agricultura africana desconoce los cultivos alternos, y sólo excepcionalmente practica el abono, producto de la alianza, raramente practicada en Africa, entre la ganadería y la agricultura. De esta forma la tierra se empobrece tan rápidamente que apenas si da una o dos cosechas o, como máximo, tres. No importa que el campo se agote: se busca otro en otra parte, ya que no es espacio lo que falta. Se practica así una agricultura itinerante, nómada; la aldea entera puede desplazarse, ya que no la forman las casas, sino un grupo de hombres, de mujeres y de niños que han plantado sus cabañas o edificado sus casas de «banco» (arcilla mezclada con paja) aquí, allí o en otra parte. Cuando el perímetro cultivable que existe alrededor de la aldea se ha vuelto casi estéril, se desplazan todos juntos un poco más lejos, hacia el malezal, donde la presencia de ciertas plantas silvestres indica a los iniciados la fertilidad del suelo. Antes de la estación de las lluvias, y una vez cumplidos los ritos propiciatorios, todo el mundo se dedica a arrancar la maleza, conservando los árboles útiles, cortando los otros a la altura de la mano y reservando las cepas para el ulterior barbecho. Cuando la maleza cortada está seca, se le mete fuego. Después, se araña superficialmente el suelo con la azada (la *daba*), mezclándole las cenizas y las semillas, al tiempo que se invoca la lluvia. Después de algunos años de explotación, la nueva tierra se habrá agotado a su vez; se la abandonará al baldío que, a la larga, le devolverá cierta fertilidad.

La consecuencia es que el suelo no tiene valor en sí mismo; lo que tiene valor es la riqueza en hombres, el trabajo, la mano de obra de que se dispone. En ese sentido se comprende que las civilizaciones africanas puedan considerarse a sí mismas con razón como más «humanistas» que las civilizaciones europeas, a las que juzgan «materialistas». En efecto, en Europa, tener «algún bien» es tener tierra y gozar de sus productos. En Africa, tener «algún bien» es poseer hombres y gozar de su trabajo.

Si poseer es poseer hombres, esto implica que el comercio sea esencialmente el comercio de los hombres y de su trabajo; que el objetivo de la guerra no sea ocupar territorios, sino capturar o esclavizar hombres; que el arte de la política consiste esencialmente en el gobierno de los hombres y no en la administración de las cosas. De esta forma se constata, a través de la historia de los pueblos africanos, que las técnicas que podríamos englobar bajo el calificativo de «gobierno de los hombres» han sido siempre muy desarrolladas allí y llevadas hasta un grado de finura y de eficacia casi desconocido en el mundo europeo.

La consecuencia de todo esto es —y no debe olvidarlo todo aquel que se interese en la historia de Africa— que nuestras nociones habituales de «reinos», «imperios», concebidos como territorios delimitados o delimitables, nuestros familiares vocablos de «fronteras» e incluso «capitales» fijas en cuanto sedes del poder político y administrativo, nada de esto es apenas válido en Africa. Hay «focos de autoridad», a menudo errantes, de influencia variable según el jefe y según las circunstancias; hay príncipes más o menos obedecidos por más o menos súbditos y dominaciones que se desplazan aquí y allá según sean los acontecimientos más o menos favorables.

Si se quisiera —y ello sería útil— crear una terminología

específica para las sociedades africanas y clasificarlas según su nivel de organización, se podrían distinguir tres formas esenciales acompañadas, naturalmente, de todos los grados intermedios entre ellas y todas las formas de transición. Distinguiríamos *grosso modo* las *anarquías*, las *jefaturas* y las *hegemonías*.

Llamamos *anarquías* (en el sentido etimológico del término) a las estructuras políticas no jerarquizadas. Estos son quizá los sistemas más sorprendentes para los europeos, entre los cuales estas formas han existido sin duda, sobre todo en la zona ibérica, pero que han desaparecido desde hace tanto tiempo que ya ni siquiera se las concibe. Una razón más para olvidarlas es que no proporcionan al historiador ningún acontecimiento notable. Viven y nada más. Son, sin embargo, muy apropiadas para la existencia campesina. Las anarquías africanas son sistemas notablemente equilibrados, estables, flexibles y coherentes. El ejemplo más llamativo es el modo de existencia de los ibos del delta nigeriano, donde varios millones de personas no conocen otra forma de vida. No tienen príncipes, ni jefes, ni soberanos. Las familias viven según la ley; una ley, por supuesto, de tipo consuetudinario y religioso, puesto que la religión es aquí —aparte toda cuestión de fe— la que une entre sí a los hombres de un mismo grupo, la que asegura la coherencia y la estabilidad de la comunidad. Este sistema permite perfectamente regular los conflictos, juzgar las controversias, llamar al orden a los excitados y reducir a los rebeldes, compensar los incidentes sociales, los adulterios, los robos, los asesinatos, y fundar la comunidad de vida, manteniendo la solidaridad. Cuando los europeos, los administradores coloniales por ejemplo, han frecuentado sociedades de tipo anarquista, se han quedado sorprendidos de encontrar en ellas un sentido muy vivo de la igualdad y de la libertad, y un respeto fundamental hacia la ley y el orden. Se preguntaban cómo era esto posible sin existir jefes, administración, clérigos y magistrados, sin policías ni prisiones, simplemente por la vía de la presión social.

Naturalmente hay múltiples formas de organización anarquista; por ejemplo, según se trate de cazadores o agricultores. Los cazadores forman un grupo de caza móvil que elige un jefe de cacería; pero éste no tiene otra autoridad que la estrictamente operacional. Entre los sedentarios hay a menudo un «señor de la tierra» que arbitra los conflictos que origina el cultivo; pero es un hombre que no tiene ningún otro prestigio, fortuna ni autoridad. Entre los dogones de Bandiagara es el hogón, que vive en una casita a donde le llevan alimentos cuando se acuerdan. No obstante, cuando dicta sentencia en un conflicto agrario, nadie osa levantar la voz en contra.

En el sistema de las *Jefaturas,* una familia que tiene más prestigio que las otras extiende sobre ellas su autoridad. Esta familia dice provenir de un «fundador» más o menos legendario. Parece haberse comprendido muy pronto en estas sociedades el prestigio de la antigüedad y la legitimidad que confiere la historia; las «familias» se aseguran con frecuencia la colaboración de los cronistas profesionales que conservan (o inventan) el recuerdo de los antepasados; fundan así parte de su autoridad sobre el monopolio de la tradición, que saben guardar para siempre. Ya tendremos ocasión de ver cómo los conquistadores peules se ocuparon cuidadosamente en el siglo XIX de destruir las crónicas que contaban la historia de sus predecesores. Sabían, igual que los romanos, lo que hacían. El fruto de la victoria es escribir la historia.

El «fundador» ha podido ser un conquistador o, por el contrario, un fugitivo, un cazador extraviado, acogido con benevolencia por los habitantes locales, a quienes enseña técnicas desconocidas para ellos, aunque no sea más que la técnica de la autoridad. Puede entonces subsistir durante largo tiempo una dualidad entre el poder político, de fundación más reciente, y el que representa la legitimidad más antigua, siempre reconocida y respetada: por ejemplo, una vez más el «señor de la tierra», que representa a los más antiguos ocupantes del suelo. Esto explica muchos de los incidentes acaecidos al principio del período colonial, cuando los representantes de las potencias europeas concluían un acuerdo con «el soberano», o el que tenían por tal, y que, según sus conceptos de occidentales, debiera ser el potentado todopoderoso y detentador absoluto de la propiedad, para tener que entendérselas más tarde con otro «detentador» de la propiedad al que no se le había hecho caso porque ni siquiera se sospechaba su existencia. Ingenuamente, los europeos se quejaban de ser engañados y proclamaban la duplicidad de los africanos. Es cierto que el potentado que había concluido el acuerdo cedía algo que sabía que no le pertenecía; pero ¿cómo resistir a los argumentos de los europeos, cómo no querer complacerles estampando su firma sobre sus papeles?

En las *Jefaturas,* por otra parte, el poder del jefe no es absoluto, aunque los mecanismos de compensación del absolutismo generalmente no se pueden descubrir con un examen superficial. El jefe manda por encima de estructuras menos aparentes pero que son más permanentes, y al fin y a la postre, más fuertes. Quizá para aclarar esto con un ejemplo familiar a los occidentales se podría recordar y comparar su funcionamiento con el de la Iglesia Católica Romana: ciertamente el Santo Padre es infalible y todopoderoso; sin embargo, en su omnipotencia, apenas si puede hacer lo que quiere. En la sombra de los sistemas africanos se enfrentan las «familias», los linajes, los clanes (semejantes a la *gens* romana), los grupos clasificados por la edad (los hombres de la misma generación, instruidos o circuncidados juntos, y que guardan entre sí una cierta solidaridad; lo que nuestros estudiantes llaman una promoción), las sociedades secretas, a veces poderosas y temibles; los Consejos de Ancianos portadores de la tradición. Puede suceder que el potentado más ebrio de autoridad se detenga, lúcido, si un «viejo» le dice: «Tu padre no habría hecho esto.» Se tendrá una visión más profunda de la historia africana cuando se conozcan un poco mejor estos mecanismos compensatorios, estos equilibrios relativos, cuyo funcionamiento, discreto pero real, aunque prácticamente ignorado, es el que lleva las aguas de la vida comunitaria por sus cauces, al abrigo del decorado que son las instituciones teóricas y, después de todo, ¿no se podría decir lo mismo de cualquiera de nuestras democracias occidentales?

En algunos lugares, en ciertas épocas, viene a superponerse al sistema de las Jefaturas un sistema más vasto: las *hegemonías,* es decir, lo que en nuestra terminología corriente llamamos reinos o imperios y que es, según parece, el único sistema que merece acceder a la notoriedad histórica. Las hegemonías se extienden a través de espacios más amplios, aunque no delimitables; añaden a las Jefaturas una jerarquía administrativa, un fisco y un ejército. Su constitución no parece nunca espontánea, sino que es la respuesta a una «provocación» económica o histórica: protección contra una corriente comercial, organización de una conquista o defensa contra la amenaza de una invasión. Estos tres órdenes de causas se combinan generalmente y favorecen la emergencia de un hombre o de un grupo de hombres que constituyen organismos a los que podemos dar el nombre de estados, con una jerarquía racial, feudal, religiosa o militar que tiende siempre, cualquiera que sea su origen y fundamento, a tomar una forma administrativa, fiscal y política.

La piedra de toque más antigua ha sido sin duda la organización de relaciones comerciales. Estas presuponen el mantenimiento de una red de caminos, abastecimiento de agua, organización de mercados, protección y seguridad de todo ello; problemas que la anarquía no puede resolver y que desbordan el cuadro de la tribu y de la jefatura. Uno de los tráficos más antiguos (como en Europa prehistórica el del ámbar) era el de la sal, el oro y los esclavos, estando los tres ligados entre sí: debido a que las salinas del Sahara no se podían explotar con una mano de obra voluntaria y libre. No debemos asombrarnos, pues, de que los tres imperios más antiguos de Africa occidental —Ghana, Malí y Gao— se hayan fundado los tres sucesivamente en la desembocadura meridional de las principales rutas transaharianas, de cuya actividad dependían directamente la prosperidad y existencia de estos imperios en cada época. El desplazamiento de estos imperios de Oeste a Este a través de los siglos corresponde, desde luego, a los acontecimientos históricos en el lado norte de las rutas; responde a un cierto desplazamiento de la actividad del Maghreb hacia Trípoli y, después, hacia El Cairo; lo que demuestra cómo, por aislado que esté el continente africano, sus principales acontecimientos están de todas formas relacionados con el resto de la Historia universal.

La actividad industrial y minera del litoral oriental, unida a una actividad comercial que se ramifica hasta Asia (Arabia, Persia, incluso Extremo Oriente), explica ciertamente la formación del reino de Monomotapa.

La necesidad de protegerse contra vecinos agresivos, desde el punto de vista religioso, militar y fiscal (puesto que apoderarse de los cautivos era una forma de impuesto), desembocó en la formación del imperio etíope.

Por último, desde la llegada por vía marítima de los europeos vemos cómo se forman sucesivamente entidades políticas nuevas sobre el litoral, primero, durante siglos, en relación con el tráfico de los negreros y el comercio de la trata de mujeres, y después, sobre todo a partir de 1885, en relación con la expansión de la industrialización y del nacionalismo europeo.

Una cuestión se plantea referente al origen de estas hegemonías: indudablemente, fenómenos exteriores, generalmente de orden económico, han creado las circunstancias favorables para su constitución; pero se puede decir igualmente que las circunstancias no han sido favorables más que en la medida en que precisamente la constitución de hegemonías ha hecho posible los tráficos en cuestión: si no hubieran existido imperios sudaneses, no habría habido tráfico de sal, oro y esclavos; si no hubieran existido negreros negros para reclutar los cautivos, no habría habido negreros blancos para exportarlos a América. Es posible pensar que las circunstancias favorables no bastan, sino que hace falta alguna otra cosa, como, por ejemplo, en un momento dado, hombres particularmente dotados del sentido de la organización y que tengan imaginación administrativa, militar y política. Todo esto, además, fecundado por una tradición, por tenue que sea. Ciertamente no es imposible, aunque es bastante improbable, que instituciones tan complejas como las de un Estado hayan sido reinventadas aquí y allí a partir de cero, bajo la simple presión de las circunstancias. Es más práctico suponer que, en cada caso, había una persona que tenía cierta idea de lo que pasaba en otra parte, por ejemplo en Egipto. Tenemos, pues, dos tesis, ambas con sus argumentos; para unos, la creación de hegemonías en Africa negra es espontánea; para otros es el eco muy lejano y deformado de la tradición faraónica. Ningún hecho decisivo permite todavía zanjar esta cuestión. Cuando, al sur del Zambeze, el Monomotapa del siglo XVI se casa con «su hermana la reina», igual que hacían los faraones cuarenta siglos antes y a cuatro mil kilómetros de distancia, ¿ha habido transmisión de tradición o ha habido convergencia espontánea? Por otro lado, los incas del Perú hacían exactamente lo mismo y en la misma época. La acumulación de argumentos en favor de una u otra tesis no compensa la ausencia de pruebas para ambas.

Ciertamente, puede impresionar el gran número de tradiciones locales que a menudo atribuyen a blancos venidos del Norte la iniciativa de las instituciones hegemónicas. Así, los semitas han sido invocados en Etiopía y los bereberes en Sudán occidental. Aún no ha sido posible (quizá nunca lo sea) verificar el fundamento de estas leyendas ni descartarlas definitivamente. Todo lo más se puede estimar que, en un cierto número de casos en que existen tradiciones que relatan la llegada en tiempos remotos de blancos portadores de un saber y de una autoridad, estas tradiciones son de creación relativamente reciente y tienen por objeto elevar el prestigio de la dinastía confiriéndole orígenes semíticos en Etiopía o lazos de familia con el Islam en el Africa sudanesa. De este modo se han creado una «galería de antepasados» blancos que se remontan a las tribus del Antiguo Testamento o a los compañeros del Profeta. Hay que guardar, pues, gran reserva respecto a estas tradiciones.

Otra explicación posible consistiría en suponer que la técnica de la autoridad se ha difundido a través de Africa junto con otra técnica, la de la siderurgia. Pero tampoco se sabe si la técnica del hierro es autóctona o si ha sido importada, si los negros han reinventado por sí mismos la metalurgia, sobre todo la del hierro, o si ha sido difundida, por ejemplo, a partir de Meroé en el Alto Nilo. Un hecho es cierto: los herreros forman aún hoy, a través de toda Africa, una casta muy diferenciada, solidaria de un extremo a otro del Continente, de Dakar a Djibuti; los jefes guerreros se hacían acompañar gustosamente por un herrero que quizá fuera su consejero político y administrativo y que, en todo caso, era desde luego su organismo de información conectado con la red panafricana de herreros. Otro hecho cierto: Meroé, situada entre la quinta y la sexta catarata, prospera como capital del reino de Kuch entre el tercer siglo a. C. y el cuarto siglo después de la Era Cristiana, heredera de las tradiciones faraónicas y de la siderurgia asiria, ha sido llamada «la Birmingham del Africa sudanesa», a causa de los enormes depósitos de escorias que allí se han encontrado. Desde Meroé —y sobre todo cuando sus habitantes se vieron obligados, como veremos, a huir del invasor— es de donde se difundiría, al mismo tiempo que la lanza y la piocha, la idea del Estado, a través de todo el continente africano, extendiéndose al mismo tiempo el uso de la autoridad y el del hierro. Si nos es posible intentar aclarar las unas por las otras edades oscuras, recordemos que en el Antiguo Testamento la dominación de los filisteos sobre los israelitas por medio del hierro está perfectamente descrita: «...ahora bien, en toda la tierra de Israel no había herreros; pues los filisteos decían: impidamos a los hebreos fabricar espadas o lanzas. Y todos los israelitas tenían que acudir a los filisteos para hacer afilar su arado, su azada, su hacha o su pala, cuando la cuchilla de los arados, de las azadas, de las hachas o de las palas se mellaban, así como para arreglar los espigones. Así, el día del combate no había espadas ni lanzas entre las manos del pueblo que estaba con Saúl y Jonatán; no se encontró nada más que para Saúl y su hijo Jonatán» (Samuel, -I.13). Es posible imaginar que lo que aquí cuentan las Escrituras ha debido suceder muchas veces en el continente africano. Lo que se llama la Edad de Hierro que se presenta, según los lugares, en fechas muy diferentes, habría sido también la edad de las hegemonías. Numerosas monarquías congoleñas consideraban que su primer rey había sido un herrero; y todavía en la época histórica, en la región Congo-Angola, el soberano era a menudo el jefe de la casta de los herreros. Nuestra hipótesis está sugerida, por otra parte, por un fenómeno ulterior análogo: veremos mucho más tarde formarse y extenderse a través de toda Africa una nueva ola de hegemonías, de otro tipo por supuesto, basada en la introducción de armas de fuego.

A partir de la época colonial el proceso de creación de entidades políticas africanas se desarrolla claramente y ante nuestros ojos: se trata, prácticamente, de la introducción en Africa de la noción europea de Estado nacional, de su trasposición en el cuadro de entidades geográficas nuevas que corresponden a las colonias del período colonial. No obstante, aun en esto los pueblos africanos dan prueba de una gran adaptabilidad, de una prodigiosa flexibilidad en la asimilación y la integración a sus sistemas tradicionales de las aportaciones exteriores, rápidamente digeridas y africanizadas.

2. Africa protohistórica

I. ETIOPIA

El Estado del que tenemos noticias más antiguas, en la parte de Africa que consideramos, el que cuenta con una tradición más vetusta, se encuentra al este del Continente, cerca de Asia. Se trata de Etiopía. La leyenda nacional etíope cuenta que su primer rey, Menelik, fue el hijo que la reina de Saba concibió como consecuencia de su visita al rey Salomón, que relata el Antiguo Testamento (Reyes, I, 10). Esta leyenda fue grabada en el siglo XIV en un convento de Etiopía; allí se la data en el siglo VIII. El historiador dice que el mar Rojo fue, desde la época del rey Salomón, mil años a. C., un lugar de intercambios y de civilización, y que las riquezas del reino de Saba, situado en el litoral de la península árabe, provenían en parte de Africa. ¿De dónde, si no, habrían llegado los monos y los colmillos de elefantes que menciona el mismo Libro de los Reyes entre los tesoros que traía a Salomón su flota mercante, sino de la costa africana del mar Rojo, por mediación de los mercaderes árabes?

Más antiguamente aún, el Libro de los Números (12) cuenta que María y Aarón habían reprendido a Moisés a causa de haberse casado en el desierto con una negra; «pues se había casado con una mujer etíope».

Aprovechemos la ocasión para decir que la palabra «etíope» no debe inducirnos a error. Tal como la empleaban los griegos de la antigüedad, significa literalmente «cara quemada», y sirve para designar a aquellos africanos que tienen la cara negra, a diferencia de los «libios» que tienen la cara pálida: los bereberes. Es éste el sentido que hay que dar al vocablo cuando leemos en los Hechos de los Apóstoles (8) que un eunuco etíope, oficial de la corte de Candacia, reina de Etiopía, que fue encontrado por Felipe en el camino que conduce de Jerusalén a Gaza, recibió de él, el bautismo. Igualmente, cuando el Libro de Esther dice que Asuero reinaba sobre 127 provincias, desde India a Etiopía, hay que entender por este nombre «el país de los negros». En realidad, este nombre designa, en la antigüedad, el territorio de Nubia, situado junto al Nilo entre la segunda y la tercera catarata, y el reino Kuch, entre la tercera y la cuarta catarata.

Abisinia (desde 1941 recibe el nombre de Etiopía) no tiene solamente una leyenda; tiene también una historia documentada desde tiempos muy remotos. Es la única nación de Africa que posee una tradición escrita en una lengua propiamente africana, el *ghezo* (que a decir verdad es una lengua semítica derivada desde hace mucho tiempo del *sabano* de Arabia), y en una escritura propia que es tan antigua como la escritura griega. El *ghezo* se utiliza todavía por el clero etíope, como el latín por el clero católico.

El segundo factor característico de la historia de Abisinia es estar encuadrada geográficamente entre un macizo de montañas y altas mesetas situadas a más de dos mil metros, de clima templado, abundantemente regadas y fértiles, cortadas por profundos abismos, que oponen a los enemigos impresionantes obstáculos naturales. Los habitantes arraigados en su suelo han mantenido a través de milenios, al menos relativamente, su originalidad, autonomía y unidad.

El tercer factor es la proximidad del mar Rojo, lugar de intenso comercio en los milenios anteriores a la Era cristiana, un verdadero «Mediterráneo». La navegación es fácil utilizando simples barcas o balsas sostenidas por pellejos inflados. El Antiguo Testamento llega a contar que podía excepcionalmente atravesarse en seco; pero se trataba de un milagro. La verdad es que el nombre de Abisinia viene de Halaschat, nombre de una tribu semita del suroeste de Arabia que emigró a Africa a través del mar Rojo durante el segundo milenio a. C., incluso antes quizá. Los monumentos arqueológicos más antiguos —muy difíciles de fechar, ni siquiera aproximadamente— parece que se deben a la colonización de los mercaderes sabanos que llevaban sal hacia las mesetas del Tigris. Los nombres de muchos lugares etíopes son idénticos a los de la antigua Arabia.

Cuarto hecho: por frágil que sea la parte de verdad histórica de la leyenda que liga la dinastía etíope a la reina de Saba y al rey Salomón, esta leyenda ha contribuido fuertemente a mantener la continuidad y la unidad de Etiopía a través de dos milenios de vicisitudes. ¿Tuvieron un hijo, Menelik, que fue el primer rey de Axum y el fundador de la dinastía llamada salomónica en el siglo x a. C.? ¿Fueron llevadas a Axum y conservadas allí las tablas de la ley, robadas de Jerusalén, según cuenta la misma leyenda? Lo que es cierto es que mucho antes sin duda de la Era cristiana y, en todo caso, a partir del siglo v de la Era, ha habido importantes corrientes de inmigración judía a través del mar Rojo y quizá a través de Egipto. Los inmigrados convirtieron a su religión a los aborígenes, creando así un núcleo de judíos negros, los falachas, que han subsistido en la región de Gondar, a pesar de todas las persecuciones, en número de varias decenas de millares.

Al principio de la Era cristiana, una magnífica ciudad, Axum, se levanta sobre un contrafuerte septentrional del macizo etíope. Esta ciudad se halla cerca de un afluente del Atbara, que desemboca en el Nilo cerca de Meroé. La ciudad de Meroé se enriqueció exportando hacia el Egipto de los Ptolomeos y hacia el mundo antiguo los productos de Africa: ébano, plumas de avestruz, pieles de fieras, monos, esclavos negros y, sobre todo, marfil. En el siglo III, Ptolomeo Evergeta hace construir a orillas del mar Rojo, junto a la actual Massaua, el puerto de Adulis, que tiene relaciones comerciales con el mundo árabe, persa, hindú y con Ceilán. A cambio de los productos africanos exportados, el Oriente envía sus perlas, sedas, esmeraldas, pimienta, clavo, sésamo y particularmente el incienso de Arabia, tan apreciado por Egipto y por las iglesias cristianas. Axum, ciudad-estación en la ruta que une el Océano Indico y el mundo heleno, sirve de drenaje a todo un sector de Africa. Es un lugar de comercio mundial, el gran mercado del marfil. Se enriquece prodigiosamente y llega a desbancar a Meroé.

Los reyes de Axum son poderosos señores que hablan el griego, acuñan moneda de oro, emprenden campañas militares hasta el Sudán y expediciones navales a Arabia. Cuando el emperador Constantino inaugura su nueva capital de Constantinopla, escribe en el 336 una carta «a los muy poderosos hermanos Ezana y Sezana, reyes de Axum».

Ezana es el primer rey de Axum del que tenemos noticia, gracias a unas inscripciones. Se convirtió al cristianismo el año 333, fundando así una Etiopía cristiana que se mantendrá cristiana a pesar de la islamización progresiva de este sector de Africa. El rey de Axum parece que controlaba entonces ciertos reinos de Arabia meridional. Pero sobre todo, hacia el 335, sus ejércitos invaden el reino de Kuch, saquean y queman su capital Meroé, y destruyen el Imperio kuchita que había sido brillante y poderoso durante seis siglos. Se trataba quizá de la liquidación militar de una rivalidad comercial. Esa destrucción de un reino ha podido tener indirectamente importantes consecuencias favorables para el continente africano si es verdad, como parece actualmente serlo, que los últimos representantes de la dinastía kuchita, al huir de las tropas de Axum, tomaron la dirección del Oeste, llegando a Kordofán y Darfur, llevando con ellos y difundiendo por el interior de Africa, por lo menos hasta el Tchad, las tradiciones y las técnicas de las que el reino de Kuch, heredero de Egipto, había sido durante largo tiempo depositario.

Ezana, al que se ha llamado el Constantino de Etiopía, fue, pues, un gran rey y el verdadero fundador de la historia etíope.

La evangelización del reino de Axum fue esencialmente obra de los sirios que no habían hecho más que seguir la ruta que tantos judíos habían recorrido antes que ellos desde hacía diez o quince siglos, más quizá, desde Palestina hasta las mesetas etíopes. Su misma predicación no era, después de todo, más que una nueva forma del proselitismo judío; encontraba, por tanto, caminos abiertos y gentes dispuestas a escucharla. Por otra parte, los comerciantes habían generalizado ya el empleo del griego, lo que naturalmente unía a los medios cultivados del reino de Axum, a Alejandría y a Bizancio, y al joven cristiano abisinio al cristianismo oriental. Las Sagradas Escrituras se tradujeron al *ghezo* en los conventos que, a partir del siglo V, se multiplican en Abisinia. Un cierto número de textos sagrados, como los libros de Enoch y de los Jubileos, el Apocalipsis de Esdras, no han sobrevivido más que en la versión *gheza*, al haber desaparecido el original sirio.

El griego alejandrino Cosmas Indicopleustes, que viajó hacia el 520, cuenta en su *Topografía cristiana* su regreso desde la India por Adulis, Axum, y las rutas de las caravanas hasta las cataratas del Nilo. Quedó profundamente admirado, según cuenta, por el esplendor y las riquezas de las ciudades etíopes. A mediados del siglo VI, la dominación del rey de Axum, llamado «Rey de Reyes», se extiende al Yemen y a parte de Arabia.

Pero en el 572 los persas invaden Arabia; en el 618 conquistan Egipto. El Imperio romano es eliminado del Mediterráneo Oriental. Algunos años más tarde, ocupando el vacío creado por la conquista sasánida, los descendientes de Mahoma se asentarán en Palestina y Siria en el 636, y en Egipto en el 642. El reino cristiano de Axum queda definitivamente aislado de sus fuentes espirituales. Alejandría y Bizancio. Va a evolucionar aisladamente, cultivando sus propias características, la afición por lo esotérico, por la controversia teológica y por la vida monástica. El país se puebla de conventos e iglesias, a menudo construidas sobre los lugares de los cultos paganos, que se integran más o menos en la tradición cristiana, igual que, en el Occidente cristiano, el culto de los santos viene frecuentemente a tomar el relevo de adoraciones más antiguas. Aislados del Norte, las gentes de Axum dirigen sus actividades hacia el Sur, hacia la meseta, que van colonizando progresivamente.

El mar Rojo, que durante milenios ha sido un nexo entre Africa y Asia, entre la India y el mundo griego, se convierte en un lago árabe sin gran actividad. Permanecerá con este carácter hasta la apertura del Canal de Suez en 1869. El puerto de Adulis, cuya actividad era ya reducida, fue destruido por los árabes en el siglo VIII.

El poderío de los reyes de Axum declina al mismo tiempo que se van viendo aislados. En el siglo IX, dejan de acuñar la moneda. En el siglo X, una «reina judía» pasa por las armas a la familia real y destruye la capital. Una dinastía cristiana, los Zagué, la sucede. Pero durante este período, y desde el siglo IX, los documentos son raros por no decir inexistentes; sin duda fueron destruidos metódicamente por los sucesores, después de la restauración salomónica.

Un reino desaparece; esto no quiere decir que tras él no quede nada. Sobre el emplazamiento del reino de Meroé, destruido por el rey de Axum hacia el 335, se forman nuevos estados: los reinos cristianos de las Cataratas, de los que no se sabe gran cosa. Nómadas negros, los nobatas, expulsados sin duda del Kordofan por la creciente sequía, se instalaron junto al Nilo, entre la primera y la segunda catarata. Alrededor del año 300, el emperador Diocleciano reconoce su existencia; incluso les paga un tributo a cambio de que mantengan la región en paz. No obstante, hacia el 450, bajo el reinado de Teodoro, se les acusa de pillaje. En el 453, el general romano Maximinus, después de haberles derrotado, concluyó con ellos un tratado de paz de cien años. Parece ser que este tratado se respetó por una y otra parte. Pero al expirar el tratado, exactamente en el 553, el emperador Justiniano envía al general Narsés al país de los nobatas con la misión de convertir a estos paganos que continuaban adorando a la diosa Isis en el templo de Filas; en caso contrario, debería liquidarlos.

Y efectivamente, a partir de la mitad del siglo VI, existen en la región de las cataratas tres reinos negros cristianos: el reino de Nobatia (o Nubia) entre la primera y la tercera catarata, el reino de Dongola entre la tercera y la cuarta, y el reino de Aloa al sur de la sexta. La capital de este último, Soba, junto al Nilo azul, estaba en un lugar próximo a la actual Khartum.

II. EL OESTE AFRICANO

En la otra extremidad del Continente, en el oeste africano, las tribus de cazadores, pescadores, campesinos y ganaderos negros, se han ido extendiendo progresivamente por la sabana hasta la franja de selva tropical, colonizando, desmalezando, sembrando y plantando, y en fin, proliferando. ¿Por qué, el Níger, donde la agricultura es tan antigua como en Egipto, no llegó a ser un segundo Nilo, acumulando sobre sus orillas una densa población e inspirándole una civilización monumental? Hay muchas razones para esto, dos de las cuales saltan a la vista. La primera razón es que las crecidas del Níger no tienen la potencia de las crecidas del Nilo; por otra parte, esas crecidas no arrastran, como el Nilo, un limo fertilizante. El Níger ha continuado siendo un río salvaje y estéril. En sus orillas, la población nunca ha alcanzado ni puede alcanzar la misma densidad que en las del Nilo, y sabido es que la densidad es el factor determinante del progreso de las civilizaciones. La segunda razón es que a los ribereños del Níger les ha faltado la inspiración que llegó a los egipcios desde el cercano oriente.

Sin embargo, cuatro fundaciones, muy anteriores al período histórico, tienen allí una importancia capital: la civilización de Nok, la civilización del Tchad, la civilización de los latones de Ifé y el foco bantú de Camerún del Norte.

Después de la Segunda Guerra Mundial, por ser lucrativo el tráfico del estaño, se volvieron a poner en explotación las minas de Jos, al sudoeste del Tchad, al norte de la actual Nigeria. Cerca de la aldea de Nok, los trabajos de prospección minera descubrieron vestigios interesantes. Los mineros fueron relevados por los arqueólogos que reunieron los vestigios de una civilización hasta entonces completamente ignorada, llamada la civilización de Nok. Los hallazgos consisten fundamentalmente en figuritas de tierra cocida, generalmente rotas, que representan seres humanos, una cabeza de elefante, un mono en cuclillas y cabezas humanas de tamaño natural. Esta civilización de campesinos y de alfareros data del primer milenio a. C. En la Era cristiana, época en la cual la técnica del hierro parece haber llegado a la región, la civilización de Nok no es seguramente la única existente en su época en este sector del Continente, pero es hasta el momento la única de que tenemos noticia.

Otra civilización de alfareros ha sido recientemente descubierta a orillas del Tchad, en la región del Chari. Allí, la arcilla cocida servía para todos los usos: estatuillas de hombres, de animales, zahorras, husos para hilar algodón, marmitas y hornillos; se enterraba a los muertos en vasijas que se cuentan entre los más grandes recipientes que conocemos. La civilización del Tchad, que es entre mil y mil quinientos años posterior a la de Nok y situada a mil quinientos kilómetros de distancia, presenta características comunes a ella. Sin embargo, aún no se ha podido establecer ninguna relación entre ambas.

En la baja Nigeria, cerca de Ifé, también se han encontrado tierras cocidas. Pero también se han exhumado en Ifé esculturas de latón fundidas con cera. No se conocen más que unos cuantos ejemplares, encontrados en condiciones que no permiten fecharlos. Se supone que datan como máximo del siglo X, ya que el florecimiento de este arte tuvo lugar hacia el siglo XIII. Se piensa que el cobre, raro en estas regiones, podía provenir de un tráfico con los mercaderes árabes y que también la técnica de fundir a la cera ha podido ser aportada por artesanos árabes. Quizá cuando los lugares arqueológicos ya descubiertos, y otros que se descubran, sean explotados, se podrá establecer un lazo de unión entre estas diversas civilizaciones, cuyos vestigios son apenas suficientes para evocar un mundo desaparecido.

III. EXPANSION BANTU

El fenómeno más importante, que todavía es el que peor conocemos, es la explosión demográfica bantú, cuyo primer asentamiento se sitúa en las mesetas del norte del Camerún, y que cronológicamente podemos encuadrar sobre los albores de la Era cristiana.

Precisemos que el nombre «bantú» no designa una unidad racial, sino únicamente cultural. Los negros que llamamos así corresponden a tipos físicos muy diversos. Por el contrario, los innumerables dialectos que hablan presentan características comunes que sólo se pueden explicar presuponiendo un origen común, buscando un hipotético foco de donde habría partido la expansión de los pueblos que hablan un dialecto bantú. ¿Por qué se produjo a partir de este foco esta explosión demográfica y esta expansión geográfica? Se puede explicar por una proliferación (o al menos una reducción de la mortalidad infantil) debida a un bienestar excepcional para la época, posiblemente unido a la introducción del cultivo del ñame y de la banana, procedente de Indonesia y que se ignora cómo llegaron hasta allí. También se explica por la posesión de la técnica del hierro. La banana y el ñame crecen en la selva; el hacha de hierro permite adentrarse en ella; provistos de estas dos armas, los negros que hablan dialectos bantúes penetran sin duda en pequeño número en la selva durante los primeros siglos de la Era cristiana, la franquean en dirección al sur, y se instalan más allá con sus hábitos culturales y migratorios. Ya hemos dicho que el cinturón selvático apenas supera los trescientos kilómetros en su lado más ancho. Se comprende que durante largo tiempo haya sido un obstáculo infranqueable, pero también que, una vez provistos los hombres de técnicas idóneas, su penetración haya sido rápida. Hacia el siglo VII u VIII, los bantúes alcanzan la región de los grandes lagos y a partir de allí se multiplican y se expanden rápidamente. Hacia el siglo X, están en Rhodesia del Sur. Otros grupos se filtran hacia la desembocadura del Congo.

No avanzan por terreno desierto. En la selva encuentran a los pigmeos, o más exactamente a los antepasados de los actuales pigmeos. Es probable que los pigmeos, refugiados en la selva, igual que los bosquimanos más al Sur, representan a los descendientes —quizá degenerados— de pueblos de civilización paleolítica que ocupaban al menos algunas partes del continente africano antes de la llegada de los negros. Muchas tradiciones orales cuentan que la tierra pertenecía antiguamente a pueblos distintos de los negros, a los que a veces se les llama «los hombres rojos» de gruesa cabeza y pequeña estatura; verdaderos propietarios del suelo por derecho de antigüedad, se desvanecieron más tarde y se transformaron en genios a los cuales conviene rendir culto para no tenerlos en contra.

Bajo la presión de los negros, los supervivientes de estos paleolíticos, unos se asimilaron, otros se refugiaron en la selva, cuyos descendientes serían los pigmeos; otros, establecidos al sur de la selva, serían los antepasados de los bosquimanos.

Pero cuando los bantúes llegan a la costa oriental son otros negros los que encuentran allí, pertenecientes a otro grupo racial, llamados a veces camita-orientales, a veces caucásicos, y otras veces etíopes o kuchitas. Los camitas son generalmente de mayor estatura que los negros bantúes, tienen los rasgos más finos, los labios delgados, la nariz recta; el color de su piel va del moreno al negro. Llevan generalmente una vida pastoril. Sus lenguas pertenecen al grupo llamado camito-semítico o afrosiático. Los tipos más característicos son los somalíes y los gallas de Etiopía. Deslizándose hacia el sur por la accidentada región que separa los grandes lagos del litoral del Océano Indico, ciertos grupos de pastores habían alcanzado el Zambeze cuando, del Oeste y del Noroeste, llegaron los cultivadores bantúes, más o menos hacia el final del primer milenio d. C. Sin embargo, según ciertos autores, fueron los agricultores los que generalmente precedieron a los pastores, los bantúes a los etíopes. Es posible que el orden de llegada no fuera el mismo en todas las regiones.

La entrada del mundo bantú en la Historia es tardía. La formación de grandes unidades políticas al sur del Ecuador no se remonta más allá del siglo XIV o incluso del XV, es decir, no mucho tiempo antes de que los portugueses tomaran contacto en el litoral atlántico con el rey del Congo, y en el litoral del Océano con el imperio de Monomotapa, nombre con el que los portugueses designaban a su soberano. Es cierto que, por tardías que sean las fechas en que aparecen las formaciones políticas de una cierta envergadura, debía de haber detrás de ellas siglos de progresiva civilización, de los que no sabemos gran cosa.

IV. GHANA

Es al oeste del Continente, en la zona sudanesa, entre el Sahara y la selva tropical, donde se han desarrollado los más antiguos reinos negros que, al parecer, no debían nada a la aportación asiática.

Según nuestra hipótesis, el Sahara, al irse desecando progresivamente, fue siendo abandonado por los negros que se replegaron sobre lo que aún hoy es la sabana sudanesa. Pero algunos grupos de pastores blancos, nómadas y jinetes, se mantuvieron allí con sus rebaños, adaptándose a la vida en el desierto. Hasta el principio de la Era cristiana, el Sahara proveía aún alimentación para sus caballos. A partir de este momento, adoptaron el camello —o más exactamente el dromedario de una joroba— introducido por los ptolomeos en Egipto. Trashumando según las estaciones de las lluvias, siguiendo itinerarios jalonados de pozos que se profundizaban de año en año a medida que bajaba el nivel del agua, mantuvieron el contacto y los intercambios entre los negros de la zona sudanesa y el litoral mediterráneo: con Egipto, con Leptis Magna en Libia (hoy, Homs en Tripolitania), esa gran ciudad romana en la que nació el emperador Septimio Severo; quizá también con Marruecos y el sur de España que proporcionaba cobre.

En las desembocaduras de las rutas de caravanas en la zona sudanesa se fundan y suceden a finales del primer milenio de la Era cristiana y hasta el siglo XV organizaciones políticas que se llaman reinos o imperios: Ghana, Malí, Songhai y Kanem. Ghana se constituye en la desembocadura sur de una ruta de caravanas que coincide en una parte de su trayecto con la ruta prehistórica del Sahara occidental llamada «ruta de los carros», porque está jalonada de dibujos rupestres que representan carros; lo que, sin duda, nos lleva a evocar lo que dice Herodoto de los garamantes (bereberes blancos) que hacían incursiones al país de los etíopes (los negros) con carros tirados por cuatro caballos. En cuanto al reino Songhai le corresponde la ruta que va de Trípoli a Gao a través del valle fósil del Tilemsi. Kanem está situado en la llegada de las rutas orientales que, desde Fezzan y Egipto, llegan hasta el Tchad.

El más antiguo y célebre de estos estados es Ghana, que ha tomado su nombre de la antigua Gold Coast (costa del oro) en 1957, prestándose así a confusión porque nada, ni la geografía ni la historia, justifica esta herencia; nada, salvo el prestigio del nombre. Es lo mismo que cuando los germanos de la Edad Media se apropiaron, bajo la forma «Kaiser», el prestigioso nombre de César.

La base económica de la existencia del antiguo Ghana consistía en ser, gracias a su situación en los confines meridionales del Sahara occidental, el gran mercado de intercambios entre el mundo norteafricano y sahariano por una parte, y, el *Bled es Sudan,* como dicen los árabes, es decir, el país de los negros en la sabana nigeriana. Se encuentra la capital de este reino en Kumbi Saleh, a 330 km. al norte de Bamako, que parece fue fundada hacia el siglo IV de la Era cristiana sea por los bereberes, sea por los sarakolés, mestizos de bereberes y negros.

Su actividad económica es muy antigua. En efecto, como los negros transpiran más que los blancos, tienen aún más necesidad que ellos de sal. Ahora bien, esta sal viene de las salinas saharianas de Idjil, de Teghaza o de Taudeni (estas últimas abiertas en 1585 por los songhai). Llegaba, hasta hace pocos años, en grandes caravanas bianuales: los azalais. En 1913, la caravana de Bilma tenía veinticinco mil camellos. La sal traída por las caravanas se cambia por cereales, sobre todo el mijo, producidos por los campesinos negros, y por oro y esclavos.

El oro de Ghana viene de más al sur, del Bambuk legendario, que está en Guinea, en el alto valle de Faleme. Es dudoso que Ghana haya controlado nunca el Bambuk; pero sus comerciantes iban allí a comprar polvo de oro «a hurtadillas». Colocaban en un lugar dado las barras de sal y después se retiraban. Durante su ausencia, los productores de oro

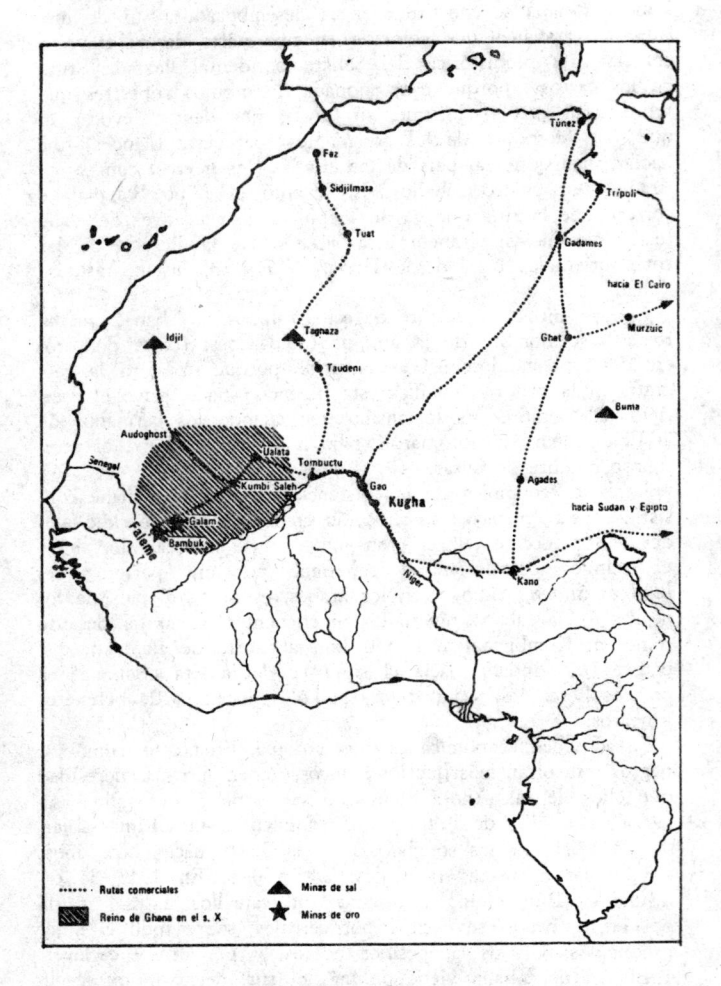

Fig. 2. Reino de Ghana.

depositaban al lado de la sal la cantidad de oro que ellos ofrecían a cambio y se retiraban a su vez. Vuelto el mercader, si aceptaba el cambio tomaba el oro y se iba. Si no, se retiraba de nuevo esperando que el vendedor de oro aumentara su oferta. En el mercado de Ghana, la sal se vendía, según los relatos árabes, por su peso en oro. Durante la Edad Media y hasta el descubrimiento de América, Ghana era el principal proveedor de oro del mundo mediterráneo.

El cargamento de vuelta llevaba también esclavos. Las minas de sal de Taudeni, uno de los lugares más espantosos del mundo, eran explotadas por esclavos enviados allí sin esperanza de regreso.

Este tráfico hacía de Ghana un país rico. Tenía entre los viajeros y los compiladores árabes de la época la reputación de un Eldorado negro. Uno de ellos escribía: «en el país de Ghana, el oro crece en la arena como zanahorias. Se le arranca a la salida del sol». Ibn Haukal, que viajó por Africa occidental, escribió hacia el 977: «el rey de Ghana es el rey más rico de la tierra». Un siglo más tarde el compilador árabe El Bekri, que en realidad escribe desde España y sin haberla abandonado, fiándose de los relatos que ha recogido, cuenta que la ciudad de Ghana es una ciudad de casas de piedra; uno de los barrios está habitado por los musulmanes eruditos y comerciantes, que poseen jardines y que frecuentan doce mezquitas; otro está habitado por el rey y su corte, cerca de un bosque sagrado donde se celebran las ceremonias animistas. Alrededor de la ciudad, un pueblo de agricultores riega las tierras por medio de pozos construidos al efecto.

El rey vive en un castillo adornado con pinturas y esculturas, y con ventanas de vidrieras. Cada mañana da una vuelta a caballo por su capital, precedido de jirafas y elefantes y seguido de su séquito; entonces cualquier persona suplicante puede dirigirse a él y hacerle su petición. Por la tarde vuelve a hacer el mismo recorrido pero solo, y nadie debe entonces dirigirle la palabra bajo pena de muerte. Soberano poseedor de una fabulosa riqueza, asiste todos los días a la comida que hace servir a la población delante de la puerta de su palacio. Tiene numerosos arqueros y se puede circular sin miedo por todo el territorio de su Estado. Un importante servicio administrativo está encargado de controlar y tasar las mercancías según un baremo calculado por el cargamento que lleve la bestia de carga. El rey tiene prácticamente el monopolio del comercio exterior. El oro se exhibe por todas partes con profusión. Detrás del trono, hay diez pajes con escudos y sables con empuñadura de oro. Los hijos de los vasallos están a la derecha del rey, con los cabellos trenzados y adornados con gruesas pepitas de oro. Los perros reales llevan campanillas de oro y de plata.

Cuando muere el soberano es enterrado en una cámara subterránea con numerosos servidores, avituallamiento, armas y ornamentos. Se coloca encima de la cámara funeraria una cúpula de madera que se recubre con un montón de tierra.

La sucesión sigue la línea materna: el sucesor del soberano es su sobrino, el hijo de su hermana.

Según la tradición recogida en el siglo XVII por Es-Sadi el Tombukti en el *Tarik es Sudan,* los primeros 44 soberanos fueron de raza blanca, sin duda bereberes venidos del Sahara. En el 790, un negro, Kaya Maghan Cissé, para vengar el asesinato de su padre, mató al rey blanco y ocupó su sitio, adoptando el nombre de Cissé «Tunkara», es decir, «el rey» en Soninké. Funda una dinastía negra que durará tres siglos.

Bajo esta dinastía, del siglo IX al XI, es cuando Ghana alcanza el apogeo de su extensión, de su riqueza y de su poderío. Se extendió al Este, en algunos momentos quizá hasta el Tombuctú, al Oeste hasta el Senegal y al Sur hasta el río Baulé. Estas fronteras son, por otra parte, muy vagas, pues cabe preguntarse qué clase de autoridad podía ejercerse a tales distancias. Lo que nosotros llamamos imperios y reinos, son más bien «núcleos de autoridad» que alcanzan más o menos lejos, según las épocas, la autoridad y el dinamismo de los príncipes.

Hacia el Norte, Ghana tuvo que luchar sin cesar, con alternativas de éxitos y fracasos, contra los nómadas bereberes, lemtas y sanhadjas. Estos le disputan el control de la ruta sahariana que, desde Marruecos, pasa por Sidjilmasa y Audoghast. De Sidjilmasa a Audoghast hay dos meses de camino y de Audoghast a Ghana de doce a quince días.

En Audoghast, donde se cree reconocer el emplazamiento de Tegdaust en Mauritania, había también un reino: un reino berebere cuya capital era un puerto de caravanas situado junto a la ruta de la sal y del oro. Es un lugar de comercio importante. A fines del siglo X, el viajero árabe Ibn Haukal ve allí —no creyendo lo que ven sus ojos— un reconocimiento de deuda de un mercader de Audoghast que vive en Sidjilmasa, por un montante de 42.000 dinares, es decir, el equivalente, con exceso de un millón de dólares. El Bekri describe, por haber oído hablar de ella, una ciudad grande y muy poblada, dotada de buenos pozos y rodeada de jardines y huertos de palmeras. «Se cultiva allí el trigo con azadón y se riega a mano; los habitantes viven en la abundancia y poseen grandes riquezas. A cualquier hora, el mercado está lleno de gentes; la muchedumbre es tan grande y el murmullo tan fuerte que apenas puede oírse al que está sentado al lado de uno. Las compras se hacen con polvo de oro, ya que en este pueblo no se encuentra plata. A pesar de la distancia hacen traer de los países musulmanes trigo, frutas y uvas pasas... Hay allí negras que son cocineras muy hábiles y que valen cada una cien piezas de oro o más; saben preparar menús muy apetitosos... Hay también jóvenes doncellas de bella figura, de piel blanca y de tipo grácil y esbelto; tienen los senos prietos, la cintura fina, la parte inferior de la espalda· bien redondeada y los hombros anchos».

En el 977, Ibn Haukal, en su itinerario, indica que existe más allá de Ghana una pista que conduce a Kugha en un mes poco más o menos. El señor de Kugha es amigo del rey de Ghana, pero no es comparable a él en riqueza y prosperidad. Kugha y Ghana, dice, viven en paz con los reyes de Audoghast, pues es de aquí de donde reciben la sal sin la que no podrían subsistir. Podemos identificar a Kugha con Kukia, en el Níger, a 150 km. al sur de Gao.

V. LOS SONGHAIS. LOS SAOS

En el Níger, los dueños del río son los pescadores sorkos, que son miembros del grupo étnico songhai, que por otra parte no presenta ninguna pureza ni unidad. Cuenta la leyenda que un día —hacia el siglo VII sin duda— llegaron dos vagabundos del desierto; quizá eran blancos, nómadas bereberes. Endurecidos por sus desdichas, maduros por la experiencia, fueron adoptados por los negros songhais. Se les dio una choza y mujeres; tuvieron una numerosa descendencia; sus descendientes fueron todos hombres enérgicos, audaces y valientes, de gran estatura y fuerte contextura.

Los songhais los nombraron reyes. La dinastía de los Dia reinó entre los siglos VII y XIV. El rey de Kugha o Kukia del que habla Ibn Haukal, es uno de estos Dia. Parece ser, por otra parte, que su autoridad no fue reconocida más que por los songhais sedentarios, puesto que los pescadores sorkos permanecieron hostiles durante largos siglos, pero tuvieron que irse replegando ante la presión de los sedentarios y remontar el río a la búsqueda de nuevas zonas de pesca, fundando Gao y Bumba, yendo a instalarse incluso en Djené, junto a sus rivales los pescadores bozos. Los sedentarios, conducidos por los Dia, los van alcanzando y rechazando paulatinamente hacia el nacimiento del río. El quinceavo Dia, que se convirtió al Islam a principios del siglo XI, traslada su capital a Gao, entre los pescadores sorkos. Gao presenta para él y para su pueblo la ventaja de encontrarse a la orilla del río, justamente en el lugar donde desemboca la ruta transahariana que viene de Trípoli y de El Cairo, en el mismo sitio donde, en el siglo XX, terminará la primera carretera transahariana europea, Argel-Gao por Bidon V.

Aún más al Este, en la orilla oriental del lago Tchad, la región del Kanem-Bornú parece que fue habitada desde muy antiguo por pequeños hombres rojos. Es posible que éstos vieran llegar desde el Norte o desde el Este, negros más o menos legendarios, los saos, de estatura gigantesca. Establecidos al sur del Tchad y aliados quizá a nómadas blancos, los saos debieron ejercer seguramente a partir del siglo XI una especie de hegemonía sobre la región. Parece ser también que constituyeron un conjunto, muy organizado y técnicamente evolucionado, de tribus, más bien que un Estado centralizado. Que se mantuvieron contra las incursiones de sus vecinos durante siglos. Y que finalmente, a finales del siglo XVI, el sultán de Bornú, Idris Alaoma, acabó por reducirlos arrasando sus ciudades, destruyendo sus cosechas y cortando sus árboles. Si hubo supervivientes, se dispersaron: los saos habían desaparecido como pueblo.

3. Expansión del Islam

I. ISLAMIZACION DEL SAHARA. FIN DEL REINO DE GHANA

En adelante, un hecho va a determinar la historia de Africa, al sur del Sahara, del mismo modo que determina la de Europa al norte del Mediterráneo: la expansión del Islam.

Recordemos las fechas: Mahoma se instala con sus partidarios en Medina en el 622. Esta fecha, la Hégira, señala el principio de la cronología musulmana, como el nacimiento de Cristo marca el de la cronología cristiana. En el año 10 de la Hégira, es decir, en el 632, Mahoma, el Profeta de Alá, muere. Dos años después de su muerte, en el 634, comienzan las invasiones conquistadoras de los beduinos, que van a construir un inmenso imperio para el Islam; en el momento de su mayor extensión, la dominación musulmana alcanzará desde los Pirineos hasta el Senegal, desde el Atlántico hasta el Irán. En todo este espacio, una religión —el Islam—, una lengua y una escritura —el árabe—, constituyen el nexo y el principio de unidad. El mundo musulmán apenas si ha sido en realidad un imperio, puesto que la dominación centralizada sobre tan vastos espacios era imposible, habida cuenta de los medios de comunicación de la época.

Examinemos el lado de Africa: en el 640, conducidos por el califa Omar, los árabes musulmanes penetran en Egipto. Son los beduinos, árabes del desierto. El ejército bizantino de Egipto es derrotado. Omar concluye un acuerdo con los cristianos de Egipto, los coptos, en virtud del cual ellos conservarán el derecho de practicar su religión; y sus bienes serán garantizados y protegidos a cambio del pago de un tributo anual. Este acuerdo será luego de capital importancia para el Africa negra cristiana: Etiopía y los reinos de las Cataratas quedan protegidos de la Guerra Santa musulmana, el Djihad, por aplicación extensiva que les fue implícitamente hecha del acuerdo entre el Islam y los coptos. Observemos, sin embargo, que esta tolerancia de los árabes está considerablemente reforzada por el miedo que les inspiraban los arqueros nubios. Los árabes, a fin de cuentas, no pedían a los negros más que continuaran abasteciéndolos de oro y esclavos.

Por un tratado concluido en el 652, los nubios se comprometían, sin que esto supusiera un vínculo de vasallaje, a proporcionar a los árabes 360 esclavos por año y a asegurar a los mercaderes árabes la libertad de comercio y de culto; a cambio, recibían telas, alimentos y caballos procedentes del Egipto árabe. Este tratado tendrá vigor durante seis siglos.

Al norte de Africa, la expansión árabe continúa hacia el Oeste. En el 640, los beduinos franquean el Istmo de Suez; en el 683 destruyen Cartago y expulsan a los bizantinos de lo que hoy es Argelia, alcanzando el Atlántico, por lo que hoy es Marruecos. Se trata, desde luego, de una conquista, pero aún es más una penetración, una conversión. Los jefes árabes con un ejército de bereberes conversos atraviesan en el 711 el Estrecho de Gibraltar para ocupar España, cruzar los Pirineos y, finalmente, penetrar en Francia hasta Poitiers. Pero todos los bereberes no se dejaban convertir. Entre los que rechazan el Islam, un cierto número emigra hacia el Sahara y más allá, hacia *Bled es Sudan* o país de los negros. Otros, sin moverse, se rebelan. Incluso los mismos convertidos, lugartenientes y gobernadores por cuenta de los árabes, tienen una gran autonomía. Para reducir esta resistencia multiforme, un soberano fatimida dirige en el siglo XI sobre el Maghreb, es decir, sobre el Africa berebere, algunas tribus árabes saqueadoras de las que, precisamente, desea desembarazarse Egipto. Doscientos mil beduinos, con la tribu de Beni Hillal en cabeza, caen sobre el Maghreb «como una nube de langostas, arrasándolo todo a su paso», escribirá poco después el historiador árabe Ibn Jaldun. Arrancan los árboles, destruyen las cosechas, agotan los pastos. Por donde pasan la hierba no vuelve a crecer, como se decía de Atila; pero esta vez no es una imagen. Dejan tras ellos el desierto sin remedio.

Entre los bereberes islamizados, pero no más islamizados de lo preciso para obtener la paz, siempre dispuestos a reconquistar su independencia, figuran los sanhadjas, confederación de tribus tuaregs establecidas en el Adrar, pero que se desplazan hasta el río Senegal, al que dan nombre, y que controlan la ruta sahariana entre Marruecos y Ghana. A principios del siglo IX los sanhadjas arrebatan Audoghast a los negros soninkés de Ghana. Mediado el siglo X, el rey berebere de Audoghast es el soberano de los bereberes del Sahara Occidental y de 23 reyes negros que le pagan tributo; su imperio se extiende sobre el equivalente a dos meses de camino de Norte a Sur y de Este a Oeste. Cuenta con un ejército de 100.000 guerreros montados sobre camellos de raza. Incluso teniendo en cuenta la parte de exageración en el relato que nos da El Bekri, este príncipe debía ser poderoso. Sin embargo, en el 990, el rey de Ghana le arrebata de nuevo Audoghast instalando allí un gobierno negro. No por mucho tiempo.

Los árabes han oído hablar de las riquezas fabulosas del país de los negros, de su oro y de sus bellas mujeres. Partiendo de Marruecos, los califas omeyas lanzan en el 734 una primera expedición hacia el Sudán. Obtienen de ella un enorme botín en oro y esclavos. Se trataba solamente de una incursión, pero en previsión del futuro, los marroquíes disponen la línea de pozos que debería permitirles ulteriormente incursiones periódicas y fructuosas. Su método de explotación de los recursos naturales es la correría.

Un berebere de Sidjilmasa, letrado musulmán, llamado Abdallah Ibn Yasin, encuentra otro berebere, Yahia Ben Ibrahim, que regresa fanatizado de la peregrinación a la Meca. Los dos predican en su país un Islam rigorista y regenerado. Nadie es profeta en su tierra. Su predicación es muy mal acogida; se ven obligados a retirarse con siete compañeros a una isla del Senegal. Allí construyen un convento cuya reputación se extiende rápidamente. Algunos meses más tarde reúnen en torno a ellos un millar de fieles. Se les llama «los del convento», «al-Morabetin», de donde surgirá más tarde el nombre de almorávides. En el 1042, sintiéndose suficientemente numerosos y fortificados por su fe en un Islam purificado, los almorávides parten a vengar, primero, las afrentas que han recibido de sus hermanos de sangre infieles, y después se lanzan a la conquista del mundo.

Los primeros convertidos, los lemtas, primos de los sanhadjas, se asocian a la empresa. La ofensiva de los almorávides se orienta en dos direcciones. Hacia el Norte, toman Sidjilmasa, fundan en 1062 una nueva capital, Marrakesch. En 1063 conquistan Fez, degollando a sus habitantes. Hacia el Sur, toman Audoghast, saquean, violan y masacran lo que allí encuentran, musulmán o no, declarando que es el botín legal. Ibn Yasin da muerte a un árabe de sangre mestiza, oriundo de Kairuan, que se había distinguido por su piedad, su virtud, su asiduidad en recitar el Corán y el alto mérito de haber realizado una peregrinación a la Meca; le reprochaba haber reconocido la autoridad del rey de Ghana.

No obstante, el soberano de Ghana, conforme a una larga tradición de tolerancia, comienza conviviendo con los almorávides; incluso les autoriza a construir un barrio en su capital. Pero éstos, una vez instalados, estiman no poder soportar por más tiempo una soberanía negra e infiel. En el 1076, después de quince años de combate, los almorávides, bajo la dirección de Abu Beker, penetran por la fuerza en la capital de Ghana, degüellan, saquean, queman. Sus bestias, reunidas por millares alrededor de los pozos de agua, transforman definitivamente en desierto una tierra hasta entonces cultivada. Después de haberlo saqueado todo, los nómadas marchan de nuevo al desierto a la búsqueda de pasto, trasladando sus tiendas de fuente en fuente, llevando consigo su botín y peleándose entre ellos. Desde el Mediterráneo al Senegal, son los dueños, es decir, nadie les resiste.

Diez años más tarde, Abu Beker, el vencedor de Ghana, es asesinado; el poderío político de los almorávides en la zona sudanesa se desvanece. El Imperio de Ghana recobra una semiautonomía, pero sus vasallos no volverán ya a estar bajo su ley. La ciudad, sin embargo, será reconstruida lo bastante como para merecer ser saqueada en 1240 por Sundiata, soberano del Malí.

II. EL REINO DE MALI

Es, en efecto, el Malí un nuevo reino, éste puramente negro desde sus comienzos, el que toma el relevo de Ghana en la serie de imperios sudaneses. Se formó en la provincia mandinga, en la orilla norte del macizo Futa Djalón, comarca fértil y frondosa, rica en minas de oro. Su capital es Niani, actualmente una aldea situada en la frontera entre Guinea y Malí.

A principios del siglo XI, un tal Keita, señor de aquella región, está en dificultades con sus súbditos porque no consigue hacer llover y desterrar el hambre. Se dirige a los almorávides y, siguiendo su consejo, se convierte al Islam. Inmediatamente comienza a llover, lo que asegura definitivamente su autoridad. Según el historiador árabe Ibn Jaldun, Keita hizo en 1050 la peregrinación a la Meca y recibió el título de sultán. Sus sucesores gobiernan sin gran relieve.

Hacia 1230 un negro sarakolé, Sumanguru Kanté, rey de los sosos, buen jefe guerrero que ha extendido su autoridad sobre una parte del territorio del antiguo Ghana, al que pertenecía la provincia de Soso, ataca al jefe de Malí, que era entonces Naré Fa Maghan. Habiéndole vencido, hace matar a él y a todos sus hijos, a excepción del más joven, el impedido Sundiata, al que no vale la pena matar. Milagrosamente, Sundiata, escapado de la masacre, recobra el uso de sus piernas y se convierte en un guerrero vigoroso. Reúne a sus partidarios, reagrupa las provincias de las que era heredero, penetra en Futa Djalón y vuelve a su capital, donde recibe una larga preparación mágica. Toma el nombre de Mari Dajata, o «león de Malí». En el 1235 se enfrenta a Sumangurú en la batalla de Kirina, no lejos de la actual Bamako. En el curso de esta batalla épica, que los hechiceros del Malí aún evocan en sus cantos, Sundiata vence a Sumangurú, que es asesinado. En Kangaba, a la sazón capital, reúne la asamblea de sus doce vasallos y les reparte las tierras. En 1240, como hemos dicho, saquea la ciudad de Ghana y destruye lo que queda de ella. Es el dueño de la zona sudanesa, y sobre todo de las regiones auríferas del Uangara y del Bambuk. Administra sabiamente su imperio, Malí. Empieza a cultivar vastos espacios. Se le atribuye la introducción del cultivo del algodón. Bajo su reinado, la población crece rápidamente.

Su hijo Mansa Ulé, el rey rojo (Mansa quiere decir rey) que reina entre 1255 y 1270, es un soberano piadoso y prudente que conserva e incluso aumenta la herencia paterna. Naturalmente, hace la peregrinación a la Meca. Pero sus sucesores son débiles, crueles y viciosos. Se forman facciones y estallan revueltas.

En cierta ocasión, entre 1285 y 1300, un esclavo llamado Sakurna toma el poder, restablece el orden en el reino y va a combatir al Oeste con los tekruris del Senegal, al Este con los songhais de Gao y al Sur con los mossis. Estos últimos son buenos guerreros y no consigue derrotarlos. Hace la peregrinación a la Meca; en el camino de vuelta, volviendo no por El Cairo, sino por el mar Rojo, es asesinado por un danakil en el momento de llegar a tierra africana.

En 1300, la dinastía de los Keita sube al trono. De los tres príncipes que se suceden entre 1300 y 1312 apenas si sabemos los nombres. No obstante, el último, Abubakari II, emprendió entre 1310 y 1312 una expedición marítima a partir de la costa atlántica. Doscientas piraguas equipadas y abundantemente provistas de víveres recibieron la orden de navegar hacia el Oeste y de no dar media vuelta más que cuando hubieran alcanzado la otra orilla del Océano. Como volvió una sola, el mismo soberano envió esta vez dos mil piraguas, de las cuales no volvió ninguna. Se ha sacado la conclusión, un poco atrevida quizá, de que los piragüistas del Malí habían descubierto América antes que Cristóbal Colón.

El hijo de Abubakari II, Kankan Muza, que reina desde 1312 hasta 1337, ha adquirido celebridad, sobre todo por lo que de él cuenta Ibn Battuta, viajero árabe muerto en 1377, e Ibn Jaldún, historiador árabe muerto en 1406, que aseguran que Kankan Muza, también llamado Mansa Muza, es el soberano negro más brillante, tanto por sus cualidades —inteligencia, energía y actividad— como por su fausto inusitado.

Su Imperio es inmenso. Va desde el desierto hasta la selva tropical, desde el Atlántico hasta el este del recodo del Níger.

Mantiene relaciones amistosas, diplomáticas y comerciales con Egipto. Según Ibn Battuta, doce mil camellos van cada año desde Malí a El Cairo y regresan. En 1331, cuando adviene al trono el nuevo sultán de Marruecos, Abu el Hassan, Kankan le envía a Fez suntuosos regalos; el sultán marroquí regala a su vez al sultán de los negros una selección de los mejores productos de su reino, que le son llevados por los primeros personajes de su corte.

Se recuerda, sobre todo, su peregrinación a la Meca en 1324. La expedición constaba de un numeroso séquito, muchos esclavos, innumerables bagajes y oro en gran cantidad. Hizo el viaje a Arabia a través de Ualata, el Tuat (en el sur de Argelia), donde dejó muchos de sus compañeros, y El Cairo, donde compró numerosos objetos, siendo de destacar la adquisición de algunas obras de Derecho. Fue allí donde le vieron los mercaderes venecianos que contaron después en Europa su fausto legendario. Es, sin duda, como consecuencia de estos relatos que en 1375 se confecciona por primera vez en Europa un mapa de Africa occidental donde se menciona el Malí o Melli y su «señor de los negros». En la Meca gastó veinte mil piezas de oro en piadosas ofrendas. Sus liberalidades eran fabulosas; a su paso por Egipto no hubo ninguna persona que, ostentando el título de oficial de la corte o encargado de cualquier función gubernamental, no recibiera de él una suma de oro. Hasta tal extremo llegó que, como consecuencia de su paso, el curso del oro bajó y no reencontró su nivel normal hasta doce años más tarde. Su prodigalidad terminó por agotar las reservas que había llevado con él; después de haber deslumbrado a dos continentes, debió pedir dinero prestado durante el regreso.

Su misión de enlazar el mundo negro y el mundo árabe tiene una considerable importancia. Sus gastos de representación no fueron empleados únicamente por vanidad deslumbradora. Atrajo a orillas del Níger a sabios y letrados blancos que llevaron con ellos el saber árabe. De su peregrinación, trajo consigo al poeta y arquitecto árabe Es Sahelí, que renovó la arquitectura sudanesa creando un estilo propio. Reconstruyó Tombuctú, construyó mezquitas, minaretes y palacios de ladrillo con techos de madera y con terrazas.

El objetivo de Kankan Muza no fue solamente abrir su país a una civilización más avanzada, sino también desarrollar el comercio transahariano y monopolizarlo. Gao, junto al Níger, fue arrebatada a los songhai por uno de sus generales, precisamente durante su peregrinación a la Meca. Cabe pensar que no se trataba de la iniciativa de un subordinado, sino de un objetivo fijado por el soberano y que formaba parte de su plan.

Un detalle indica la existencia de relaciones entre el mundo mediterráneo y el mundo negro: los más antiguos monolitos funerarios de Gao fueron grabados en España y expedidos por caravanas a través del Sahara.

Habíamos dejado antes a los soberanos songhais en el momento en que a comienzos del siglo XI (hacia 1010) el quinceavo día se convertía al Islam y trasladaba su capital a Gao. En 1325, su decimoséptimo sucesor, el Dia Assibai, se somete a Kankan Muza y le confía a sus dos hijos nacidos el mismo día de sus dos esposas, las hermanas Fati y Omma. Los jóvenes, Ali Kolen y Solimán Nar, fueron bien tratados por Kankan Muza, que incluso les confió mandos militares. No obstante, hacia el 1336, huyeron, regresaron a Gao y eliminaron al gobernador Mali. Ali Kolen tomó el título de *Sonni* o *Si*.

Después de la muerte de Kankan Muza y un breve reinado de su hijo Magan I, que muere en 1341, es el hermano de Kankan Muza, Solimán, el que reina sobre Malí durante diecinueve años, hasta 1360. Restablece la dominación de Malí sobre Gao; el Sonni huye y se repliega sobre Kukia, la antigua capital songhai. Es bajo el reinado de Solimán, en 1352, cuando Ibn Battuta, que había estado en Oriente e incluso en China, visita Malí. La capital de este país, dice, es el punto de contacto de tres civilizaciones —la sudanesa, la egipcia y la moghrebí— con la barbarie de los negros antropófagos de grandes zarcillos de oro. En la corte es recibido por Solimán vestido con una túnica roja de fabricación europea y protegido por una sombrilla de seda coronada con un gran pájaro de oro. Las costumbres y hábitos de la población de Malí le parecen rústicas, pero reconoce en los sudaneses cualidades de organización. «Los negros de Malí tienen más horror a la injusticia que otros pueblos. El sultán es implacable para los declarados culpables.» Ibn Battuta rinde homenaje a la regularidad de las prácticas religiosas; encuentra a las mujeres hermosas y respetables, gozando de una libertad que le asombra. Queda impresionado por el impudor de las jóvenes que encuentra, sin duda, desveladas y más bien descotadas; se impresiona también por la persistencia de ceremonias que él califica de idólatras. Los diulas, con la cabeza cubierta por una máscara bárbara adornada con plumas y con un pico rojo, danzan delante del rey y recitan extrañas poesías.

Muestra su asombro porque el heredero del trono sea el hijo de la hermana del difunto. Constata que la agricultura es próspera y el comercio floreciente. Las caravanas llegan a Tombuctú desde todos los puntos del horizonte. Observa la frugalidad de las comidas: cocido de mijo azucarado con miel y un poco de leche. Le extraña ver aráquidas o cacahuetes: «Los indígenas sacan de bajo tierra granos que tienen la apariencia de habas; los fríen y su sabor se parece al de los garbanzos fritos. Se muelen estos granos y se extrae el aceite que sirve para la cocina, el alumbrado, la higiene y para pintar las casas.»

En conjunto, Ibn Battuta queda muy impresionado por el orden y la tranquilidad que reinan en el país. «En este país se siente uno en completa seguridad. Ni los viajeros ni los habitantes tienen que temer el robo y la violencia... El viajero está siempre seguro de encontrar alimento y de poder alojarse convenientemente durante la noche.» Deplora solamente la avaricia y la impopularidad del rey Solimán.

Sin embargo, con la muerte del viejo Solimán en 1360 se termina el esplendor de Malí. Los sucesores son débiles, insignificantes. Procedentes del Sur, los mossis hacen audaces incursiones sobre el Malí. Por el Norte, los tuaregs se apoderan de Arauan y Ualata, en el desierto, e incluso de Tombuctú, en el Níger, hacia 1435.

Es en el momento de la decadencia de Malí cuando los portugueses toman contacto con él. En 1481, Mandi Mansa Mamadú, es decir, Mamadú rey de los Manda, envía un delegado a los portugueses de Gambia para pedirles su apoyo contra Songhai y Uolof. Juan II, rey de Portugal, no quiere comprometerse en la aventura, pero envía dos embajadas a Mamadú, una desde Gambia y otra desde El Mina, en la Costa de Oro. A principios del siglo XVI, León el Africano afirma que hay todavía seis mil hogares en la capital de Malí y que se puede encontrar allí trigo, algodón y ganado en abundancia.

Hacia 1530, presionado por sus enemigos, el rey de Malí, Mamadú II, renueva la petición de ayuda a Portugal; en 1534, Juan III de Portugal asegura al rey de Malí que cuenta con su entera simpatía, pero no le envía socorro.

III. EL REINO SONGHAI

A medida que palidece la estrella de Malí, el reino songhai recobra su esplendor. Los Sonnis, que gobiernan sin brillo, reorganizan, sin embargo, el ejército y el país, adquieren vasallos y sanean sus finanzas, saqueando, por ejemplo, la capital de Malí hacia 1400.

Uno de los Sonnis, Sonni Ali, llamado Ali Ber o Ali el Grande, y también el Si, se convierte en el más importante conquistador del Africa negra. En un cuarto de siglo, de 1468 a 1492, año de su muerte, edifica un imperio tan vasto como el de Carlomagno, desde Segou, junto al Níger, hasta Dahomey. «Hizo expediciones, conquistó provincias y su fama se extendió tanto en Oriente como en Occidente», dice el *Tarik es Sudan.* Su gloria llegó a conocerse hasta en Europa, y el rey Juan II de Portugal le envió una embajada.

En 1468 se apodera de Tombuctú, que los tuaregs ocupaban desde 1435; pasa por las armas a los habitantes, ejecuta a los Ulemas, sabios musulmanes que se oponían a él, encarcela a los letrados e incendia la ciudad. Se apodera en 1473 de Djenné, en el Níger. Djenné fue fundada hacia 1250 por los soninkés; era el foco de un pequeño Estado relativamente próspero, sobre todo desde que había reemplazado a Ghana en el mercado del oro. Numerosos letrados se reunían allí. El prestigio intelectual de Djenné la hacía rival de Tombuctú. Ali Ber necesitó someterla a un sitio de siete años, siete meses y siete días para apoderarse de ella. En 1476, Sonni Ali entra en su capital, Gao, cubierto de gloria.

Lanza una operación hacia el Este contra Borgú, pero se para en Mopti del Níger para tomar aliento y rehacer su ejército. Se enfrenta a los mossis, se lanza al asalto del macizo de Bandiagara, pero tropieza con la población animista y decidida de los dogones, que resisten bravamente atrincherados en sus farallones. Se dice que Ali Ber estaba dotado de mágicos poderes. Es exacto que es un adversario del Islam, o al menos del clericalismo musulmán. Condujo la lucha contra los tuaregs musulmanes que eran invasores, pero también contra la penetración pacífica y silenciosa de los peules, también musulmanes. Los peules se infiltran llevando delante de ellos sus bueyes. Sus mujeres son bellas y espirituales, entran en los harenes de los jefes sudaneses, donde alcanzan gran influencia. Los hombres, inteligentes y hábiles, saben hacerse útiles y más adelante indispensables.

Sonni Ali reacciona; los expulsa de los cargos públicos; hace campañas contra las tribus peules de Gurma en 1465, 1470 y 1488, sobre todo porque considera la difusión del Islam como un peligro para las tradiciones de los pueblos negros.

Como son sus adversarios, es probable que los letrados musulmanes que han transmitido el relato de sus grandes hechos no hayan rendido plenamente justicia a la memoria de este gran organizador.

En 1492, durante una campaña en Gurma, se ahogó al pasar un torrente. Al haber rehusado su sucesor convertirse al Islam, uno de sus generales, el soninké Mamadú Turé, recoge el poder

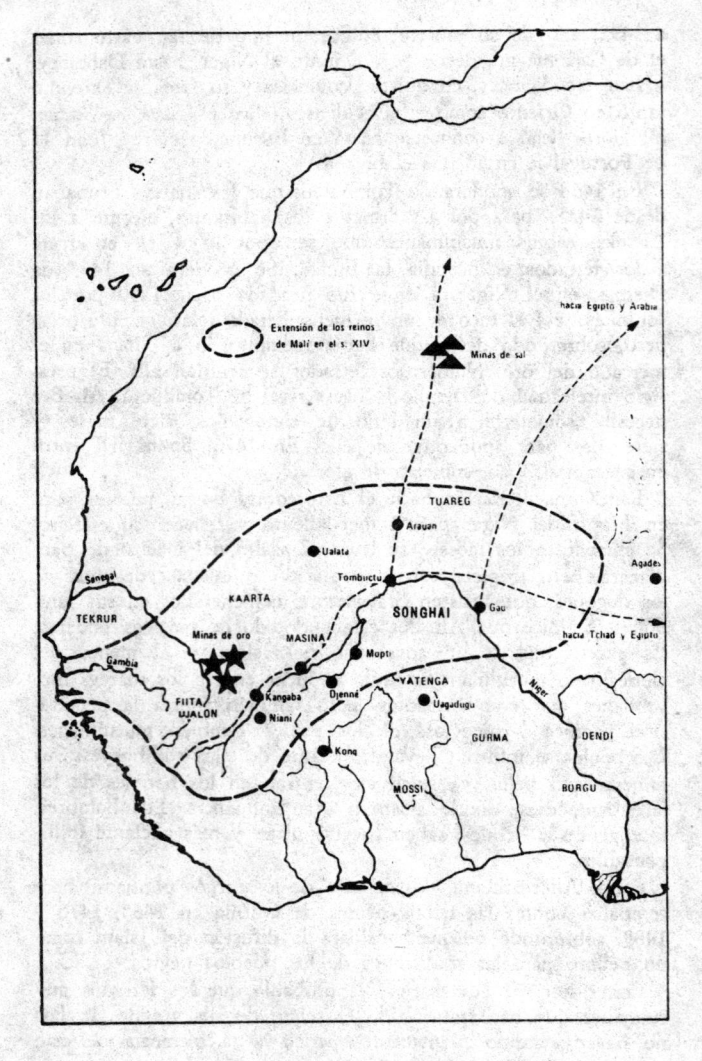

Fig. 3. Malí, Songhai, Tekrur, Mossi, Bambara.

y toma el nombre de Askia Mohamed, fundando la dinastía musulmana de los Askias, reyes de los songhais.

El siglo de los Askia es aún para el imperio de los songhais una época de esplendor. Pero también aquí es quizá necesario tener en cuenta la tendencia de los cronistas musulmanes a exaltar a los Askias musulmanes a expensas de los sonnis paganos y anticlericales.

El Askia Mohamed, fundador de la dinastía, reina desde 1493 hasta 1528. Organiza su imperio en provincias; a la cabeza de cada una de ellas nombra un gobernador. Crea un ejército permanente; acoge a los letrados en Tombuctú y en Djenné. En 1497 hace la peregrinación a la Meca, acompañado de quinientos jinetes y de mil soldados; lleva consigo trescientas mil piezas de oro; también le acompañan los letrados. A su regreso, fortalecido con su prestigio de peregrino y con el título de califa, que le ha atribuido el catorceavo sultán hassánida de la Meca, emprende una guerra contra los mossis de Yatenga, contra lo que queda de Malí, contra Borgú, al Este, y contra Agades, donde establece a perpetuidad un destacamento de songhais para alejar a los saqueadores tuaregs. Es detenido en este avance por la resistencia de los hausas, a los que no puede conquistar más que tres estados hacia 1512 y por poco tiempo. En el Norte, la dominación songhai se extiende hasta el desierto, llegando a controlar la explotación de las minas de sal del sur marroquí. Sin embargo, uno de sus sucesores, el Askia Daud (1549-1582), preferirá entregar su explotación al sultán de Marruecos, mediante el pago anual de diez mil dinares de oro. Los hijos del Askia Mohamed —tenía un ciento— se disputan su sucesión, antes incluso de su muerte. Se matan entre sí. Cuando sus descendientes llegan a entenderse, reina la paz y vuelve rápidamente la prosperidad. Se circula con toda seguridad por el Sahara. Los tuaregs pagan tributo. Comerciantes y hombres de letras afluyen a Tombuctú. La mercancía preferida son los libros escritos a mano, «los cuales se venden muy bien hasta el punto de que se obtiene de ellos mucho mayor beneficio que de cualquier otra mercancía que se venda», informa León el Africano. Dice también que se estima la riqueza de un hombre por el número de libros de su biblioteca y de caballos de su cuadra.

IV. LOS MARROQUIES EN TOMBUCTU

A finales del siglo XVI, un joven sultán marroquí, Mulay Ahmed, apodado El Mansur el Victorioso, impulsado por el apetito de gloria y la sed de oro, decide una expedición a través del desierto hacia las fabulosas minas de oro del país de los negros. Ignora la posición geográfica de estas minas; no sabe que se encuentran mucho más allá de los mercados donde habitualmente se compra, a orillas del Níger.

Envía al Askia de la época, Mohamed el Hadj (1582-1586), una embajada cargada de regalos. La misión secreta de la delegación es una misión de espionaje. Se trata de preparar una incursión militar. El Mansur confía la preparación y el mando de la expedición a un español renegado, Joder, así llamado a causa de su juramento favorito. Este pariente de los conquistadores de América, convertido al Islam, organiza con cuidado su expedición. Hace traer, de la Inglaterra isabelina, lona para hacer las tiendas, cañones y pólvora. En 1590, la expedición, compuesta en parte de españoles al servicio de Marruecos, atraviesa el Sahara con armas y bagajes, animada por la energía y los juramentos del pachá Joder. Es la primera vez que los cañones atraviesan el desierto. Durante los cinco meses de travesía, una parte de los hombres muere de sed y de agotamiento. Pero al llegar al Níger, el 12 de abril de 1591, los songhais son expulsados a Tondibi, 50 km. más arriba de Gao. Los conquistadores hispanomarroquíes ocupan Gao, abandonado por la población; se instalan en Tombuctú. Pero una gran decepción les aguarda: ¿dónde está el oro? No solamente no encuentran a orillas del Níger el esperado Eldorado, puesto que las minas están mucho más al Sur, en la selva que hay a los pies del Futa, sino que su campaña ha interrumpido los circuitos comerciales habituales; el oro ya no llega en absoluto a Tombuctú.

Descontento el sultán de Marruecos al no obtener los resultados previstos de la expedición, sospecha que Joder le ha traicionado. Le revoca y le reemplaza por un hombre que tiene su confianza, el marroquí Mahmud, que va a Tombuctú y toma el mando de lo que queda de la banda de aventureros. Sin embargo, Joder, resuelto a probar fortuna él solo, se establece en Gao.

Los askias, que han huido, pelean también entre sí. Unos, juzgando vana la resistencia, buscan el entendimiento con Mahmud; otros continúan la resistencia desde la provincia de Dendi, situada bastante lejos, hacia la desembocadura del Níger. Pero ya no existe el Imperio songhai. Los bambaras, los tuaregs y los peules, al no estar ya sujetos, se desperdigan.

Mahmud no fue capaz, a pesar de sus pillajes, de enviar al sultán mucho más oro que Joder. El sultán envía a otro cadí, Mansur, con la misión de ejecutar a Mahmud y ocupar su sitio. Da, igualmente, la orden de encarcelar al cadí y a los letrados de Tombuctú y de trasladarlos con sus familias, sus bienes y sus libros a Marruecos. Uno de ellos, el historiador Ahmed Babá, sobrevivirá suficiente tiempo como para que en 1607 el sucesor de El Mansur le dé autorización para volver a Tombuctú, su patria.

Los hispano-marroquíes fueron prácticamente abandonados a su suerte por el decepcionado sultán y por el mismo Joder; éste, que sobrevivió a todos, vuelve triunfalmente a Marruecos con su botín en 1599. Los que se quedaron, acabaron por integrarse, casándose con jóvenes del país, en el que se enraizaron. Tuvieron que defenderse contra los tuaregs, que atacaron Tombuctú, contra los bambaras de Segou, contra los mandingos de Malí, que una vez llegaron a ocupar Djenné. Sin embargo, la dominación de los «marroquíes» durará aún largo tiempo. Durante un tiempo, el sultán de Marruecos nombra a los pachás de Tombuctú y les envía inspectores financieros. Se reanudan así las relaciones entre el litoral mediterráneo y las orillas del Níger. Pero el sultán se desinteresa de esta tierra lejana y decepcionante. Hacia 1620 el sultán de Marruecos renuncia a designar un pachá para Tombuctú. El ejército, que subsiste como un poder autónomo bajo forma de casta militar, elige entonces a los pachás; y en caso necesario los depone y elige otro; algunos fueron, de esta forma, elegidos hasta siete veces. Los pachás permanecían cada vez menos tiempo en su puesto; su mandato duraba meses o semanas; los interregnos, durante los cuales el ejército se debatía entre las rivalidades de los candidatos, se prolongan. Estos, que aún eran llamados marroquíes, abandonados ya por el sultán y que estaban cada vez más mestizados, van perdiendo resistencia. A partir de 1737, pagan tributo a los tuaregs que se instalan en Gao en 1770. Los «marroquíes», o más bien sus descendientes de piel clara, los «armas», renuncian a ejercer un poder que se les escapa de las manos y se funden con la masa de la población.

No obstante, al lado de la anarquía de la clase dirigente cabe asombrarse por el nivel de civilización alcanzado y mantenido en Tombuctú. Los ulemas, historiadores, jurisconsultos, letrados desarrollan su actividad. En el siglo XVI, Mahmud Kati y su nieto escriben la crónica del *Tarik el Fettach;* a principios del siglo XVII, Es Sadi el Tombukti escribe la crónica del *Tarik es Sudán*. En la misma época, los cirujanos de Tombuctú practican la operación de cataratas.

V. SOSSOS. TEKRURIS. MOSSIS. BAMBARAS

Al lado de los tres imperios que se han sucedido en el Sudán nigeriano —Ghana, Malí y el Imperio songhai— hay gran cantidad de reyes y reyezuelos cuyos pueblos han tenido su momento de prosperidad, de poderío y de notoriedad.

Hemos visto de paso cómo emergió momentáneamente un reino sosso, descendiente de los sarakolés, expulsados de Ghana por la invasión almorávide y que se refugiaron entonces más al Sur, en territorio kaniaga. Hemos visto cómo Sumangurú, el último de sus reyes, llegó a establecer hacia 1230 una momentánea autoridad sobre el territorio del antiguo Ghana y liquidó la dinastía de los príncipes de Malí, salvo al impedido Sundiata, que después se vengaría de él. Una vez muerto Sumangurú, el reino sosso fue incorporado al Malí, aunque su dinastía subsistió en rebeldía durante algún tiempo en Futa Toro.

Aprovechemos la ocasión para subrayar hasta qué punto es frecuente en Africa que la autoridad real se extienda, se restrinja o se desplace según se extienda, restrinja o desplace la influencia de la persona que ostente esa autoridad real.

A orillas del Senegal, el Tekrur tuvo también sus dinastías reinantes; se enumeran siete a partir del año 850, siendo quizá la primera de raza blanca, probablemente berebere, pero rápidamente asimilada. El valle del Senegal, límite entre el mundo negro y el mundo blanco, alejado de las grandes corrientes comerciales y de las migraciones, sirve de base y de refugio al Islam. Ya vimos cómo de allí partió el esplendor y el auge de los almorávides.

Al sur del Níger, en la alta cuenca del río Volta, los mossis constituyen ante todo una casta guerrera, una aristocracia de caballeros, llegados del Este hacia el siglo XI. Fundan no un único reino, sino una serie de principados entre el Níger y las colinas togolesas. El principal, el Mogho Naba de Uagadugú, dispone de una organización administrativa bastante desarrollada. Se conoce la lista de los Mogho Naba de Uagadugú, desde Uidiraogo, fundador de la dinastía a principios del siglo XIII, hasta nuestros días. Lo mismo ocurre con los príncipes Dagomba (al norte de Togo) y Gurma (en el reino de Fada N'Gurma). Pero estas listas son dudosas. En todo caso, podemos afirmar que el mantenimiento de estas dinastías a través de tantos siglos da sin duda testimonio de la sabiduría de sus príncipes y de sus súbditos, pero manifiesta igualmente que estos países, pobres, suscitaban menos apetencias y competencias que el oro de Bambuk. La paz relativa en que vivieron les priva de la gloria de pasar a la Historia.

En el vacío dejado por el derrumbamiento del Imperio songhai en 1591 se ve aparecer un grupo étnico muy dinámico, los bambaras. Son agricultores que viven desde siglos en estado de anarquía campesina, a los que probablemente un pequeño grupo de caballeros peules enseñó los principios de una organización en unidades más considerables. Vemos, en efecto, formarse a principios del siglo XVII, a orillas del Níger, dos grupos o reinos: en la orilla derecha, los bambaras de Segou; en la izquierda, los bambaras de Kaarta. Reinos rivales, a veces en guerra, a pesar de que las leyendas y tradiciones los hacen descender de dos hermanos, el buen Baramangolo y el malvado Niangolo.

Los bambaras, raza vigorosa, son buenos agricultores y buenos soldados. Se consideran a sí mismos «hombres de la tierra»; hasta el período colonial permanecieron siendo animistas; e incluso entonces el Islam no pudo penetrar en ellos sino muy lentamente, por medio de una paulatina infiltración y a caballo de la colonización europea. Es preciso considerar que el animismo no es una forma resumida de creencias que se limiten a algunas supersticiones fetichistas. El animismo, por ejemplo el de los bambaras, es un sistema muy complejo y muy completo, rico y refinado, y que exige largo tiempo para comprender, aunque sea un poco solamente, su cosmogonía, metafísica y ética, que están ocultas bajo el ritual. Se ha dicho de los bambaras que son seres esencialmente religiosos; esto significa que concepciones que nosotros consideramos religiosas están íntimamente mezcladas tanto a la estructura social como a la técnica y a la vida privada. Las tradiciones y los ritos forman la trama misma de la vida, en cada día y en cada instante. Cualquiera que sea el acto, cualquiera que sea la circunstancia, nada se deja al azar o a la fantasía. Todo lo que puede o debe hacer un individuo le es dictado por una prescripción o una prohibición ritual: así, el orden de sucesión cuando muere el jefe del grupo familiar; el régimen del matrimonio y la elección de la esposa; la propiedad de la tierra y la propiedad de la cosecha, que raramente se confunden; la circuncisión de los muchachos y la desfloración de las vírgenes; la educación; las relaciones sexuales; la administración de justicia; la familiaridad con los parientes y amigos y los deberes hacia ellos; la broma y el insulto hacia tal o cual persona según el grado de parentesco; las sucesivas labores del campo. Todo esto está reglamentado por referencia a un sistema no solamente social y técnico, sino también legendario, cosmogónico y metafísico, que en todo momento guarda su coherencia interna. El lugar del hombre en el Universo y su función son explicados por el orden de la Creación misma, considerándose el hombre un microcosmos donde se refleja y se resume la totalidad de las cosas. Este sistema no es el resultado de una especulación ni la invención de una *élite* de intelectuales, sino la transcripción práctica, ocular y viva de una experiencia milenaria. Todos los miembros de la sociedad bambara participan en él y lo asimilan en la medida de sus medios intelectuales; aunque no es comprendido en su conjunto y en su total significación más que por el grupo de los ancianos, cuya función social específica es precisamente hacer la síntesis de la experiencia, mantener viva y transmitir la tradición, y constituir una reserva de sabiduría.

La existencia de los bambaras, que puede calificarse de anárquica, está reglamentada de esta forma sin que ni siquiera se ejerza autoridad alguna aparte de la de la tradición. Cada uno, incluso estando aislado, sabe lo que tiene que hacer en todos los casos. Esta tradición está adaptada a un territorio difícil, con débil densidad de población, comunicaciones cortadas durante los largos meses de la estación de las lluvias, suelo ingrato y un clima del que se ha podido decir que «destruye todo» salvo la raza humana, que ha sabido dominarlo. A pesar de una existencia ruda, los bambaras han conservado, a través de los siglos, una vitalidad, una alegría de vivir y un humor malicioso que manifiestan a cada momento del día, y sobre todo de la noche, cuando llega el gran calor y la luna brilla. Entonces los relatos de los hechiceros, los juegos, las danzas y el tan-tan son alegres distracciones. Pero lo mismo sucede con las labores de la tierra: desbrozar, arar, sembrar, recolectar y los trabajos auxiliares: traer agua y hacer fuego, apilar el mijo o hilar el algodón, todo se hace en común, todo se acompaña con cantos, todo sirve de pretexto para danzas, chasquear de dedos y de manos, gritos rítmicos y estallidos de risa.

Era preciso evocar, al menos sumariamente, una de estas «anarquías campesinas» que constituyen el valor sin lustre, pero sólido, de la humanidad africana, aunque no fuera más que para comprender hasta qué punto lo que selecciona el historiador tiene poco peso —es a lo más un adorno— al lado de la existencia cotidiana, anónima, laboriosa y robusta de razas que, de un suelo pobre y tostado por el sol, han sabido sacar sus subsistencias e incluso las de los demás.

De cuando en cuando estas anarquías retienen la atención del historiador: esto sucede cuando, para su bien o para su mal, aparecen en ellas lo que se ha dado en llamar «grandes hombres», personalidades poderosas, organizadores autoritarios.

Es así como el reino bambara de Segou vio reinar (sin duda de 1712 a 1755) al célebre Mamari Kulibali. Era un jefe guerrero; rechazó el ataque de un poderoso vecino, el rey de Kong, que, procedente del Sur, asedió largamente a Segou hacia 1725. Mamari llevó a cabo la unidad del reino. Pero no lo consiguió sino a costa de transformar la estructura política y social, o al menos sobreponiendo a la anarquía campesina una casta político-militar, al estilo de lo que hoy llamaríamos un partido. Esclavos liberados, condenados a muerte indultados, criminales perdonados, contribuyentes exonerados de su deuda: Mamari los compraba a todos, pidiéndoles a cambio la absoluta entrega personal. Renunciando a su libertad individual, estaban integrados en la casta de los Ton-Dyon (los esclavos de la Ton o comunidad). Esta casta, unida por el culto personal a Mamari, tenía además la apariencia de una hermandad religiosa de la que él era el jefe político, militar y religioso al mismo tiempo.

Una vez muerto Mamari, esta casta asesinó, uno tras otro, a sus hijos, y finalmente a toda su familia, a excepción de dos de sus hijas. Por último, un jefe de los Ton-Dyon, N'Golo Diara, casándose con una de las dos supervivientes, afirmó su autoridad y reinó apaciblemente entre 1760 y 1790, dejando a sus súbditos un buen recuerdo. Extendió el reino bambara a Masina, a Djenné y a Tombuctú.

4. Africa occidental

Al sur de la sabana, en la selva y en el litoral, en la región de Africa occidental que se llama guineana para distinguirla de la zona sudanesa, no hay, según parece, formación política de carácter histórico en la época que estamos considerando. No obstante, esta zona se ve afectada de rechazo por las vicisitudes de las hegemonías sudanesas. En la sabana, cuando la autoridad cambiaba de mano, los que no aceptaban inclinarse ante el nuevo poder, o aquellos cuya existencia estaba amenazada, o bien los que rehusaban convertirse al Islam cuando éste se convertía en la religión dominante, todos éstos tenían el recurso de emigrar hacia el Sur. La migración es un fenómeno permanente de las sociedades africanas, un dato constante de su historia. Se puede decir, ciertamente, que el Islam no ha penetrado en la selva ni más allá porque el Islam, religión de pastores nómadas, se detiene en el borde con sus rebaños; cabe pensar también que el Islam, religión de caballeros, no penetra en la selva porque ésta dificulta la marcha del ganado y de los caballos. Pero no conviene olvidar tampoco que la zona selvática sirvió de refugio a los que rehusaban el Islam, a los que no aceptaban la organización y la autoridad de las hegemonías sudanesas, y que, por tanto, la selva pudo acoger y proteger una densidad relativamente grande de grupos étnicos o de individuos de temperamento animista-anarquista-campesino, que prefieren la paz en la penumbra al resplandor de los Imperios y el brillo de la historia.

De todas formas, parece ser que la población no ha sido densa en la zona guineana hasta el siglo XIV de nuestra Era. La selva virgen no es un medio propicio para ser habitado por el hombre. Apenas si ha sido practicable antes del uso del hierro; y casi no proporcionaba ninguna alimentación hasta la introducción de plantas exóticas, como una especie de bananero y la patata, originarios de la India, y la mandioca y otra especie de bananero, originarios de América.

Entre el Níger y el litoral atlántico, en el período que estamos considerando, que es la aurora de las civilizaciones africanas, tres civilizaciones merecen la atención del historiador: el pueblo Yoruba, el reino de Benín y el Nupé.

I. LOS YORUBAS

El pueblo de los yorubas es el único pueblo negro que tendió espontáneamente a aglomerarse en grandes ciudades, el único cuya realización política tuvo una base urbana. Ibadán es la primera gran ciudad negra del Continente.

Según la tradición, los yorubas llegaron del Este durante el primer milenio d. C. Desde la introducción del Islam, se ha generalizado el situar el origen de esta migración en el Yemen. Probablemente procede de no mucho más lejos que la región situada entre el Tchad y el Alto Egipto, en la que podría situarse la cuna de las razas negras. La ciudad más antigua es Oyo, fundada al norte de la selva entre los siglos XI y XIII, hoy día una ruina venerada. Más al Sur, aún en la selva pero cerca ya de su borde, está Ifé, la ciudad sagrada, sede del Oní el jefe religioso de los yorubas. El soberano temporal es el Alafin, que reside en Oyo. Si hacemos caso de la lista de soberanos transmitida por la tradición, el soberano más importante fue Oluacho, cuyo reinado duró trescientos veinte años, y que tuvo mil cuatrocientos sesenta hijos. En tres ocasiones, nueve de sus esposas le trajeron al mundo, el mismo día, nueve pares de gemelos. Estas cualidades excepcionales del soberano yoruba no parecen, sin embargo, haber resuelto el problema de la sucesión al trono, a juzgar por la larga lista de asesinatos, de suicidios y de envenenamientos producidos entre los soberanos y los pretendientes al trono. Muy pocos soberanos murieron, según parece, de muerte natural. Es cierto que existe en esta práctica tan extendida en Africa una forma de profunda sabiduría cuyo secreto queda aún por desvelar y que tiene alguna relación con la naturaleza mística y mágica de la realeza. Primitivamente, parece ser que el rey, símbolo y portador de la vitalidad de su pueblo, era designado para un período de siete años, septenado que en última instancia podía renovarse una vez, pero que también era susceptible de ser abreviado en el caso de que las facultades físicas o mentales del soberano menguaran, amenazando con este desfallecimiento la prosperidad de su pueblo. Un Consejo de Ancianos, viejos o notables, le hacía entonces entrega de una copa que contenía huevos de papagayo, comunicándole que debía suicidarse; a lo que se le ayudaba si era necesario.

Políticamente, este sistema presentaba una gran ventaja que ha sido puesta de relieve por el historiador africano negro Johnson: se pensaba entonces que los soberanos no deben morir de muerte natural. La tiranía sin freno, la arbitrariedad absoluta, la ambición insaciable y la crueldad voluptuosa no deben acompañar la totalidad de la existencia de un hombre; deberá pagar el precio de todo ello con su vida. Los príncipes herederos también se hacían ya insoportables por sus excesos; por eso se aprovechaba la primera ocasión para liquidar al soberano y a los pretendientes.

De esta forma, la tradición mística y mágica de la necesidad de la muerte del rey por los medios señalados acabó por elaborar un mecanismo de equilibrio político que podríamos llamar un absolutismo compensado. En su prudencia, y para evitar, sin duda, demasiadas frecuentes revoluciones de palacio, el sistema preveía que cuando el rey moría por razones de alta política se sacrificaba al mismo tiempo a cinco altos funcionarios, a una de sus esposas, a la reina madre y a la madre del príncipe heredero; con frecuencia incluso al propio príncipe heredero.

Por otra parte, puesto que el papel del soberano estaba limitado, las ciudades se administraban a sí mismas, con un Consejo municipal o Senado designado por el Ogboni, especie de sindicato de hombres de la ciudad, y por un alcalde, el Balé, al que el Ogboni confiaba un mandato de dos años. El Balé estaba rodeado de adjuntos especializados: su «mano derecha», su «mano izquierda»; su primer ministro que, a su vez, tenía su «mano derecha» y su «mano izquierda»; los consejeros jurídicos, el delegado del Gobierno y el verdugo municipal. Con frecuencia el Balé moría envenenado.

II. BENIN

El reino del Benín está ligado por su tradición a la tradición de Yoruba. El fundador del reino del Benín fue, según parece, Eveka, príncipe procedente de Ifé, que es considerada por el Benín y por los yorubas la ciudad sagrada, la que acoge el cráneo de los soberanos muertos. El reino, cuyos orígenes se remontan quizá al siglo XII, no llegó a ser nunca muy extenso. En algunos momentos la autoridad del soberano apenas si se extendía más allá de la ciudad y de sus inmediatos alrededores.

La Crónica ha conservado el nombre de algunos soberanos: Evedo, en el siglo XIII, organiza la corte real. El duodécimo soberano, Evaré el Grande, reina a finales del siglo XIV. En 1484 recibe Okpame la visita del portugués Alfonso de Aveiro, que le lleva las primeras armas de fuego y las primeras semillas de coco.

La principal característica del reino del Benín, la que le ha

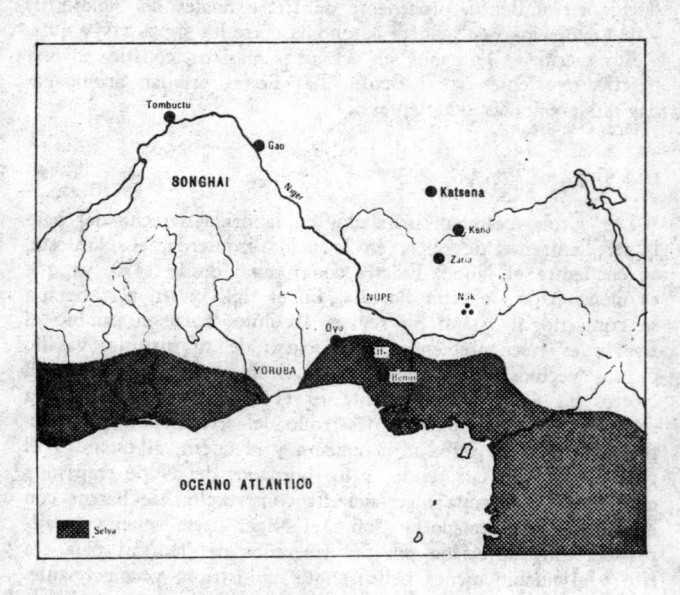

Fig. 4. Yoruba, Benín, Nupe.

dado su celebridad, son sus esculturas de bronce: una cima del arte negro, de la que se han encontrado algunos millares de ejemplares. Son figuras que dan prueba de una técnica muy evolucionada, pero hasta el momento presente ha sido difícil fecharlas con exactitud. Parece ser que esta técnica fue introducida en el Benín, procedente de Ifé, a finales del siglo XIII, y que evolucionó de manera autónoma entre los siglos XIV y XVII.

Los sacrificios humanos, en ocasiones masivos, constituían una práctica corriente en el Benín. Las fiestas estaban acompañadas de ceremonias sangrientas.

III. NUPE

Los yorubas estaban instalados en la orilla derecha del bajo Níger; enfrente de ellos, en la orilla izquierda, al Nordeste, se encuentra el Nupé. Existía como reino desde 1350, ya que es mencionado por Ibn Battuta. En el siglo XVIII, el soberano se convirtió al Islam. Su rey es absoluto, pero en cambio el Estado es frecuentemente, en el curso de su historia, vasallo de sus vecinos, los yorubas en el Oeste y los haussas en el Norte. Su época más brillante es el fin del siglo XVIII. Su característica es un pujante desarrollo del artesanado. Allí siempre se ha sabido trabajar la madera y el cuero, el estaño y el cobre, el vidrio. Los tejidos y los bordados del Nupé eran muy estimados en la zona nigeriana. La construcción de barcos con capacidad para transportar sobre el Níger hasta sesenta pasajeros era muy apreciada por los ribereños del río. El país era rico y el pueblo menos belicoso que industrioso y comerciante, abierto a los mercaderes que venían del Norte, los mandingos y los haussas.

IV KANEM-BORNU

En la misma latitud que las hegemonías del Sudán occidental, en la misma zona climática de las sabanas, pero alrededor de ese mar interior en vía de desecación que es el lago Tchad, se desarrolló otro grupo de civilizaciones africanas. La razón de ser de los Estados del Sudán central, cuyos orígenes se han podido rastrear en los alrededores del año 1000, es la de constituir un punto de reunión del tráfico de caravanas entre Trípoli y el litoral mediterráneo al Norte, Egipto al Nordeste, el Alto Nilo al Este, los Estados del Sudán occidental al Oeste y las reservas humanas donde se aprovisionaban los mercaderes de esclavos al Sur. La región de Darfur está unida al Alto Nilo por una ruta de caravanas —la ruta de los cuarenta días de Darb el Arbaín—, aún hoy seguida por los caravaneros y temida por ellos a causa de la escasez de pozos. Quizá hubo antaño, a través del Darfur, un tráfico más considerable de lo que se imagina, que desembocaba en la costa del Océano Indico. Precisamente en el Darfur se han descubierto recientemente ruinas de ciudades ignoradas, de las que aún no se sabe si los que las construyeron para sus necesidades procedían del Este (del Alto Nilo) o del Oeste (del Tchad). En todo caso, perdidas en medio de la sabana y de los espinos, estas ruinas del Djebel Uri son impresionantes. Al pie del Djebel se encuentran los restos de una ciudad con un palacio y algunas casas; en la cumbre, una fortaleza rodeada por una triple muralla. ¿Se trata de un refugio de caravanas y de una base militar construida por orden de Dunama, soberano del Kanem en el momento en que éste tenía mayor extensión (siendo, por tanto, una base avanzada en dirección al Este), o se trata, por el contrario, de la supervivencia tardía de una tradición meroítica, procedente, por tanto, del valle del Nilo y transmitida por los descendientes de los soberanos de Meroé cuando huyeron de su ciudad destruida por los príncipes de Axum en el 350? En cualquier caso, el Darfur y la región del Tchad sirvieron de «casa de posta» para el tráfico entre el este y el oeste del Sudán, tráfico del que aún no sabemos prácticamente nada.

En esta inmensa región hemos visto que el pueblo Sao pertenece a la leyenda y a la arqueología más que a la Historia.

Un poco de sangre de este desaparecido pueblo es posible que corra aún por las venas de los kanembúes, por ejemplo. O bien por la de los tibúes (que se llaman a sí mismos tedas; el nombre de tibú por el que los designan los árabes y los kanuris significa literalmente «hombre del guijarro»), pastores nómadas del Tibesti, de piel más negra que blanca pero de nariz puntiaguda, labios delgados y cabellos poco encrespados. En este pueblo, el hombre es pastor nómada y las mujeres sedentarias: todas las esposas tienen su huerto junto al palmeral, educan a sus hijos y supervisan el trabajo de su doméstica negra. Estos tibúes de piel muy oscura, a los que por el momento no podemos encuadrar ni entre los negros, ni entre los árabes, ni entre los egipcios, ni entre los bereberes, ni entre los tuaregs, representan quizá un vestigio de poblaciones muy antiguas del Sahara. Parece ser que conocieron en algunos períodos una considerable extensión, bastante más grande que su actual *habitat*, que se limita al macizo del Tibesti y a las llanuras desérticas que lo rodean.

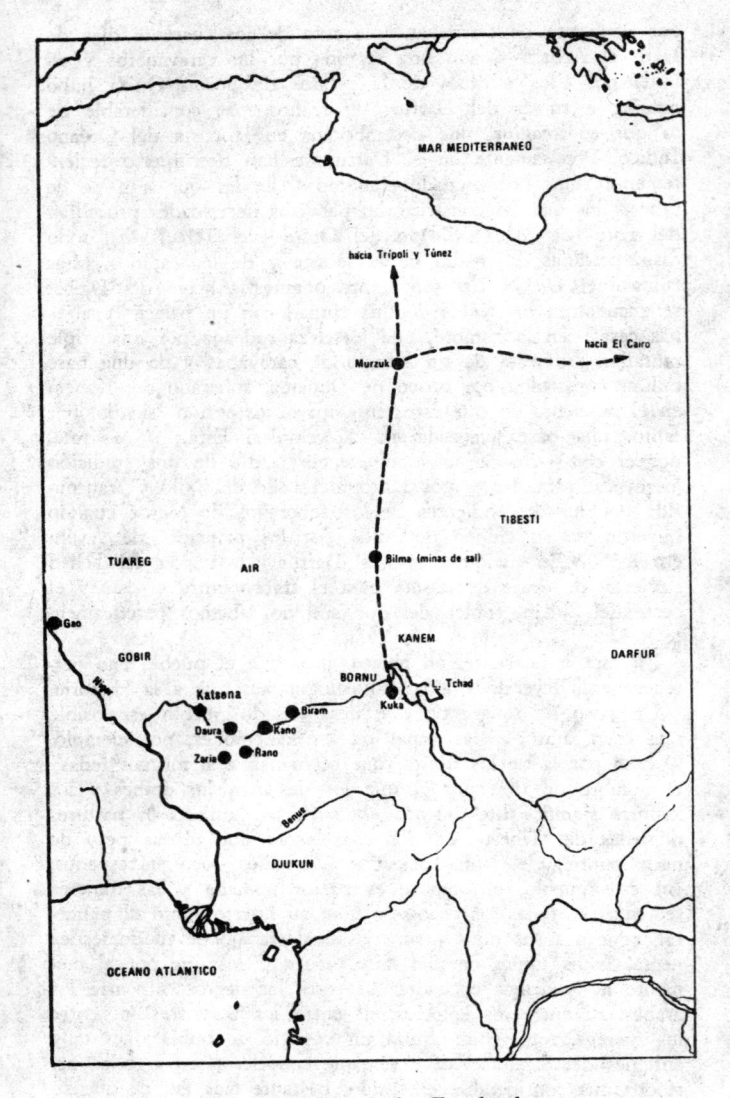

Fig. 5. Kanem-Bornu, los Estados haussas.

Se trate de los tibúes, se trate de los bereberes, expulsados los unos o los otros por la invasión musulmana, el hecho es que hacia el siglo VIII llegan al Kanem unos nómadas —pastores errantes, feudales; personajes orgullosos, comerciantes, guerreros, saqueadores— que introducen entre las poblaciones negras preexistentes, con las que se mezclan, el fenómeno de la organización política. Se crea un Estado que en el curso de la Historia se llamará primero el Kanem y después el Bornú.

La dinastía de las «Gens de Saif», fundada hacia el 800, reinó más de mil años, hasta 1846. Sin duda en el siglo VIII sus antepasados, los nómadas, huyeron del Islam; pero el rey Humé (1085-1097) se convirtió al Islam y se hizo sultán. Parece ser que murió en el transcurso de una peregrinación a la Meca. Digamos que la prosperidad del reino dependía del estado de sus relaciones con el mundo árabe. Mientras que antes del Islam el tráfico de esclavos se limitaba a un fenómeno de simple economía doméstica, la primera demanda masiva de cautivos negros procedió del mundo árabe. Desde el 666, cuando el árabe Ogba ibn Nafi (el mismo del que la tradición árabe cuenta que llegó al Atlántico) hace una incursión al Fezzan y al Kauar, impone a los habitantes de los oasis de Djerma y de Kauar un tributo de 360 esclavos. Los antiguos jurisconsultos del Islam estiman que los paganos están vinculados a vender sus hijos y sus mujeres a los musulmanes, y éstos obligados a comprarlos, con el deber, por otra parte, de tratarlos convenientemente. Ibn Battuta pagó por una joven negra «instruida» una suma equivalente al precio de varios camellos. Los esclavos sudaneses eran muy apreciados como domésticos para las casas y como eunucos para los harenes de Egipto y de Turquía. Los mossis, especializados en la castración, proporcionaban muchos eunucos. Apenas si sobrevivía el 10 % de los operados. Los esclavos machos, agrupados en caravanas, eran enviados al mercado encadenados por las piernas y el cuello. Las mujeres eran tratadas generalmente con más atenciones y transportadas a lomos de camello. Muchas de ellas morían en el camino. A mediados del siglo XIX partían anualmente de Kano cinco mil esclavos, de los que llegaban dos o tres mil al mercado de Murzuk, el centro sahariano de redistribución para Africa del Norte.

Fue sobre el comercio de esclavos, patrón monetario y moneda fuerte de los mercados del Sudán central, sobre el que se fundó la prosperidad económica del reino de Kanem-Bornú.

El Islam, religión de nómadas, es también una religión de mercaderes; los soberanos del Kanem, país de caravanas, encontraban en la religión musulmana un lazo de unión con sus clientes de más allá del desierto. Encontraban también en ella el instrumento espiritual de su dominación feudal, el principio unificador —la ideología, si se quiere— del que tenía necesidad su autoridad para afirmarse sobre vastas comarcas con una población dispersa.

El sultán Humé pereció, según decíamos, durante una peregrinación a la Meca. Su hijo, Dunama, que reinó a principios del siglo XII, hizo tres veces la peregrinación a la Meca y perdió su vida durante el tercer viaje, en el momento de embarcarse para Arabia.

Otro Dunama, apodado Dibalami, tuvo un reinado glorioso (según algunos, desde 1210 a 1224; según otros, desde 1221 a 1259). Su padre y predecesor, Selma, llamado también Abd el Djelil, fue el primer soberano totalmente negro de la estirpe. Dunama Dibalami formó una caballería que llegó a contar hasta treinta mil hombres. El hecho es que extendió considerablemente su autoridad: hacia el Norte, hasta el Fezzan; al Este, hasta el Uadai y más allá; al Oeste, quizá hasta el Níger, a expensas de los songhais, a la sazón pequeño pueblo de pescadores. En este caso podemos comprobar hasta qué punto es inaplicable en Africa la noción occidental de dominación y control político, referida a países, Estados y poblaciones de naturaleza muy diferente. Se habla de «dominación» del Kanem; esto quiere simplemente decir que los caballeros de Dunama realizaban incursiones por estas regiones sin encontrar resistencia y que, ocasionalmente, recogían algún tributo en especies, fundamentalmente en cautivos, muchachos o muchachas, como hacía el Minotauro sobre la antigua Atenas. Sólo excepcionalmente se trataba de establecer permanentemente un control político efectivo de lazos administrativos. De esta forma, ¿cómo señalar una frontera de estas hegemonías?, y, por otra parte, ¿cómo establecer la separación entre el acto de comercio y el acto de guerra, entre el acto fiscal y el acto de saqueo, entre la liquidación de un competidor y la expedición punitiva, entre el paso del recaudador de impuestos y el pillaje? Cuando se habla de Imperio o de reino a propósito de estas hegemonías, es necesario, sobre todo cuando se trata de instituciones de origen nómada, imaginarse un asunto de familia más que de organismos políticos; las Asambleas o Senados de que se rodean son más bien Consejos de Administración que organismos políticos.

Como los negocios mercantiles de los soberanos del Kanem eran prósperos, fundaron en el país de sus mejores clientes, los egipcios, una institución de prestigio: una medina para estudiantes construida en El Cairo en 1242. Fue quizá Dunama

Dibalami quien tuvo esta idea, del mismo modo que fue sin duda él quien envió a otro cliente, el soberano de Túnez, emir de los creyentes —el Hafcida El Mostancir, el mismo contra el que San Luis dirigirá en 1270 la octava Cruzada—, el homenaje del «rey del Kanem, señor del Bornú», consistente en una jirafa que causó sensación a orillas del Mediterráneo. Los príncipes del Kanem tenían el sentido de la publicidad.

Fue el biznieto de Dunama Dibalami, Idris (1353-1376, según la cronología de Barth), al que Ibn Battuta encontró en su camino de regreso, después de haber visitado el Malí y el reino songhai. No obstante, los vasallos, efectivos o nominales, se rebelan. Los saos, primeros habitantes del país; los tibúes del Tibesti y los bulalas de las orillas del lago Fitri. Cuatro reyes del Kanem caerían sucesivamente en los combates contra los bulalas. Bajo el reinado de uno de los sucesores de Idris, quizá en tiempos de su hijo Omar, que, según algunos, reinó de 1394 a 1398, los soberanos abandonan el Kanem y se refugian en la otra orilla del Tchad, en el Bornú, que hasta entonces no era más que una provincia del Kanem habitada por los kanuri. El rey del Kanem se llamará en adelante rey de Bornú. Los combates contra los bulalas continuaron todavía durante un siglo; hay que esperar que llegue Idris Katakarmabi, que reinó a principios del siglo XVI (1504-1526), que logró someterlos y reocupar el Kanem, aunque no volvió a instalar allí su capital.

El reino de Bornú conocerá una nueva era de prosperidad a finales del siglo XVI, bajo el rey Idris Alaoma (1571-1603). Reanudando la vieja tradición de sus antepasados, envía una embajada al soberano turco de Túnez, merced a la cual obtuvo fusiles e instructores. Esto va a permitirle asegurar su autoridad, extenderla al norte del actual Camerún y, por el Este, hasta el lago Fitris, reducir las resistencias y, al mismo tiempo, capturar cautivos. Contribuye de esta forma a restablecer en el país el orden y la prosperidad. Para solucionar el permanente problema que plantean los inquietos tibúes, atrincherados en su Tibesti, transfiere una gran parte de ellos al Bornú; allí se funden con la población. Para asegurar sus líneas de comunicación con sus salidas comerciales de Africa del Norte —Túnez, Trípoli y El Cairo— ocupa los oasis del Kauar, lo que además tiene la ventaja de asegurarle la sal de las minas de Bilma.

Fue muerto en el transcurso de un combate, golpeado por una azada que un hombre, colgado de un árbol, había lanzado contra él.

Bajo sus sucesores, el reino de Bornú resistió más o menos

bien durante dos siglos aún los asaltos de los nómadas del desierto, los bereberes y los tuaregs. Desde el punto de vista comercial, fue suplantado por los Estados haussas. Finalmente, a principios del siglo XIX, fue atacado por otros nómadas muy diferentes de los saqueadores saharianos: los peules. Vencido por una coalición de peules llegados del exterior y de los que se habían infiltrado pacíficamente en su reino, Ahmed Ben Ali, sultán de Bornú de 1793 a 1810, tuvo que llamar en su auxilio a un brillante jefe guerrero llamado El Kanemi. Este, que había vivido cinco años en El Cairo, otros tantos en la Meca y tres años en Fez, reunió un valiente ejército, aniquiló a los peules y restableció a Ahmed en su residencia. Pero, a los ojos del pueblo, Ahmed había perdido todo prestigio y era El Kanemi quien aparecía como el salvador. Tomó el modesto título de Cheikh, contentándose con nombrar y destituir a los sultanes según las circunstancias de la guerra y la política, controlando la situación desde la residencia que se hizo construir en Kuka, en la orilla occidental del Tchad.

Murió en 1835. Le sucedió su hijo Omar; había entonces en Bornú dos poderes paralelos, el de la antigua dinastía, sin fuerza, y el del jefe guerrero, de una raza más joven y vigorosa. Creyéndose traicionado por el sultán Ibram, nieto de Ahmed, Omar lo hace ejecutar en 1846, poniendo así término al reinado milenario de la dinastía de los descendientes de Saif. Es la misma historia, salvo algunos detalles y a nueve siglos de distancia, de los merovingios suplantados por los alcaides de palacio.

Fue Omar quien, a mediados del siglo XIX, acogió a los exploradores alemanes Barth, Vogel, Rohlfs y Nachtigal. Bajo sus sucesores, la decadencia de Bornú se continúa a un ritmo acelerado, desde que el tráfico de esclavos fue efectivamente interrumpido por la colonización europea.

V. LOS ESTADOS HAUSSAS

En la zona situada más o menos entre el Tchad, al Este, y el bajo Níger, al Oeste, entre el macizo del Aïr, al Norte, y el Benué, afluente del Níger, al Sur, se desarrollaron los Estados haussas.

Al Norte, en pleno Sahara, se levanta el Aïr. Desértico por su lado norte, el macizo está surcado en vertiente oeste por el lecho de torrentes que corren de cuando en cuando. El sur del macizo tiene estrechos valles de densa vegetación, donde se practican cultivos de regadío. El Aïr es quizá la cuna de una de las más antiguas poblaciones de Africa, la que hablaba la lengua madre del actual haussa.

Hacia el siglo XI los tuaregs ocuparon el Aïr, sometiendo y asimilando a una parte de la población negra y haciendo huir al resto hacia el Sur, en dirección a la orilla izquierda del Níger, hacia el país de Gobir. Este es quizá uno de los ejemplos de esos movimientos migratorios provocados de rechazo por la conquista árabe de Africa del Norte; empujando hacia el Sur a poblaciones que a su vez ponen a otras en movimiento, la conquista árabe terminó por afectar a todo el Continente hasta la selva, provocando ramificaciones étnicas, simbiosis de razas con géneros de vida diferentes, formaciones y agrupaciones de una gran diversidad y de una considerable movilidad.

El nombre «Haussa» no representa una unidad étnica, sino una unidad lingüística. Las poblaciones que habían el haussa (que cuentan hoy cinco millones de almas) tienen un origen muy heterogéneo.

La historia de los haussas, y esto es un hecho excepcional en Africa, hubiera podido fundamentarse sobre documentos, puesto que ha habido crónicas escritas; pero han sido metódicamente destruidas a principios del siglo XIX por los conquistadores peules, que no han querido dejar huellas de sus predecesores. Los saqueos de Rabah han hecho el resto.

Según la tradición, en gran medida legendaria, en tiempos muy antiguos que se sitúan alrededor del siglo X, la reina Daurama, sucesora de otras nueve reinas, reinaba en la ciudad de Daura, a mitad de camino entre el Níger y el Tchad. Un monstruo asolaba el país. Abu Yazid, un cazador llegado del Norte, según parece blanco, mató al monstruo y se casó con la reina, de la que tuvo un hijo y seis nietos.

Son estos siete descendientes los que fundan los siete primeros Estados haussas: Daura, la metrópoli; Kano, Gobir, Katsena, Biram, Zegzeg (capital, Zaria) y Rano. Estos son los siete Estados «legítimos»; hay otros siete Estados, llamados «ilegítimos», que se unen a la tradición haussa por el hecho de que en algún momento de su historia un grupo haussaparlante ha desempeñado un papel en ellos. Hay quien hace figurar en la lista de estos Estados haussas «ilegítimos», aparte del Djukun o Kororofa y Kebbi, el Zamfara, Ilorin, e incluso el Nupé y el Yoruba, lo que parece abusivo.

El Estado-metrópoli de Daura no ha dado que hablar y apenas si se sabe la más mínima cosa sobre el mismo.

El más conocido de los Estados haussas es el de Kano (hoy en Nigeria del Norte). La crónica de Kano, escrita en árabe, seguramente a finales del siglo XIX, reposa sobre anteriores documentos escritos desaparecidos, o quizá solamente sobre tradiciones orales. Esta Crónica cita como primer soberano al rey Bagoda, nieto de Abu Yazid, el exterminador del monstruo, esposo de Daurama.

A principios del siglo XI Bagoda reunió bajo su autoridad a los pueblos animistas, dirigidos hasta entonces por sacerdotes-hechiceros. Su nieto Gidjimasú funda Kano a principios del siglo XII.

La islamización tendrá lugar en el siglo XIV, bajo el reinado del rey Yadji (1349-1385). La penetración del Islam estuvo favorecida por la llegada de letrados y artesanos mandingos procedentes del valle del Níger. De esta época data la introducción en Kano de la práctica de la escritura. La religión musulmana no fue adoptada más que por algunos príncipes y notables; la población permaneció fiel a sus viejas creencias campesinas animistas. Los mismos soberanos, aunque musulmanes, estaban a menudo obligados a hacerse iniciar en los cultos tradicionales.

En el siglo XV, Kano, a pesar de ser próspero, parece ser temporalmente vasallo del Bornú, con el que está en relaciones comerciales. Le proporciona esclavos capturados en las regiones pobladas del Sur, y sobre todo en los otros Estados haussas, legítimos o no. Los cautivos haussas, vigorosos e inteligentes, eran los preferidos en el mercado de exportación con destino al Islam. El sistema de dominación de los turcos comprendía la utilización metódica de mercenarios aislados de todo lazo familiar. Apreciaban particularmente a los cautivos negros que se adaptaban bien a situaciones nuevas; a menudo les confiaban posiciones claves en Constantinopla. No obstante, para evitar una implantación étnica, pero también para evitar la creación de intereses hereditarios (del mismo modo que la Iglesia Católica impone el celibato a los sacerdotes para evitar la degeneración de las *élites* y mantener así la selección en cada generación nueva), los turcos prefieren a los eunucos, en cuya preparación quirúrgica los haussas son tan expertos como los mossis.

De 1513 a 1516, Kano fue invadido por el Askia Mohamed, el soberano de los songhais, que ocupa igualmente Katsena y Zegzeg. Después de haberles impuesto el pago de un tributo, el Askia Mohamed abandona los tres Estados haussas. Pero esta puerta abierta al invasor no se vuelve a cerrar; los vecinos penetran a su vez en Kano y se apoderan de todo lo que pueden. Así hicieron sucesivamente el Bornú de Idris Alaoma con su mosquetería de origen turco, el Estado hermano de Katsena, y, finalmente, el Estado «ilegítimo», pero a la sazón poderoso, de Djukun (llamado también Kororofa), que, uno tras otro, van imponiendo un tributo. A principios del siglo XVII el hambre reina en el país, la ciudad de Kano está prácticamente desierta. Durante el siglo XVIII el país recupera un poco de prosperidad. Pero ahora toca a los peules invadir el país. Matan al último soberano de la dinastía de Bagoda en 1807. La dinastía ha durado, de todas formas, unos ocho siglos.

El Katsena fue fundado, según la tradición, por un nieto de Abu Yazid llamado Kumayo; pero éste se encontró a su llegada, hacia 1100, una dinastía ya instalada a la que venció, casándose con una de las princesas. En el siglo XIII, otra dinastía, patrilineal, suplantó a la suya, matrilineal, reinando hasta el siglo XIX.

El Katsena, situado en una ramificación de la ruta caravanera que une Malí a Egipto, es un Estado esencialmente comercial, que conoció momentos de prosperidad.

Igual que en el reino de Kano, la islamización fue llevada en el siglo XIV por los mandingos. Como vemos, el oro de Kankan Muza no fue gastado inútilmente ni su actividad desplegada en vano. El tráfico caravanero con el Sahara del Norte se intensifica.

En el siglo XV, el Bornú impone al Katsena el pago de un tributo anual de cien esclavos.

Como acabamos de ver, en 1516 es el Askia Mohamed de Songhai quien impone un tributo al Katsena.

Largas y costosas rivalidades oponen durante largo tiempo el Katsena al Kano hasta que, agotados, los dos estados haussas concluyen una alianza para defenderse contra el Djukun, alianza sin resultado, puesto que a fines del siglo XVII las gentes del Djukun ocupan sus dos capitales.

El Gobir es el Estado haussa más en contacto con los tuaregs. Esto quiere decir, por una parte, que sus habitantes se mezclaron con ellos, por otra que tuvieron que sufrir sus asaltos periódicos a través de los siglos, con fortuna diversa.

Como el Kano, el Katsena y el Zegzeg, el Estado de Gobir fue destruido por los peules de Osman Dan Fodio en su campaña de 1808.

Hemos visto ya aparecer el Djukun (que los haussas llaman Kororofa). Generalmente el Djukun se clasifica dentro de los estados haussas «ilegítimos». Sin embargo, este pueblo, instalado a ambas orillas del Benué, tiene tradiciones muy diferentes de las de los haussas. Mientras que los reyes haussas tienen una función política, delegando su confianza en un primer ministro que es responsable ante ellos, el rey Djukun es un personaje revestido de poderes mágicos. Bajo una forma excepcionalmente pura encontramos aquí el significado divino de la realeza primitiva. Más que un jefe, el rey es el depositario, el guardián y responsable de la vitalidad de su pueblo. Es su buena salud la que asegura la fertilidad del suelo y la abundancia de las cosechas. Por esto está rodeado de grandes precauciones. Raramente se expone a las miradas del público. Su pie no debe tocar el suelo para que las cosechas no se sequen. Si se cae del caballo, deberá recibir inmediatamente la muerte. Cuando se le corona, debe matar con sus propias manos a un esclavo o —según algunos— herirlo y dejar que cualquier otro lo remate.

La viuda de un rey precedente tiene la función oficial de reina y dispone de una corte independiente; pero no tiene relaciones con el rey. Por el contrario, otra de las viudas del anterior soberano recibe el título de primera esposa del rey (función, como vemos, diferente de la de la reina).

El día de la coronación, le ayuda a bajar del caballo, le conduce a su casa, le desnuda y pasa la noche con él; después de lo cual no volverán a tener relaciones. Antaño, era sacrificada el día de las exequias del rey.

La mayor de las princesas de sangre real recibe el título oficial de «hermana del rey». Solamente ella tiene acceso a ciertas habitaciones de palacio.

Antiguamente, el rey era estrangulado el séptimo año de su reinado, con ocasión de la fiesta de la recolección.

Quizá sorprenda ver a estados hermanos hacerse constantemente la guerra y no llegar a realizar su unidad; es más, ni siquiera intentar conseguirla. Es sorprendente ver cómo, cuando el Kano domina al Katsena, o al contrario, jamás uno de los soberanos intenta unificar las instituciones y someter a los diferentes pueblos haussas a la misma ley. Y es que estos pueblos encontraron una muy particular forma de equilibrio político y económico. Los haussas, pueblo inteligente, comerciante y prolífico, parecen haberse dado cuenta —consciente o inconscientemente— de que su interés comercial consistía precisamente en mantener sus divisiones, sus guerras periódicas, en las que se obtenían muchos cautivos que tenían un gran valor mercantil. En estas guerras, apenas si se hacía ninguna masacre; el objetivo principal no era la aniquilación del adversario, sino una especie de recolección humana: la obtención periódica de un tributo que se pagaba en cautivos. Algunos cálculos hacen pensar que, en el transcurso de los siglos, unos dos millones de cautivos fueron reunidos y expedidos en caravanas hacia el Norte, por este procedimiento.

5. Peules y tekruris

Las migraciones de los peules a través del Africa occidental, desde el Senegal hasta el Tchad, tienen un comienzo que se pierde en la noche de los tiempos. Cuando aparece para ellos el alba de la Historia —que corresponde a nuestra Edad Media— se les ve, y así hasta nuestros días, merodear por toda la zona sudanesa con sus rebaños transhumantes que buscan los pastos de una estepa más o menos seca, situada entre el desierto, al Norte, y la selva, al Sur.

En ocasiones, no se contentan con hacer pastar a su ganado y vivir en simbiosis con las poblaciones nativas. En cinco puntos concretamente establecen hegemonías de importancia histórica. Se trata del Futa Toro en Senegal, del Futa Djalon en Guinea, del Masina en el actual Malí, del Liptako en el actual Alto Volta, y de un vasto espacio que se extiende por la parte septentrional de Nigeria y Camerún, que tomará el nombre de Adamaua. Algunas de estas dominaciones —las más recientes, las más orientales— tienen una gran importancia y modifican el mapa político del Africa sudanesa.

I. FUTA TORO

El foco peule más antiguo de la época histórica es la arenosa estepa del Futa Toro, en el Senegal central. Quizá son los peules del Futa Toro el origen, hacia el siglo IX, de la formación de una hegemonía cuya extensión e importancia son muy variables a través de los siglos: el Tekrur. Es curioso, sin embargo, que esta región del bajo Senegal, que es un crisol de razas —negras, peules, libio-bereberes— sea también un foco de efervescencia y de influencia político-religiosa con un componente guerrero, un poco como la Arabia de Medina. Es de aquí de donde parten en el siglo XI los almorávides; de aquí partirá en el siglo XIX El Hadj Omar. Los oriundos del Tekrur, los tekruris, son conocidos en toda el Africa sudanesa y hasta en Eritrea, donde los peregrinos tekruris, que iban a la Meca, acabaron fundando establecimientos permanentes.

Los tekruris, que en algún momento fueron sin duda vasallos de Ghana, se aliaron a los almorávides, con los que saquearon y arruinaron ese imperio. Del siglo XIV al XVI, una dinastía de uolofs, negros mestizos de peules y bereberes, vasallos del Tekrur, consiguen su unidad bajo la dirección de N'Diadia Ndiaye y toman el control del Tekrur que, en el siglo XIV, es vasallo del imperio del Malí, a la sazón en pleno apogeo.

En el siglo XVI, en tiempos del Imperio songhai, un peule, Koli Galadjo, se rebela contra su soberano songhai, el Askia de Gao. Con ayuda del clan tekruri de los deniankés se hace dueño del Futa Toro, vence a los uolofes en 1520 y mata a su rey cuando huía. Constituye una hegemonía peule pagana que establece su autoridad sobre el conjunto del Tekrur y que hacia 1535 intenta incluso apoderarse del Bambuk. Después de haber reinado dos siglos y medio, la dinastía pagana denianké, de los Koli Tenguela, es eliminada en 1776 por una fracción tekruri musulmana cuyo jefe es el Almamy Abd el Kader Torodo (el nombre Almamy es una corrupción del árabe *al imán*, que quiere decir jefe de la oración). Los Imán o Almamy del Tekrur fundan allí una especie de República Federal Teocrática en la que el poder está detentado por grandes familias que tienen a la vez la autoridad civil y religiosa.

Esta forma de institución conviene particularmente al modo de vida de los peules cuyas grandes familias, con grandes siglos de Historia y decenas de antepasados ilustres, han ido añadiendo poco a poco a su tradición señorial la autoridad religiosa recibida del Islam.

II. FUTA DJALON

Más al Sur se encuentra el macizo del Futa Djalon, gran reserva de agua del Africa occidental, del que descienden hacia el Atlántico el río Senegal, el Níger, el Gambia y el Konkuré. Sobre sus laderas húmedas y relativamente frescas, la población de cultivadores ha visto llegar, sobre todo a partir del siglo XVI, a los pastores peules atraídos por los ricos pastos de montaña; peules del Senegal y peules del Masina. Quizá el mismo Koli Galadjo, cuando se rebeló contra el Askia de Gao, se retiró algún tiempo al Futa Djalon para reunir sus fuerzas antes de ir a apoderarse del Futa Toro.

Progresivamente islamizados, los peules del Futa Djalon eligieron como jefe hacia 1725 a un sabio piadoso, Karamoko Alfa, que organiza las instituciones comunitarias. Su sucesor, Ibrahima Sori, es un guerrero que continúa a su manera la obra institucional emprendida por su predecesor. Los paganos son eliminados, asesinados, expulsados o reducidos a la esclavitud. Después de la muerte de Sori, las dos familias descen-

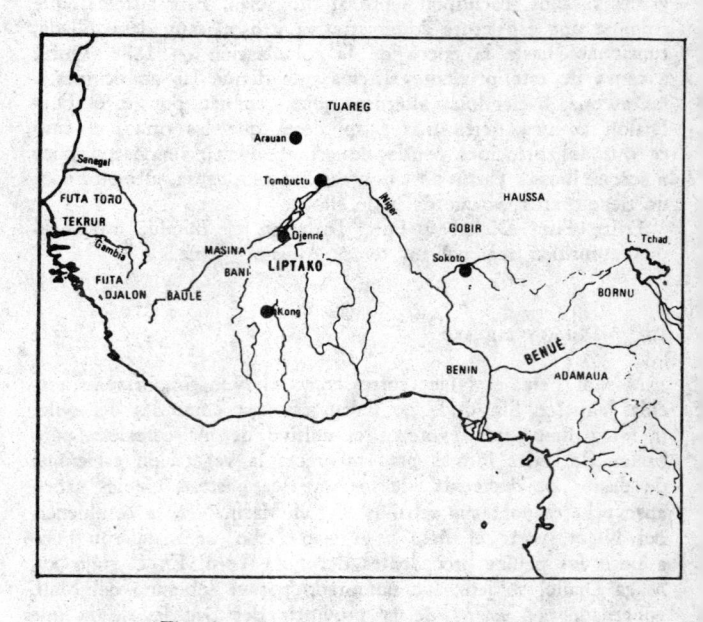

Fig. 6. Las migraciones de los peules.

dientes de los dos soberanos —los Alfayas y los Sorias— se disputan el poder. Luego de un cierto período de anarquía, hacia 1784, el Estado peule del Futa Djalon establece un sistema original: cada dos años, el Almamy que esté en el poder y sus señores vasallos ceden regularmente el sitio a un Almamy y sus vasallos, correspondiente al otro clan. Este sistema, que culmina una estructura administrativa y fiscal muy desarrollada, funcionará hasta la época de la colonización en 1888. Quizá a causa de este prudente sistema que divide las ambiciones y las atenúa, haciéndolas alternar, quizá también porque el Futa Djalon es una tierra más hospitalaria que las otras, el caso es que los príncipes peules de esta región incomodaron poco a sus vecinos, a partir de entonces. Por esta causa, el historiador no tiene gran cosa que decir de ellos.

Entre Futa Djalon y Futa Toro, en el Bundú, estableció una autoridad regional un tercer Almamy peule.

III. MASINA Y LIPTAKO

Más al Este, el Níger sufre, como el Nilo, importantes crecidas anuales. Sin duda no llevan consigo, como las del Nilo, un rico limo que favorezca el cultivo de los cereales; pero bastan de todas formas para favorecer la vegetación estacional de pastos de decrecida, de los que los pastores peules saben aprovecharse para sus rebaños. En el Masina, en la confluencia del Níger, entre el Bani y el lago Debo, se instalaron poco a poco los peules procedentes del Futa Toro. En el siglo XV, Maga Djallo, su jefe, fue nombrado por el soberano del Malí, gobernador *(o ardo)* de la provincia del Bagana, de la que forma parte el Masina. Hay que hacer notar que la autoridad del ardo no se extiende a los pescadores bozos ni a los cultivadores sarakolés de la provincia. Bajo los sucesivos gobiernos de los soberanos del Malí, del Songhai, de los reyes bambaras, los peules del Masina se administran a sí mismos y prosperan. Una tentativa de rebelión contra el soberano songhai (que era precisamente el Askia Daud, a mediados del siglo XVI) se tradujo en una sangrienta represión. Medio siglo más tarde, sometidos a la tutela de los pachás marroquíes de Tombuctú, los peules del Masina se unen con los bambaras. Si bien no obtienen la independencia nominal, al menos gozan del respeto de sus soberanos.

Otra migración de peules sigue su camino más hacia el Este y va a instalarse en la orilla derecha del Níger, en la región llamada el Liptako. Allí, a finales del siglo XVII, un príncipe peule, Ibrahima Saidú, organiza una hegemonía local potente. Bajo su reinado, como bajo el de sus hijos y sucesores, durante el siglo XVIII, el Liptako rechazará los ataques de los mossis, y las incursiones de los tuaregs. Esta soberanía durará hasta que, en 1810, el Liptako sea asimilado por el emirato de Sokoto en el transcurso de una campaña de Dan Fodio.

IV. LOS PEULES EN EL REINO HAUSSA. ADAMAUA

El cuarto establecimiento peule, en país haussa, aún más oriental y más tardío, es el que tuvo las más importantes consecuencias históricas, pues de él partió en el siglo XIX un movimiento, o más bien un conjunto de movimientos, que modifican profundamente la configuración política de esta parte del Continente.

Entre los peules implantados en el reino haussa de Gobir, nace hacia 1754 Osman Dan Fodio, reputado desde su juventud por su conocimiento de los asuntos de la religión musulmana.

Rápidamente se hizo célebre por su santidad, provocando en torno a él numerosas conversiones y calurosas adhesiones a un Islam regenerado. Su celo y el de sus talibés, prosélitos numerosos y ardientes, provoca la inquietud de los soberanos haussas del Gobir que quieren poner fin a esta propaganda. Demasiado tarde; Osman Dan Fodio se siente suficientemente fuerte para declararles la guerra santa, el Djihad. Con sus partidarios, peules y haussas convertidos, derrota al ejército del soberano haussa. Ya vencedor, se proclama Cheikh y Comendador de los Creyentes. Señor del Gobir, somete uno a uno a los principados haussas: Katsena, Zaria, Nupé, Kebbi, cuyas dinastías reinantes liquida. Se fundan emiratos peules en el Nupé y hasta en Ilorin, en territorio Yoruba.

Solamente el Bornú resiste la expansión de los peules. Ya hemos visto cómo el soberano del Bornú pidió auxilio a un jefe guerrero, El Kanemi, que supo resistir a los asaltos de los peules. El Kanemi no se contentó con oponerles la fuerza: siendo también él versado en las cosas de la religión y hábil en las controversias, puso en tela de juicio la legitimidad de la Guerra Santa. Como era también sabio, propuso a los peules poner fin a hostilidades poco razonables.

Fue entonces cuando surgió de la sombra el quinto establecimiento de los peules, asentado sobre lo que hoy es el norte del Camerún. Uno de estos peules, Adama, es conocido a principios del siglo XIX como personaje piadoso y sabio, diplomático y guerrero. En 1809, Osman Dan Fodio, después de haber vencido y liquidado las soberanías haussas (salvo el Kanem), se retira a Sokoto donde vive hasta 1818, año en que muere. Hizo llamar allí al letrado *(modibo)* Adama. Le envió un estandarte blanco, símbolo de su misión. Le encargó establecer la autoridad de los peules, y de la fe regenerada, en dirección sudeste, hasta más allá del río Benué. En este inmenso territorio, Adama, amparado por su prestigio personal y por la autoridad que le ha sido conferida, reúne en torno a él a los peules instalados en los pastos de las mesetas. Estos, siguiendo sus consignas, persiguen a los infieles de toda la región; los supervivientes huyen o son reducidos a cautiverio. El país toma el nombre del que lo ha organizado: Adamaua. Adama muere en 1847. Sus tres hijos reinarán sucesivamente. Pero el reino se desintegra a causa de las discordias entre señores rivales. A la llegada de los británicos en 1901, éstos harán emir de la Adamaua británica al cuarto hijo de Adama.

Muerto Osman Dan Fodio en 1818, su sucesión se reparte entre su hermano Abdulahi, que recibe las provincias occidentales con su capital Gando, y su hijo Mohamed Bello, a quien tocan en suerte las provincias orientales, las más recientemente conquistadas, cuya capital es Sokoto, hasta 1917. Abdulahi, por otra parte, reconoce la soberanía de su sobrino Mohamed Bello. Este alcanzará fama de sabio. Escribe obras de historia, de geografía y de geología. Su obra de historiador tiene un aspecto original y negativo: para asegurar el porvenir de su interpretación de la historia, hace destruir los archivos de sus predecesores, los soberanos haussas, donde se encontraban las crónicas de la región. Eran casi los únicos documentos de la Historia de Africa escritos por africanos.

V. HAMADU SEKU

La conquista de Dan Fodio tiene sus repercusiones en el Oeste, sobre los más antiguos establecimientos peules. En el Masina, un notorio morabito, Hamadú Bari, nacido hacia 1775, se hace de una gran reputación de hombre piadoso, adquiriendo una autoridad que comienza a inquietar tanto al príncipe peule del Masina, Hamadi Diko, como al rey bambara de Segou. Estos envían una expedición conjunta contra Hamadú. Aunque inferior en número, la tropa de Hamadú deshace la expedición en Nukuma en 1818. Vencedor, glorioso, recibe de Dan Fodio el título de Cheikh. Conocido en adelante por el nombre de Hamadú Chekú o Sekú, toma el poder en el Masina en 1820, se apodera de Djenné y de Tombuctú, extendiendo su autoridad sobre una parte de los bambaras. Funda al nordeste de Djenné una ciudad, Hamdallay (es decir, ¡alabado sea Dios!), a la que hace su capital.

Hamadú monta una administración muy completa y perfeccionada. Divide el Masina en provincias; al frente de cada provincia coloca un gobernador que administra y un cadí que hace justicia. Instituye un sistema fiscal simple pero eficaz, recaudando el diezmo sobre todos los productos de la tierra, un impuesto por cabeza de ganado, un impuesto sobre la riqueza, una contribución en alimentos distribuidos a los servidores de las mezquitas y a los indigentes. Con los recursos así obtenidos mantiene la administración y el ejército. Se rodea de un Consejo de 40 morabitos completados con 60 suplentes.

Por último impone a los peules el llevar una vida sedentaria. Les ordena construir aldeas en un espacio de cinco años. Al estar relativamente garantizada la seguridad de las caravanas, los mercados se reaniman. Se encuentra en ellos sal del Sahara, nuez de Kola de Guinea, esclavos, cristalería, quincalla, paños procedentes de los almacenes europeos, de la costa y de las sederías de Egipto. La región se convierte en un punto de reunión de toda el Africa occidental. Allí encontramos, además de los peules y los bambaras, a los diulas de Kong, a los haussas de las orillas del Tchad, a los tekruris del Senegal, moros, tuaregs e incluso árabes.

Es este espectáculo el que en 1828 contempla, en Djenné y en Tombuctú, el primer explorador europeo, René Caillié. Instruido en el Islam, este hombre se hace pasar por un árabe de Egipto, huido de los franceses, que quiere volver a Alejandría, su país natal, y que mendiga para hacer su camino de etapa en etapa. En este preciso momento Europa se entera de la muerte de dos exploradores. Clapperton, que salió del Benin hacia Tombuctú, ha sido asesinado. El mayor británico Laing, salido de Trípoli en 1825, llegó a Tombuctú pero fue estrangulado en el camino de regreso cerca de Arauana. Es esta ruta la que escoge René Caillié para llegar a Marruecos, y después a Francia, para dar por fin una descripción exacta de la misteriosa Tombuctú.

Es preciso decir que René Caillié quedó decepcionado. A pesar de sus seis mezquitas, a pesar de sus siete barrios agrupados en torno a una palmera —el único árbol de la ciudad—, a pesar de su reputación de foco intelectual, Tombuctú, ya decadente, no tenía ni la animación ni la riqueza de Djenné. Los tuaregs merodeaban alrededor de la ciudad, saqueando de vez en cuando las caravanas incluso penetrando a veces en la ciudad en pequeños grupos que, con la lanza en la derecha y el puñal en la izquierda, entraban afrentosamente en las casas, donde por supuesto nadie se atrevía a negarles lo que exigían: miel, arroz, mijo, paño y todo lo demás.

Antes de su muerte, acaecida en 1845 en medio de imponentes lamentaciones, en 1838 Hamadú Sekú había recibido en Hamdallay la visita de un peregrino que regresaba de la Meca, el Hadj Omar, que alcanzaría una inmensa fama.

VI. EL HADJ OMAR

Omar Saidú Tall es un tekruri nacido en 1797 cerca de Podor, en el Futa Toro. Musulmán piadoso y aplicado en el estudio, siguió las lecciones de todos los morabitos de Mauritania, del Futa Toro y del Futa Djalon. Visita a Dan Fodio en Sokoto, y a Hamadú Sekú en Hamdallay. Hace la peregrinación a la Meca adquiriendo el nombre de El Hadj; es nombrado califa de la Cofradía Tidjaniya. Recibe la «Baraka», que es una gracia particular, así como el poder de enseñar y transmitir los secretos en los que ha sido triplemente iniciado. Se relaciona con altas personalidades: El Kanemi le da una esposa; Mohamed Bello le da dos, una de ellas pariente suya. No obstante, su proselitismo comienza a inquietar a las autoridades. Se repliega, pues, en 1848, a Dinguiray, en el contrafuerte oriental del Futa Djalon. Reúne a sus discípulos y forma con ellos un ejército. Cuando se siente suficientemente fuerte, proclama la Guerra Santa; con sus tekruris se lanza al asalto de los mandingos y de los bambaras del Kaarta, a los que toma Nioro. Su fama de santidad, su prestigio de letrado, y también sus primeros éxitos y sus primeros saqueos, le proporcionan una gran afluencia de partidarios. Su ambición crece al mismo tiempo que sus tropas van aumentando en número. Emprende entonces el descenso del río Senegal con 40.000 hombres para hacerse dueño del país que le ha visto nacer: el Futa Toro. Pero los jefes del Futa Toro se pronuncian contra él; una pequeña guarnición francesa, mandada por un mestizo de San Luis, le detiene en Medina, cerca de Kayes. Después las tropas francesas, remontando el río, le cierran definitivamente el camino.

El Hadj Omar se vuelve hacia el Este, en dirección al Níger. El 16 de marzo de 1861, en una sangrienta batalla que le cuesta una parte de sus efectivos, derrota a las tropas del rey bambara de Segou. Después de otras batallas victoriosas, se enfrenta al soberano del Masina, que ha acogido al rey bambara que huía con el resto de sus tropas. Después de encarnizados combates, El Hadj Omar dispersa sus ejércitos y hace prisioneros a los dos soberanos. El rey bambara es hecho prisionero y el soberano del Masina —nieto de Hamadú Sekú— ejecutado.

Dueño de los reinos del Segou y del Masina, el Hadj Omar vuelve hacia Tombuctú, que ocupa y saquea. Un sobrino del soberano del Masina, Ba Lobbo, superviviente de la masacre de los señores peules, reúne partidarios y toma la iniciativa. En 1864 El Hadj Omar, perseguido por él, por los acantilados de Hombori, se refugia en una gruta en la que perece, sin duda asfixiado por el humo de la pólvora. Su primogénito oculta su muerte y gobierna en su nombre durante años.

El Hadj Omar deja tras sí la reputación de haber sido un musulmán muy piadoso —cuando la batalla estaba en su apogeo, no faltaba a la oración— y un jefe guerrero audaz, sin escrúpulos, que casi nunca perdonaba a sus enemigos. Pero no dejó organización política. Su hijo Ahmadú consigue, no sin trabajo, mantenerse en Segou, mientras los bambaras conservan el campo. A los hermanos de Ahmadú, Habibú y Moktar, que se han proclamado independientes, apoyándose en los franceses que se aproximan, los hace matar. No obstante, como estaba mal visto en Segou, debió abandonar el país con algunos partidarios. Morirá en 1898, refugiado en territorio haussa.

Un sobrino de El Hadj Omar, Tidjani, a quien el conquistador había confiado el Masina, consigue afianzarse allí tanto contra Ba Lobbo como contra el Cheik el Bekkai de Tombuctú. Pero el país está devastado como consecuencia de las campañas y guerrillas permanentes, cuando llegan los franceses, tras haber remontado el valle del Senegal, para extender su ocupación por el valle del Níger (1889-1892).

VII. SAMORI

El Hadj Omar, si bien no era el fundador de un imperio, tenía al menos el pretexto de la propagación de la fe; sin embargo, apenas hacía diferencia entre sus enemigos creyentes o infieles. Su imitador, Samori, no tiene esta excusa, si es que podemos llamarla así. Samori Turé era mandingo, nacido en el valle del Baulé hacia 1835. De origen modesto, poco instruido, tenía excepcionales dotes de mando. Reúne unas cuantas bandas que se imponen por el terror. Cuando una aldea se le resiste, la quema, pasa por las armas a la población y dispersa al resto, si es que queda. Es así como después de su paso, en 1895, por la ciudad de Kong, próspero foco comercial y ciudad de unos 20.000 habitantes, no queda de ella más que humeantes ruinas. Aunque ignorante, se proclama Almamy. Haciendo gala de eficacia, provee a sus tropas de fusiles modernos comprados en los almacenes británicos de la costa. Opone a la penetración francesa una fiera resistencia. Pero al mismo tiempo abre políticamente el país, en estado de anarquía, a las columnas francesas que aportan a las poblaciones del valle nigeriano la paz y la seguridad que apenas han conocido desde hace mucho tiempo.

Las tropas francesas, sostenidas por los jefes locales, expulsan a Samori del Sudán nigeriano empujándole hacia la región de la Alta Guinea y después hacia la alta Costa de Marfil, en el curso del Volta negro. Pero el territorio mossi está ya ocupado por contingentes franceses, al tiempo que elementos británicos remontan el río a su encuentro. Cogido entre dos fuegos, Samori se repliega al nordeste de Liberia, donde es capturado en septiembre de 1898. Deportado al Gabón con su esposa preferida y su hijo, muere allí en 1900. Con sus campañas, que duran cerca de treinta años (1870-1898), se termina la larga historia de las hegemonías sudanesas occidentales. Se acaba también la epopeya de las dominaciones peules del siglo XIX, cuyos herederos acogerán generalmente sin dificultad a los franceses y británicos, concluyendo acuerdos con ellos.

Es preciso señalar, por otra parte, que si El Hadj Omar y Samori se enfrentaron a las tropas francesas, esto fue solamente de una forma secundaria, puesto que sus empresas no tuvieron más que accesoriamente el carácter de movimiento de resistencia a la colonización, siendo su objetivo primero y principal el de establecer sus propias hegemonías.

6. Africa oriental

I. REINOS CRISTIANOS DE LAS CATARATAS: NOBATIA, DONGOLA, ALOA

Los descendientes de Mahoma, conquistadores del continente africano desde el mar Rojo hasta el Atlántico, no habían podido someter en un primer impulso, ni a los reinos cristianos de las Cataratas del Alto Nilo ni a los etíopes, valientes guerreros atrincherados en sus montañas, separadas por profundos barrancos. Pero les habían aislado y desconectado por largo tiempo del mundo mediterráneo cristiano.

El alto valle del Nilo no cesa, sin embargo, de excitar la codicia de los árabes. Los tres reinos cristianos de Nubia —de Norte a Sur: el de los nobatas en la baja Nubia, el de Dongola y el de Aloa, cerca del actual Khartum— sufren periódicas incursiones procedentes del Norte. Después de siglos de derrotas y triunfos alternos, el cristianismo sobrevivirá hasta 1317 en Dongola y hasta 1504 en Soba.

Abdallah, jefe del ejército árabe de Egipto, saquea la baja Nubia en el 641 y Dongola en el 652. El rey de Dongola, Kalidurat, se ve obligado a firmar un tratado por el cual entrega a los árabes un tributo anual de 400 esclavos y se compromete a tolerar la instalación de los mercaderes árabes y la erección de una mezquita en Dongola. A cambio, el gobernador de Egipto proporcionará al reino de Dongola caballos, tejidos y productos alimenticios. Con algunas vicisitudes, este tratado tendrá vigor durante seis siglos.

Parece ser que estos reinos cristianos negros tuvieron vitalidad. A las incursiones árabes contestaban con incursiones sobre Assuán. Según un cronista árabe, nubios y abisinios lanzaron en el 737 una cruzada de 100.000 caballeros y 100.000 camellos sobre Egipto para socorrer al patriarca de Alejandría, jefe espiritual de los cristianos de África (es él quien nombra a sus obispos), del que se decía que estaba siendo maltratado y presionado por los árabes. Es difícil concretar lo que esta incursión significó exactamente; quizá se trató simplemente de una «manifestación pacífica armada» de una «marcha sobre Alejandría». En cuanto a las cifras dadas, hay que tomarlas evidentemente con toda precaución.

Por el contrario, un jefe de una banda árabe saquea en el 878 las minas de oro de Nubia.

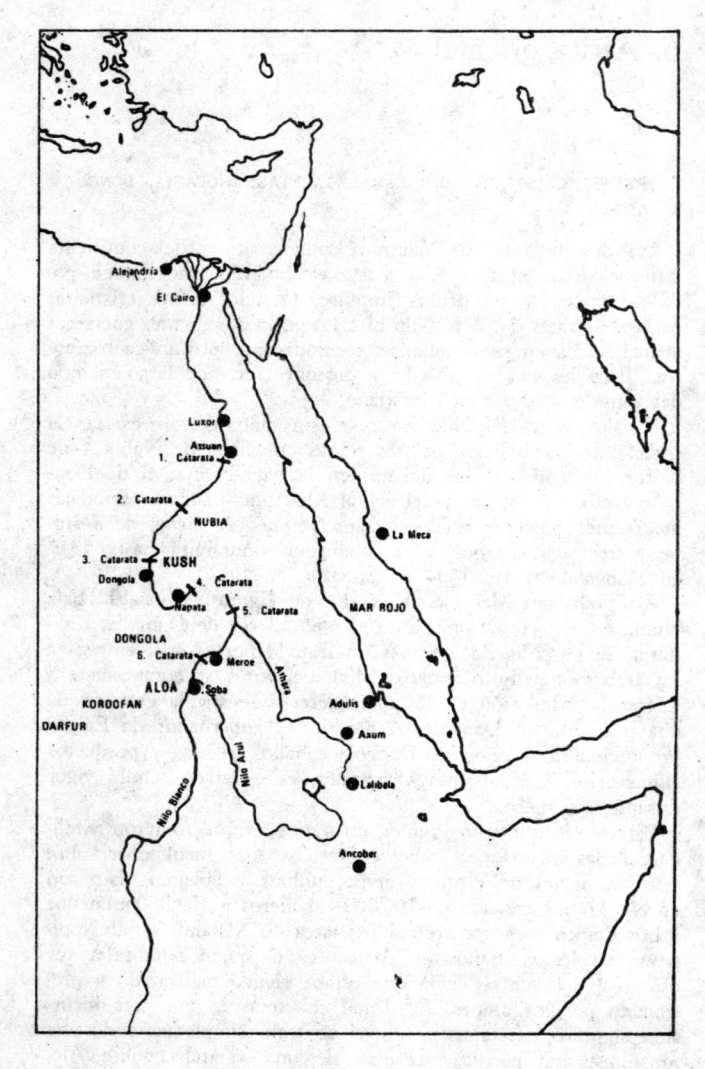

Fig. 7. Nubia.

No obstante, la presión árabe reviste también otras formas. Conforme al tratado firmado por Kalidurat en el 652, se establecen en Nubia musulmanes procedentes de Egipto; allí, disfrutan de una gran independencia. Un cierto número de nubios se convierten al Islam.

En el siglo X, Soba, capital del reino de Aloa (o Alodia), es una ciudad rica, con bellas mansiones, amplios monasterios, iglesias doradas y jardines. El país es fértil. El rey dispone de una numerosa caballería. Los habitantes de Aloa son cristianos jacobitas, es decir, monofisitas; sus obispos, como los de Nobatia, son nombrados por el patriarca de Alejandría. Aún en el siglo XIII podemos ver en el reino de Aloa una catedral «extraordinariamente grande», según dicen los viajeros árabes, cuatrocientas iglesias y numerosos monasterios.

Las cruzadas de los cristianos de Occidente tienen sus repercusiones lejanas en el alto valle del Nilo. Cuando, al amparo de las querellas internas existentes bajo los últimos califas fatimidas, los cruzados se apoderan de El Cairo en 1167, el visir Saladín restablece la situación. Hace masacrar a los mercenarios negros rebeldes y funda la dinastía de los Ayubidas. Saladín, tras luchar contra los cruzados franceses y arrancarles de nuevo la mayor parte de sus conquistas, confía el gobierno de Egipto a un nubio llamado Boha ed Din, que se había mostrado muy competente.

No obstante, los negros escapados de la masacre, y junto con ellos un cierto número de oponentes de Saladín, habían remontado el Nilo y se habían instalado en Nubia. A partir de allí, y con el apoyo de algunos nubios, lanzan una expedición sobre Assuán en 1171. El hermano de Saladín, Schams ed Daula, reacciona vigorosamente, siendo Nubia quien paga los platos rotos: saqueos, masacres, ocupación e islamización de la Nubia septentrional. Pero Schams ed Daula es aniquilado por los mamelucos que se convierten en los amos de Egipto.

Los cristianos de Nubia, monofisitas, luego cismáticos, no intentaron coordinar su acción con la de los cristianos de Occidente, a los que consideran perseguidores. Pero la presión ejercida sobre el Islam por la séptima y octava cruzada, les anima a organizar su propia resistencia. Construyen una serie de fortificaciones cuyas ruinas se encuentran aún hoy día. En 1275 el rey David I de Dongola se considera lo bastante fuerte para negarse a pagar por más tiempo tributo a El Cairo e incluso atacar Assuán. Sin embargo, es rechazado, vencido y hecho prisionero por el célebre sultán mameluco Baibars, que coloca sobre el trono de Dongola al sobrino de David, Schekender, que ha traicionado a su tío. A la muerte de Baibars, envenenado por error, Schekender, vasallo de los sultanes, es asesinado por los fieles de David, y Schemamún se convierte en rey de Dongola, mientras que el mameluco Kalaún sucede a Baibars. Entre 1286 y 1290 Schemamún se rebela tres veces contra el sultán; las dos primeras, los mamelucos reconquistan Dongola e instalan allí otro rey. Cuando Schemamún ocupa por tercera vez su capital, envía regalos a Kalaún, asegurándole su sumisión. Sin embargo, a la muerte de Kalaún, Schemamún se rebela una vez más contra el nuevo sultán, hijo de Kalaún. Esta vez el ejército egipcio extiende sus represalias treinta y tres jornadas al sur de Dongola y deja una guarnición para cortar la posibilidad de un eventual regreso de Schemamún. Los reyes de Dongola pagarán en adelante tributo a El Cairo.

En 1315 se establece un contacto muy tardío entre los cristianos de Occidente y los reinos de las Cataratas. Una misión de dominicos va a construir un convento cerca de Dongola. Pero al mismo tiempo, el último rey cristiano de Dongola, Kudambes, es deportado a El Cairo. Un rey musulmán es instalado en su lugar. A partir de 1317, las iglesias son transformadas en mezquitas, cuyo mantenimiento se encarga a los cristianos.

El reino de Aloa fue quizá durante algún tiempo tributario del reino de Dongola. En todo caso, debió ayudar a éste a pagar a Egipto lo estipulado en el Tratado firmado por Kalidurat. A pesar de ello, Aloa subsistirá dos siglos después de la caída del reino cristiano de Dongola; más o menos hasta el año 1500. Su lejanía, en efecto, le sirvió de protección y de aislamiento. Se cree que en cierta ocasión solicitó sin éxito el apoyo del rey de Abisinia.

Quizá sorprenda que los reinos cristianos africanos se hayan mantenido durante siglos (y Etiopía definitivamente) contra la presión del Islam árabe. Hay varias razones que explican este fenómeno. En primer lugar, la distancia y la posición militarmente fuerte, si no inexpugnable, de la meseta etíope; además, el coraje militar de los nubios y de los axumitas; por último, el hecho de que los cristianos de estos reinos, ligados al patriarca de Alejandría, se beneficiaban al menos implícita e indirectamente, del compromiso contraído entre los árabes y el patriarca de Alejandría, acuerdo que permitió al cristianismo copto sobrevivir en Egipto y coexistir con el Islam.

II. EL REINO FUNG. KORDOFAN

Los nómadas árabes que desde milenios atraviesan el mar Rojo para instalarse en África, colonizan poco a poco la zona sudanesa hasta Darfur. Mezclándose a los negros, se arraigaron en estos territorios. Sus descendientes fundan en África reinos musulmanes, entre los que sobresale, hacia fines del siglo XV, el reino Fung del Sennar, situado entre el Nilo azul y el Nilo blanco, así como el Kordofan, entre el Sennar y el Darfur, al que a menudo prestaría vasallaje.. El reino Fung se mantendrá alrededor de trescientos años, hasta el siglo XVIII, en que se sumen en la anarquía. La historia de los fungs del Sennar encierra episodios gloriosos. En 1493 el príncipe Amara Dunka se convierte en sultán de los fungs, a los que une bajo su autoridad. Destruye Aloa, avanza hasta el Nilo y funda una dinastía A mediados del siglo XVIII un príncipe abisinio, Kedem Yasu, que intenta ocupar el Sennar, es derrotado y rechazado por el príncipe Gaadí, un descendiente de Amara Dunka.

III. ETIOPIA (SIGLOS X AL XVII)

Habíamos dejado a Etiopía —el reino de Axum— en el momento no precisable, entre los siglos X y XII, en que se fundaba una dinastía cristiana, la de los zaués; en el momento también en que las crónicas eran escasas y poco expresivas. Sabemos que en 1123 una misión abisinia viajó a Roma para visitar al papa Calixto II. Apenas si se conoce, de la dinastía de los zaués, más que al rey cristiano Lalibela, el «San Luis etíope», que reinó a principios del siglo XIII. Sabemos de él que en 1210 envió una embajada fastuosa a El Cairo, que hizo donaciones a los conventos, que convirtió al cristianismo a las poblaciones paganas y que trasladó su capital de Axum a una nueva ciudad. Esta ciudad, que lleva el nombre del rey canonizado por la Iglesia etíope, es aún hoy un lugar de peregrinación. Hay allí 11 curiosas iglesias cavadas en la roca bajo la montaña, con los techos a nivel del suelo.

En 1270 se abre una nueva fase de la historia etíope, mejor documentada por las crónicas. Es preciso, sin embargo, no perder de vista que esas crónicas han sido escritas por encargo, para la alabanza de cada reinado.

La fecha de 1270 marca el fin de la dinastía Zaué y el advenimiento al trono de una nueva dinastía procedente de la antigua aristocracia axumita, y que pretende estar enraizada con el rey Salomón y la reina de Saba. Por eso es frecuente designar los acontecimientos de 1270 con el nombre de «restauración salomónica». El autor de esta restauración es el monje Tekla Haimanot, que persuadió al último rey Zaué a ceder la plaza a la renovada dinastía salomónica. Después, Tekla Haimanot se convirtió en un santo venerado en Etiopía.

Yekuno Amlak, primer rey de esta nueva dinastía, reina de 1270 a 1285. Traslada la capital hacia el Sur, a Ankober, en la provincia de Choa, en el centro del macizo montañoso. En adelante, es a partir de esta provincia desde donde serán gobernadas las provincias abisinias y los estados del imperio, a veces sumisos, a veces reticentes; pues el pago del impuesto, signo por excelencia de la sumisión a la autoridad, no se efectúa siempre ni en todos los lugares.

Algunos estados o pueblos subordinados son musulmanes; así, el reino de Ifat, al este de Choa, y el reino de Adal, que le sucede. Estos reinos musulmanes, establecidos entre la montaña y la costa somalí, comercian con Arabia y el Oriente. En cuanto a los falachas, judíos heréticos que practican el Antiguo Testamento en su versión en lengua gueza y que ignoran el Talmud, los emperadores cristianos de Etiopía intentan, alternativamente, pero en vano, convertirlos o exterminarlos. Por último, subsisten numerosas tribus animistas localizadas en el sudoeste que pagan tributo al emperador cuando no tienen más remedio.

Los emperadores llevan una vida errante, seguidos de una verdadera ciudad nómada cuyas tiendas abrigan a la corte, la administración, la justicia y los jefes del ejército. El rey, que es el Elegido de Dios, el León de Judá, gobierna desde una inmensa tienda blanca cubierta por un velo. Sus súbditos no deben verle los ojos más que en las tres grandes fiestas: Navidad, Pascua y la fiesta de la Cruz. A cada palabra que pronuncia, a cada movimiento de su persona, los dignatarios se postran y besan el suelo. Para asegurar la paz dinástica, en cada coronación, todos los miembros varones de la familia real, a excepción del emperador y sus descendientes directos, son encerrados de por vida en una fortaleza situada en la cumbre de una montaña, junto con sus familias. Allí, separados de toda comunicación con el mundo exterior, no podrán ni siquiera servir de pretexto para la agitación y la competencia al trono.

El nomadismo del soberano y de su corte se explica por la configuración montañosa del país, surcado por profundos valles, cuyos itinerarios son penosos. Las comunicaciones son difíciles y los transportes casi imposibles. Por tanto, para asegurar

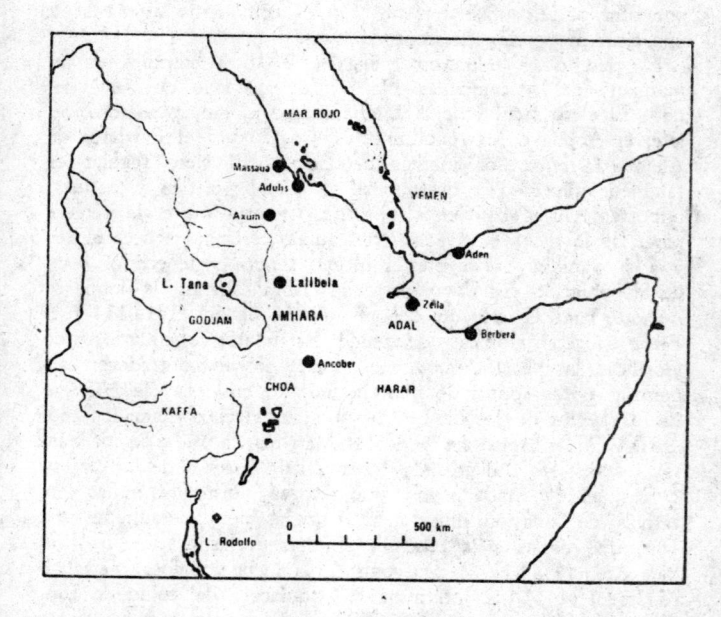

Fig. 8. Etiopía.

la autoridad es preferible desplazarse a través del territorio; y para alimentar el aparato real, es mejor ir a consumir en el propio lugar de producción los alimentos obtenidos a título de tributo. Las tierras volcánicas de las llanuras etíopes son, por otra parte, suficientemente fértiles como para alimentar a una gran proporción de improductivos.

El ejército es numeroso: llega a 300.000 hombres en el momento de las campañas. No recibe paga sino que vive del país. El clero secular de la Iglesia etíope es muy numeroso. Su jefe, el Abuna o Metropolitano, es acogido por el Patriarca de Alejandría entre los monjes de Egipto. El clero regular es también numeroso y desempeña un papel político y cultural importante. Los conventos poseen, por otra parte, la tercera parte de la tierra cultivada. Un segundo tercio pertenece al rey y a su familia. Solamente el último tercio pertenece al resto de la población. En el convento de Dabra Libanos, es donde se redactó bajo el reinado del rey Amda Seyón (1314-1344) el *Fetha Nagast*, crónica que reúne los relatos legendarios que glorifican la dinastía salomónica. Otros conventos traducen numerosas obras coptas de historia judía o cristiana: la *Historia de los Judíos* de Joseph ben Gurion, los Hechos (llamados apócrifos) de los Apóstoles y de los Mártires, la Vida de los Santos Coptos, los Milagros de Jesús y los Milagros de la Virgen.

Después de Amda Seyón, que rechaza gloriosamente las tentativas de invasión musulmana lanzadas por los sultanes del Ifat, que pasan a la rebelión abierta, y después de su hijo Saif Ared (1344-1372) que continúa la lucha religiosa, Yetschak (o Isaac) (1414-1429) termina la liquidación del reino de Ifat. Pero los hijos del último sultán de Ifat, emigrados durante algún tiempo al Yemen, vuelven fortalecidos y fundan en Harar el reino de Adal, que en adelante servirá de base para nuevos asaltos del Islam.

Zara Jacob (1434-1468) es un reformador de la vida religiosa en su país. Instituye una Cuaresma de cincuenta y cinco días, 33 fiestas en honor de la Santísima Virgen, 12 fiestas de San Miguel, y así sucesivamente. Persigue a los herejes y cismáticos, stefanistas y eustiquianos, imponiéndoles, implacablemente, la devoción a la Santa Cruz y a la Virgen. Dejó escrita una obra de carácter religioso y filosófico. Es bajo su reinado, en 1439, cuando una delegación de la Iglesia etíope participó en el Sínodo de Florencia. Envió también una embajada a Alfonso V de Portugal, llamado el Africano, para pedirle su apoyo, aunque en vano.

El hijo y sucesor de Zara Jacob, Baeda Maryam (1468-1478) fue también un rey muy piadoso, reorganizador de la administración provincial y constructor de iglesias. Su viuda, la emperatriz Helena, hija de un príncipe musulmán pero cristiana por matrimonio, aconsejará eficazmente a sus sucesores para que envíen embajadas a El Cairo, Jerusalem y Roma. En Europa occidental perduró largo tiempo la leyenda del «Preste Juan», fabuloso soberano cristiano de Oriente, al que se le creía establecido (si es que de verdad existió) en cualquier lugar del interior de Asia. Hacia finales del siglo XV, algunos suponen que el «Preste Juan» podría ser el soberano de Abisinia. Se envió desde Roma un emisario, Battista d'Imola, que llega a Etiopía en 1482. Siguió el itinerario veneciano, es decir, por Jerusalem, El Cairo, remontando el curso del Nilo, alcanzando el mar Rojo en Aidab, y desde allí el puerto de Adulís, para llegar a Axum. Battista d'Imola no llevaba los regalos que los soberanos de Africa tenían costumbre de recibir de sus visitantes, de cuya deferencia eran el testimonio; por esta razón, no fue recibido por el emperador.

En 1487 el rey de Portugal Joâo II decide enviar por vía terrestre dos emisarios, Alfonso de Paiva y Pedro da Covilha, encargados de buscar al «padre Juan». Estando camino de Oriente, las informaciones recibidas en Aden (Arabia) les hacen pensar que este misterioso soberano es el rey de Abisinia. Es también allí donde obtienen detalles sobre la ruta marítima de las Indias. Después se separan. Paiva va a Etiopía, pero muere pronto. Covilha se dirige hacia las Indias a bordo de un navío árabe, ve Goa y vuelve a Africa, concretamente a Sofala. Envía una carta al rey de Portugal con las indicaciones necesarias para ir a las Indias; en ella le da cuenta de «los cargamentos de especias, drogas y piedras preciosas que tienen lugar en Calicut». Finalmente, aprovechándose de la embarcación árabe, llega a la corte del rey Alejandro de Etiopía (o Eskender, 1478-1494) que muere poco después. Su hermano y sucesor Nahu (o Na'od, 1494-1508) y después su hijo Lebna Denguel (o David II, 1508-1540) que sucede en el reino a su padre, no permiten a Pedro da Covilha regresar a Portugal. Se queda en Etiopía mientras se desarrollan largas y difíciles negociaciones, inspiradas por la emperatriz Helena, entre Etiopía y Portugal, para pedir a ésta su apoyo contra el Islam invasor. Mientras tanto, una vez que Vasco de Gama ha rodeado por el Sur el continente africano y ha abierto a los europeos la ruta marítima del Océano Indico, el rey de Portugal envía a través de esta nueva vía, una misión que desembarca en Massaua en 1520 y se reúne con Pedro da Covilha en la corte del emperador Lebna Denguel. La misión permanecerá allí hasta 1526. Abisinia, tanto tiempo aislada se convierte en un peón de la partida de ajedrez que se juega entre los cristianos de Europa y el mundo árabe sólidamente controlado por los turcos.

Ya hemos dicho que Etiopía era un imperio que reunía provincias (Tigré, Godjam, Amhara, Choa) y estados más o menos sometidos, más o menos rebeldes. Ya vimos cómo, en el sudeste, los descendientes de los sultanes de Ifat fundan el reino de Adal, gobernado por una dinastía árabe y musulmana que no cesaba de luchar por su independencia, dando mucho que hacer a los emperadores. Bajo el reinado de Lebna Denguel, el soberano de Adal, Mohamed Granyé hizo mucho más que afirmar su independencia, a partir de 1527 invadió Abisinia, ocupando parte de su territorio, saqueando y devastando el país durante quince años. Lebna Denguel muere en 1540 mientras huía de esta invasión.

Repentinamente, las cosas cambian de rumbo: en 1541, una expedición mandada por Stefano de Gama, hijo de Vasco de Gama, desembarca en Massaua; envía a su hermano Cristóbal con cuatrocientos soldados portugueses en auxilio del sucesor de Lebna. Los portugueses atacan al peligroso Granyé. Pierden la mitad de sus hombres, y Cristóbal de Gama es hecho prisionero y torturado hasta su muerte. Para vengar a los suyos, los portugueses supervivientes reorganizan un ejército etíope y forman una artillería. En un nuevo combate, es Granyé el que muere; sus tropas se dispersan y el invasor abandona el imperio. Los soldados portugueses después de haber puesto fin al terror extendido por el reino musulmán de Adal, se quedan en el país y arraigan en él.

No obstante, tanto el reino de Adal como el reino Etíope, enemigos entre sí sufren ambos una tercera presión: la de los gallas. Toda esta cornisa oriental del continente africano es constantemente recorrida por pueblos a los que se les llama «hamitas» o «etiópidas», generalmente pastores nómadas y, de vez en cuando, guerreros. Son los bedjas (que circulan entre Etiopía, Egipto y el mar Rojo), los danakiles, los somalíes y los gallas. A veces están sometidos a la dominación etíope, a veces disienten y se separan de ellos y a veces vuelven belicosamente. En el siglo XVI, el fenómeno cambia de aspecto: los gallas se extienden sobre la meseta abisinia en gran número. Pero no se trata ya de incursiones nómadas ni de invasiones y pillajes al estilo beduino; los gallas se hacen sedentarios y cultivadores, proliferan y forman estados que los emperadores tendrán grandes dificultades para someter a su obediencia. Terminan por formar el grupo étnico más numeroso de Etiopía, más numeroso incluso que los Amhara que son los que gobiernan.

Mientras Mohamed Granyé y Lebna Denguel disputan entre sí, los gallas se instalan en todo el Choa y en el oeste Abisinio. Algunos años más tarde, a partir de 1567, hacen su aparición en el Harar. De ahora en adelante los gallas tienen en toda la región posiciones inexpugnables con las que los emperadores deberán contar siempre. Incluso llega a darse el caso de que, al morir un emperador casado con una mujer galla, la emperatriz reina en nombre de su hijo durante catorce años, desde 1755 hasta 1769, rodeándose de gallas a los que confía el poder; esto dura hasta que una revolución de palacio pone fin al episodio. El autor del complot, el Ras Miguel, gobernador del Tigré, hace estrangular al hijo de la emperatriz galla y ejecutar de una sola vez a 75 señores.

Sin embargo, su ferrea mano no basta para restablecer un orden duradero; la anarquía reinará en el imperio hasta mediados del siglo XIX.

Otra fuente de dificultades internas fue el esfuerzo del Vaticano por convertir el Imperio abisinio al catolicismo. Una misión de jesuitas intentó, a mediados del siglo XVI, convertir al emperador Claudius y a sus allegados. Uno de sus sucesores, importunado por el proselitismo de los jesuitas, los hizo expulsar a mediados del siglo XVII; incluso dio instrucciones al pachá de Massaua para que diera muerte a los sacerdotes cristianos que intentasen desembarcar.

IV. LA COSTA ORIENTAL: ZENDJ

La costa oriental de Africa no era completamente desconocida para los navegantes alejandrinos. Una guía de navegantes y mercaderes que data del siglo I d. de C., llamada «Periplo del mar Eritreo» describe la costa oriental de Africa hasta cerca de Zanzíbar. Este texto, y la llamada Geografía de Ptolomeo, parecen atestiguar que los confactos comerciales —esencialmente el tráfico de marfil, sin duda— habían descubierto a los griegos alejandrinos la existencia de grandes montañas (¿el Kenia, el Kilimandjaro?) y de grandes lagos situados en los orígenes del Nilo (¿lago Alberto, lago Victoria?). Sobre esto no se volverá a saber en Europa hasta el siglo XIX. Se han encontrado en Africa oriental monedas romanas del siglo V d. C. que confirman la existencia de relaciones comerciales, sin duda indirectas. Los mercaderes griegos, o los que comerciaban por su cuenta, traficaban sin duda también con mercaderes llegados de la India, que traían «una miel extraída del rosal que se llama saccari», es decir, el azúcar. Dicha guía de navegantes dice también que este territorio —la costa africana— no se encuentra bajo la autoridad de un único soberano, sino que cada una de las ciudades comerciales se encuentra bajo la autoridad de un jefe diferente.

La historia de la costa oriental de Africa se basa, en principio, en los relatos de viajeros árabes y en los descubrimientos arqueológicos. La primera mención del «país de Zendj», como se le llama, es bastante descorazonadora: en su «Libro de las rutas y de las provincias», Ibn Khordadbeh dice: «todo el que va allí atrapa la sarna».

Ochenta años más tarde, a mediados del siglo x, es El Masudi, nacido en Bagdad, el que navega con los mercaderes árabes de Oman y de Siraf a lo largo de la costa oriental de Africa hasta el país de Zendj, nombre que más o menos viene a significar: el país de los negros. Este nombre de Zendj ha sobrevivido en el nombre de Zanzíbar, o «Costa de los Zendj».

¿Quiénes eran estos negros? ¿Caucásicos venidos del Norte o del Oeste? ¿Bantúes que tras atravesar la selva, habían llegado de un foco de dispersión aún no identificado? Sin duda, unos y otros mezclados por el azar de las corrientes migratorias y mezclados también con las poblaciones locales originarias del paleolítico, cuyas huellas se encuentran en Kenia, en Rhodesia y en otras partes.

Durante el primer milenio d. C. se extiende el uso del hierro sin que se pueda decir (en el estado actual de nuestros conocimientos) ni cuándo, ni cómo, ni dónde ha comenzado la siderurgia arcaica. Aunque sea arriesgado identificar cualquier técnica con una población dada, nos podemos legítimamente inclinar a hacer coincidir la expansión de las técnicas siderúrgicas en esta parte del mundo con el desarrollo de la población negra en Africa oriental. Los hotentotes, que pertenecían a una capa de población anterior, conocían las más primitivas técnicas metalúrgicas; pero ellos mismos se mezclaron a los negros en un momento dado. Conocían probablemente el hierro, aunque son los negros los que aportarán técnicas realmente prácticas. Tampoco se sabe si la técnica del hierro fue inventada en ese mismo lugar o importada; en este caso, quizá de Meroé. El único hecho más o menos seguro es la coincidencia del esplendor de la siderurgia en Africa oriental con una expansión de la población negra entre los siglos IX y XIII; y que este esplendor coincide con el desarrollo del comercio árabe que compra en Sofala, ciudad costera, el hierro de los herreros negros para revenderlo en la India, de donde pasa a Persia

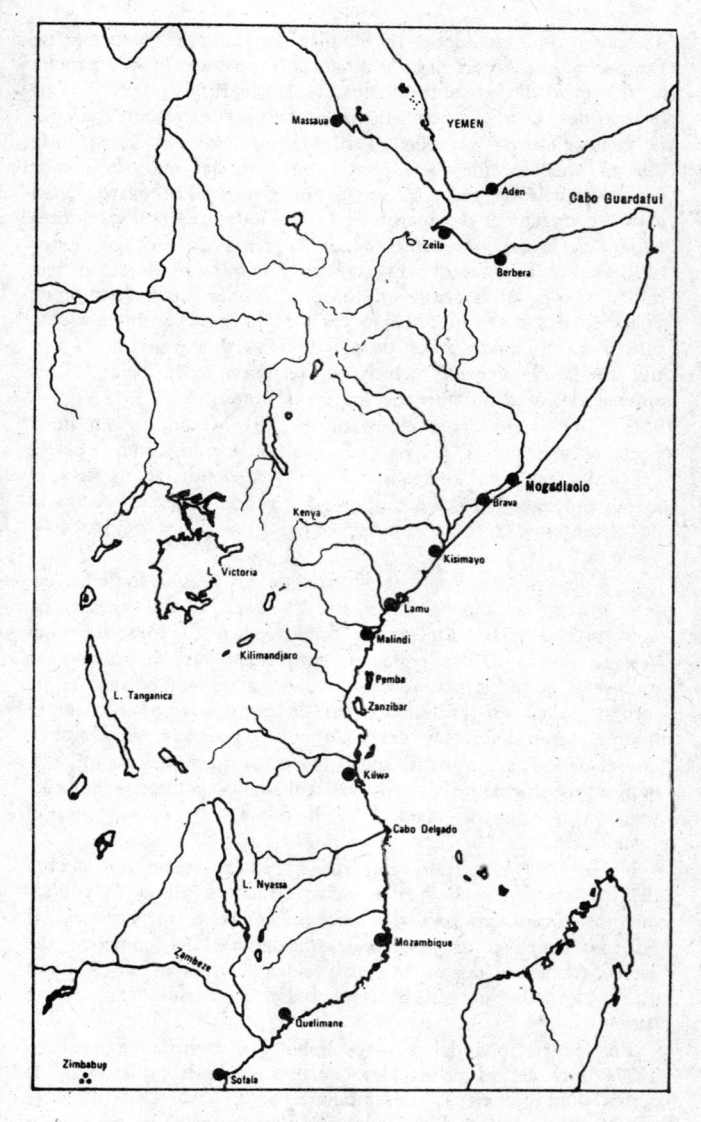

Fig. 9. Costa oriental de Africa.

y Arabia que es donde se templan las famosas «espadas de Damasco» que llegan hasta Andalucía y Toledo; lo que prueba la alta calidad de los productos de la siderurgia africana. Los negros del Zendj tienen además entre los mercaderes árabes la reputación de apreciar el hierro, es decir, el acero, más que el oro; lo que hace pensar que cambian, por lo menos a equivalencia de peso, un metal por el otro. Los negros unen a este comercio el del marfil de los elefantes que sus cazadores matan en la selva, y también con la venta de esclavos. Estos negros, dice El Masudi son grandes y hábiles oradores. A menudo, uno de ellos reúne en torno a sí a la muchedumbre de una ciudad y hace un discurso para incitar a sus oyentes a conformar su conducta a los deseos de Dios y a practicar la virtud de la obediencia, o bien les recuerda la historia de sus antepasados y el nombre de los reyes pretéritos.

El punto más lejano alcanzado por El Masudi, y sin duda por los mercaderes árabes, es Sofala, descrita como «Sofala del oro», pues es a través de ella por donde se exporta el metal precioso del Monomotapa. Se vende también el marfil de elefantes y de rinocerontes, ámbar gris, pieles de leopardo y acero.

El Uaqlimi, que gobierna el país de los Uaq Uaq, cuya capital era quizá Sinna a orillas del Zambeze, es un rey divino: «tan pronto ejerce un poder tiránico, dice El Masudi, como —si se desvía de las reglas de la justicia —se le mata y se excluye a su posteridad de la sucesión al trono, porque se ha reconocido en ese hecho la señal de que ha dejado de ser el hijo del gran Dios, rey del cielo y de la tierra». El Uaqlimi, que tiene quizá autoridad sobre los otros reyes del Zendj, disponía probablemente de 300.000 caballeros montados en bueyes; ya que no se conocía ni el caballo, ni el asno, ni el camello.

Hacia 1154, un árabe andaluz, El Idrisi, reúne por cuenta del rey normando de Sicilia todos los datos sobre los conocimientos alcanzados por los árabes de la costa oriental de Africa. Menciona el desarrollo considerable del comercio del acero. Al acero deben su prosperidad la ciudad de Malindi y, dos jornadas más al Sur, la ciudad de Manisa (hoy Mombasa).

En los tiempos del viajero árabe Ibn Battuta (muerto en 1377), una de las principales ciudades es Zeila (al lado de la actual Djibuti, en la desembocadura del mar Rojo, en el océano Indico). Es, dice él, la ciudad más sucia del mundo, la más triste y la más maloliente a causa de las grandes cantidades de pescado que se llevan a ella y de la sangre de los camellos que se matan en plena calle».

Maqdichu (Mogadisho) es descrita por Obeid Allah Yahut en su Diccionario de Geografía Universal como una ciudad árabe, rica e industriosa; en ella se fabrican hermosos tejidos que se conocen con el mismo nombre de la ciudad de donde proceden y que son inigualables; se les exporta a Egipto y a otras partes.

Los mercaderes árabes no se contentan con comprar y vender. Fundan almacenes comerciales y se quedan a vivir, casándose con las mujeres del país. Igualmente, cuando surgen dificultades en la península arábiga —que son muy frecuentes sobre todo en la difusión del Islam, como consecuencia de los cismas y de las querellas familiares— los árabes emigran en grupo y van a instalarse a ultramar, en la costa oriental de Africa, donde existe ya una colonia árabe. Relatos más o menos legendarios cuentan este género de aventuras.

Hacia el 695, habiendo estallado una insurrección en el sultanato árabe de Oman, la fracción vencida se instaló en territorio Zendj bajo la dirección del príncipe Hamza, sentando así las bases del sultanato de Zanzíbar.

Según la crónica de Kilúa, los Emosaids (los partidarios de Said, bisnieto de Alí, el yerno de Mahoma) se vieron obligados a huir de la Meca. Se refugiaron entonces en Africa, fundando Mogadisho hacia 740, y se casaron con las mujeres del país, a la sazón sometido a los señores Gallas.

Hacia el 834, los Jatts o Zotts, expulsados del Delta del Eúfrates, se instalaron en Socotora y vivieron de la piratería, lo que confirma la existencia de una prosperidad mercantil sobre la que la piratería ejercería su parasitismo.

Hacia el 920, siete hermanos procedentes de El Haza, en la costa de Oman, llegan a Mogadisho a bordo de tres navíos; expulsan de allí a los descendientes de los Emosaids que huyen al desierto donde se funden con los caravaneros somalíes.

En los relatos más o menos legendarios, el nombre «árabe» sirve para designar a inmigrantes de orígenes diversos y que no vienen todos de la península arábiga; de la misma manera que sucedió antaño con el «Fenicio», a principio de nuestro siglo con el «Turco» en América del Sur, y hoy con los «sirios» y los «libaneses» de Africa occidental, denominaciones todas que designan de manera general al mercader blanco cuya procedencia aproximada es el próximo Oriente. Entre estos «árabes», los hay árabes, pero también hay persas y quizá otros asiáticos.

Hacia el año 975, Ali ben Sultán al Hassan ben Ali, hijo de un sultán de Schiras y de una esclava negra, expulsado por sus hermanos nacidos de otra madre, víctima sin duda de una discriminación racial por ser mestizo, abandona Persia y va a buscar fortuna a Africa con seis hijos y varios centenares de colonos; compran una isla a su jefe a cambio de grandes cantidades de tejidos y fundan la factoría de Kilúa. Sus descendientes y todo el pueblo relacionado con ellos se llaman aún hoy los «Schirasi».

La factoría de Kilúa prospera y se diversifica. Numerosos establecimientos se fundan a lo largo de la costa. En el siglo XII, los «Schirasi» controlan el comercio del litoral. En el siglo XII, el sultán de Kilúa acuña monedas de cobre (hasta entonces el comercio se hacía sobre todo a base del trueque); este sultán es el primero en tener su propia moneda al sur del Sahara. En 1332, Kilúa recibe la visita del viajero árabe Ibn Battuta; éste describe una ciudad elegante y bien construida: «La mayoría de los habitantes son Zendjs de color negro como el azabache y con tatuajes en el rostro». Hay poetas que escriben poemas líricos y épicos sobre temas árabes o indios en lengua Suahelí, transcrita en caracteres de origen árabe, pero modificado. En el caso de que hayan sido recibidas en un momento dado influencias exteriores de origen blanco, o si ha habido aportaciones asiáticas, la asimilación ha sido total y la civilización Zendj sobre el litoral oriental africano es brillante en esta época. Actualmente se tiene tendencia a considerarlo como una civilización negro-africana gradualmente islamizada, más que bajo el aspecto de colonias árabes islámicas procedentes del Golfo Pérsico.

El comercio con la India es también próspero. El marfil de Africa es más fino que el de los elefantes de Asia. Grandes cantidades de tejidos de algodón o seda azules y blancos o de colores vivos, y de perlas grises, rojas y amarillas, llegan desde las Indias vía Cambay en grandes barcos. Su cargamento es redistribuido a todo lo largo de la costa hasta Sofala, donde en 1140 schiriasis fundan un establecimiento comercial; este comercio se llevaba a cabo utilizando pequeñas embarcaciones, las zambucas. Es, sin duda, de la India o de Malasia de donde llega a Africa el bananero y la semilla de coco.

Pero la gran sorpresa de los arqueólogos ha sido la gran cantidad de porcelana y de monedas chinas de la época Sung que han encontrado a lo largo de sus exploraciones. Es la contrapartida del marfil, del ámbar gris, de las pieles de leopardo y quizá del oro, que Africa exporta en el siglo XII hacia China en cantidades considerables. Hacia 1115, según se ha comprobado, el montante de estas importaciones a China se eleva a 500.000 «unidades de cuenta», de las que el emperador se reserva el 30 por 100 en concepto de tarifa aduanera.

En 1415 unos embajadores africanos parten de Malindi (en la actual Kenia) y llegan a Pekín. En 1417 un alto funcionario imperial, el almirante Tscheng Ho, les conduce de nuevo a Malindi, escoltados por toda una flota. Las expediciones marítimas chinas en dirección a Africa parecen ser, por otra parte, completamente excepcionales. En general, los mercaderes chinos se detienen en los puertos árabes y dejan en ellos sus mercancías, que los traficantes árabes se encargan de repartir por Africa. Tampoco hay señales de factorías chinas en la costa africana, y las cartas de navegación de los marinos chinos no parecen apenas dar indicaciones útiles sobre la parte del continente africano donde se han encontrado las monedas chinas y las porcelanas que, sin duda, servían también de moneda de cambio, lo que evitaba que las salidas de divisas fueran demasiado fuertes.

Pero después de 1500 la política china cambia. El partido del interior prevalece sobre el partido del océano, favorable a los intercambios con el extranjero. El gobierno chino ordena el cierre de los astilleros de construcción naval y prohíbe, bajo pena de muerte, la construcción de navíos de más de dos mástiles. En 1525 un edicto ordena quemar los navíos de alta mar que aún quedan y encarcelar a sus marineros. Con esto terminan las relaciones entre la costa oriental de Africa y China.

7. Africa del Trópico de Capricornio

En el mismo momento en que los chinos se repliegan y quemando sus navíos se impiden a sí mismos salir de sus propias fronteras, las expediciones portuguesas doblan el Cabo de Buena Esperanza y surcan el Océano Indico.

Digamos también que, al mismo tiempo, mientras los conquistadores españoles descubren en América a los aztecas y a los incas, los portugueses descubren en Africa la existencia de dos y hasta tres civilizaciones al sur del Ecuador: en el litoral atlántico, el grupo de civilizaciones del Congo; en el litoral del Océano Indico, la civilización del Zendj, y en el puerto de Sofala oyen hablar de un poderoso, rico y misterioso personaje, el Monomotapa, establecido en el interior del territorio.

En lo que concierne al Zendj, conocido por los cronistas árabes, veremos cómo los portugueses destruirán en algunos años esta civilización mercantil, negro-árabe-persa, para intentar, sin conseguirlo, sustituir su comercio por el de ellos.

El Congo, el país del Monomotapa, ¿a qué realidad «histórica» correspondían entonces estas palabras?, ¿qué había allí antes de la llegada de los portugueses? El historiador encuentra de nuevo aquí los habituales escollos, pero esta vez son infranqueables.

El primer escollo es la ausencia de todo documento escrito antes de la llegada de los europeos. Nada hay que se pueda comparar ni siquiera a las menciones elípticas de los griegos, a las inscripciones egipcias o a las crónicas árabes; no hay ninguna otra fuente más que la arqueología, en su infancia; la etnología, aún sumaria, y la tradición oral, más incierta aún que en otras partes. Y aun los pocos datos procedentes de estas tres fuentes han sido hasta el presente explotados con más imaginación que espíritu crítico; a veces con la intención de demostrar que antes de la llegada de los europeos no había nada, a veces con el deseo de probar que existían allí las mismas instituciones y el mismo desarrollo que en otras partes. Como si un pasado «histórico» fuera el accesorio indispensable del prestigio, de la misma forma que se consideraban en Europa las «galerías de antepasados» en el siglo de los burgueses y nuevos ricos.

El segundo escollo a evitar es emplear aquí las nociones familiares al historiador europeo. Hablar de «reino» del Congo o de «imperio» del Monomotapa sugiere ideas falsas. No hay nada, en la época y en la región que estamos considerando, que se parezca a nuestros Estados, nuestros gobiernos, nuestras administraciones o a nuestros territorios con sus fronteras, ni siquiera nada que se parezca a la organización de Etiopía o a las hegemonías de Ghana o Malí.

La diferencia no está, indudablemente, en la naturaleza humana; estriba ciertamente en las circunstancias. Proviene de que la escala de los tiempos no es aquí la misma; o, más bien, que el historiador —el testigo, el intérprete— no se encuentra situado en el mismo nivel de la escala de los tiempos. En efecto, al sur del Ecuador, el período histórico comienza para muchos pueblos a mediados del siglo XIX, la protohistoria no se remonta más allá del siglo XV, el esplendor de la Edad de Hierro se sitúa sin duda entre el XII y el XIV y algunos pueblos, como los bosquimanos, se hallan todavía en la Edad de Piedra, incluso en la de la piedra tallada.

El historiador debería tener la prudencia de callarse, como aquel sabio británico que, a propósito precisamente de este tema, decía que cuanto menos se hablara menos oportunidad había de decir tonterías. Será necesario dejar aún durante largo tiempo la palabra al arqueólogo y al etnólogo. Sin embargo, es apasionante para el historiador asomarse a estas edades oscuras, tan cercanas de nosotros, y que se asemejan quizá a la infancia de nuestras civilizaciones.

Entre el Atlántico Sur y el Océano Indico, en espacios generalmente poco poblados, vemos aún, como sin duda ha sucedido desde hace una decena de siglos, ciudades muy prósperas que se dividen y dispersan, clanes numerosos que se disgregan como consecuencia de una querella, hordas que se ponen en movimiento impulsadas por el hambre, tribus que huyen de un peligro real o imaginario y hombres que van a buscar a otra parte su subsistencia. Los jóvenes son los primeros que parten, llevando víveres, para preparar el acantonamiento. Los viejos parten en último lugar, abandonando su tierra y sus muertos. Los que parten se eligen un nuevo nombre para sí mismos, manifestando así la renovación del grupo. Rompen voluntariamente con el pasado, dispuestos a adaptarse a nuevas circunstancias, pues es preciso constatar la extraordinaria adaptabilidad de estos pueblos, su flexibilidad, su vitalidad, su aptitud para sacar partido del medio, del terreno, de los encuentros con otros seres humanos y de otros modos de vida, y para organizar nuevas simbiosis y nuevos equilibrios, no conservando más que su característico buen humor.

Hemos indicado ya que la arcaica población de esta parte

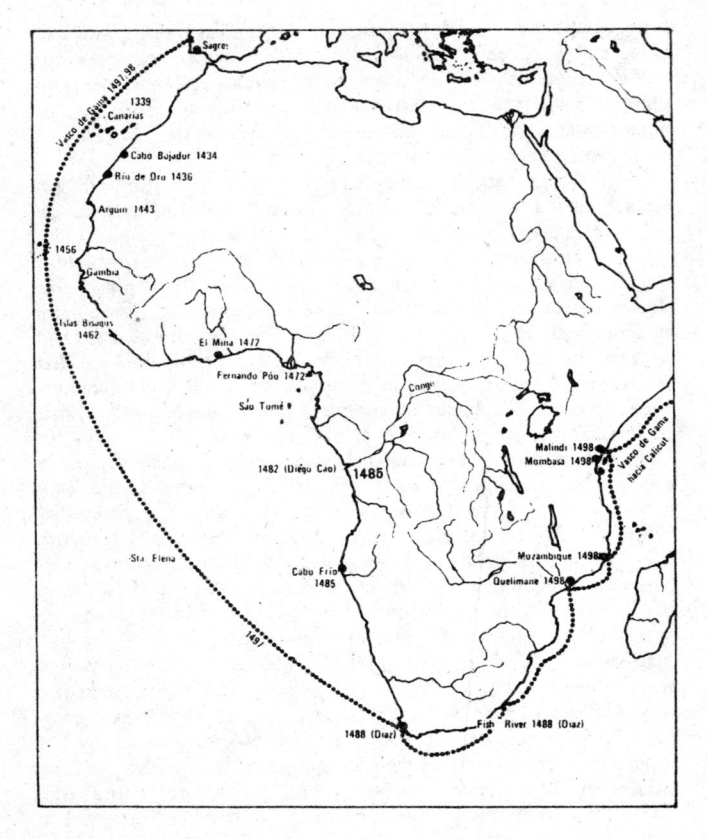

Fig. 10. Los descubrimientos portugueses.

del Continente, entre el Atlántico Sur y el Océano Indico, no es negra. Los pigmeos en la selva y los bosquimanos en la sabana son los supervivientes de esta población, más bien de estas poblaciones del Paleolítico, supervivientes que fueron impulsados hacia la selva por los grandes negros llegados del Norte. Estos parece ser que pertenecen a dos familias, los bantúes (palabra que no expresa, por otra parte, con precisión más que un parentesco lingüístico), llegados sin duda a través de la selva, procedentes quizá de las altiplanicies del Camerún, y los hamitas o etíopes, emparentados quizá con los egipcios predinásticos, que emigraron hacia el Sur a través del Este del Continente, por la región de las montañas y los lagos. Desde hace más de mil años, pequeños grupos de unos y otros se desplazan permanentemente, sin dirección de conjunto, girando, mezclándose y cruzándose, adoptando unos la lengua de los otros, adoptando los otros las instituciones de aquéllos y creando tipos nuevos: ¿no se supone que los hotentotes podrían ser mestizos de bosquimanos y de pastores hamitas?; se comprende que en estas condiciones, al menos en el actual estado de nuestros conocimientos, sea imposible trazar un cuadro claro, legible y que tenga posibilidades de ser exacto. Según que nos guiemos por los datos lingüísticos (lenguas bantúes o camitosemíticas), por el género de vida (agrícola o ganadera), por la organización familiar (patriarcado o matriarcado), por las técnicas (herrerías y minas, cultivos en huertos, difusión de los cultivos alimenticios, construcciones de piedra) o por las tradiciones orales que reconstruyen los orígenes legendarios o las migraciones, se obtienen hipótesis divergentes y difícilmente conciliables.

Puesto que la Historia se interesa por lo grande más que por lo pequeño, por el amo más que por el servidor, por el señor más que por el hombre llano, por el guerrero más que por el campesino, nosotros nos pararemos a considerar principalmente a los camitas, nilóticos, caucásicos y etíopes, o como se quiera llamar a esos nómadas y pastores venidos de la región del Alto Nilo y que parece ser trajeron consigo los principios de una organización que supera la horda, la aldea o la tribu. Es evidentemente tentador imaginar que a través de ellos la idea faraónica se difunde hasta las orillas del Congo; pero queda por probar esta hipótesis. Quizá también traían consigo, guardándola como un monopolio, la técnica del hierro, que les aseguró la superioridad; y es un hecho que en el Kwango los «reyes» eran herreros, y que más o menos por todas partes, a través de la cuenca del Congo, los herreros eran dueños y señores.

Es lógico, partiendo de esta hipótesis, describir la protohistoria de esta parte del Continente comenzando por la región de las fuentes del Nilo, de los lagos y de las mesetas, y seguir el trayecto probable si no de los grupos humanos, al menos de las técnicas de autoridad, hacia el Sur y el Oeste.

I. KITWARA. MONOMOTAPA

En esta región, el más antiguo Estado conocido es el Kitwara o Kitara, del que apenas sabemos más que el nombre; se trata, sin duda, de una dominación de pastores sobre agricultores. Por otra parte, las oleadas sucesivas de inmigrantes nómadas luchan entre sí, esforzándose la más reciente en suplantar a la más antigua.

¿Qué había más al Sur, entre el Zambeze y el Limpopo, en el interior de Sofala? Solamente la actividad del puerto hace pensar que allí había una actividad económica organizada, aunque no fuera más que la de los cazadores de elefantes, de los porteadores que llevaban el marfil a los establecimientos de los comerciantes, de los buscadores que lavaban las arenas auríferas y de los herreros que trabajaban el mineral de hierro utilizando el carbón de leña; y, sin duda, estos especialistas eran solamente algunos entre otros muchos hombres organizados en sociedades más o menos económicas.

Y precisamente en este territorio se encuentran ruinas por millares, algunas de ellas imponentes, como Zimbabué, en Rhodesia del Sur, o Mapungubué, en la frontera rhodesiana; ruinas cuya interpretación es delicada. Se encuentran millares de minas antiguamente explotadas: minas de oro, de cobre, de hierro y de estaño. Se encuentran cultivos en terrazas que cubren montañas enteras, canales de riego, caminos, megalitos, restos de fortalezas y de cementerios, pozos cavados con una profundidad de doce metros en la roca. Probablemente se trata no ya de una civilización, sino de todo un grupo de civilizaciones de las que no sabemos gran cosa.

Todo lo que sabemos por tradición es que los mercaderes de la costa conocían la existencia, en el interior, de un soberano, el Monomotapa, que reinaba sobre un pueblo de mineros y de artesanos que extraían y trabajaban el cobre y el oro, objetos de comercio. Pero se puede legítimamente suponer que esta civilización no había salido de la nada, sino que había necesitado siglos para formarse.

Monomotapa era el nombre no del país, sino del soberano; significaba «señor de las minas», lo que corresponde bien a las explotaciones mineras encontradas en la región (en la región de Salisbury, en Rhodesia del Sur). El heredero del soberano era generalmente su primogénito. El rey era polígamo, siendo declarada hermana suya la primera de sus esposas. La reina madre gozaba de una cierta influencia; había mujeres que poseían grandes bienes y detentaban una gran autoridad.

El rey está rodeado de un importante ceremonial. Cuando bebe, tose o estornuda, las pocas personas admitidas a su alrededor aplauden; fuera de palacio se oye este ruido y también se aplaude. Los cortesanos imitan las cualidades y defectos del soberano, incluso sus defectos físicos: si cojea, toda la corte se pone a cojear. Hay que aproximarse a él de rodillas, o mejor a rastras. Pero si el soberano pierde su integridad física o mental, debe desaparecer. Si llega simplemente a ser herido, la tradición ordena que ponga fin a sus días. Parece ser que los soberanos tuvieron tendencia a sustraerse a esta obligación de su cargo. El Imperio está dividido en cuatro reinos o provincias a cuya cabeza se coloca respectivamente uno de sus hijos.

¿De cuándo data este Imperio? No sabemos nada al respecto. Tenía quizá varios siglos de existencia a principios del siglo XVI cuando los portugueses oyen hablar de él.

II. LOS LUBAS. LOS LUNDAS

Más al interior de estas tierras, al sur y al sudeste de Katanga, parece que están asentados los lubas desde muy antiguo, quizá desde el siglo X, en la región minera. De esta época (siglo X) datan las sepulturas, lingotes de cobre y cobre labrado que se han encontrado. Aún no tenemos ninguna razón para pensar que los ocupantes de esta época hayan sido diferentes de los lubas que actualmente residen en la región. Según algunas tradiciones, existió hacia el siglo XV un poderoso rey llegado del Norte (¿un camita?) llamado Kongolo, hoy rodeado de leyendas. Este hizo construir, según estas leyendas, torres para escalar el cielo. Fue asesinado por un sobrino, hijo de una hermana-esposa de Kongolo y de un cazador extranjero acogido por éste en su casa. Este sobrino o hijo adulterino, Ilonga Mbili, muy popular, fue exilado por su tío; vuelve con una tropa de guerreros, mata a Kongolo y funda una nueva dinastía y un nuevo reino (esto sucedía en el siglo XVI). La organización de este reino luba, llamado Urua, se parece extraordinariamente a la de los himas de Uganda. No hay capital; en cada cambio de reinado el rey y la corte se instalan en otro sitio, en otro pueblo. Su casa no se distingue en nada de las otras.

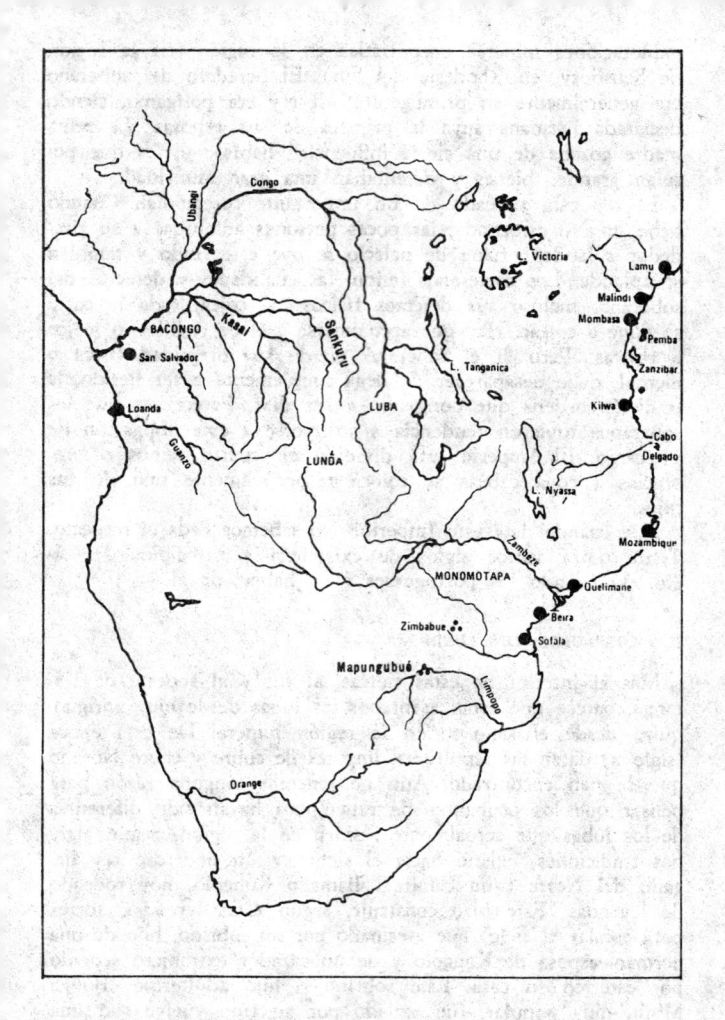

Fig. 11. Colonias portuguesas: Congo, Ngola, Reino de Monomotapa, Mozambique, Luba, Lunda.

Existe una lista de soberanos de esta dinastía, que se mantuvo en país luba hasta que los belgas la dispersaron a finales del siglo XIX.

Uno de los nietos de Ilonga Mbili, Ilonga Kibinda, emigró al país de los lundas, en el curso alto del Kasai, a principios del siglo XVII. Se convirtió en Mwata Yamvo, es decir, rey. Pero en esta época ya hay contactos, al menos indirectos, con los portugueses: con las armas de fuego procedentes del comercio con los portugueses establece el Mwata Yamvo la autoridad de la dinastía Luba-Lunda.

Sin duda se puede relacionar el foco de autoridad Luba-Lunda con un cierto número de hegemonías que han proliferado en épocas muy diversas entre los siglos XV y XIX. Así en el curso bajo del Kasai, en la confluencia con el Sankuro, en territorio de los buchongos, una tradición aporta los nombres de 121 soberanos del reino Kuba. El reinado del 98, Bo Kama Bomankala, estuvo marcado por un eclipse total de sol. Se piensa que se trata del eclipse de 1680. Por otra parte encontramos el recuerdo de este eclipse en la tradición de los soberanos de Buganda. Sin embargo, ¿se puede creer en el valor auténtico de una tradición, en esta región de Africa, que elevaría a 98 los reinados habidos antes del año 1680? Suponiendo una duración media de tres años por reinado, los orígenes de la dinastía se remontarían al siglo XIV. Pero tal hipótesis no tiene mayor importancia.

En dirección al Este, hacia el siglo XVIII, el Mwata Yamvo había enviado emisarios, sus lugartenientes o Kazembe, para extender su autoridad más lejos; estos Kazembes fundaron al sur del lago Moero una hegemonía, la de los Mwata Kazembe, que durante algún tiempo estuvo sometida a la autoridad del Mwata Yamvo, pero que poco a poco se hizo autónoma, siéndolo desde luego a finales del siglo XIX. Esta hegemonía, como la precedente, utilizaba las armas de fuego portuguesas. Un relato de 1831 cuenta la pintoresca llegada de una pequeña expedición portuguesa a la corte del Mwata Kazembe de la época. El capitán Gamitto hace su entrada en la capital, montado sobre un asno arisco que es el «héroe de la jornada». Al día siguiente es recibido en audiencia por el soberano. Queda impresionado por la agradable majestad del rey, la pompa de su corte y la etiqueta del ceremonial —nobles señores y oficiales, altos funcionarios, esposas reales, bufones y saltimbanquis—, causándole todo esto tanta impresión como los cuatro o cinco mil hombres armados de arcos y lanzas que componían la guarnición.

III. CONGO

En dirección al Oeste, otros emisarios de las hegemonías luba-lundas parecen anteriores, si mencionamos aquí las hegemonías del bajo valle del Congo y de la actual Angola.

Entre el Kwango y el Atlántico, en la parte del litoral situada entre el estuario del Congo y el Benguela, al Sur, y en el interior del territorio, hay toda una proliferación de pequeñas hegemonías: al norte del estuario, el Loango, el Kakongo, el Ngoyo; al sur, el Mbata, el Mbamba, el Mpemba, el Nsundi, el Mpangu y el Sonyo; al sur del río Kwanza, el Ndongo, cuyo soberano era el Ngolo (origen del nombre portugués de Angola). En el centro de todo esto, el reino (si se puede emplear este término) del Congo: el pueblo bantú de los bakongos tenía un soberano, Manicongo, cuya capital se encontraba a la llegada de los portugueses en Mbanzacongo, en el lugar donde hoy se encuentra San Salvador, en Angola. Este reino había sido fundado, sin duda, hacia principios del siglo xv, quizá por emisarios de las hegemonías luba-lundas, seguramente por jefes «herreros», buenos cazadores y buenos guerreros. Se encuentran numerosos restos de herrerías muy antiguas a orillas del Kwango.

¿Cuál era el lazo de unión entre estas diversas hegemonías? El Manicongo o Señor del Congo, jefe de los bakongos, tenía una posición preeminente cuándo llegaron los portugueses, pero quizá no más que la que en una familia tiene el hijo mayor, el «gran hermano»; y el lazo entre estas diversas hegemonías era, sin duda, más de tipo familiar-federal que de tipo imperial. Quizá había también entre una y otra organización una cierta comunidad y una solidaridad de los grupos dirigentes.

El más antiguo Manicongo conocido se llamaba, según la tradición, Nimi o Lukani, jefe del Mpemba, cuya autoridad se extendía sobre los pueblos «afiliados». Su nieto (quizá en el sentido africano de la filiación adoptiva) se llamaba Nzinga Nkuwu; y es a éste al que los portugueses de Diego Cao van a visitar en 1482.

Es preciso señalar que en el conjunto de esta parte del Continente, de población poco densa, las civilizaciones parecen evolucionar durante largo tiempo de manera pacífica, por vía de migración, de división o de fusión de grupos, por asociación y por matrimonio. Los grandes enfrentamientos y las dominaciones guerreras no comenzarán más que con la aparición de los fusiles y de la trata de esclavos. Incluso en pleno siglo xix el explorador Livingstone destacará la paz y la seguridad que reinan sobre inmensos espacios del interior de Africa.

8. Aparición de los europeos

Si el primer acontecimiento del origen de la Historia de Africa ha sido sin duda el desecamiento del Sahara que ha provocado la dispersión de las razas negras a través del Continente; si el segundo acontecimiento ha sido ciertamente el Islam, el cual, a través del Sahara, el valle del Nilo y el mar Rojo, ha ejercido una constante presión en dirección al Sur; el tercer acontecimiento de la Historia de Africa, al sur del Sahara, es la toma de contacto de los europeos con esta parte del Continente.

Este tercer acontecimiento está, por otra parte, en relación con el segundo. La conquista por los árabes del litoral este y sur del Mediterráneo había roto los vínculos comerciales entre el mundo latino y el Próximo y Extremo Oriente, con Bizancio y —lo que aquí más nos interesa— con Alejandría, que era prácticamente el único punto de contacto posible entre la Europa occidental y el continente africano al sur del Sahara. Se podría decir en una cierta medida que los árabes, sustituyendo a los griegos alejandrinos, estaban mejor dotados que ellos para establecer un contacto semejante y servir de intermediarios; es ésta la tarea que hasta cierto punto han realizado. Pero, pueblo comerciante, ellos pretendían no perder en absoluto el monopolio de estas relaciones. Hemos visto que la navegación china desembarcaba sus mercancías en el golfo Pérsico, desde donde los árabes (o los que así eran llamados) las redistribuían sobre la costa oriental de Africa. Igualmente los árabes, dominando el mar Rojo, el istmo de Suez y las rutas caravaneras de Asia y Africa, controlaban el mercado europeo de la seda, de las especias (pimienta, canela, clavo), muy apreciadas en Europa, las importaciones de marfil y de incienso destinados al culto católico y el oro del país negro que hemos visto a Kankan Muza repartir a manos llenas en Egipto.

La defensa de los europeos contra la invasión árabe, la reconquista de la Península Ibérica y la acción de retorsión de las Cruzadas no tenían como único objetivo salvaguardar la independencia de Europa, defender la fe cristiana y, si era posible, propagarla, o reconquistar los Santos Lugares abandonados a manos de los infieles; se trataba también para el Occidente europeo de romper el monopolio comercial árabe y de abrirse un acceso directo a las riquezas orientales. La política europea de expansión en los siglos XV y XVI tiene un objetivo: la ruta de las Indias.

Más exactamente: una ruta de las Indias que no esté en manos del árabe; una ruta cuyo tráfico no tenga que pagarle un fuerte tributo. Ciertamente, los intercambios con el Oriente no cesaron jamás de una manera absoluta. La República de Venecia, menos quisquillosa que otras en materia de la Verdadera Fe (¿cómo hubiera vivido si no?), se especializó en el comercio con el infiel. Sus mercaderes van hasta el mar Rojo, hasta Etiopía, con el consentimiento y el apoyo de las autoridades del Islam, a las que sin duda rinden algunos servicios. Al haber adoptado el mundo musulmán el cequí o ducado de oro veneciano para sus intercambios exteriores, los genoveses, entonces banqueros del mundo, hicieron de él la unidad monetaria del comercio internacional. Es entonces (a mediados del siglo XV) cuando envían a un tal Malfante al Sahara para estudiar allí las condiciones del mercado del oro. Otro intermediario: los judíos de Mallorca, de España y de Marruecos, que consiguen tener un pie en cada campo y por cuya mediación llegan del mundo árabe no solamente algunas mercancías, sino, lo que es infinitamente más importante, informaciones concernientes a la geografía y a los métodos de navegación. En el siglo XIV existe en Mallorca una Escuela de Cartógrafos judíos. En 1375 Abraham Cresques confecciona una «carta catalana» que, siguiendo las informaciones de los viajeros árabes, representa un progreso considerable de los conocimientos europeos. Sobre esta carta enviada a Carlos V se ve la indicación de la ruta de las caravanas que va desde Marruecos al Níger por Sidjilmasa y Audoghast. Sobre la carta figuran «Tembuch» o Tombuctú, «ciutat de Melli», es decir, la capital del Malí, «Geugeu» o Gao en el Níger, «Tagazo» o Teghaza, salina del Sahara centro-occidental.

Pero estos conocimientos geográficos no son divulgados; son muy valiosos, pues representan la llave de «la Guinea», el fabuloso país del oro y de los negros.

Por su parte los árabes, que prohíben a los cristianos todo contacto directo con África y Asia, por razones tanto comerciales como religiosas, multiplican las leyendas sobre los peligros que corren los que, intrépidos navegantes, afronten lo desconocido. A mediados del siglo XII el árabe El Idrisi, reclutado por Roger II de Sicilia para informarle sobre cuestiones geográficas, dice en su informe: «Nadie sabe lo que existe más allá de este mar (se trata del Atlántico en la latitud de Marruecos), nadie ha podido conocer nada de él a causa de las dificultades que oponen a la navegación la profundidad de las tinieblas, la altura de las olas, la frecuencia de las tempestades, la multiplicidad de los animales monstruosos y la violencia de los vientos.»

Sin embargo, las informaciones se infiltran y las ideas se propagan. A través de los árabes y los judíos, el Occidente enlaza con la tradición geográfica de los alejandrinos simbolizada por el nombre de Ptolomeo y su escuela. Se sospecha, como quizá lo habían hecho ya los fenicios, que el Océano es único, que, por consiguiente, rodea los Continentes; que, por tanto, debe ser posible rodear Africa por el Sur. Pero incluso en esto las ideas tienen su precio y los que sospechan alguna cosa se guardan muy mucho de hablar de ella, deseosos de explotar por sí mismos la idea si es buena. Desde 1291 un armador de Génova, Jacobo Doria, encarga a los hermanos Vivaldi llegar a la India con dos galeras *pasando por el Océano Atlántico*. Es la época en que Marco Polo, en su prisión de Génova, hace el relato de su viaje. Lo que es muy significativo es que, no habiendo vuelto los hermanos Vivaldi de su expedición, es en el Océano Indico, hacia Mogadisho, a donde va a buscar noticias suyas, algún tiempo después, el hijo de uno de ellos. Parece, por tanto, que ya habían realizado la circunnavegación de Africa.

Desde 1339 —los portulanos de la época lo demuestran— las islas Canarias son conocidas en Europa. En 1341 una expedición italo-portuguesa se prepara para ir «a las islas». En 1344 el Papa da al almirante francés Luis de la Cerda el título de Príncipe de la Fortuna y le encarga que vaya a conquistar las islas Afortunadas.

A partir de 1364 las carabelas de los navegantes normandos, saliendo de Dieppe y de Rouen, doblan quizá el Cabo Verde y traen marfil. Algunos documentos, cuya autenticidad es puesta en duda, harían pensar que los navegantes normandos frecuentan la Costa de Marfil y la Costa del Oro durante medio siglo, fundando establecimientos. Pero en 1410 la guerra civil francesa interrumpe este comercio del cual —si es que alguna vez ha existido— se pierde incluso el recuerdo, habiendo hecho en todo caso los navegantes en torno a sus descubrimientos el menor ruido posible para reservarse el fruto de los mismos. Cuando más tarde los portugueses se instalen en «la Mina» sobre la Costa del Oro, encontrarán, según parece, las huellas de los establecimientos franceses, e incluso una iglesia fundada en 1380.

Jean de Bethencourt, hijo de un compañero de Duguesclin y su lugarteniente, Gadifer de la Salle, se embarcan en 1402 hacia las islas Canarias, a las que encuentran ya saqueadas por los españoles. Jean de Bethencourt coloniza las islas, pero una vez vuelto a Normandía deja su reino a su sobrino, que deberá cederlo a Castilla en 1418.

El tolosano Anselmo d'Issalguier (si no se trata de un impostor) hizo un largo viaje por las orillas del Níger entre 1402 y 1413; estuvo en Segou, Tombuctú y Gao; y trajo consigo a su ciudad natal una princesa songhai como esposa, dos hijas mestizas y seis domésticos negros.

I. LAS EXPEDICIONES PORTUGUESAS

El primero que aplica al reconocimiento de las costas africanas el método y los medios necesarios es un príncipe portugués, el infante Enrique de Portugal, que ha pasado a la posteridad con el nombre de Enrique el Navegante. Nacido en 1393, cuarto hijo del rey Juan I de Portugal, este príncipe no reinó, lo cual le favoreció para poderse dedicar mejor a su pasión por la navegación. Establece su residencia en el Algarve, cerca del cabo San Vicente, en la punta extrema del sudoeste de Europa, cara al Atlántico. Allí, en su palacio de Sagres, colecciona todos los documentos que puede encontrar sobre la técnica de la navegación: portulanos, cartas marinas, relatos de viajeros, instrumentos de navegación, compases y astrolabios. Hace venir al célebre cartógrafo mallorquín Jaume Ribes. Construye astilleros. Durante la guerra con Marruecos, encuentra a los judíos que allí residen y les oye hablar del Sahara, de las caravanas, del tráfico de marfil, de oro y de esclavos negros. Al igual que sus contemporáneos, sueña con la aventura, pero sueña también con el descubrimiento. Lo que le atrae, más que el oro, es el desarrollo del saber. Pero sueña también con prolongar más allá de los mares el impulso de la Reconquista. Quiere saber si, tal como lo cuenta la leyenda del «Preste Juan», existen en Africa príncipes cristianos que le podrían ayudar a luchar contra los moros. La misma Portugal no ha sido reconquistada hasta una época relativamente reciente: el infiel no abandonó Lisboa hasta 1147. Ahora los portugueses quieren arrancarle Marruecos. A los veintidós años, Enrique participó en el ataque de Ceuta. Lo que sobre todo se trata de quitar a los moros es el monopolio de la ruta de las Indias.

¿Por dónde pasar? Los moros sarracenos están sólidamente instalados en la cuenca mediterránea. Enrique el Navegante concibe el plan de evitar las posiciones mediterráneas del mundo árabe, pasando por el Océano Atlántico. En una primera etapa tratan de asegurar escalas en las islas que hay a lo largo del litoral africano. En 1420 Enrique envía una expedición portuguesa para ocupar una isla, entonces cubierta de bosques, a la que se da el nombre de Madeira. En 1425 otra expedición desembarca en las Canarias; pero éstas están ya ocupadas por los españoles, a quienes Jean de Bethencourt ha cedido sus derechos. Su posesión será disputada entre portugueses y españoles hasta el tratado de Alcaçovas, en 1479, por el que Portugal reconoce a España la posesión de las Canarias, pero a cambio se hace reconocer el monopolio del tráfico de Guinea.

Una tercera expedición, en 1431, descubre las Azores y las ocupa.

Sobre el litoral atlántico, los progresos son constantes. Los marineros portugueses del infante Enrique alcanzan el cabo Bojador hacia 1434, el cabo Blanco en 1441 y la isla de Gete, es decir, Arguin, en 1443. Dos años más tarde los portugueses construyen en Arguin una fortaleza y fundan un centro comercial. Se instaura así un comercio regular con los moros: se intercambia el trigo y las telas por cautivos negros y oro de Guinea. En el transcurso de estos descubrimientos, los portugueses se esfuerzan en capturar moros, sobre todo para hacerles hablar e informarse sobre el misterioso Continente. Dos de ellos son rescatados con oro en la desembocadura de un río que, por esta única razón, recibe el nombre de Río de Oro (1436).

Hacia 1444-1447 los portugueses alcanzan el país de los negros y la costa Verde: el cabo Verde, la desembocadura del Senegal, la isla de Gorea (a lo largo del actual Dakar) y, sin duda, en 1447 la desembocadura del Gambia y la costa, sembrada de islas, de lo que será la Guinea portuguesa. Este avance no se produce sin incidentes. Sucede a veces que los marinos portugueses que desembarcan son pasados por las armas por los naturales del país. Otras veces ven «llegar grandes muchedumbres del interior del país, atraídos por las mercancías que recibían a cambio de los negros, que los navíos se llevaban más por salvaguardar su vida que por deseo de hacerlos esclavos».

El infante Enrique reclutó navegantes italianos, como el veneciano Ca da Mosto y el genovés Usodimaro, que exploran las islas del cabo Verde hacia 1456.

En 1460 muere Enrique; pero el impulso ya está dado y el país del oro está abierto a la navegación. El esfuerzo, a la vez metódico y aventurero, va a dar sus frutos.

En 1462 los portugueses exploran las islas Bissagos. Bordeando una costa en la que el eco de las tempestades sobre

113

la montaña litoral evoca el rugido de los leones, la bautizan con el nombre de Sierra Leona.

Para financiar la exploración, en 1469 se alquila por cinco años la explotación de la costa a un señor portugués, Fernão Gomes, que a cambio se comprometía a prolongar la exploración cien leguas por año y a devolver al rey, al cabo de los cinco años, las costas exploradas.

En 1471 las gentes de Fernão Gomes llegan a un punto (en la costa de la actual Ghana) donde encuentran las huellas de la implantación francesa de 1382, abandonada en 1413. En 1482, exactamente cien años después que los de Dieppe, se instalan en «la Mina», rebautizada El Mina. Construyen una fortaleza sobre el mismo emplazamiento que sus predecesores. Los portugueses han llegado al país de las minas de oro. No es, por otra parte, el fabuloso Bambuk situado más al interior; se trata de otras minas, más cerca de la costa, en plena selva, recientemente descubiertas y puestas en explotación por los negros del país. ¿Hay una relación entre esta puesta en explotación y el desarrollo del comercio «guineano» por los portugueses; o bien el oro de estas nuevas minas estaba primitivamente destinado a engrosar el tráfico caravanesco de oro que enriqueció a los imperios sudaneses? No sabemos nada al respecto. En todo caso, parece ser que la población estaba hasta entonces muy dispersa en esta parte de la costa, que no presentaba ningún atractivo particular.

En 1472 Fernão do Po descubre la isla a la cual da su nombre y un río en cuya desembocadura pululan los camarones. El río de los camarones dará más tarde su nombre al Camerún.

Por primera vez los europeos franquean el Ecuador. La isla de São Tomé es colonizada y, a partir de 1485, se llevan a ella a los condenados a muerte, que allí tienen la posibilidad de rehacer su existencia, y, a partir de 1497, a los judíos que expulsa España de su territorio.

En 1482 Diego Cao, amigo de Enrique, descubre la desembocadura de un río muy caudaloso. Se entera de la existencia, a orillas de este río, de un vasto reino negro, el Congo. En 1485, en el transcurso de un segundo viaje, remonta el río con tres carabelas.

Pero no es esto lo que buscan los portugueses. Ellos van más lejos. ¿Qué van a buscar más allá de la Guinea y más allá del Congo? La explicación de su impaciencia y de su audacia aventurera se encuentra quizá en un mapa que Enrique encargó en Venecia y que fue acabado secretamente por Fra Mauro un año antes de la muerte de Enrique, en 1459. Este mapa incluye una costa sur del continente africano; indica, por consiguiente, que se puede rodear Africa por el Sur por vía marítima para desembocar en el Océano Indico. Es posible que este mapa se funde en un relato según el cual un navegante indio había rodeado en 1420 el sur de Africa (sin duda de mal grado e impulsado por la tempestad), yendo del Océano Indico al Atlántico. La información debió parecer bastante seria a Fra Mauro para que la tuviera en cuenta al elaborar su mapa. Y es este mapa el que animó a los portugueses a no detenerse en Africa, sino a avanzar cada vez más al Sur a la búsqueda del paso hacia el Océano Indico. La costa africana no era para ellos un objetivo en sí; ellos no buscaban allí más que aguadas, escalas técnicas para el avituallamiento de hombres y navíos, con un único objetivo válido: la ruta de las Indias.

Los viajes son largos y peligrosos. El astrónomo alemán de Nuremberg Martin de Behaim, que acompaña a las carabelas de João Afonso d'Aveiros en 1485, permanece veintiséis meses en ruta para no alcanzar más que los 18º de latitud sur, es decir, cabo Frío. Quedan todavía 17º de latitud sur por recorrer (pero nadie lo sabe), a lo largo de una costa desconocida, para estar en situación de rodear el Continente por el sur. Batholomeo Diaz, conducido por su piloto Pedro d'Alemquer, domina un motín (su tripulación está compuesta en parte por condenados a muerte a quienes se les ha prometido el indulto) y dobla en 1488 un cabo donde sufre una tempestad, y al que llama por esto el cabo de las Tormentas. Va más lejos, esta vez hasta tener la certidumbre de que la costa va en adelante de Oeste a Este, e incluso con tendencia a girar hacia el Norte. Y tras llegar a la desembocadura de un río (el Great Fish River) falto de víveres, da media vuelta, pero ya está convencido: el sur del continente africano ha sido alcanzado y traspasado.

Al regreso de Bartholomeo Diaz, el rey de Portugal rebautiza el cabo de las Tormentas y le confiere un nombre de mejor augurio: el cabo de Buena Esperanza.

Por aquel tiempo un genovés, Cristóbal Colón, financiado por el rey de España, descubre América. El 4 de mayo de 1493 el papa Alejandro Borgia consagra, por medio de la Bula «Inter caetera», un reparto del mundo entre portugueses y españoles; a los españoles corresponden las Indias occidentales, de las que solamente se sabe que existen; a los portugueses, las Indias orientales y la ruta que a ellas lleva, es decir, la costa africana. A los españoles, el Nuevo Mundo; a los portugueses, el Antiguo; a uno y a otro lado, nuevos descubrimientos, conquistas, comercio y evangelización están en perspectiva.

En 1497-1498 Vasco de Gama, llevando como piloto al mismo Pedro d'Alemquer, parte de nuevo para el Cabo. Pero esta vez, sabiendo donde va, no sigue la costa para ganar tiempo. A partir de las islas del cabo Verde va derecho, a través de Santa Elena, hacia el cabo de Buena Esperanza. Habiendo llegado, más allá del Cabo, al punto extremo alcanzado por Bartholomeo Diaz, en Navidad, Vasco de Gama llama a este país Natal; después continúa su ruta, esta vez navegando a toda vela hacia el Nordeste. Toca Quelimane, Mozambique, Mombasa (donde hay mercaderes chinos) y Malindi. Encuentra allí puertos y navegantes árabes que le informan de las condiciones de navegación en el Océano Indico. Reclutando en el lugar a un piloto árabe, el 24 de abril de 1498 abandona la costa africana y pone proa hacia Calicut.

El 28 de agosto de 1499 el rey Manuel de Portugal, enterado de que sus navíos, tras haber rodeado Africa, han arribado a Calicut, da la noticia al Papa. Se proclama «Señor de Guinea y de las conquistas, navegaciones y comercio de Etiopía, Arabia, Persia e India».

Egipto y Venecia se ven amenazadas de perder su control sobre la ruta de las Indias. Reaccionan conjuntamente y atacan desde el mar Rojo a los navíos portugueses que trafican por el Océano Indico. Pero los portugueses derrotan a sus rivales en 1509 a lo largo de Diu y destruyen su flota. Durante un siglo los portugueses serán los dueños del Océano Indico. Los turcos, por su parte, se contentarán con impedirles el acceso al mar Rojo. En 1513 Alburquerque, el fundador del imperio colonial portugués, se apodera de Aden en Arabia. Los portugueses buscan el apoyo del rey cristiano de Abisinia contra los musulmanes y los turcos. Hemos visto que, a su vez, los abisinios habían acudido a los portugueses, que a partir de 1520 les prestaban auxilio, al principio puramente moral. Los turcos proporcionan armas de fuego al Estado musulmán de Adal, en la costa somalí; los portugueses llegan con el tiempo justo para proporcionárselas también a los abisinios y restablecer el equilibrio entre cristianos y musulmanes.

¿Cuál es el carácter de las expediciones portuguesas? Ante todo es necesario decir que Africa sólo les interesa accesoriamente, como escala en la ruta de las Indias; es en las Indias donde están las verdaderas fuentes de riqueza. Sus exploraciones tienen un triple objetivo: económico, religioso y político.

Los portugueses son los primeros europeos que franquearon el Ecuador y doblaron el continente africano por el Sur, estableciendo la comunicación entre el Atlántico y el Océano Indico. La exploración de las costas, su inclusión en los mapas y las técnicas de navegación recibieron un impulso considerable en Europa occidental, abriendo el camino a lo que se llama, desde el punto de vista europeo, el descubrimiento del globo; es decir, la puesta en contacto de los grupos humanos diseminados sobre el planeta y que hasta entonces se ignoraban recíprocamente. Los portugueses han abierto esta vía. Incluso se ha llegado a suponer, con verosimilitud, que Cristóbal Colón era un agente secreto de Portugal encargado de desviar las ambiciones españolas hacia una dirección distinta de la ruta marítima de las Indias orientales por el sur de Africa, esencial para los portugueses.

Para el Estado portugués que envía estas expediciones, se trata menos de evangelización que de estrategia política y comercial, es menos una cuestión de conquistar almas para la Verdadera Fe que de asegurarse bases y puntos de apoyo marítimos y militares a través de este vasto movimiento, por el que desborda las posiciones del Islam. Este es el sentido de la embajada de Pedro da Covilha y de las misiones armadas a Etiopía; éste será también el sentido de las misiones de conversión en el Congo.

Los portugueses no intentan conquistar los territorios. No quieren verdaderamente colonizar; desean solamente asegurarse bases para su red comercial; escalas en la ruta de las Indias y centros comerciales donde los indígenas llevan algunas mercancías locales, sin duda de valor, pero en cantidades demasiado pequeñas para remunerar la aventura. Por eso se esfuerzan fundamentalmente en ocupar las islas, de acceso y defensa más fáciles, donde se encuentra el agua fresca que los navíos necesitan y los frutos frescos para luchar contra el escorbuto. No pondrán el pie en el continente africano más que en algunos puntos: sobre el Océano Atlántico, en El Mina, Costa de Oro y el Congo; sobre el Océano Indico, sustituirán durante algún tiempo a los navegantes árabes; pero ante las dificultades con que tropiezan no se empeñarán en mantenerse. La política portuguesa en Africa es esencialmente mercantil.

Solamente buscan llevar hacia sus escalas, a través de la red establecida para la trata, las pocas riquezas de Africa que, comparadas con las de las Indias orientales y occidentales, constituyen un mercado pobre: un poco de oro, de marfil, de pimienta y, muy accesoriamente, los esclavos, que al principio no son más que un objeto de curiosidad y de prestigio. No obstante, Lisboa se convertirá rápidamente en un importante mercado de esclavos negros.

¿Cómo se lleva a cabo el avance de los portugueses? No se trata de una conquista, ni mucho menos de una ocupación Sus contactos con las poblaciones locales varían según las circunstancias, siendo a menudo violentos. Cuando se considera la amplitud de la empresa, los riesgos corridos y la audacia de la que debieron hacer prueba los navegantes aventureros, se comprende que forzosamente debían estar animados por una resolución casi demencial para seguir siempre adelante, lanzarse hacia lo desconocido y triunfar sobre los peligros imaginarios o reales. Los hombres enérgicos raramente son humanitarios. Es preciso, por otra parte, tener en cuenta las costumbres de la época. Había una guerra permanente entre cristianos y musulmanes, en la que se captura, se masacra y se rescatan rehenes recíprocamente con toda naturalidad y buena conciencia, puesto que cada uno tiene a su Dios consigo. El hermano de Enrique el Navegante, Fernando el Príncipe Santo, cautivo de los árabes, fue torturado por ellos con la esperanza de que los portugueses les devolvieran Ceuta a cambio de él. Por su parte los portugueses, que dedican un considerable esfuerzo al descubrimiento de la ruta de las Indias, quieren también guardar para ellos el beneficio que se derivaría de ello. De la misma forma que antaño los cartagineses, o más tarde los ingleses, apartan a la concurrencia por los medios más eficaces e incluso los más rudos. Cuando tropiezan en 1586 con un gran navío de Dieppe llamado *La Esperanza,* lo hunden y matan parte de la tripulación, haciendo prisionera al resto. Más grave aún: cuando alcanzan los puertos del Océano Indico, consideran al comercio árabe tradicional como una concurrencia que hay que eliminar. Vasco de Gama, al encontrarse en 1502 delante de Calicut una flota árabe cargada de arroz, tortura a los marineros y prende fuego a las naves. Almeida quema Kilua y Mombasa; Saldanha saquea Berberá; Soares destruye Zeila; d'Acunha somete a pillaje a Brava, matando o haciendo prisioneros a sus habitantes y apoderándose de gran cantidad de oro, plata y mercancías. Además del botín, el beneficio de la operación es triple: enardecer a los marineros, liquidar la concurrencia y masacrar a los infieles.

El resultado es que Zendj, aquella civilización original de la costa oriental, es prácticamente aniquilada. En 1501 Barbosa describe Malindi, donde dos años antes Vasco de Gama había conocido a un excelente piloto árabe, el que le informó cómo llegar a las Indias: los hábitantes de Malindi son negros y blancos, y tienen bellas casas de piedra con azoteas. En los huertos crecen frutos y flores. Los habitantes están vestidos con trajes de algodón y seda blanca. Las mujeres llevan pulseras de oro y collares de perlas en el cuello y en los brazos. Los mercaderes hacen negocios muy importantes vendiendo telas, oro, marfil y diversas mercancías desembarcadas cada año por los innumerables barcos que entran en el puerto. Hay allí árabes, indios, malayos y persas. Los portugueses estaban habituados a ser considerados, cuando llegaban a alguna parte, como seres humanos de una especie superior, y terminaron por estar convencidos ellos mismos de serlo; por eso se consideraron muy vejados cuando, en la costa oriental de Africa, apenas se les prestó atención. Vasco de Gama cuenta que en un puerto, sin duda Quelimane, dos «señores» del país vinieron a hacerle una visita: «estaban llenos de suficiencia y no apreciaban en nada lo que nosotros les ofrecíamos. Uno de ellos llevaba un bonete de seda verde. Un joven que los acompañaba procedía de un lejano país. El había visto ya navíos tan grandes como el nuestro».

Tras el paso de los portugueses no queda más que ruina y desolación casi por todas partes. En 1583 apenas si quedará nada más que el puerto de Kilua, protegido por su situación insular, cuyas mujeres elegantes y hermosas, sus habitantes bien vestidos con algodón o seda, sus casas construidas con cal y arena y sus jardines perfumados serán descritos con admiración por el holandés Van Linschoten. Europa ignorará durante mucho tiempo que sus pioneros habían encontrado en la costa oriental de Africa una civilización más refinada y más tolerante, y poblaciones más afortunadas y con costumbres más suaves que en el Algarve ibérico.

Por otra parte, el mismo contraste existía también entre esta civilización mercantil, más persa e hindú que árabe, donde el Islam había penetrado lentamente por vía de infiltración y de culturalización, y las costumbres conquistadoras y esclavistas del Islam árabe en el Africa sahariana y sudanesa; un Islam fuertemente marcado, primero por los beduinos de la conquista y después por los turcos. Los portugueses no habían sabido apreciar la diferencia: un infiel es un infiel, un competidor es un competidor y el oro es siempre bueno para apoderarse de él.

II. IMPLANTACION PORTUGUESA EN EL CONGO Y EN EL PAIS DEL MONOMOTAPA

En cambio, la penetración portuguesa en Africa occidental y congolesa tuvo un carácter completamente diferente.

En El Mina se instauraron relaciones cordiales con las tribus costeras de los fantis que traían el oro recogido en el interior del país por sus parientes los achantis. A cambio recibían sal, tejidos, herramientas y pacotilla. Al principio las cosas estuvieron a punto de ir mal. Cuando Diego d'Azambuja se instaló en El Mina, fue recibido ceremoniosamente por el soberano local, el Caramansa. «Avanzó hacia nosotros precedido por un gran ruido de bocinas, campanillas y cuernos... acompañado de un infinito número de negros armados con arcos y flechas, lanzas y escudos. Los principales eran seguidos por pajes desnudos que llevaban asientos de madera.» Pero cuando los obreros portugueses encargados de construir la fortaleza quisieron, para realizar su obra, hacer adoquines de las rocas sagradas de los indígenas, éstos se enfadaron y los obreros se vieron obligados a buscar refugio en los barcos. Largas conversaciones y fuertes indemnizaciones fueron necesarias para arreglar este asunto. Se instituyó un comercio regular, que rápidamente se fundamentó sobre la trata de esclavos.

Más lejos, los contactos con el reino del Benin son episódicos y sin porvenir. Un soberano del Benin, que había oído hablar de los blancos pero que no los había visto todavía, se dirige al rey de Portugal João II para rogarle que le envíe sacerdotes. Pretendía asegurarse así un poderoso aliado y ganar para su causa a un nuevo Dios. El rey de Portugal envió algunos hombres al Benin; pero el lugar era malsano, muchos murieron y no fueron reemplazados.

En 1482 Diego Cao, en nombre del rey de Portugal, plantó en la desembocadura del río Zaire (el Congo) mojones de piedra, los *padraos,* grabados con inscripciones que proclamaban la toma de posesión. Al año siguiente remonta el río. Se entera de la existencia de un pueblo, de un soberano y de una organización política de los que hasta entonces ninguna otra fuente había hecho mención: el Manicongo.

En una escala ve acudir «muchos hombres muy negros y con los cabellos encrespados»; se entera de que tienen un rey muy poderoso que se encuentra a varias jornadas de camino hacia el interior del país. Envía a este monarca a dos de sus compañeros como embajadores, pero parte sin esperar su regreso. En su segundo viaje visita la corte del Manicongo. Este «estaba sobre un estrado muy rico, con el torso desnudo, con una capucha hecha de hojas de palmera sobre la cabeza, con una cola de caballo adornada en plata que le caía sobre la espalda, con la cintura ceñida por un paño de damasco que nuestro rey le había enviado, y con un brazalete de marfil en el brazo izquierdo».

Es entonces cuando comienza una experiencia muy interesante de cooperación y asociación de las civilizaciones europeas y africanas. Esta experiencia, continuada durante cerca de dos siglos, será finalmente un fracaso; pero no cabe echarle la culpa a los africanos, que se entregaron a ella con buena fe y entusiasmo.

El fracaso es imputable a los portugueses, que no supieron sostener con más tiempo y eficacia la empresa de cooperación y que dieron carta blanca a los traficantes de esclavos en condiciones incompatibles con la predicación cristiana.

En 1489 el Manicongo Nzinga Nkuwu, del que acabamos de ver que había dispensado buena acogida a Diego Cao, envía una embajada a Lisboa. Como consecuencia de esta misión comienza una cooperación concreta entre los dos soberanos. El rey de Portugal concede inmediatamente al rey del Congo una asistencia técnica y cultural; le envía albañiles, carpinteros y misioneros. El rey de Portugal insiste sobre la necesidad de convertirse al cristianismo que tenían sus amigos africanos. Nzinga Nkuwu se convirtió; una primera iglesia fue construida en su capital, Mbanza, en 1490; los súbditos del Manicongo fueron bautizados en Mbanza. El soberano presta a los misioneros todo su apoyo para edificar iglesias y abrir escuelas. El mismo adopta el nombre de Juan I. A partir de él, todos los soberanos del Congo serán conocidos y pasarán a la Historia con su nombre cristiano.

La asimilación no se produce sin dificultades. Por una parte, los súbditos, bautizados en serie más que convertidos en su fuero interno a las creencias evangélicas, no supieron apreciar la largueza de miras de los soberanos portugueses, que otorgaban automáticamente la nacionalidad portuguesa y la igualdad racial a todo africano converso. Por otra parte, un cierto número de grandes no apreciaban ciertas disposiciones de la moral cristiana, sobre todo la monogamia impuesta por los misioneros. Además, un primo del rey, Nzinga Mpangu, sublevó a los descontentos; el soberano Juan I, atemorizado, abjuró de la religión cristiana. Sin embargo, murió algún tiempo después, en 1507. El descendiente directo, Nzinga Bemba, había sido bautizado en 1491 con el nombre de Alfonso; eliminó a Nzinga Mpangu y a sus partidarios, y tomó el poder bajo el nombre de Alfonso I. Fue un soberano ilustrado y activo, que puso en marcha un programa de cristianización y de europeización destinado a consolidar su dinastía. En efecto, la dinastía bantú cristiana durará hasta el siglo XVII.

Alfonso I da a su capital Mbanza el nombre de San Salvador; se construyen en ella una decena de iglesias, convirtiéndose en un hogar misionero. Llegará un momento en que varios millares de europeos residan en San Salvador. Quiere abrir una gran escuela destinada a la formación de los hijos de los jefes, donde se instruiría una nueva *élite;* pero los misioneros se pelean entre sí y Alfonso debe renunciar a su gran proyecto. Entonces envía a los hijos de la aristocracia congolesa a hacer sus estudios en Portugal, donde son bien acogidos. Manuel I de Portugal envía en 1512 una misión de cinco navíos que lleva al Congo artesanos, plantas de vivero y animales domésticos. Simón da Silva, jefe de la expedición, recibe el encargo de construir para Alfonso I un palacio de piedra con varias plantas, enseñarle a comportarse en la mesa, organizarle una corte y, en resumen, hacerle llevar una existencia digna de un rey muy cristiano. Crea títulos de nobleza, atribuyendo a los señores negros títulos como marqués de Pembe, conde de Sogno, duque de Bata o gran duque de Bemba. Se crea una especie de administración a la portuguesa, al menos en lo que concierne a los títulos y funciones. El hijo de Alfonso, Enrique, que ha estudiado durante largo tiempo en Portugal, va a Roma, donde es nombrado obispo de Utica por el Santo Padre; vuelve a su país en 1521 y muere allí en 1530.

La dificultad de la experiencia es doble: por un lado, no basta que los africanos adopten algunos signos externos de la civilización europea y del cristianismo para haber asimilado su contenido; por otra parte —y sobre todo—, los portugueses no aportan una asistencia técnica totalmente desinteresada. Quieren también hacer negocio. La orden de la misión de Simón da Silva tiene una contrapartida: se pide al rey del Congo que provea de marfil y esclavos; se espera de él que favorezca la actividad de los negreros que vienen a proveerse en su territorio. Sin duda, la esclavitud es normalmente practicada en el reino del Congo; cuando los soberanos instalan las misiones cristianas, les entregan no solamente tierras, sino también esclavos para trabajarlas. Pero lo que da al problema un nuevo aspecto es que la demanda de los negreros portugueses hace pasar la esclavitud de la limitada escala familiar a la escala comercial, que no conoce límites.

Alfonso I, que muere alrededor de 1541, pasa a la posteridad; realizó un inmenso esfuerzo; luchó en varios frentes; debió aceptar a la vez el apoyo de los portugueses, pensando ser útil así a su pueblo, y defenderlo de la mejor forma posible contra las empresas de los portugueses traficantes de esclavos, desencadenados ante la perspectiva de hacer fortuna muy rápidamente, vendiendo en las Antillas siquiera unos centenares de negros, tan imperiosas eran las necesidades de las plantaciones españolas de Cuba, La Española y Nueva Granada.

Después de la muerte de Alfonso I, dos soberanos congoleses, Pedro I y Francisco I, sólo reinan poco tiempo. Su sucesor, Diego I Nkungi Mpudi a Nzinga pide al soberano de Portugal que le envíe nuevos misioneros; es preciso decir que muchos de los que se enviaban morían rápidamente por las fiebres. En 1547 llega un grupo de jesuitas que realizan conversiones masivas. Pero muy pronto entran en conflicto con Diego I, que los expulsa.

Los portugueses de San Salvador parece ser que animaron a Diego a lanzar contra su vecino meridional y más o menos vasallo, el Ngola del Ndongo, una campaña que se desarrolla mal; es el Ngola quien, después de haber rechazado a las tropas del rey del Congo, invade y devasta las provincias del Sur. En el transcurso de esta expedición aparecen las bravas hordas de los jaggas.

Uno de los sucesores, Alvaro I, que sube al trono en 1568, ve su reino invadido por los jaggas hasta el punto de que debe abandonar su capital, San Salvador, que es devastada, y se refugia en una isla del río Congo. Pide auxilio a Sebastian de Portugal que le envía, en 1570, una tropa de 600 hombres con la que rechaza a los jaggas. Después de una tentativa infructuosa para reconquistar al Ngola del Ndongo los territorios del Sur, debe renunciar a ello y reconocer la nueva frontera sobre el río Dende. Sin embargo, el rey del Congo conserva la posesión de la pequeña isla de Loanda, un poco más al Sur, donde se pescan cauris y donde los negreros europeos instalan un mercado de esclavos.

Los portugueses se aprovechan de la rivalidad entre el rey de Congo y el Ngola del Ndongo; en 1575 envían a este último a Paulo Díaz de Novais con siete buques, 700 soldados, algunos padres capuchinos, y un título que le confiere la propiedad de las tierras de las que pueda posesionarse. Es así como se sientan las bases del futuro Angola portugués. El objetivo real de esta misión es organizar el mercado de esclavos. Los portugueses fundan en las isla de Loanda una base de trata de esclavos. Su política —la de los mercaderes y la de los gobernantes, en la medida en que apoyan a los mercaderes— va a consistir en favorecer las querellas entre las tribus y naciones africanas rivales, aprovisionándolas en fusiles que se pagan con cautivos que envían al Nuevo Mundo.

Alvaro II, el hijo de Alvaro I, le sucede a finales del siglo XVI. También él envía una embajada al soberano de Portugal, que a la sazón es Felipe II, rey de España; uno de sus objetivos es proporcionar esclavos a las plantaciones españolas del Nuevo Mundo. Alvaro II pide el envío de nuevos misioneros, que le es concedido. Obtiene de la Santa Sede que sea creado un Obispado en San Salvador, siendo el obispo un portugués. No obstante, a pesar de estas manifestaciones de celo cristiano, los portugueses le consideran un aliado poco seguro. Incluso es posible que tanto la petición de misioneros como la de creación de un obispado africano, tuviera por objeto, en la mente de Alvaro II, contrarrestar la actividad de los negreros y pedir el apoyo de la Santa Sede contra ellos. Este apoyo fue efectivamente pedido; pero fue otorgado débilmente y sin eficacia. Los portugueses y los jesuitas prefieren emplear su esfuerzo en Angola, cuyo gobierno parece más manejable: allí transfieren el centro de su acción, tanto misional como comercial y esclavista.

Tras algunos intentos, los holandeses, que tomaron como pretexto la unión personal de Portugal y España para extender a las posesiones portuguesas la guerra que mantienen con los españoles, se apoderaron en 1641 de San Pablo de Loanda; sin embargo, fueron definitivamente arrojados de allí en 1648 por una expedición de portugueses del Brasil. Esta vez son los portugueses los que se hacen dueños de Loanda. Ocupan incluso el territorio de los vasallos del Congo para castigar a García II (1641-1663) por haberse mostrado favorable a los holandeses. Es obligado en 1651 a concluir un tratado por el cual renuncia a todo derecho sobre Loanda y sobre las tierras al sur del río Dende; reconoce a los mercaderes portugueses el monopolio del comercio; se compromete a proporcionar un contingente de esclavos. Los reyes de Portugal y del Congo se prometen ayuda y asistencia mutua en caso de guerra; habrá un embajador portugués en San Salvador y un embajador congoleño en Loanda. El Congo concede a Portugal el eventual monopolio de las minas de plata. Por último, reconoce la protección de Portugal, es decir, su protectorado.

El celo cristiano de García, parece haber disminuido. Al final de su reinado, vuelve a las costumbres extendidas por Africa, que consiste en liquidar antes de morir a los rivales y posibles sucesores, a excepción en todo caso del que se escoge como pretendiente. De esta forma, a la muerte de García, acaecida sin duda en 1663, su hijo Antonio I le sucede sin dificultad. Este acaba, sin embargo, la tarea, liquidando a su hermano y a algunos otros parientes. Cuando Portugal manifiesta la intención de aplicar el tratado y explotar efectivamente las minas de plata (que, por otra parte, no existen más que en la imaginación de los portugueses), Antonio prepara un ejército y ataca a los portugueses. Es vencido y muerto. La corona real del Congo es enviada por los vencedores a Lisboa en señal de triunfo.

Habrá todavía algunos reyes del Congo, a veces incluso varios simultáneamente, más o menos cristianos o al menos bautizados, hasta llegar al último, Pedro V Elelo, a quien los portugueses ayudaron en 1859 a proclamarse «rey católico del Congo y otros lugares». A pesar de las amonestaciones de los misioneros, conservaba sus seis esposas y numerosas concubinas. Su autoridad apenas se extendía más allá de los alrededores de su capital. Sus ingresos provenían del comercio, de la pesca de los cauris, de una pensión que le pagaba el Gobierno de Loanda y de los porcentajes de los comerciantes portugueses. Este patriarca vivió en la opulencia y asistió sin conmoverse a la atribución, por la Conferencia de Berlín en 1885, de su reino teórico a Angola, es decir, a Portugal. Murió en paz en 1891.

La tentativa de crear una civilización negro-portuguesa estaba destinada al fracaso, sobre todo porque los portugueses no emplearon los medios para sostener la experiencia durante bastante tiempo y de manera desinteresada. Los misioneros enviados —algunos con mucho espíritu de entrega— no tuvieron todos un valor ejemplar. Principalmente, los mercaderes de esclavos practicaban una política directamente contraria —que desmentía la predicación cristiana— de destrucción de las estructuras tradicionales, de saqueos y de guerra permanente. Esto arruinó, desorganizó y despobló a toda la comarca. Los portugueses hicieron todo lo posible para debilitar la autoridad de los reyes cristianos que ellos mismos habían creado en el Congo, llegando incluso a provocar la intervención de los jaggas y a favorecer sus terribles incursiones.

Los jaggas no son un pueblo ni un Estado, sino un sistema en marcha, un poco a la manera de los jenízaros de Turquía. Errantes, exclusivamente guerreros, que habían reemplazado la vida familiar por compañías de tipo militar, teniendo prohibido el matrimonio. Pueden unirse a mujeres, pero los niños que nacen de su unión son matados. Se reclutan por adopción de los hijos de los vencidos que se incorporan a la fuerza en las formaciones militares. Estos son considerados como hombres libres el día que traen la cabeza de un enemigo. Sirven de encuadramiento a hordas que ellos arrastran al saqueo, a la masacre y al pillaje. Puede suceder que los auténticos jaggas sean una ínfima minoría dentro de la horda: una docena, entre 16.000 guerreros, en un caso descrito por el aventurero Andrew Battell, un inglés que pasó dieciocho años, de 1589 a 1607, en Loango y Angola, donde fue también jefe de banda.

¿Cuál es el origen del sistema jagga? ¿Cuándo y cómo se formó? Parece ser que los fundadores llegaron de la región de los grandes lagos antes del siglo XVI. Parece que se establecieron durante algún tiempo en territorio lunda. Se encuentra la huella de su paso en el valle del Zambeze y en el del Kwango. En el siglo XVI, sus incursiones hacen reinar la inseguridad en el Congo y en Angola. Mientras las autoridades portuguesas intentaban limitar sus campañas y ayudaban ocasionalmente al Congo a desembarazarse de ellos, los mercaderes de esclavos los consideraban suministradores útiles.

En sentido inverso, cuando en 1620 el gobernador portugués Luis Mendes venció al Ngola (o rey de Angola) Sala Bandi y ocupó su reino, la hermana de Sala Bandi, proclamada reina después de la muerte de su hermano —al que, según se dice, mandó matar— abjura del cristianismo, se retira a una provincia independiente, Matamba (a orillas de Kwango), organiza desde allí la resistencia contra los portugueses, y se convierte en reina de los jaggas. De la misma manera que los portugueses se aprovechan de las querellas entre los africanos, ella se aprovecha de la rivalidad entre los holandeses y los portugueses para sublevar a los príncipes de Angola contra el gobernador portugués y para invadir en cierta ocasión Angola. No obstante, más tarde, será convertida por misioneros capuchinos que residirán en su corte hasta 1663, año en que muere.

III. LOS PORTUGUESES EN MONOMOTAPA

Hemos visto cómo los portugueses, cuando llegan a la costa oriental de Africa, intentan suplantar la red comercial y portuaria negroafricana del Zendj. ¿Cuál es la fuente de las riquezas? Se ha hablado de un poderoso soberano del interior del territorio, más allá de Sofala: el Monomotapa. En 1514 Antonio Fernández y en 1561 Antonio Caido residen en la corte del Monomotapa. Este último recibe a un misionero portugués, Da Silveira, que bautiza al Monomotapa, pero que pronto paga su celo con su vida, asesinado por los consejeros musulmanes del soberano. Hacia 1560, los portugueses remontan el Zambeze y fundan en él los puertos fluviales de Sena y Tete. No están más que a algunas jornadas de marcha de la residencia del fabuloso soberano. En 1570, el portugués Barreto organiza desde Sofala una expedición en dirección a las minas, que ellos imaginan como un Eldorado, pero muere en el camino, su columna es atacada y no puede recibir avituallamiento. Después de haber quemado algunas chozas, debe replegarse, tras haber constatado con decepción que hay muy poco oro y el que hay es difícil de extraer.

No obstante, el reino de Monomotapa sufre una doble presión: por un lado, los portugueses; por otro, los cangamirés.

Este nombre de Cangamira designa una dinastía que reinaba sobre el pueblo de los barotses (o rotses o lozis). Primitivamente vasalla del Monomotapa, esta dinastía se emancipa hacia fines del siglo XVI. Por otra parte, los cangamirés están instalados en Zimbabué, la fortaleza que los monomotapas abandonaron hacia mediados del siglo XV para trasladar su morada más al Norte, sobre la vertiente de la mesa que da al valle del Zambeze. Son, sin duda, los cangamirés los que levantaron, sobre antiguos cimientos, las impresionantes murallas de las que se piensa que, al menos en su actual configuración, no datan más allá del siglo XVII. Los cangamirés habían hecho construir, por otra parte, recintos fortificados en muchos otros lugares, lo que hace suponer que establecían su autoridad por la fuerza.

Se dedican a hacer incursiones en el reino del Monomotapa, penetrando por el Oeste, mientras que los portugueses penetran por el Este. Para defenderse de ellos, el Monomotapa Gasa Lusere acepta, en 1607, la ayuda militar de los portugueses; cede al rey de Portugal todas las minas de oro, de cobre, de plomo y de hierro de su territorio, comprometiéndose dicho rey a ayudarle a mantener su autoridad y a poner a su disposición las fuerzas necesarias para reducir a sus enemigos.

Este tratado no satisface a los portugueses que, en 1628, organizan una columna de 250 guerreros seguidos por 30.000 «cafres, sus vasallos». Esta columna destruye los dos ejércitos del Monomotapa. La mayor parte de los señores del país son asesinados. Los portugueses imponen al Monomotapa un tratado que le coloca completamente bajo su dominación. Principalmente, debe aceptar el proselitismo misionero, autorizar la construcción de iglesias y eliminar en el espacio de un año a todos los «moros», es decir, a los mercaderes árabes. Por último, debe otorgar a los visitantes portugueses el derecho de sentarse en su presencia.

El Monomotapa no es más que un fantoche portugués sin autoridad, sin prestigio. Por otra parte, Gasa Lusere es reemplazado por un soberano que ha aceptado hacerse cristiano, al menos nominalmente. Los señores no le obedecen ya. Aparece la anarquía.

Los portugueses habían pensado aprovecharse de esta anarquía para adquirir en propiedad absoluta las concesiones auríferas y explotarlas por su cuenta. Pero cada vez hay menos oro, pues los mineros africanos, a los que se les despoja de su oro a medida que lo recogen, se van a otra parte. A menudo, entierran las minas. Esto se convertirá en una práctica metódica: habiéndose apercibido de que las explotaciones mineras despiertan la avaricia de los portugueses, los africanos las cierran y borran sus huellas; se deja que el territorio recobre su aspecto salvaje; se reproduce el desierto.

Por otra parte, los cangamirés, que nunca han aceptado la dominación portuguesa, invaden el país hacia 1693, destruyen la capital y asesinan a los herederos de los monomotapas a medida que éstos son entronizados. Los portugueses deben constatar su fracaso. Dejan de interesarse por el interior del país que no proporciona ya oro en absoluto, no manteniéndose casi nada más que en algunas explotaciones situadas en el curso bajo del Zambeze. Los raros colonos portugueses son absorbidos poco a poco por la población local.

Si alguien tiene la pretensión de trazar un balance de la colonización portuguesa, digamos que al lado de todos los elementos negativos que hemos enumerado, es preciso inscribir en su activo que los portugueses han introducido el cultivo de la caña de azúcar en Santo Tomé, que han traído de América del Sur la mandioca, el maíz y la patata dulce. Estos son alimentos muy apreciados en las regiones ecuatoriales húmedas, que se extenderán y que permitirán una alimentación mejor, y por consiguiente, una ulterior expansión demográfica.

IV. LOS HOLANDESES EN AFRICA

Alrededor de 1600 los africanos van a ver aparecer a otros europeos que siguen la huella de los portugueses: los ingleses y los holandeses. Estos últimos son audaces pescadores de alta mar y buenos comerciantes. Comenzaron distribuyendo en Europa del Norte los alimentos exóticos traídos por los portugueses de las Indias y de Africa. Convertidos al protestantismo, y habiéndose sublevado en 1566 contra la dominación española y proclamando su independencia en 1581, la unión en 1580 de la corona española y de la corona portuguesa en la persona de Felipe II de España, parece liberarles de todo escrúpulo, si es que alguna vez lo tuvieron; en adelante, van a entrar en competencia con los portugueses en los mercados de Africa y Oriente, y ocasionalmente atacarán sus emporios. Fundan dos compañías: la Compañía de las Indias

Orientales, cuya competencia se extiende desde el Cabo de Buena Esperanza hasta el Japón, y (en 1621) la Compañía holandesa de las Indias Orientales para el Atlántico y sus litorales. Esta última elimina a los portugueses de El Mina, en la Costa de Oro, en 1637, sustituyéndola en la organización de la trata de esclavos y concluyendo acuerdos con los fantis. Los holandeses construyen 16 fortificaciones en diferentes puntos. En Angola, ocupan la isla de Loanda de 1641 a 1648, de donde los portugueses se verán obligados a expulsarlos «manu militari». No obstante, aparte de algunos episodios un poco violentos, los navíos holandeses comercian con las factorías portuguesas.

Los navegantes portugueses tenían costumbre de hacer varias escalas en la ruta marítima de las Indias Orientales: primero, en la costa atlántica, bien del Brasil o bien de Africa; otra en Mozambique, y desde allí se hacían llevar por el monzón hasta Goa, en la India. Los navíos holandeses, mejor equipados, con más larga autonomía y más rápidos, pueden limitarse a una sola escala a mitad de camino, al sur del continente africano. Desde El Cabo, utilizan otros vientos regulares que, de Oeste a Este, les llevan directamente a las Indias holandesas. En 1645, la Compañía holandesa de las Indias Orientales intenta poner pie en la bahía de Santa Elena, poco cómoda. Finalmente, envía tres barcos cargados de víveres y colonos que desembarcan el 6 de abril de 1652 en la bahía de la Mesa, un poco al este del Cabo de Buena Esperanza, en un punto donde, cuatro años antes, el «Harlem» había naufragado, y donde los náufragos habían residido un año de manera agradable. Al día siguiente, el gobernador Jan van Riebeeck funda la ciudad de el Cabo, y traza los planes de una instalación permanente, con huertos para cultivos y cotos para el ganado. No se trata de colonización, sino solamente de organizar una base técnica de avituallamiento, una escala en la ruta de las Indias. En este mismo año de 1652, el holandés Peter Stuyvesant funda New York. El puerto de escala de El Cabo pertenece a la Compañía y no tiene nada que ver con el gobierno de los Países Bajos. Depende administrativamente de Batavia, que es el centro de la Compañía para sus operaciones en el océano Indico. Las instrucciones de la Compañía deben observarse estrechamente en la extensión territorial cuya base es El Cabo. Por otra parte, la Compañía dicta reglamentos draconianos, exigiendo de los colonos una moralidad perfecta y un compromiso de residencia de diez años para ellos, y de veinte para sus hijos. Les prohíbe todo tráfico con los no holandeses y toda relación con los indígenas.

Pero la horticultura y la ganadería, destinadas a avituallar a las expediciones de frutos frescos y carnes, tuvieron difíciles comienzos. Los pastos eran escasos, el humus menos rico que en las llanuras de Holanda. Por otra parte, si se había pensado desembarcar en terreno virgen, rápidamente se comprobó la equivocación: cuatro días después del desembarco comenzaban los encuentros con «los salvajes», las poblaciones locales cuya existencia se había considerado despreciable.

Dos hechos imprevistos van a contrarrestar la política restrictiva de la Compañía. En primer lugar, para criar el ganado se habían traído de Holanda campesinos, los «boers»; y fue preciso dar autorización a estos campesinos para llevar a pastar sus rebaños cada vez más lejos. Como los pastos son pobres, terminan por practicar un pastoreo trashumante. Durante la trashumancia, que a veces termina en migración sin retorno, los boers pierden de vista completamente la finalidad primitiva de su implantación: el servicio a la Compañía. Tienen tendencia a hacerse autónomos.

Segundo hecho: es un país que carece de mano de obra, puesto que es difícil hacer comprender a estos «salvajes» la virtud redentora del trabajo, no hay más remedio que importar negros de la Costa de Oro o de Mozambique, o malayos de Batavia.

Los boers, que pertenecen a la religión reformada, estaban de antemano habituados, en las provincias católicas del sur de los Países Bajos, a vivir como minorías autónomas replegadas sobre sí mismas. Tienen confianza en su fe, están acostumbrados a bastarse a sí mismos, a no esperar nada de nadie, y a no escuchar más que a Dios y a su palabra transmitida por la Biblia, que sólo el padre de familia puede interpretar.

Algunos años más tarde, había ya tantos servidores negros como colonos blancos. En el transcurso de las generaciones se añadía una creciente población de mestizos, llamados primero los bastardos, pero que terminan por constituir un grupo étnico propio, los grikuas. Bajo este nombre, entre 1803 y 1813, emigrarán un grupo, siguiendo la incitación de los misioneros que quieren desembarazarse de ellos. Constituirán, más allá de la frontera, tribus o repúblicas autónomas en un territorio que tomará el nombre de Grikualandia, demasiado pobre para excitar las avaricias.

En 1685, habiendo revocado Luis XIV, rey de Francia, el edicto de Nantes y suprimido las garantías hasta entonces concedidas a los protestantes franceses, millares de hugonotes emigran de Francia a Holanda; 550 de ellos van desde allí a El

Cabo, donde sus correligionarios les acogen. Hay sitio para todo el mundo, sobre todo en la medida en que precisamente la presión demográfica, creciente entre los colonos que han roto las amarras con la madre patria, se traduce en una expansión territorial. En 1700, todos los europeos de origen están todavía implantados en un radio máximo de 100 kms., alrededor de El Cabo. En 1750, ocupan un radio de 400 kms. En 1775, algunos han alcanzado el Great Fish River, a 800 kms. al este de El Cabo.

Los esclavos negros importados son utilizados, sobre todo, para los trabajos domésticos y la jardinería. Los hotentotes, a quienes los boers acaban por «domesticar», están más bien integrados como pastores en la economía pastoral, extensiva y transhumante.

Ya hacia 1702, algunos cazadores blancos habían encontrado —el hecho es indudable— negros, bastante lejos hacia el interior del territorio. Desde principios del siglo XVII, antes quizá, tribus negras procedentes del Norte se desplazaban lentamente hacia el Sur, empujando delante de ellos a los bosquimanos y a los hotentotes que se encuentran así aprisionados entre la expansión blanca, procedente del Sur, y la expansión negra, procedente del Norte.

Es en 1775 cuando, al este de El Cabo, los transhumantes boers a la búsqueda de pastos, llevando consigo sus rebaños a lo largo de la costa, encuentran pastores negros, los xosos, más allá del Fish River, en el río Kei. Hacia la misma época, en el Norte-Noroeste, los hotentotes, a quienes la Colonia ha dotado de fusiles, encuentran y empujan a otros pastores negros, los hereros, procedentes probablemente del otro lado del Continente tras largas migraciones comenzadas en la región de los lagos y continuadas por el norte de Rhodesia y el sur de Angola. Durante cerca de cien años, una pequeña guerra permanente opondrá a los ganaderos hotentotes y a los hereros en torno a los pastos y a los pozos del sudoeste africano. Se infligen mutuamente pérdidas, hasta que en 1885 el jefe de los 80.000 hereros supervivientes se coloca bajo el protectorado de los alemanes.

También durante un siglo, los «cafres», nombre que los boers dan a los xosos, tembúes, pondos y otros negros, utilizando un término árabe que designa indiferentemente a los no creyentes, van a disputar los pastos del litoral Sudeste a los boers, robándose recíprocamente el ganado.

131

V. IMPLANTACIONES EUROPEAS DEL SIGLO XVI AL XIX

Más o menos al mismo tiempo que los holandeses, otros europeos —británicos, franceses, suecos, daneses, prusianos— se lanzan a las rutas marítimas de Africa.

En 1530, un armador inglés emprende el camino del Benín. A partir de 1533, tendrán lugar expediciones regulares, patrocinadas por la reina Elizabeth que da licencia a los comerciantes de Exeter para comerciar en el Senegal y en Gambia. Estas expediciones dan lugar a escaramuzas con los portugueses. En 1555, Hawkins ataca los navíos portugueses que encuentra y se apodera de los esclavos que halla en ellos. Sebastian Cabot es nombrado gobernador de los *Merchant Adventurers,* compañía británica que tiene por objeto el comercio en Africa. En 1581, Francis Drake dobla el Cabo de Buena Esperanza. La primera expedición británica a Gambia es exterminada por los portugueses, pero la segunda llega a entenderse con los jefes locales y construye el Fuerte James en 1663.

En 1626 se crea una Compañía francesa de Africa occidental. Los franceses se establecen en el Senegal y construyen allí fuertes y ciudades. Se apoderan de las estaciones que los holandeses habían fundado en Gorea y Rufisque, mientras que, por su lado, los holandeses toman a los ingleses los fuertes que éstos han construido en la Costa de Oro. En 1608, fracasaron en un ataque a Mozambique, eficazmente defendida por los portugueses.

En 1657, los suecos fundan Cape Coast (en la actual Ghana), pero inmediatamente los daneses los suplantan. Construyen el castillo de Christiansborg (cerca de la actual Accra).

En 1677, Federico Guillermo de Prusia envía una expedición de cinco navíos a la costa de Africa. El capitán de navío Blonk firma con los jefes locales negros en la Costa de Oro acuerdos que autorizan la construcción de un fuerte cerca del Cabo de las Tres Puntas. Von der Gröben dispone una fortaleza-almacén en Gross Friedrichsburg (ciudad de Federico el Grande). Los prusianos restauran también el fuerte edificado en la isla de Arguin por los portugueses, después abandonado por ellos. Pero en 1720, Federico I, que tiene otros proyectos en mente, cede a Holanda la totalidad de los establecimientos prusianos a cambio de 7.000 ducados y 12 esclavos negros, seis de ellos encadenados con cadenas de oro.

Los europeos pelean entre sí, se conquistan y reconquistan los fuertes, se capturan los barcos con sus cargamentos. Asaltos, actos de piratería, negocios, masacres... ¿Por qué estos apetitos desordenados? Una palabra lo explica: la esclavitud.

VI. LA TRATA DE ESCLAVOS

¿Qué van a buscar los europeos fuera de sus fronteras? Riquezas. Hemos visto a los portugueses caminar a toda marcha hacia las grandes fuentes de riqueza entonces conocidas en el mundo: la India y Oriente; abandonan a los conquistadores españoles las riquezas inciertas, todavía más soñadas que reales, de las Indias Occidentales. Pero después del rápido saqueo del oro por los conquistadores, nuevas y más amplias perspectivas se abren a los creadores del Nuevo Mundo. Europa occidental comienza a apreciar el azúcar, el ron, el tabaco y el algodón. Esto señalará el esplendor de las Antillas, Luisiana, Brasil, el sur de Estados Unidos.

Pero en Africa, ¿cómo hacer fortuna?, ¿dónde está el oro de los bambuks? Las minas de Guinea dan poco. En cuanto al suelo, raramente es fértil. Africa, tierra pobre, clima difícil, apenas tiene más que una riqueza única, una producción principal, que es su población humana, robusta y prolífera, lo que los negreros llaman por eufemismo «madera de ébano». Y esto es exactamente lo que necesitan las plantaciones de las islas occidentales, puesto que la caña de azúcar exige mucha mano de obra. Hay aquí una complementariedad que determina ciertas consecuencias. El desarrollo de la esclavitud en Africa era el corolario, por una parte, del descubrimiento del Nuevo Mundo; por otra, del desarrollo del consumo de azúcar en Europa.

Las reservas de Africa en mano de obra están explotadas, por otra parte, desde hace largo tiempo. Hemos visto en Africa numerosos sistemas sociales y políticos fundados —como en Grecia Antigua— sobre la esclavitud; otros fundados sobre la captura y el comercio de esclavos.

La sociedad árabe hacía también mucho uso de la esclavitud, y apreciaba los cautivos negros, sobre todo castrados, evitando así los problemas que plantea, a algunos siglos vista, la población negra en los Estados Unidos. Nada semejante existe en territorio árabe debido a la causa que acabamos de ver. La sociedad de los tuareg no podía subsistir en el desierto nada más que sobre la base de una organización muy particular que reposaba sobre los cautivos negros, que son una rueda fundamental de la maquinaria.

Las sociedades africanas —al igual que las sociedades europeas durante largo tiempo— reposaron sobre el trabajo servil, no siendo la esclavitud sino la forma más simple de éste. Platón y Aristóteles no podían surgir más que en una sociedad esclavista. No había, ni siquiera entre los cristianos, al menos du-

133

tante largo tiempo, escrúpulos de conciencia. Bajo los merovingios, Verdún sur Meuse era un mercado de esclavos con gran reputación, situado a medio camino entre el mundo eslavo y el mundo árabe. Los primeros cautivos negros utilizados por los europeos fueron comprados a los moros en la costa marroquí; no se hacía más que, muy cristianamente, readquirirlos a los infieles, cosa que no podía desagradar al Señor. Sin duda, el Papado condena al principio el tráfico de negros. Pero casi se sorprende uno, conociendo las costumbres de la época, de ver en 1571 al Parlamento de Burdeos prohibir a un tratante vender a un esclavo allí, de la misma manera que se hacía en Portugal, y declarar que «Francia, madre de la libertad, no permite ningún esclavo».

Sin embargo, en el siglo XVII algo va a cambiar en la práctica de la esclavitud que va a modificar su carácter, y, por otra parte, a provocar una reacción. Este hecho nuevo es un cambio de orden cuantitativo que transforma la naturaleza del fenómeno.

¿Cuántos africanos fueron transportados a través del Atlántico? Los cálculos varían enormemente. La cifra de los esclavos desembarcados en ultramar podría ser del orden de una decena de millones. Pero no acaba aquí el defecto de la esclavitud. La cifra de los esclavos desembarcados debe ser aumentada en un 25 por 100, quizá mucho más, con objeto de tener en cuenta a los que morían en ruta. Pero sobre todo, es necesario considerar que para capturar algunas decenas de esclavos vendibles, los cazadores de esclavos que los revendían a los negreros blancos, masacraban un considerable número de adultos o niños, dispersaban ciudades enteras cuyos miembros, desorganizados y privados de sus adultos varones, apenas podían sobrevivir. La sangría demográfica, y sobre todo su incidencia indirecta, son infinitamente más importantes que la cifra de los esclavos transferidos.

La esclavitud europea ha sido practicada durante cuatro siglos, contándose en el siglo XVIII tantas transferencias como en los siglos XVI, XVII y XIX juntos.

Geográficamente, los puntos de extracción de la costa africana, donde los negreros blancos recibían la «madera de ébano» de los negreros negros eran:

— El Senegal y Gambia, cuyos recursos estaban bastante mermados desde el siglo XVII y donde la situación era más o menos estable.

— Costa de Oro y su vecina Costa de los Esclavos (Ghana, Togo, Dahomey, Nigeria), que proporcionan el grueso de la «mercancía» en los siglos XVII y XVIII.

— El Delta del Níger, donde los negreros van a proveerse a partir del siglo XVIII, desempeñará un papel importante en el contrabando del siglo XIX, a partir de la abolición oficial de la esclavitud.

— El Congo y Angola proporcionarán regularmente durante cuatro siglos contingentes considerables.

¿Bajo qué pabellones eran transportados los esclavos? Bartolomé de las Casas, sevillano, obispo de Chiapa, en Méjico, lanza en 1498 la idea de la transplantación de los negros a Méjico. Habiendo proclamado el papa Martín V que «los infieles no podrían ser poseedores en ninguna parte de la tierra», la trata se encuentra justificada cristianamente por el deseo de evangelización. Desde 1502, los españoles comienzan a introducir cargamentos de negros en las Antillas. Pero la Corona de España encarga de ello a los mercaderes flamencos; éstos no respetan siempre las cláusulas de los acuerdos e intentan sustraerse al porcentaje debido a los comandatarios españoles; surgen así querellas. España es la única potencia cristiana que prohíbe siempre a sus súbditos dedicarse al transporte de esclavos. En 1500, Cristóbal Colón fue condenado y hecho prisionero por haber reducido cristianos a la esclavitud. Por el contrario, no había inconveniente en que se compraran esclavos a los portugueses, holandeses y británicos, que los importaban de Africa. No obstante, el tráfico se desarrolla en los mercados de Sevilla y de las Canarias. Los portugueses, que desde el siglo XV compraban esclavos negros a los moros en la costa de Marruecos, organizaron también un próspero comercio, puesto que a mediados del siglo XVI la venta de negros alcanza 12.000 cabezas por año en Lisboa. Después, se dejaron suplantar por los flamencos en el mercado internacional. Sin embargo, tendrán cubiertas sus propias necesidades, que son muy importantes, en el Brasil. En el siglo XVIII, ingleses y franceses se hacen una fuerte competencia. Los navíos ingleses ganan, asegurando por sí solos más de la mitad del tráfico de esclavos a través del Atlántico. En el siglo XIX, después de la abolición oficial de la esclavitud, la trata ya no será más que obra de particulares, medio piratas, contrabandistas y salteadores, sin pabellón nacional.

Sin embargo, en el siglo XVIII, se produce una reacción humanitaria. Locke, Voltaire, Diderot Rousseau, Wilberforce y muchos otros, declaran que la esclavitud es atentatoria a la dignidad y a los derechos inalienables de la persona humana.

En Inglaterra y en Pennsylvania, la Sociedad de Amigos, es decir, los Cuáqueros, condena a partir de 1727 la esclavitud. En 1765 se funda en Inglaterra la Sociedad Antiesclavista.

A partir de 1772, la esclavitud es abolida en el territorio de las Islas Británicas. Los plantadores que vuelven a Inglaterra evitan traer consigo a su personal doméstico.

La marina británica es encargada de extender progresivamente la aplicación efectiva de esta prohibición; primero, a los navíos que navegan por las aguas territoriales británicas, después a los navíos que llevan pabellón británico. Por último, en 1807, se prohíbe introducir esclavos en las posesiones británicas; pero la esclavitud sigue siendo legal en ellas. Por ello, el contrabando permanece activo y eficaz.

En 1834, el Parlamento británico proclama la liberación de todos los esclavos del imperio, indemnizando a sus propietarios. El Gobierno británico se encuentra en una situación delicada: renunciando a la esclavitud, pone a sus súbditos en una difícil situación económica; ¿cómo mantener la competencia con los países no abolicionistas? No hay más que una posibilidad: forzar a los otros países a abolir también la esclavitud; generalizar y hacer efectiva la abolición, mediante una presión coordinada y constante.

En 1804, la importación de esclavos había sido prohibida en los Estados Unidos de América. Portugal aceptaba en 1815 no practicar la trata al norte del Ecuador; la trata continuará oficialmente en el hemisferio Sur, entre Angola y Brasil, hasta 1878. Hasta 1888, Brasil no abolirá la esclavitud.

El Congreso de Viena proclama en 1815, en una declaración solemne, el principio de abolición de la esclavitud. Pero en Francia, es la segunda república, la de 1848, la que practica la liberación de los esclavos en las colonias francesas.

Pero un problema resuelto plantea otros nuevos: ¿qué hacer con los esclavos liberados, por ejemplo, los esclavos de los Estados Unidos que, huyendo de sus dueños, se refugian en Nueva Escocia? ¿Qué hacer con los que se encuentran en las bodegas de los barcos negreros detenidos en alta mar por la marina de Su Majestad? No era cuestión de repatriarlos al sitio donde precisamente habían sido capturados. Partiendo de la idea simplista de que en África un negro está en su casa en cualquier parte, se tuvo la idea de desembarcarlos en Sierra Leona. La primera experiencia de este tipo tuvo lugar en 1787. Pero las poblaciones locales acogieron muy mal a estos colonos de una nueva especie. Ante el fracaso, comprendiendo que la Compañía privada de Sierra Leona no estaba dispuesta ni a renovar este género de operaciones ni a asegurar su éxito, el Gobierno británico readquirió los intereses de esta Compañía e hizo de Sierra Leona una colonia de la Corona. Poco a poco —pero tuvo que transcurrir todo el siglo XIX— la Corona instaló allí a los colonos negros descendientes de los esclavos liberados. Pero estos negros importados, designados con el nombre de criollos, no se entendieron jamás con los negros indígenas, y se mantuvieron en un estrecho perímetro alrededor de Freetown. Entre 1808 y 1860, alrededor de 70.000 esclavos liberados —la mayor parte en el mar por la marina británica— habían sido instalados de este modo en Sierra Leona.

En los Estados Unidos, es una sociedad privada, la «American Colonization Society», la que se encargó de la tarea de repatriar a Africa a los esclavos liberados. En 1821, esta Sociedad compró en Sierra Leona un trozo de territorio y fundó en él una ciudad que recibió el nombre del presidente Monroe: Monrovia. Algunos millares de negros repatriados de América fueron instalados allí; pero tampoco fueron muy bien acogidos por las poblaciones locales, que querían perjudicarles. Solamente pudieron instalarse en la zona costera directamente protegida por los cañones de la marina americana. En total, apenas si hubo 15.000 esclavos libertos de América, más 5.000 liberados en el mar, que vinieron a instalarse a este rincón de Africa. Los otros negros libertos de los Estados Unidos decidieron quedarse en América. No obstante, el establecimiento de la sociedad americana, recibió el nombre de Liberia y un estatuto de Estado. Fue preparada una constitución en Harvard. El primer gobernador negro fue nombrado en 1841. Liberia recibió sucesivamente su autonomía y su independencia. Los américo-liberianos, descendientes de esclavos libertos, conservaron de hecho el monopolio del gobierno y de la administración, conservando el resto del país su estado primitivo.

En 1849, Francia funda con el cargamento capturado al «Elizia», Libreville, en el Gabón, como símbolo de la abolición de la esclavitud en la totalidad de las posesiones francesas. Contrariamente a lo que pasa en Freetown y en Monrovia, Libreville se convertirá en la sede de la administración colonial francesa.

VII. LA ABOLICION DE LA ESCLAVITUD

La abolición de la esclavitud y los problemas que plantea, revela una cierta contradicción interna inherente al liberalismo del siglo XIX. El liberalismo, como sistema económico, no funciona más que si los concurrentes juegan también respetando las reglas del juego liberal. Si no las respetan o si juegan según otras reglas, el liberal está obligado, o bien a imponerles su ley, o bien a adoptar la suya. Suprimir la esclavitud era loable, pero insostenible si los concurrentes españoles, portugueses, franceses u otros, continuaban disponiendo de una mano de obra más o menos gratuita. Los británicos estaban, pues, obligados por la fuerza de las circunstancias a controlar cada vez más estrechamente los lugares de contrabando esclavista, y, consiguientemente, a implantar, bajo diversas formas, en la costa africana células administrativas que serán gérmenes de colonias. Los gobernadores de Sierra Leona, que tenían alguna experiencia sobre el asunto, repetían en sus informes que el único medio de que Gran Bretaña disponía para poner fin a la trata de negros era tomar el control total de las costas. La abolición de la esclavitud había hecho muy rentable el tráfico clandestino; éste no había hecho más que crecer y envilecerse hasta 1850, en condiciones aún más insoportables para los mismos esclavos: cuando un barco negrero perseguido por la marina británica estaba a punto de ser alcanzado, arrojaba su cargamento encadenado al mar, evitando así el flagrante delito.

En Costa de Oro, daneses y holandeses que tenían emporios fortificados, estimaron que si la trata era suprimida, su comercio africano dejaría de ser rentable. Por eso cedieron sus establecimientos a los británicos, los daneses en 1850, los holandeses en 1872. Los británicos, únicos interesados en adelante, proclamaron, en 1874, la «Gold Coast», colonia británica.

No obstante, no lejos de allí, en la Costa de los Esclavos y en el delta del Níger, el tráfico de esclavos con destino a Cuba y Brasil era floreciente. Constituía la principal fuente de riqueza del reino de Dahomey. Una campaña de represión contra la esclavitud hace que el barco francés «La Malouine» se apodere de algunas tierras sin gran valor aparente en Costa de Marfil (1832), en Casamance (1837), en Guinea (1842) y en Dahomey (1851). En 1849, el Foreign Office decidió controlar las actividades esclavistas de los puertos de Uidah, Badagri y Lagos, así como los brazos del Níger llamados «Oil Rivers». En 1851, los británicos se apoderan de Lagos, que se convierte oficialmente en colonia británica en 1861. La base de la futura Nigeria está sentada. Hacia 1875 se puede decir que la trata de esclavos en el Atlántico Norte ha cesado. Pero se puede decir también que lo que durante tres siglos y medio ha constituido lo más claro del comercio europeo en África tampoco existe ya; y se puede añadir que toda una parte de la actividad africana, orientada directa o indirectamente en función de la esclavitud, está liquidada o amenazada en sus fundamentos.

El historiador de África no puede considerar todos los numerosos problemas planteados por la esclavitud; menos por los problemas morales —el historiador no es un moralista— que por los problemas sociales, económicos y políticos. Quizá algún día se escriba la historia de Africa bajo el ángulo de las formas de trabajo de cada una de las sociedades africanas, formas que han determinado ampliamente las estructuras económicas, sociales y finalmente políticas. Uno de los aspectos de la cuestión es, naturalmente, el trabajo forzado y su forma más característica, la esclavitud.

Hemos visto cómo, entre los siglos IX y XVI, los imperios sudaneses se forman en la desembocadura meridional de los circuitos comerciales transaharianos, siendo una parte del comercio, el de los esclavos, y por otra parte, el de la sal, el oro y los tejidos. Este tráfico transahariano subsistirá hasta finales del siglo XIX, pero sin desarrollarse, sino al contrario. Pierde importancia, al menos relativa, a causa de que se crean otras corrientes comerciales. Se comercia con los africanos del sur del Sahara no ya a través de las difíciles pistas caravaneras que cruzan el desierto, sino por vía marítima.

A partir del siglo XV, la trata europea fondea en la costa africana. Los negreros vienen a buscar su cargamento, que intercambian por fusiles y pólvora, sal, paños, quincalla y cristalería.

No parece ser que la trata europea haya penetrado mucho en el interior del territorio, ni que la captura de los esclavos haya sido practicada a mucha distancia de la costa; por lo que no entraría en competencia con el tráfico de la misma naturaleza practicado por los haussas y el Bornú; los tradicionales mercados de esclavos de Tombuctú, Gao y Kano, mantuvieron su actividad, mientras que en el litoral los achantis capturaban esclavos que vendían a los fantis, los cuales los revendían a los negreros europeos anclados por prudencia a algunos cables de distancia de la orilla.

Este tráfico da lugar a una actividad regular, a la construcción de puertos donde se puede efectuar el avituallamiento, comprar algún marfil y pieles de leopardo. Estos puertos, al convertirse en focos de prosperidad, catalizan progresivamente nuevas corrientes de actividad y de intercambios, plantando sus ramificaciones bastante lejos hacia el interior del Continente. La actividad del continente africano de ahora en adelante, va a ir despreciando las líneas interiores y va a orientarse hacia las costas y a organizarse en función de ellas.

Esta nueva orientación, suscitada ciertamente por la demanda mercantil europea, es, sin embargo, un hecho exclusivo de los africanos. Los mercaderes europeos no se aventuran en el interior de las tierras. Los franceses son la excepción, puesto que entre 1626 y 1660 remontan el río Senegal 400 km. Las pocas implantaciones portuguesas del Zambeze fueron rápidamente absorbidas por la población negra. La implantación del Congo y de Angola, según hemos visto, planteó otros problemas. En todo caso, en ninguna parte de Africa suceden acciones equivalentes a las de los conquistadores en el Nuevo Mundo.

En los siglos XVII y XVIII no hay oposición, sino solidaridad de intereses entre los mercaderes europeos, que compran, y los mercaderes negros, que venden. Es así como en Africa occidental se fundan nuevas organizaciones políticas africanas y como otras antiguas comienzan a prosperar en función de la costa. Es el caso de los achantis y de los yorubas, del Dahomey. Estas nuevas organizaciones políticas difieren de las antiguas sobre todo porque disponen de armas de fuego. Por mediocre que sea el fusil aportado por los mercaderes europeos, asegura a sus poseedores una superioridad de la que saben aprovecharse.

Pero he aquí cómo estas nuevas organizaciones, formadas sobre la base de la trata y que prosperan durante tres siglos y medio, ven hacia 1850 desaparecer con la abolición su principal base económica, en todo caso su principal recurso natural exportable. No hay, al menos en este momento, ningún comercio rentable que pueda tomar el relevo. Los europeos encuentran las especias en condiciones más favorables en las Indias. El oro y el marfil no están disponibles más que en muy pequeñas cantidades. En ninguna parte, salvo en la isla de Santo Tomé, donde los judíos han plantado caña de azúcar, han establecido los blancos plantaciones; se necesitaba estar loco para hacerlo, pudiendo plantar en las Antillas. Y los negros tampoco se han dedicado aún a plantar, salvo lo estrictamente necesario para sí mismos. No hay cultivos industriales. En el momento de la abolición, a mediados del siglo XIX, sólo una especulación parece tener algún porvenir: el aceite de palmera del delta del Níger, donde las palmeras crecen espontáneamente, y donde una red de vías fluviales permite recoger los frutos de forma barata, sin necesidad del transporte humano, única alternativa posible, puesto que, como la mosca Tsé-Tsé mata al ganado, impide la introducción de bestias de carga, no habiendo en todo el país negro más que pequeños caminos por donde se circula en fila india y donde todo se transporta sobre la espalda del hombre. Aparte de El Cabo, Nigeria oriental es el único rincón de esta parte de Africa donde se podía en aquel momento preveer una especulación rentable, susceptible de relevar a la trata y de interesar a los europeos en este Continente.

A diferencia del esclavismo árabe —que no tuvo como consecuencia, más arriba vimos por qué, el desarrollo de una población negra fuera de Africa—, el esclavismo europeo tuvo también una compensación positiva desde el punto de vista étnico: los millones de negros deportados al Nuevo Mundo arraigaron en él. Se crearon civilizaciones negro-americanas que han prosperado en el Brasil, en las Antillas, en los Estados Unidos; civilizaciones que han aportado al mundo moderno una contribución muy apreciable. Los esclavos de los plantadores no eran generalmente maltratados y su situación sanitaria era al fin y al cabo similar a la de sus congéneres que se habían quedado en la selva, a menudo diezmados por la enfermedad del sueño, la fiebre amarilla, la lepra, la subalimentación, la mortalidad infantil y las masacres. La reducción de la mortalidad infantil, una alimentación más rica en proteínas, la integración —por difícil, lenta e incompleta que ella sea— en un mundo mucho más desarrollado, ha abierto a los descendientes de los esclavos perspectivas que, según parece, no les han incitado a mirar hacia atrás, ni a volver al Continente de sus antepasados.

9. Africa del Sur

Hemos visto que una de las primeras preocupaciones de Van Riebeeck y de sus colonos, al instalarse en el cabo de Buena Esperanza, es edificar un fuerte para protegerse contra las incursiones de los indígenas. El gobernador holandés trata con Kora, su jefe. Pero este tratado no es respetado por los colonos; se desarrollan escaramuzas, en el transcurso de las cuales Kora es asesinado. En 1669, para hacer frente al crecimiento del número de colonos, Van Riebeeck procede a realizar una extensión de la colonia mediante una distribución de tierras, lo que produce conflictos con los indígenas, quienes, no sin resistencia, deben replegarse.

I. HOTENTOTES Y BOSQUIMANOS

¿Quiénes eran en realidad estos indígenas a quienes los primeros colonos, confundiendo a todos estos «salvajes», apenas si distinguían los unos de los otros y llamaban indistintamente hotentotes?

Por una parte estaban aquellos a los que se ha reservado el nombre de hotentotes, y los bosqui-hotentotes o bosquimanos. Ni los unos ni los otros son negros. Quizá los hotentotes, pueblo de pastores, provenían de un cruzamiento de bosquimanos con negros (pastores camitas) del Norte. Lo que es seguro es que los bosquimanos son los supervivientes de un pueblo muy primitivo. Son los descendientes (hoy reducidos a algunos millares, y quizá degenerados) de las civilizaciones paleolíticas, que se extendieron antaño por toda el Africa situada al sur de la selva, y por esta causa merecen alguna atención.

La piel de los bosquimanos, de color claro, que va desde el amarillento pálido hasta el moreno amarillento, es muy seca y muy arrugada, incluso entre los jóvenes. Tienen el rostro ancho y achatado, la frente baja y bombeada, la mandíbula inferior recogida, los ojos hundidos y bastante separados el uno del otro. De pequeña estatura, sus manos y sus pies son extremadamente pequeños, como los de un niño. Tienen los miembros enjutos y los brazos cortos. Su lengua produce sonidos absolutamente originales, los «clics» o chasquidos de

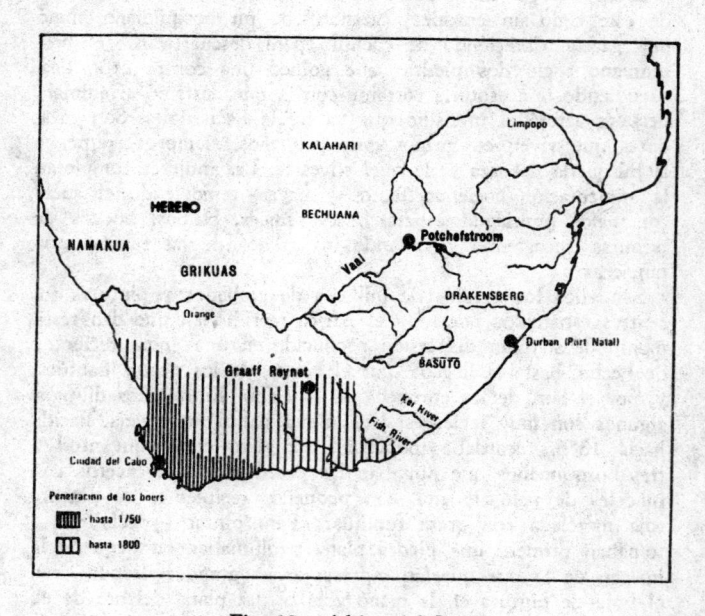

Fig. 12. Africa del Sur.

lengua. Su sistema numérico no tiene más que dos elementos:
el uno y el dos; «siete» se dice «dos más dos, más dos,
más uno».

Están todavía en la Edad de la Piedra tallada. A principios
de este siglo un europeo, cazando con un bosquimano, mató
una gacela. Careciendo de cuchillo para descuartizarla, el bosquimano cogió dos piedras que golpeó una contra otra, desprendiendo una esquirla cortante con la que destripó al animal;
después arrojó el utensilio que ya no le hacía falta. Son cazadores que viven en grupos muy pequeños, siempre errantes a
la búsqueda de caza y de miel silvestre. Las mujeres completan
la alimentación cociendo frutos y bayas, removiendo el suelo
con palos puntiagudos para buscar raíces, bulbos, huevos de
termitas, recogiendo y apilando los granos de las plantas gramináceas.

Son ellos los autores de millares de grabados y pinturas rupestres esparcidos por todo el África meridional, que dan testimonio de su gran dispersión producida en una época reciente;
de hecho, hasta la llegada, por el Norte, de los negros bantúes,
y, por el Sur, de los europeos de El Cabo. Entre estos dibujos,
algunos son muy recientes. Una mujer bantú muy vieja, nacida
hacia 1856, recordaba todavía haber visto en su juventud a
tres bosquimanos que pintaban las paredes de una caverna con
pinceles de pelo de gnu, con pequeños recipientes de pintura
roja mezclada con grasa fundida. «Para pintar —decía ella—
tomaban primero una piedra plana y dibujaban en pequeño la
imagen de lo que querían representar en grande; después, con
el bote de pintura en la mano y la piedra plana delante de él,
el bosquimano reproducía su modelo con la dimensión deseada
sobre la superficie de la roca.» Stow, que escribía en 1905,
cuenta lo que sigue: «El último artista bosquimano conocido,
que vivía en Malutí, fue matado a tiros en la reserva indígena
de Witteberg, a donde había ido en plan de rapiña y donde
había robado caballos: debía de tratarse de un hombre de gran
reputación entre los de su raza. Llevaba sobre sí, colgando de
la cintura, dos pequeños recipientes hechos de cuerno de animal, cada uno de los cuales contenía pintura. Cada color era
diferente por completo del otro.» Así perece el último representante de una tradición artística de veinticinco mil años.

Cuando los bantúes llegaron a Basutolandia, clasificaron a los
bosquimanos que encontraron allí en dos pueblos diferentes,
los grabadores de roca y los pintores, tan distintos entre sí
que no hablaban la misma lengua. Sus pinturas eran para los
bantúes motivo grande de asombro y admiración. Cuando, a
finales del siglo XVIII, el gran jefe Mohlomi vino a establecerse

en el norte de Basutolandia, decidió instalarse en un lugar adornado con numerosas y bellas pinturas debidas a los bosquimanos, y sus hombres gritaban: «¡Son los dioses los que han dibujado esto!»

Los contactos entre agricultores bantúes y cazadores bosquimanos parece ser que fueron amistosos durante más de dos siglos, tolerándose recíprocamente. Los bantúes, entre los cuales, al igual que entre los otros negros, la propiedad individual de la tierra no existe, sino solamente un derecho temporal de uso con fines agrícolas, rendían siempre homenaje —la misma tradición se encuentra en todo el Continente— a los «señores de la tierra», reconociendo su privilegio de primeros ocupantes. Cuando cazaban con los bosquimanos, les cedían siempre una parte más considerable que la de sus propios jefes. Durante largo tiempo los bantúes respetaron a los bosquimanos, a los que, por otra parte, temían porque creían que eran brujos que sabían preparar venenos, que adivinaban dónde había agua y que estaban dotados de facultades misteriosas y envidiables.

Tiene que llegar el siglo XIX, a raíz del terror extendido por el gran jefe zulú Chaka, en el transcurso de las grandes conmociones por él suscitadas y que opusieron a las tribus negras entre sí y a los blancos, para que los bantúes, acorralados ellos mismos, participaran en la caza de los bosquimanos en sus últimos refugios.

Los bóers, que habían conseguido «domesticar» a algunos hotentotes y hacerles guardar los rebaños de los propietarios blancos, no pudieron jamás encontrar una manera de entenderse con los bosquimanos, no consiguiendo inculcarles el sentido del trabajo ni el de la propiedad ajena: «Groseros, llenos de duplicidad, embusteros incorregibles, ladrones por naturaleza, crueles, bajos entre los más bajos, indignos de llevar el nombre de humanos...»; no veían otra solución que liquidarlos. He aquí el relato de un viajero, hecho hacia 1794: «A mi regreso a la ciudad vi que llevaban a cincuenta bosquimanos, tanto hombres como mujeres y niños, que habían sido capturados a ciento cincuenta leguas en el interior de la colonia, donde habían cometido varias devastaciones. Se habían retirado y atrincherado en una garganta de la montaña, donde se defendieron durante bastante tiempo contra una tropa de soldados y colonos que habían sido enviados de El Cabo para capturarles. Hacían rodar grandes masas de piedra sobre estas tropas, que perdieron allí varios de sus hombres. Se les acusaba de haber saqueado varias viviendas, matando a sus propietarios, robando los animales y proveyéndose así de armas de fuego. No negaron en absoluto los hechos, pero alegaron como excusa que habían sido forzados a obrar así puesto que los europeos se apoderaban progresivamente de sus territorios, rechazándolos cada vez más hacia el interior, donde a su vez se veían presionados por otras tribus que no estaban dispuestas a sufrirlos entre ellas. Estos hombres son unos salvajes que han preferido la libertad a la esclavitud y que prefieren llevar una vida miserable en los bosques espesos y en las montañas inaccesibles que dejarse subyugar por extranjeros que no estaban dispuestos a perdonarles sus latrocinios... Encontramos aquí una segunda tropa compuesta por noventa hombres, entre colonos y hotentotes, enviados a Roggeveld para dar caza a los bosquimanos; esta tropa había matado anteriormente a unos doscientos cincuenta de estos últimos. La tercera tropa, enviada a las montañas de la nieve, mata cerca de cuatrocientos ladrones de éstos... Los bosquimanos se habían convertido en una verdadera plaga para los colonos de Roggeveld; se apoderan de rebaños enteros que conducen lejos de los pastos con una celeridad increíble; durante los dos últimos años se han llevado de esta manera diez mil corderos, sin contar los bueyes, y un gran número de esclavos y señores fueron matados en el transcurso de estas devastaciones.»

Otro viajero escribe hacia 1798: «El nombre de bosquimano es el horror de toda la colonia. Los granjeros los detestan y creen no poder hacer nada más meritorio que aplastarlos en cualquier parte donde los encuentren. Un campesino de Graaf Reynet al que preguntaron si los caminos estaban muy infectados de salvajes, respondió que él no había matado más que cuatro. Esta confesión fue hecha con tanta frialdad e indiferencia como si hubiera hablado de cuatro perdices. Yo mismo he oído a otro vanagloriarse de haber matado con su propia mano cerca de trescientas de estas miserables criaturas.»

Otro viajero aún decía, hacia la misma época: «La captura de estas gentes es para muchos colonos una especie de diversión.»

Se estima que durante diez años, entre 1785 y 1795, se eliminaron por lo menos diez mil de ellos.

Algunas tentativas hechas por misioneros y pastores para hacer sedentarios a los bosquimanos no tuvieron resultados duraderos. Por una parte, los colonos no querían tolerarlos e hicieron cerrar algunas de estas misiones en el momento en que parecía que iban a tener éxito; por otra parte, los bosquimanos eran rebeldes a toda modificación de su género de vida. Uno de ellos, al que se le razonaba y se le quería persuadir para que se dedicara a la cría de ganado, respondió: «Son los animales los que han sido creados para alimentarnos y no nosotros para alimentar a los animales.»

Tales eran los antiguos ocupantes del Africa meridional cuando los europeos llegaron allí. Los hotentotes, con quienes se les confundía al principio, eran un pueblo más dulce, más moldeable, que practicaba la ganadería. No obstante, a medida que los bóers llevaban sus rebaños más lejos, los hotentotes, que querían continuar haciendo pacer a sus propios rebaños, se veían obligados a emigrar más lejos, en dirección Noroeste.

Las escaramuzas con los hotentotes no rebasaban el carácter de simples acciones de policía local, puesto que este pueblo era generalmente dulce y paciente. En los primeros tiempos, los hotentotes, que siguieron siendo independientes, fueron rechazados al norte del río Orange. Es en 1779 cuando los colonos de El Cabo, siguiendo la costa oeste, alcanzan la desembocadura del río que ellos bautizan como Orange, en honor de la dinastía de los Países Bajos. Hasta 1836 este río marcará prácticamente el límite de la expansión de los colonos hacia el Noroeste. En esta fecha atraviesan el río. Al cabo de unos cincuenta años, los hotentotes —al menos los que quieren conservar su independencia— son rechazados al desierto de Kalahari.

II. LOS XOSOS-BANTUES

Pero cuando los colonos blancos toman contacto con los pastores negros que poco a poco se deslizan de Norte a Sur, a lo largo de la costa este y el interior del territorio, las cosas suceden de otro modo.

Un pueblo bantú, los ngonis, cuyo elemento más meridional son los xosos, están mejor organizados, mejor armados que los bosquimanos y los hotentotes; más vigorosos, mejor alimentados y más belicosos que los hereros. Los xosos tienen un gran sentido de la independencia; por eso han permanecido divididos, rehusando toda autoridad común. En 1686 acogen de buen grado a la tripulación de un navío holandés que ha naufragado, y les ayudan a llegar a El Cabo. Hacia 1750, un cazador europeo encuentra entre ellos unos marineros británicos naufragados que no parecen tener la intención de regresar a Inglaterra. Igual que los bóers, son cuidadores de bueyes, pero siguiendo otros métodos. Los bóers, como los ganaderos de la Pampa argentina, dejaban su ganado en los vastos pastos después de haberlos marcado al fuego, y, de cuando en cuando, iban a vigilarlo. En el caso de los xosos, un rebaño estaba siempre bajo la dirección de un pastor. De tal forma, que ellos consideraban errante y sin dueño, y por tanto disponible para ser capturado, el ganado no vigilado de los bóers, cuando lo encontraban a orillas del Fish River; entonces no dudaban en apropiárselo. Los bóers lanzaban con este motivo expediciones punitivas y comandos de recuperación más allá del río. Los encuentros, originados por robos de animales u ocupaciones de pastos, degeneraban en batallas. Un estado de guerra se instauró así, a partir de los primeros contactos, hacia 1780, que duró más de un siglo entre los bóers (y después los británicos) y los que los blancos llamaban los «cafres», de la palabra *kaffir*, que los árabes de la costa oriental africana aplicaban a los infieles no musulmanes.

III. LA EXPANSION DE LOS BOERS

Indudablemente, la expansión de los bóers no había sido prevista ni deseada por la Compañía de las Indias, sino que, al contrario, ésta había hecho lo posible por conservar el control de la situación. En principio, las tierras vírgenes pertenecían a la Compañía, que arrendaba por diez dólares anuales concesiones que tenían alrededor de diez mil hectáreas. El ocupante no se hacía propietario pleno más que cuando había explotado la tierra durante cinco años. Pero la Compañía apenas si tenía medios de presión sobre los bóers, y tenía otras preocupaciones diferentes como para atender a los conflictos con los hotentotes y los cafres. Y mientras más se alejaban los bóers de El Cabo, más escapaban a su control.

Un grupo de bóers, a quienes su migración había conducido a los pastos secos del Gran Karrú, constituyen en 1786 un «distrito autónomo» alrededor de la ciudad de Graaffreynet.

En 1795 la colonia de El Cabo recibe noticias de la Revolución francesa. Con el entusiasmo, la población de Graaffreynet, es decir, 1.400 adultos, 1.700 niños y 600 esclavos, proclamó la República, con escarapela tricolor y la divisa: Libertad, Igualdad, Fraternidad. La guerra contra los bandidos cafres, ladrones de bueyes, cobró el carácter de una guerra nacional al estilo de la de los jacobinos franceses contra los emigrados y tiranos.

IV. LOS BOERS Y GRAN BRETAÑA

Otro efecto de la Revolución francesa: al convertirse Holanda en un departamento de la República francesa, la Compañía

Holandesa de las Indias Orientales, que se hizo autónoma, pidió a Gran Bretaña que protegiera sus rutas marítimas y sus escalas de los ataques de los ejércitos revolucionarios. Los ingleses desembarcaron, pues, en El Cabo, apresurándose a aprovechar la invitación de la Compañía. Se instalaron allí, liquidaron la República autónoma de Graaffreynet y encarcelaron a sus dirigentes. La Sociedad Misionera de Londres decidió enviar a los bóers misiones religiosas, siendo implantada la más importante, como por casualidad, en Graaffreynet. El objetivo principal asignado a estas misiones era —de acuerdo, por supuesto, con la línea humanitaria y antiesclavista practicada en Londres— devolver a los hotentotes su libertad y su dignidad humana, es decir, privar a los bóers de la mano de obra que exigía su género de vida. Al protestar éstos, el gobernador británico decidió, para asegurar el mantenimiento del orden, reclutar, entre los hotentotes recientemente emancipados por las misiones, la policía armada. Cabe imaginar las reacciones de los bóers.

Entre 1802 y 1806 hubo una breve interrupción de la administración británica. En 1802, a consecuencia del tratado de Amiens, la República bátava había recuperado la tutela de la colonia de El Cabo. Pero cuando en 1806 recomenzó la guerra entre Napoleón e Inglaterra, ésta restableció —esta vez por largo tiempo— su autoridad sobre la colonia de El Cabo.

En el Congreso de Viena, en 1815, los bóers quedaban convertidos en súbditos de la corona británica. Pero eran mal vistos en Londres, a donde llegaban los informes de las misiones británicas —unos exactos, otros tendenciosos— sobre los malos tratos que los bóers infringían a los «nativos». Por su parte, los bóers se habían visto desposeídos de sus recursos en mano de obra por una Ordenanza del gobernador británico de El Cabo. Esta Ordenanza de 1809, conocida bajo el nombre de «La Carta Magna de los hotentotes», prohibía el trabajo forzado. En 1812, otra Ordenanza intentó estabilizar la situación entre bóers y cafres en la frontera nordeste, el Fish River, y reformar la propiedad agraria. Un nuevo sistema fue instituido, limitando las concesiones a 500 hectáreas, a cambio de una renta perpetua de 100 dólares anuales. Además, el derecho de primogenitura era suprimido; la propiedad debía ser dividida entre los herederos, desapareciendo así los mayorazgos. El verdadero objetivo de esta ordenanza era hacer imposible, a largo plazo al menos, el género de vida tradicional de los bóers. Estos se rebelaron contra la ley y autoridad británica. Los rebeldes fueron detenidos, juzgados y colgados en Slagers Nek en 1815. Su trágica suerte pasó a la leyenda que hizo de ellos héroes de la resistencia a la dominación británica.

Los británicos enviaron misioneros anglicanos, pero sobre todo presbiterianos escoceses. En 1828 el inglés se convirtió en la lengua oficial de las iglesias y de la administración. Pero los bóers no aceptaban de buen grado el tener que realizar los actos administrativos en una lengua extranjera, ni recibir los sacramentos de ministros escoceses que no creían en la predestinación.

En 1828 una Ordenanza autorizó a los hotentotes, a los bosquimanos (que no tenían cura) y a los mestizos grikuas, en los que los misioneros británicos tenían un interés particular, a poseer tierras. Los interesados hicieron poco uso de este derecho. Pero la ley tenía otra consecuencia: según el sistema tradicionalmente aplicado por los bóers para procurarse la mano de obra, todo el que no era propietario —los indígenas, por consiguiente— se presumía vagabundo y, como tal, podía ser obligado a trabajar. Al inaugurar la nueva ley el derecho de los indígenas a la propiedad, los eximía indirectamente de esta obligación.

En 1834 el Parlamento británico abolía la esclavitud. En la colonia de El Cabo apenas si había algunas decenas de millares de esclavos. Pero ¿qué iban a hacer los bóers, cómo iban a poder continuar su explotación, privados de mano de obra, presionados por la administración británica, expuestos a las incursiones de los cafres y de los zulúes llegados a la sazón del Africa suroriental?

En 1837 dos mil bóers, llevando con ellos a sus familias en carretas entoldadas, conduciendo su ganado, partieron en dirección Norte, atravesaron el río Orange en dirección del «Veld», hacia tierras que se reputaban aptas para la ganadería, fuera del control de la colonia. Esta emigración en masa, esta trashumancia sin idea de regreso, es lo que se llama «el Gran Trek», es decir, el gran éxodo.

Los emigrantes tropezaron con mil dificultades. Algunos grupos fueron asesinados; otros se aterrorizaron y desaparecieron sin dejar rastro. Sin embargo, rechazaron a los negros matabelés, que fueron a instalarse más al Norte, en la actual Rhodesia del Sur, donde los reencontraremos. Un grupo de bóers, dirigido por Potgieter, fundó una República que tuvo por capital la ciudad de Potchefstroom. Otro jefe, Pieter Retief, que había negociado con el jefe de los zulúes Dingan, el sucesor de Chaka, fue traidoramente asesinado en diciembre de 1838. El aniversario de este asesinato es aún conmemorado en Africa del Sur con el nombre de «Dingan's Day».

El sucesor de Retief, Andries Pretorius, reorganizó el ejército de los bóers, venció a los zulúes, mató a Dingan, bajó de las montañas de Drakensberg hacia el Océano Indico y fundó en 1839 en el litoral la República independiente de Natal. La idea de Pretorius era que los bóers, si querían conservar su independencia, tenían que tener un acceso al mar. Este acceso sería Durbán (o Puerto Natal, llamado así porque Vasco de Gama descubrió esta costa el día de Navidad de 1497).

No obstante, los británicos que gobernaban la colonia estimaban que los bóers eran ciudadanos británicos; que el hecho de franquear la frontera y emigrar del territorio no les había hecho perder esta cualidad. Este principio había sido fijado muy recientemente, en 1836, por el «Cape of Good Hope Punishment Act», que preveía expresamente que todo súbdito británico permanecía sometido a la ley británica incluso si abandonaba el territorio británico. En consecuencia, «la reina» no podía reconocer que se había sustraído a su soberanía una comunidad, donde quiera que ésta estuviese establecida, fundada por un grupo de sus súbditos. Las tropas británicas ocuparon, pues, el territorio de la República de Natal, que fue formalmente anexionado a la corona en 1843. Las autoridades británicas ofrecieron conceder tres mil hectáreas de tierra a las familias de los bóers que quisieran permanecer allí; pero la mayoría volvieron a cargar sus carromatos tirados por bueyes, cruzaron de nuevo las cumbres del Drakensberg y se reunieron con los bóers de Potchefstroom. Fundaron al lado de ellos tres Repúblicas en la orilla norte del Vaal, afluente del río Orange —estas Repúblicas llevan los nombres de Lydenberg, Zoutspanberg y Utrecht— y una en la orilla sur: la República de Winburg, fundada por Pretorius.

Dos años más tarde, en 1846, las tropas británicas ocupan esta República, de la misma manera que habían ocupado antes el Natal. Después de una tentativa de resistencia, Pretorius se ve obligado a huir al otro lado del Vaal, a Potchefstroom, donde es acogido como héroe y proclamado presidente.

No obstante la política de las autoridades británicas, la colonia tendrá aún dificultades. Además de la resistencia de los bóers, otros dos obstáculos se levantan ante ella. El primero es la oposición que va tomando forma en el Parlamento de Londres contra la expansión colonial, que ocasiona más gastos que beneficios, y que acrecienta los poderes de la administración y sus responsabilidades en una contrapartida de ventajas para el comercio. En Westminster, los líderes de la oposición piden que las autoridades británicas evacuen los dos territorios recién ocupados.

El segundo nuevo obstáculo es la guerrilla que ha estallado en los contrafuertes del Drakensberg. Este macizo montañoso, cuyo punto culminante, el monte de las Fuentes, alcanza los 3.758 metros, está formado por cadenas de montañas, las Malutis, colocadas en abanico, imbricadas unas sobre otras, separadas a veces por profundas gargantas y valles surcados por torrentes. En la parte baja existen numerosas grutas y abrigos rocosos abiertos en la roca, donde se encuentran pinturas y grabados rupestres. En efecto, el país había sido habitado durante largo tiempo por los bosquimanos, que permanecieron allí más tiempo que en otros sitios, refugiándose en el laberinto de las Malutis cuando las grandes masacres de Chaka.

Los primeros negros que penetraron allí, bantúes pertenecientes al grupo bechuana y llegados en sucesivas oleadas entre 1600 y 1720, procedían del Norte y del Nordeste, de Bechuanalandia y del valle del Limpopo. Estos diferentes clanes, uniéndose, mezclándose, dividiéndose de nuevo, son los antepasados de los basutos, y por eso se llama la región Basutolandia. Los basutos vivían en buena vecindad con los bosquimanos, cuando la acción de Chaka y sus zulúes (que más adelante veremos), vino a turbar a estas tribus y a plantear nuevos problemas en las fronteras de la colonia de El Cabo.

Debido a esto, las autoridades británicas negociaron con las Repúblicas del Transvaal la convención de Sand River (1852), por la que la corona británica reconocía formalmente su independencia. Dos años más tarde, en 1854, reconocía la autonomía del territorio situado al sur del Vaal, que se convertía así en el Estado libre de Orange. La reina admitía que los bóers no fueran considerados súbditos suyos en adelante.

Al mismo tiempo, para recompensar a la colonia de El Cabo por su lealtad, le otorgó una relativa autonomía. El poder ejecutivo continuaba siendo nombrado por Londres, pero los deseos del Parlamento de la colonia debían en principio ser respetados por el poder ejecutivo.

Este esfuerzo de liberalismo tuvo, sin embargo, un efecto exactamente contrario al apaciguamiento que se esperaba en Londres. Una vez dueña de sus impuestos, la colonia practicó un bloqueo de tarifas a las Repúblicas del Transvaal que no tenían acceso directo al mar. Al mismo tiempo, las autoridades británicas de El Cabo continuaban su política indígena favorable a los «nativos», lo que molestaba profundamente a los bóers de la colonia. Quedaban todavía restos de las tradiciones paternalistas del siglo XVII, que ignoraban y rechazaban como de inspiración diabólica toda idea de tolerancia religiosa o de igualdad racial. De este modo, la animosidad no hizo más que

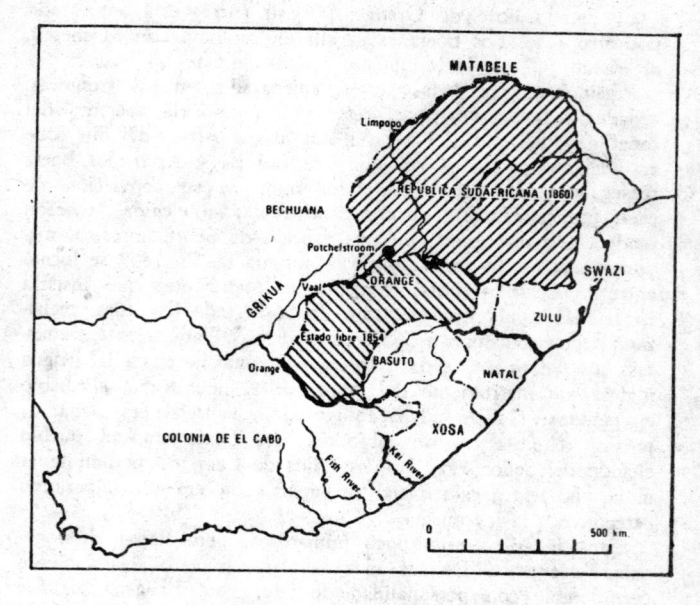

Fig. 13. Africa del Sur en 1860.

crecer entre los bóers, bien en la colonia o fuera de ella, y las autoridades británicas a las que acusaban, no sin motivo, de querer asfixiarles progresivamente.

En 1860 las cuatro Repúblicas del Transvaal se unen y forman juntas un Estado federal, la República Sudafricana.

El Estado libre de Orange, por su parte, está amenazado por otro lado. Los bóers están allí en conflicto con Moshesch, el «Gran Jefe de la Montaña», el soberano de los basutos.

Presionados por todas partes, amenazados en sus fronteras, aislados del Océano y del resto del mundo (la apertura del canal de Suez en 1869 aislaría aún más a Africa del Sur, que en adelante perdió el tráfico entre Europa y Asia), los bóers replegados sobre sí mismos, imbuidos de su convicción de estar predestinados y de constituir una raza elegida, tuvieron tendencia a reaccionar con una especie de fiebre obsesiva, mediante una nueva llamarada de la antigua fe. En 1859 se formó entre ellos una iglesia calvinista independiente, que insistía en la más rígida interpretación de la Sagrada Escritura, rechazando toda concesión a las ideas modernas. Para estos extremistas, los «dopper», toda reforma era una herejía; la lengua inglesa, un instrumento del demonio; el liberalismo, el diablo en persona; Galileo estaba equivocado y la tierra era plana; la música religiosa era un escándalo; los bóers eran el pueblo elegido del Señor; los bantúes, hijos de Cam, no podían tener alma; la segregación racial o «apartheid» era un imperativo categórico y la ley misma de Dios.

Estos fanáticos eran poco numerosos, pero llenos de fogosidad y energía. De sus filas salió un número relativamente considerable con personalidad de jefe. Paul Krüger, que fue el presidente de la República Sudafricana durante más de la mitad de la existencia de esta República, era un predicador dopper.

En 1868, en vísperas de la apertura del canal de Suez, la República Sudafricana intentó concluir un acuerdo con Portugal para asegurar su libre tránsito al Océano Indico a través de Mozambique. La corona británica indicó al gobierno portugués que la conclusión de este acuerdo le sería desagradable. El gobierno portugués no estaba en absoluto en condiciones de menospreciar esta indicación; el acuerdo no fue concluido.

El Natal, que los bóers habían abandonado en su inmensa mayoría a la llegada de las tropas inglesas en 1844, fue poblado por emigrantes británicos, sobre todo entre 1848 y 1851, gracias a la propaganda y al ingenio de un aventurero irlandés, John Charles Byrne, que prometía «el oro y el moro»: se iba a producir algodón, tabaco, café, caña de azúcar..., pero faltaba mano de obra local. No se podía obligar a los bantúes a trabajar ni por la fuerza ni en virtud de un contrato de trabajo. Las plantaciones sucumbían, apenas comenzadas a cultivar. El Natal decidió, para salvar la situación, importar mano de obra hindú con contratos de diez años. Una vez acabado su contrato, hubo muchos hindúes que no volvieron a su país, sino que se quedaron en el Natal y explotaron allí pequeñas plantaciones, sobre todo de algodón. Un nuevo problema racial comenzaba a plantearse.

La economía europea en Africa del Sur parecía comprometida y sin perspectivas cuando, en 1867, un niño encontró cerca de Hopetown, en el territorio de los grikuas, una piedra brillante que resultó ser un diamante. Después se encontró otra, otra más...; el subsuelo de Africa meridional era rico.

¿A quién iba a pertenecer esta riqueza? La competición estaba abierta, y al mismo tiempo se abría una nueva fase de la historia de este sector de Africa.

V. LOS ZULUES. CHAKA

No obstante, un episodio de la historia de Africa del Sur, exclusivamente negroafricano, al menos en sus comienzos, debe ser contado aquí: el de los zulúes y Chaka, cuyo nombre hemos ya citado.

¿Cuál es el origen de los zulúes? Se estima actualmente que los bantúes del Sudeste, llegados del Norte a partir del siglo X, en oleadas sucesivas, se reparten en tres grupos: los thongas, los primeros en instalarse, que los portugueses habían encontrado en el interior de Sofala desde el siglo XVI; los ngonis, llegados en una segunda oleada, y, probablemente algunos siglos después de los precedentes, hacia el XV, los sotho-tchuanas, grupo muy numeroso cuyos principales descendientes están establecidos hoy en territorios que llevan su nombre: Basutolandia y Bechuanalandia.

Es al grupo de los ngonis al que pertenecen los xosos, que fueron encontrados por los bóers en su expansión hacia el Nordeste; también a los ngonis pertenece una raza poco importante en sus orígenes: los zulúes, establecidos, en época histórica, en el actual Natal, al pie del macizo del Drakensberg, en la vertiente que mira al Océano Indico.

A finales del siglo XVIII el jefe de los zulúes es un tal Senzangakona, que tuvo entre otros un hijo llamado Chaka, nacido en 1787. Este hijo, más o menos legítimo, no fue educado por su padre, sino por su madre. Repudiado por su padre,

Chaka se refugia junto a un poderoso príncipe vecino, Dingiswayo, que le hace educar militarmente. Se distingue tanto en el ejército de Dingiswayo que, tras ascender rápidamente de graduación, cuando el príncipe muere, el ejército le nombra sucesor. Parece ser, por otra parte, que éste había tenido previamente la precaución de hacer matar a los dos herederos directos. Al mismo tiempo recibe igualmente, tras haber eliminado a los herederos, la sucesión de su padre, Senzangakona, que muere precisamente en esa época. Es, pues, jefe supremo no sólo de una o dos tribus, sino sobre todo de una organización militar que va a desarrollar extraordinariamente.

Dotado de una ambición sin límite a la que sólo iguala su crueldad, hace reinar el terror. Multiplica las sentencias de muerte y las ejecuciones. Tiene centenares de mujeres, pero ninguna esposa. No deja vivir a ningún niño nacido de él, bien sea matando a la madre durante el embarazo, bien eliminando al recién nacido. Gozaba de un inmenso prestigio.

Lo que en adelante llamamos zulúes no es ya, pues, ni una raza ni un pueblo, sino un grupo, un sistema que vive de la guerra y para la guerra. El gran jefe guerrero, Chaka, es el señor absoluto de la vida, de la existencia, de los bienes de sus súbditos. Todos los jóvenes, varones y hembras, son reclutados; no solamente de las tribus de origen, sino también los de las tribus vencidas. Los vencidos más ancianos se convierten automáticamente en esclavos.

Los guerreros zulúes no tienen generalmente el derecho de tener esposas hasta que no han abandonado el servicio. El ideal guerrero está colocado muy por encima del ideal familiar, que se considera despreciable. La meta es vencer, matar a los enemigos varones y adultos, capturar e incorporar al sistema a los adolescentes, a las mujeres, a los niños y al ganado. Este sistema tiene la ventaja de evitar toda posible revancha al exterminar al enemigo vencido e integrar en el grupo a los elementos biológicos que se dejaba vivir.

Chaka había aprendido mucho de Dingiswayo, que era buen jefe guerrero. Pero en un aspecto introdujo una nueva táctica muy eficaz. Bajo Dingiswayo, el arma principal era la jabalina lanzada de lejos, que a menudo fallaba su objetivo. Chaka prohíbe a sus guerreros arrojar la jabalina; exige el cuerpo a cuerpo. Los arma con el escudo de brazo corto que debe permanecer en la mano del que golpea. Después del combate, el guerrero debe poder presentar su escudo, si no es matado, y más le hubiera valido perecer en el combate.

Crea un nuevo orden de batalla: los soldados aguerridos forman la principal línea de combate durante el asalto; detrás vienen los limpiadores o estranguladores, que terminan el trabajo; los jóvenes protegen los flancos; en la retaguardia, una reserva de veteranos está dispuesta a intervenir. Se comprende que Chaka haya sido llamado el Napoleón negro. Dieciocho años más joven que Napoleón Bonaparte, parece ser que Chaka lo debía todo exclusivamente a su propio genio y a su experiencia personal. Tenía por costumbre dirigir en persona el combate.

Esto dicho, añadamos que sufrió numerosos fracasos, que sus generales se dispersaron mientras vivía y que terminó miserablemente, asesinado por su hermano. El balance directo de sus diez años de actividad, de 1818 a 1828, es que regiones inmensas, hasta entonces pacíficas y fértiles, fueron devastadas y las poblaciones masacradas y dispersadas. Se ha estimado en cerca de un millón el número de víctimas. Indirectamente, el fenómeno por él desencadenado tendrá repercusiones lejanas en una extensa parte del Continente, desde El Cabo hasta el lago Victoria, debido a los movimientos étnicos que origina.

Es así como el pánico extendido por los «impis» o regimientos de Chaka en el territorio de los basutos, hace que los sothos, huyendo hacia los montes Malutis, extiendan, a su vez, toda la masacre y el terror entre los bosquimanos, que se habían refugiado allí anteriormente.

La explosión zulú no termina con la muerte violenta de Chaka. Su medio hermano Dingan, uno de sus asesinos, toma el poder y, a su vez, lanza a los zulúes a nuevas campañas. Como hemos visto, en 1838 asesina a traición al jefe bóer Pieter Retief y a todo su destacamento, es decir, a seiscientas personas. Andries Pretorius lanza sus tropas a una expedición de castigo. Abandonado por sus lugartenientes, uno de los cuales era otro medio hermano, Mpanda, que se puso a disposición de Pretorius con seis mil hombres, Dingan es vencido y muere al huir.

VI. LOS MATABELES Y OTROS GRUPOS

El ejemplo de Chaka hizo escuela: diversas formaciones, que son clanes militares sin unidad étnica más que tribus o reinos, o, más exactamente aún, grandes Compañías en el sentido que este término tenía en Europa occidental en el siglo XIV, extienden a su vez la muerte y la desolación.

Un antiguo lugarteniente de Chaka disidente, Moselekatse, forma el clan de los matabelés, siguiendo el modelo de los zulúes. Este clan guerrero va errante, perseguido por los zulúes, de un lado, y los bóers, de otro. Franquea el Limpopo en dirección Norte. Moselekatse es hábil y tiene por consejero a un misionero británico, Robert Moffat (Chaka también, tenía a su lado a un británico llamado Fynn). Reagrupa bajo su autoridad a numerosas tribus. Cuando muere, en 1868, su dominio, que se ha hecho apacible, se extiende a todo el territorio entre el Limpopo y el Zambeze. El hijo de Robert Moffat, que será en 1899 el representante británico en Bulawayo, capital del país Matabelé, conseguirá que Lobenguela, el sucesor de Moselekatse, concluya un acuerdo con los británicos.

El reino fundado por Moselekatse se convertirá en Rhodesia del Sur.

Otro clan de ngonis, los ndwandés, tropieza con los zulúes en 1818; entonces se dispersa, y una importante fracción del clan, bajo la dirección del jefe Zwangendaba, parte hacia 1820 de la región del Natal, atraviesa el Zambeze en dirección Norte en 1835 y continúa su migración lenta pero constante. Deteniéndose aquí y allá, el clan llega no lejos de Tanganyka, después de haber recorrido 3.000 km. en veinticinco años. En 1845, a la muerte de Zwangendaba, que no ha constituido un Estado, el clan se dispersa.

Otros grupos ngonis van hasta Kilúa, en la costa oriental, no muy lejos de Zanzíbar.

En 1823 un grupo de sothos de unos 30.000 hombres, presionados, por una parte, por los grikuas, y, por otra, por Chaka, elige un jefe llamado Sebituané. El grupo adopta el nombre de Kololo y se pone en marcha. Atraviesa lentamente el país de los tchuanas y llega en algunos años al alto Zambeze, donde se encuentra con Moselekatse y sus hombres. Después de diversos enfrentamientos y severas pérdidas por ambas partes, Sebituané rompe el contacto y conduce a sus kololos a territorio lozi (o barotse), que ocupa. Se organiza allí un reino, gobernado y administrado por los fieles kololos. Es allí donde Livingstone lo encuentra. Sebituané muere en 1851, en presencia del explorador, que expresa así su pena: «Era el mejor jefe indígena que he encontrado. Jamás la muerte de un negro me ha causado tanta tristeza.» Bajo uno de sus sucesores, particularmente cruel, la población lozi se rebela, mata en una noche a los colonos y restablece la independencia de los lozis y la antigua dinastía lozi. Es uno de los príncipes de la dinastía restaurada, Luanika, el que, en 1898, concluirá la *Chartered Company,* el tratado que terminará con la inclusión del país Lozi y Barotselandia en Rhodesia del Norte.

En otra parte, en territorio sotho, en lo que será Basutolandia, un jefe de tribu de gran prestigio, Moschesch, aconsejado por la misión evangélica francesa que se ha implantado en el país en 1833, consigue despejar de su país las hordas desencadenadas por el movimiento zulú. Es así como persuade a Moselekatse para que conduzca a sus hombres un poco más lejos. En 1852 expulsa a los británicos; en 1858 rechaza a los bóers. Sin embargo, ya viejo, el Gran Jefe de la Montaña comprende que los tiempos han cambiado; en 1868 se coloca, junto con su pueblo, bajo protectorado británico.

Otro jefe de tribu, Sobuza, habiendo entrado en conflicto con Dingiswayo en la época en que Chaka no era más que uno de sus lugartenientes, se refugió en las montañas y reunió allí un grupo de fieles contra los ndwandés. Permaneciendo al margen de las devastaciones causadas por los hombres de Chaka, resistiendo como mejor pudo a los ataques de los zulúes de Dingan, muere en 1839, dejando constituido un Estado para su hijo y sucesor Mswazi. Este, inspirado por el ejemplo de Chaka, añadió a este Estado un ejército. Respetado y temido por sus vecinos, contra los cuales lanzaba audaces expediciones, gran ladrón de ganado, Mswazi dejaba al morir un pueblo que los británicos reconocerán bajo el nombre de Swazilandia.

10. El reparto de Africa

Al llegar al último cuarto del siglo XIX, en las fronteras de la era colonial —digamos, para ser más exactos, hacia 1875-1880—, intentaremos trazar un cuadro de la presencia extranjera en Africa. En otros términos, ¿cuál es, en esta fecha, la situación geográfica, económica, social y administrativa de los diversos elementos étnicos no autóctonos, europeos y árabes, en el suelo africano? Digamos en seguida que, en relación a la inmensidad de un Continente, esta presencia extranjera se reduce a poca cosa. Pero, por escasa que sea, es preciso enumerarla.

Entre los de origen europeo es preciso hacer mención especial a los bóers de Africa del Sur. Han roto desde hace largo tiempo todo vínculo con Europa; no tienen patria de recambio. A pesar de guardar obstinadamente la pureza de su raza (al contrario que los portugueses), se africanizan tan bien que la oleada de la colonización, cuando se produzca, caerá sobre ellos con tanta fuerza como sobre los autóctonos. Sólo tras una resistencia heroica mantenida con sus vidas serán integrados en el Imperio británico. La guerra de los bóers será, casi seguramente, el episodio militar más rudo de la colonización.

Aparte de los bóers, ¿cuántos europeos hay al sur del Sahara en la época que estamos considerando? Indudablemente carecemos de censo, pero su número debe calcularse en unas centenas de millares como máximo. (Para precisar un poco, digamos que en la gran época de la colonización, en 1935, se estima que no hay más de 60.000 europeos entre el Sahara y el Zambeze.) ¿A qué se dedican? Son generalmente comerciantes o misioneros, algunos agricultores, excepcionalmente administradores. ¿Dónde se encuentran? No se les halla prácticamente más que en algunos puntos de la costa. Desde la época de los navegantes portugueses, se establecen un cierto número de puertos comerciales en diversos puntos del litoral africano. Desde el fin de la esclavitud, su actividad disminuyó. Muy pocos prosperaron o se mantuvieron siquiera. Estas factorías están ligadas al comercio marítimo mucho más que al continente africano. En ellas se lleva a cabo un tráfico pequeño, el intercambio de cristalería, quincalla, paños y armas de fuego por productos locales: pieles, gomas, marfil, que los africanos llevan hasta el puerto. Un europeo comerciante y aventurero puede hacer allí una pequeña fortuna, si no muere a causa de las fiebres. Pero este tráfico no tiene la categoría de un hecho económico. Y nunca acude a la mente del europeo la idea de establecerse y arraigar.

La abolición de la esclavitud puso fin al tráfico más importante y más rentable: el de los hombres. Por ello los holandeses, daneses, suecos y prusianos se retiraron de la competencia. Solamente quedan los portugueses, ingleses y franceses. Estos se mantienen en algunos emporios; se las ingenian para descubrir otros recursos. Así, los ingleses piensan reanimar el comercio del delta del Níger recogiendo el aceite de palma; el desarrollo del maquinismo ofrece una salida a los aceites vegetales, utilizados como lubricantes. Los franceses implantan el cultivo del cacahuete en el Senegal con las mismas intenciones. Unos y otros se consagran paralelamente a actividades menos remuneradoras, al menos de un modo directo: la difusión de la doctrina cristiana y la exploración.

Todas estas formas de presencia, muy diluidas y en desproporción con la masa del Continente, no constituyen una colonización, ni siquiera un adelanto de ella. El desarrollo imprevisto y rápido de la colonización y la proliferación de las actividades administrativas en África tendrá lugar en el transcurso del último cuarto del siglo XIX.

Vale la pena hacer el rápido inventario de la presencia europea en África antes de la época colonial.

I. UN INVENTARIO DE LA PRESENCIA EUROPEA Y ÁRABE EN ÁFRICA HACIA 1875

En África occidental, remontando el río Senegal, los franceses habían practicado desde 1817 la única penetración administrativa un poco profunda; éste era también el único punto (junto con la Gold Coast) en el que una administración colonial europea tenía a su cargo la suerte de un número relativamente importante de africanos. Y aún hay que tener en cuenta que los británicos de la Gold Coast no llevaban a cabo más que un mínimo de administración directa, prefiriendo encargar a los jefes tradicionales el cuidado de asegurar el orden público y la libertad del comercio. Según veremos, la colonia francesa del Senegal (o Senegambia) estaba ya muy organizada desde 1863, y la experiencia debía de servir de modelo más tarde a la colonización francesa.

En Gran Bassam, Assinia y Porto Novo los franceses no tenían más que puntos de desembarco y almacenes. Las colonias británicas de Gambia, Sierra Leona y Lagos no eran más que minúsculos enclaves en territorios controlados por príncipes africanos. En lo que se llamará más tarde Guinea portuguesa, había algunos portugueses y un número considerable de mestizos portugueses, pero esto es más o menos todo lo que denotaba la presencia portuguesa.

La Guinea española y la isla de Fernando Poo, heredada de los portugueses por los españoles, representaba muy poca cosa.

La Gold Coast fue declarada colonia de la corona británica en 1874; pero son los achantis y los fantis los que tienen reivindicaciones que hacen valer, mientras que el gobierno británico no busca sino comprometerse lo menos posible.

Mucho más al Sur, en Africa meridional, hemos visto cómo la colonia de El Cabo estaba bajo control británico, así como el Natal. El caso del Transvaal (o República Sudafricana) será examinado más adelante. Un problema muy particular se plantea allí como consecuencia del descubrimiento del diamante y del auge de la explotación minera. Los británicos tomaron bajo su protección el territorio de los basutos, a los que su propio jefe Moschesch había colocado allí en 1868. Pero allí casi no residen más que misioneros, en misión mitad religiosa, mitad política.

¿Y las posesiones portuguesas al sur del ecuador? Los portugueses se complacen en afirmar, no sin énfasis, que estas posesiones —Angola y Mozambique— se extienden efectivamente desde el Océano Atlántico hasta el Océano Indico. Se da el caso de que esta pretensión, en dirección Oeste-Este, se cruza con otro eje de penetración: el de los misioneros británicos que, partiendo de Africa del Sur, suben hacia el Norte, por lo que se llama «la ruta de los misioneros». Se trata de un trayecto que se insinúa entre el desierto del Kalahari al Oeste y el territorio de los bóers al Este (Estado libre de Orange y República Sudafricana), que pasa por el país de los grikuas (Grikualandia West), Bechuanalandia, el país matabelé y el país maschona, hasta alcanzar precisamente el meridiano de influencia portuguesa en el Zambeze. Hemos visto cómo Moselekatse (en inglés Mzilikazi), que extiende su soberanía entre el Limpopo y el Zambeze, tiene por consejero a un británico, Robert Moffat, miembro de la Sociedad Misionera de Londres (L.M.S.: *London Missionary Society*). Ahora bien, precisamente el yerno de Robert Moffat, David Livingstone (1813-1873), misionero y médico, emprende el reconocimiento de la región, entre el Atlántico y el Indico. Partiendo de Kuruman, la estación de las misiones de Bechuanalandia, establece el primer contacto transcontinental entre Loanda, en el

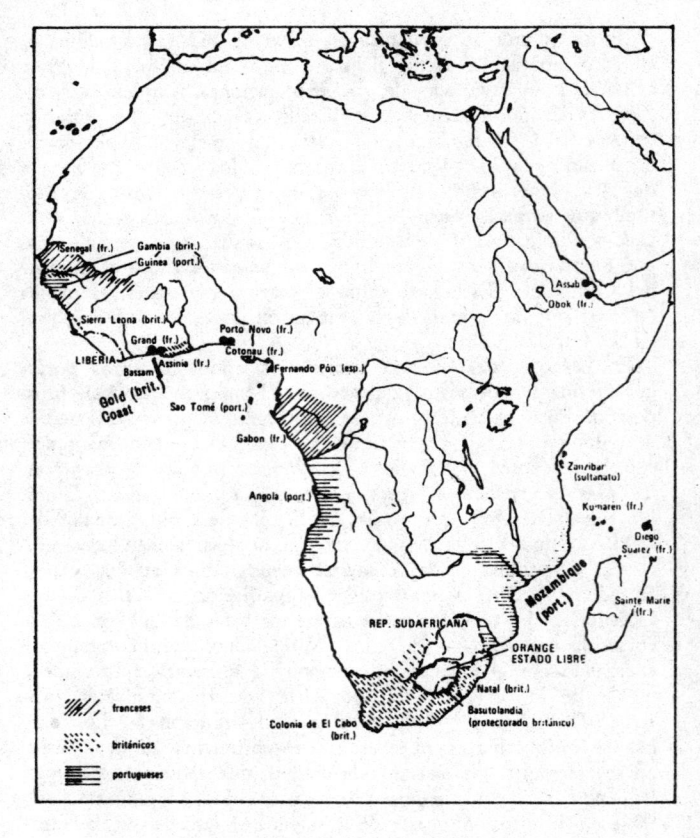

Fig. 14. Africa (1880).

Atlántico (donde se encuentra en mayo de 1854), y Quelimane, en Mozambique (a donde llega en mayo de 1856). Como por casualidad, el resultado de sus exploraciones, ampliamente difundido, denuncia al mundo civilizado que existe, en el interior de Angola y Mozambique, un tráfico de esclavos y de marfil organizado por los mestizos portugueses, los *pombeiros*. Revela que las plantaciones del Bajo Zambeze y de la costa de Mozambique emplean esclavos. El gobierno portugués se ve obligado a eliminar su responsabilidad y a admitir, por consecuencia, que su influencia no se extiende efectivamente sobre el interior del Continente. Esto hace saltar el cerrojo portugués, al menos teórico, que se oponía a la expansión británica siguiendo el eje El Cabo-El Cairo.

En la costa del Océano Indico, los establecimientos portugueses que hemos visto instalarse en el siglo XVI no han prosperado. Poco sostenidos por la metrópoli, disponen de medios muy limitados. Los portugueses se contentaron con mantener, con los menores gastos posibles, algunos puntos de apoyo en las islas cercanas a la costa, entre el Cabo Delgado y Lamú. No son apenas más que escalas en la ruta de Goa. A finales del siglo XVI unas tribus del interior, los simbas, vienen periódicamente a hostigar en las ciudades costeras. Los simbas entran en Kilúa en 1587 y masacran a la población. En el lado del Océano, los portugueses están expuestos a las incursiones de los corsarios árabes. Uno de ellos, Mirale Bey, fue expresamente encargado por el emperador otomano de «liberar» a los musulmanes de la costa oriental de Africa de la dominación cristiana. Desembarca en el litoral y ocupa Mombasa. Los simbas se aprovechan para, con el consentimiento de los portugueses atemorizados, atacar a la ciudad, que saquean hasta que, habiendo recibido algunos refuerzos de los portugueses, restablecen la situación; en 1593, dueños de nuevo de la situación, construyen la fortaleza de Fort Jesús, donde dejan una guarnición.

En 1608 son los holandeses los que intentan ocupar Mozambique por sorpresa; su intento fracasa a causa de los vientos contrarios.

En 1622 el Sha Abbas, soberano sefevida, ayudado por los marinos británicos, ocupa la isla de Ormuz, llave del golfo Pérsico, eliminando a los portugueses. Es el principio de la reconquista árabe.

En 1650, bajo la dirección del Imán, Sultán Ibn Seif, las fuerzas árabes del estado marítimo de Orán, en Arabia, expulsan a los portugueses de Mascata. En 1652 les arrancan Zanzíbar; en 1660, Mombasa. A finales del siglo XVII, desde

Lamú hasta el cabo Delgado, ha caído en poder del sultán de Omán. Los portugueses no conservan en Africa oriental más que la costa de Mozambique.

Los sultanes apenas si controlan más que las ciudades costeras, que vuelven a convertirse en ciudades comerciales. Sin embargo, se interesan en sus posesiones de Africa.

El sultán de Omán, Seyyid Said, que reina de 1806 a 1856, se interesa en ello incluso más que en su propio país. Hace plantar clavo en Zanzíbar. En tal cantidad que a mediados de siglo la isla produce las tres cuartas partes del consumo mundial de esta especia. Forma una marina; hace de Zanzíbar una base comercial de primera magnitud, que recibe de la India y de Europa paños, pólvora y fusiles, y que proporciona a cambio, además del clavo, el marfil y los esclavos que provienen del interior del continente africano. Zanzíbar se convierte en el mayor depósito de esclavos del mundo.

En 1840 el sultán traslada su capital de Asia a Africa, de Mascata a Zanzíbar. Los británicos establecen en seguida en su país su primer Consulado de la costa oriental de Africa.

Los árabes van recuperando paulatinamente los antiguos circuitos de tráfico con el interior del Continente, hacia la región de los grandes lagos, hacia el reino Lunda de los kazembes (en el sur de Katanga), hacia Buganda y Bunyoro, al oeste del lago Victoria.

Los británicos concluyen con Seyyid Said y sus sucesores una serie de tratados (1822, 1845, 1873) que limitan progresivamente la trata de esclavos. A decir verdad, solamente el tráfico de esclavos por el Océano Indico es el que es reprimido poco a poco; en Africa y en la isla de Zanzíbar la esclavitud continúa siendo practicada como una tradición local.

La nueva implantación árabe tiene por fundamento la trata: marfil y esclavos (el oro y el hierro ya no son especulaciones interesantes, puesto que son más baratos en otras partes) se cambian por telas, cristalería, quincalla, armas de fuego y municiones. Los mercaderes árabes de Zanzíbar penetran en el Continente hasta el lago Tanganyka, donde fundan la base comercial de Udjidji, con escala en Tabora. Establecen acuerdos e intercambios con las poblaciones de la región, los yaos del sur de Tanganyka, y los príncipes de Buganda que les traen el marfil y los esclavos capturados en toda la comarca. Los árabes se asocian sobre todo con los nyamwezis, pueblo establecido normalmente al este de Tanganyka y al sur del lago Victoria, alrededor de Tabora. Pero, como estaban muy acostumbrados al comercio, al transporte y a los largos desplazamientos, los nyamwezis organizaron en la región de los lagos y en las altiplanicies que hay hasta Katanga sus propios circuitos comerciales que llegaban hasta los mercaderes árabes. Sucedía también, a veces, que las rivalidades comerciales entre los árabes y los nyamwezis se resolvían a tiros. El príncipe Mirambo de los nyamwezis se había hecho famoso por sus ataques a las caravanas de mercaderes árabes que transportaban el marfil; y en 1871 había reconquistado a los árabes el control de Tabora. Es probable, sin embargo, que el marfil quitado a un mercader árabe, se revendiera a otro y terminara, de todas formas, llegando a Zanzíbar. Otro nyanwezi, Msiri, fundará en Katanga un imperio comercial y guerrero que perdurará unos veinte años. Msiri acabó siendo matado por los belgas en 1891.

Aparte de algunos plantadores y comerciantes árabes instalados en la franja costera perteneciente al sultán de Zanzíbar, había muy pocos árabes instalados a perpetuidad en el Continente. No obstante, uno de sus descendientes pasó a la posteridad. Tippú Tip, mestizo árabe, mercader de esclavos, nacido hacia 1838, tuvo el mérito de ser un gran organizador de circuitos comerciales, y la suerte de convertirse en una celebridad al acompañar en sus exploraciones a Livingstone, Cameron, Stanley y otros. Con el apoyo inicial de Stanley, intenta forjarse un imperio —un Imperio árabe— en el marco del Congo belga. Las tropas belgas pondrán fin a este sueño en el transcurso de una larga y penosa campaña, liquidando así, al menos, esta forma de penetración árabe en Africa oriental. Tippú Tip, vencido, se retiró a Zanzíbar. Allí escribió sus memorias en suahelí y murió en paz en 1905.

Otra forma de penetración árabe procede del Norte, a partir de Egipto. Los khedives (sobre todo, Mehemet Alí a partir de 1820), remontan el Nilo, y se hacen dueños del Sudán y de Khartum. Hacen del alto valle del Nilo una base de aprovisionamiento de cautivos que les son necesarios, sobre todo para incorporarlos a su ejército. Saquean metódicamente las cuencas del Nilo Azul, del Nilo Blanco y Bahr el Ghazal, es decir, los países del dinka, nuer y schilluk. Penetran hasta Uganda donde, llegando por el Norte, encuentran, procedentes del Este, a los «árabes» de Zanzíbar, o al menos a sus intermediarios. A diferencia de estos últimos, que practican el negocio, los «árabes» procedentes de Khartum practican el saqueo. La razón es simple: la distancia es mucho mayor, y, por consiguiente, las dificultades de transporte. Sería poco rentable traer las mercancías desde Egipto. Quizá un poco de sangre de estos «árabes» procedentes del Norte, corre por las venas de Rabah; en todo caso, éste continúa su tradición y aplica su técnica cuando crea un imperio en el Alto Nilo y en Tchad a finales del siglo XIX. Del mismo modo que la dominación de Tippú Tip fue interrumpida por los belgas, el Imperio de Rabah será truncado por los franceses en 1900.

En resumen, en la época considerada, la presencia árabe permanente se reduce prácticamente al sultanato de Zanzíbar y a expediciones militares y comerciales en dirección a las fuentes del Nilo.

Europeos o árabes, y dejando aparte el caso particular del Africa meridional, hay, pues, pocos no autóctonos en Africa hacia 1875; están diseminados y sin gran influencia.

II. CONFERENCIA DE BERLIN DE 1884-1885

Ahora bien, diez o quince años más tarde —pongamos en 1891— todo el continente africano al sur del Sahara (a excepción de Etiopía y Liberia) está, al menos nominalmente, bajo el control de una de las potencias coloniales europeas. En 1902 la conquista británica de las Repúblicas de los bóers completará el reparto del Continente.

¿Qué ocurre durante estos años? ¿Por qué fue provocada y cómo fue desencadenada esta escalada hacia el reparto colonial? En la medida —considerable— en que las causas de la misma pertenecen a la política europea, no tenemos que examinarlas aquí. Si nos colocamos desde un punto de vista estrictamente africano, esta concurrencia parece incomprensible; no pueden atribuírsele más que causas misteriosas. De hecho, en las apetencias coloniales de las potencias europeas, hay una parte considerable de espejismos, de romanticismo de pioneros, de vitalidad desbordante y de primaria necesidad de expansión. Entre 1880 y 1930 cincuenta millones de europeos emigran a ultramar (por otra parte, sólo un porcentaje muy débil vendrá a Africa). A esta red de espacio, de acción, y a este espíritu de aventura, vienen a sumarse motivos diversos: el negocio, por supuesto, la búsqueda de nuevos mercados, el poderío marítimo y militar, el proselitismo religioso, la entrega humanitaria... El desarrollo de la prensa cotidiana y de la información telegráfica sensacionalista, amplió desmedidamente la admiración por todo esto.

Pero ¿qué tiene Africa que ofrecer? ¿Terrenos propicios para la población blanca? Fuera del Africa meridional y de la región de las altas mesetas del Africa oriental, todavía muy mal conocida en esta época, no hay que pensar en esta posibilidad, a causa del clima y de la situación sanitaria. ¿Plantaciones? El suelo de Africa es generalmente pobre en humus, en todo caso mucho menos rico que el de las Antillas, paraíso de los plantadores. Las plantaciones sólo prosperan excepcionalmente; en cambio, son innumerables los triunfos parciales y los fracasos estrepitosos. Riquezas mineras, aparte de los diamantes y el oro de Africa del Sur, cuyos yacimientos descubiertos están sólidamente detentados y a los cuales no cabe siquiera pensar en acceder, ninguna prospección fue hecha en otra parte y ni siquiera es posible hacerla con los medios y en las circunstancias de la época; sólo cabe, pues, entregarse a especulaciones imaginarias. Y aún si se descubrieran yacimientos, ¿cómo explotarlos? No hay ni mano de obra, ni vías de acceso. Si es preciso llevarlo todo, construirlo todo, ¿a qué precio se obtendrían los minerales?

¿Se trataba de encontrar en Africa un mercado, una salida para los productos manufacturados? A primera vista parece esto posible, puesto que Africa tiene necesidad de todo; pero si se reflexiona, se ve que es una ilusión falsa, puesto que no tendría dinero para pagar lo que hubiera comprado.

¿Material humano? Aunque se diga familiarmente: «trabajar como un negro», los africanos negros no parecen muy inclinados al trabajo; en conjunto, consideran el trabajo como una actividad humilde, servil y degradante, reservada a las mujeres y a los esclavos, que para eso existen. La difusión del Islam no cambia la situación, sino al contrario. Incluso para los trabajos de los que a fin de cuentas serán ellos los beneficiarios, es difícil movilizar a los africanos. No obstante, Francia encuentra la manera de aprovechar sus virtudes guerreras constituyendo, bajo la bandera tricolor, unidades llamadas «Senegalesas», que utilizará durante las dos guerras mundiales, y que se portarán brillantemente.

Ni los misioneros, impulsados por la fe religiosa, ni los exploradores, impelidos por la curiosidad científica, pensaron ser puntas de lanza de una expansión colonial. Los Parlamentos, tanto el francés como el británico, veían con malos ojos cómo se acrecentaban los presupuestos coloniales, cuyos gastos hacían los contribuyentes, sus electores, con la vaga esperanza, probablemente ilusoria, de lejanos beneficios. El Parlamento británico frenaba como mejor podía la expansión colonial, como arrastrada por un engranaje fatal: primero, la aplicación de la política antiesclavista, después la necesidad de proteger, al menos en algunos puntos, a los comerciantes, misioneros y agentes británicos; protección que poco a poco había que extender por todo el territorio. El Parlamento francés por su parte, ocupado en reparar la derrota de 1871 y en fundar las

Fig. 15. Africa (1890).

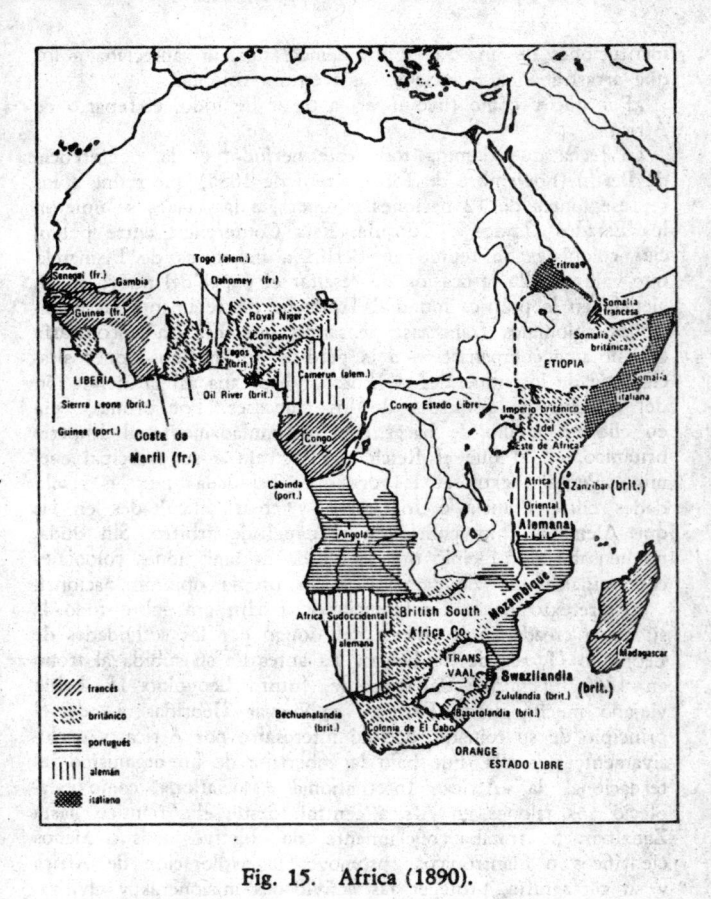

instituciones de una República democrática, no apreciaba a los que arrastraban a Francia en la aventura colonial.

¿Por qué y cómo tuvo lugar, a pesar de todo, el reparto de África?

La fecha que domina todo este período, es la Conferencia de Berlín (noviembre de 1884-febrero de 1885) que reúne a los representantes de 12 naciones europeas, a las cuales se unieron los Estados Unidos y Turquía. Esta Conferencia entre potencias coloniales se reunió en Berlín a instancias de Bismarck, que veía en ella la ocasión de resaltar el papel del nuevo Reich alemán en la política mundial. Animaba discretamente las ambiciones coloniales francesas, pensando que Francia encontraría en ello una compensación a la pérdida de las poblaciones alsacianas y de los minerales de Lorena; esperaba así la atenuación del espíritu de revancha de los franceses. Por último, veía en ello un medio de hacer daño disimuladamente al Imperio británico, en el que el Reich alemán veía a su principal enemigo. Pensaba explotar las ocasiones brindadas por las rivalidades entre Francia e Inglaterra, y crear dificultades en las que Alemania intervendría en el papel de árbitro. Sin duda, no pensaba al principio que la oleada de ambiciones coloniales contaminaría tan rápidamente a su propia opinión nacional.

El pretexto de la Conferencia de Berlín era sobre todo la situación creada en la cuenca del Congo por las actividades de Leopoldo II, rey de los belgas. Ya antes de su subida al trono en 1865, el duque de Brabante, futuro Leopoldo II, había viajado mucho desde Formosa a Nuevas Hébridas. Desde el principio de su reinado, decidió interesarse por África, y exclusivamente por ella. Fue bajo la cobertura de un organismo internacional, la «African International Association», como estableció sus jalones en África central, desde el Atlántico hasta Zanzíbar. Se trataba, oficialmente, de objetivos más o menos científicos o filantrópicos: promover la exploración de África y su cartografía, proteger las actividades misioneras y civilizadoras, favorecer las actividades comerciales en África, pero sin que esto reportara nada positivo a ninguna de las naciones europeas.

En 1879 Leopoldo de Bélgica contrata los servicios de Stanley, periodista y explorador, galés de nacimiento, americano de adopción, que acaba de atravesar África de Este a Oeste, siguiendo la corriente del Congo. La misión que el rey belga confía a Stanley es organizar un recorrido practicable, ya por vía terrestre, ya por vía fluvial, a través de 1.700 Km., remontando el río Congo desde el estuario hasta las cascadas llamadas Stanley Falls, en el lugar donde hoy se encuentra Stanleyville (Kisangani). Hábilmente, Leopoldo actúa no tanto como soberano belga, sino a título personal; juega entre las potencias coloniales europeas, haciendo ver a cada una la ventaja que le reportaría no dejar instalarse a una potencia rival en la cuenca del río más grande de Africa, convenciéndoles de la conveniencia de apoyarle a él personalmente en su deseo de instalar allí un dominio privado que sería un vasto territorio internacional, una zona de libre cambio y de libre explotación abierta a todos.

Su estrategia diplomática fue coronada por el éxito, puesto que obtuvo en la Conferencia de Berlín el reconocimiento del Estado independiente del Congo, que se extendía sobre 2.500.000 km^2, desde el Atlántico hasta Tanganyka, desde Egipto hasta Rhodesia. Leopoldo II era prácticamente el propietario de este dominio a título personal, por mediación de una Sociedad que él controlaba.

Por su parte, Bismarck, con la perspectiva de la Conferencia, y para no aparecer en ella con las manos vacías, había procedido apresuradamente, en dieciocho meses, a anexionarse en los cuatro extremos del Continente africano lugares explorados por los mercaderes, los misioneros y los exploradores alemanes: en el sudoeste africano, en Togo, en Camerún y en Africa oriental. Estas anexiones, llevadas a cabo bajo la forma de tratados concluidos con los soberanos locales, no eran más que tomas de posición destinadas a prevenir el futuro; en una primera fase, no implicaba ningún establecimiento, ningún envío de administradores, ningún compromiso político o financiero. No eran casi más que simples formalidades. Es así como el explorador Nachtigal, que salió de Europa el 19 de mayo de 1884 con sus instrucciones en el bolsillo, había procedido rápidamente a una ceremonia oficial de anexión en la costa de Togo. Sin pérdida de tiempo, el 14 de julio se encontraba en la costa del Camerún, donde concluyó un tratado de protectorado con el rey Bell, soberano de Duala. Cuando el cónsul británico Hewett enviado por el Colonial Office, llega a su vez el 19 de julio para hacer otro tanto, se entera de que había sido adelantado en cinco días por Nachtigal. La misión británica no tenía otra opción que retirarse.

Hewett no había perdido, sin embargo, su tiempo por completo. Había estado detenido en el delta del Níger a causa de la negociación de un acuerdo destinado a socavar el terreno a los franceses que, considerando que el valle del Níger les pertenecía porque controlaban su curso superior, extenderían gustosamente su expansión hasta su desembocadura. Pero ya hemos dicho que precisamente en el delta nigeriano, los «Oil

Rivers» eran uno de los raros puntos de la costa africana donde parecía rentable una explotación de los recursos vegetales, la palmera de aceite que crece espontáneamente a orillas del agua y cuyos frutos no tenían más que recoger los africanos, llevándoselos los mercaderes con sus barcas.

En 1885, con objeto de detener una eventual extensión hacia el interior de las posiciones que los alemanes están tomando en el sudoeste africano y para impedir una alianza alemana con los bóers, a los que toda su política tiende a aislar. Gran Bretaña se anexiona apresuradamente Bechuanalandia, cuya posición clave en el eje Norte-Sur de Africa ya hemos visto. A pesar de que, comercialmente, Africa occidental parece la más atrayente, la política británica dirigida por lord Salisbury, primer ministro y ministro de Asuntos Exteriores de 1886 a 1892, tiende a asegurar las posiciones británicas en una esfera de influencia situada al este del Continente. Se trata, en realidad, de tener en cuenta la apertura del canal de Suez, a la que los británicos no se habían asociado porque no creyeron en ella, y les cogió más bien desprevenidos; se trata, además, de asegurar la retaguardia de la posición británica en Egipto. Procediendo por vía de negociaciones con las otras potencias coloniales, Alemania, Portugal, Francia e Italia (que ha entrado en la competición en la costa de Somalia), lord Salisbury abre la puerta a la influencia británica en Kenia, en Uganda. En Africa oriental, en lo que será más tarde Rhodesia del Norte, y en Nyasalandia, confía los intereses británicos a una Compañía contratada. Impone a Portugal renunciar a la continuidad de Angola y Mozambique. Delimita con los italianos la frontera de Somalia y de la Compañía BIEA (British Imperial East Africa). Lleva a cabo un acuerdo general con los alemanes que reconocen Zanzíbar a los británicos, quienes ceden en compensación a los alemanes el islote rocoso de Heligolandia, a lo largo de las costas alemanas del mar del Norte. En cuanto a los franceses, lord Salisbury no solucionó con ellos la cuestión de la delimitación entre los territorios franceses y británicos de Africa occidental. Sobre todo, quedaba pendiente la cuestión del Sudán nilótico. Esta constituirá «un punto caliente», de la rivalidad entre Francia y Gran Bretaña.

Antes de la Conferencia de Berlín, y durante la Conferencia misma, había habido una fuerte competencia e incluso una verdadera carrera entre los Estados europeos para tomar posiciones coloniales en Africa; pero cosa curiosa, una vez hecho el reparto, esta fiebre desapareció automáticamente. La razón es que las opiniones públicas apenas si habían sido agitadas; los gobiernos interesados no querían más que prevenir el futuro y adquirir opciones, oportunidades que pudieran ser explotadas o negociadas más adelante. La colonización propiamente dicha, es decir, la implantación efectiva sobre el terreno, hizo progresos más lentos, en todo caso hasta la Primera Guerra Mundial de 1914.

De todas formas, dos episodios del reparto de Africa deben ser tratados especialmente a causa de su carácter particular: la toma de posesión de Africa del Sur y la tentativa italiana de apoderarse de Etiopía. Los dos episodios dieron lugar a sangrientas guerras. El primero enfrentaba esencialmente a los blancos entre sí: los unos instalados desde hacía largo tiempo en el territorio y arraigados en él, los otros representando al Imperio británico. En el segundo episodio, un Estado negro supo hacer fracasar con las armas en la mano la tentativa europea, salvaguardando su independencia.

III. AFRICA DEL SUR Y DEL SUDOESTE. CECIL RHODES

En lo que concierne a Africa del Sur, hemos visto antes cómo, en 1867, se habían encontrado diamantes cerca de Hopetown, en territorio grikua, un país pobre hasta entonces y cuya delimitación era dudosa. ¿A quién iba a pertenecer esta riqueza que se preveía fabulosa? El Estado libre de Orange extendía sus pretensiones territoriales a una parte del país grikua, hasta el Vaal. La República sudafricana, por su parte, reivindicaba la posición de toda la parte alta de la cuenca del Vaal.

Gran Bretaña, por su lado, había renunciado desde 1854 por la Convención de Bloemfontein a toda reivindicación territorial al norte del río Orange. Parecía excluida, por tanto, de la carrera de los diamantes. No obstante, el Gobierno británico pensó que, situado ante una nueva coyuntura, no podía desinteresarse del problema planteado, al menos por dos razones (admitiendo, cosa que no estamos obligados a hacer, que la voluntad de poner las manos sobre los yacimientos más ricos del mundo no haya jugado ningún papel en la política británica). Dos razones, pues, a saber: primero, el hecho de que estos yacimientos se encuentran en la «ruta del Norte», entendiendo por tal el acceso, a partir de El Cabo, a los territorios situados al norte de la colonia, hasta Katanga y la región de los grandes lagos, según un itinerario en el que los misioneros precedían a los prospectores y les abrían el camino. Y además, el hecho de que los prospectores afluían a título privado a la región diamantífera; que estos prospectores (muchos de los cuales eran de nacionalidad británica) habían fundado, desde 1870, en Klipdrift del Vaal, una República de «Buscadores de diamantes» *(Digger's Republic),* que corría el riesgo de mantener contactos más bien violentos con los bóers y con los bantúes. La colonia de El Cabo se contentaba, por su parte, con controlar por su posición geográfica, el tráfico hacia la zona diamantífera, que parecía extenderse a causa del descubrimiento de nuevos yacimientos al este del Vaal, en Kopje y Voruitzigt, región a la cual se dio pronto el nombre de Kimberley, por lord Kimberley, secretario de Estado de la corona británica, encargado de los asuntos coloniales.

Gran Bretaña se aseguró rápidamente, por un procedimiento de arbitraje e indemnización, el control directo de la zona disputada, eliminando por igual las pretensiones de las dos Repúblicas bóers. Al Estado libre de Orange no le quedaba más que la esperanza de aprovecharse indirectamente de la prosperidad de Kimberley, proporcionándole los víveres y alimentos que necesitaría una numerosa población de mineros que tendrían preocupaciones diferentes a las de la ganadería y la agricultura. En cuanto al Transvaal, no le quedaban ni las migajas.

El Natal, por su parte, estaba atiborrado de plantadores desesperanzados cuyo entusiasmo se reanimó con el descubrimiento del diamante. Un joven inglés de buena familia, Cecil Rhodes, suspendió momentáneamente sus estudios en Oxford y se trasladó en 1871 al Natal para robustecer su frágil salud, en una plantación de algodón, por donde no hizo más que pasar. No había transcurrido un año cuando encontramos a Cecil Rhodes en país grikua, donde vende con grandes beneficios alimentos y material de explotación. Con sus beneficios compra concesiones diamantíferas. Menos de diez años después, en 1880, ha monopolizado la mayor parte de ellas. Fundó, con otro especulador, la Compañía de Beers. Financió la construcción de un ferrocarril que, saliendo de El Cabo, alcanzó Kimberley en 1880. Formó parte del Parlamento de la colonia de El Cabo, donde contó con el apoyo del Partido Afrikaander, compuesto por bóers menos fieles que otros a la tradición patriarcal, menos irreductiblemente hostiles a toda innovación.

En 1885 Cecil Rhodes tiene treinta y dos años, y sus ingresos personales son más importantes que los de la República Sudafricana. Compra las acciones de sus socios y de sus rivales en la explotación del diamante, y funda la «de Beers Consolidated Mines Ltd.», que tiene prácticamente el monopolio del diamante.

En 1890 una Compañía, la «British South Africa Co.» (en realidad, Cecil Rhodes) obtiene por veinticinco años, con tácita reconducción, todos los derechos de explotación: minas, vías férreas, comercio y policía, sobre un inmenso territorio situado al norte del Limpopo, a caballo sobre el Zambeze, entre Angola y Mozambique.

No obstante, las cosas van mal en Transvaal (la República Sudafricana). Su presidente, el reverendo Thomas François Burgers, ve cómo los suyos le reprochan haber aceptado un arbitraje que frustra la república. Intenta arreglar la situación con medidas destinadas a largo plazo a fortalecer la moneda y asegurar el comercio. Promete construir un ferrocarril hasta la costa de Mozambique para comunicar al Transvaal. Pero sus conciudadanos no tienen tanta paciencia. Rehusan pagar los impuestos; un cierto número de ellos reanudan el nomadismo, emigrando a territorio portugués o a Bechuanalandia. En el interior, la república vegeta en la anarquía. En el exterior, los zulúes, conducidos por Cecwayo, amenazan su existencia.

Gran Bretaña decide intervenir, indirectamente al menos. Teófilo Shepstone, secretario de asuntos indígenas, es enviado desde el Natal en misión especial, al Transvaal, donde negocia en secreto con el presidente Burgers. En abril de 1877, Shepstone proclama la anexión del Transvaal, al que promete restituir la autonomía cuando las cosas vayan mejor. Por el momento, se trata de proteger el Transvaal contra los zulúes. Es enviada una fuerza británica contra Cecwayo que la ataca por sorpresa el 22 de enero de 1879, liquidando un regimiento y diezmando otros tres. Los combates entre zulúes y tropas británicas continúan, no siempre con ventaja para los británicos. En el transcurso de una escaramuza, el príncipe imperial francés Eugenio-Luis Napoleón, hijo único de Napoleón III y de la emperatriz Eugenia, es matado por los zulúes. Disraeli, a la sazón primer ministro británico, podía afirmar: «estos zulúes son gentes completamente notables: vencen a nuestros generales, convierten a nuestros obispos, deciden la suerte de una gran dinastía europea...» Si hubiera tenido el don de la clarividencia, habría podido añadir: «y provocan la caída del Ministerio Disraeli». La guerra de los zulúes, en efecto, no contribuyó poco al reemplazamiento de Disraeli por Gladstone en abril de 1880. Gladstone fue llevado al poder con el expreso encargo de los electores de retirar las tropas británicas de los territorios zulú y bóer.

No obstante, las tropas británicas habían conseguido hacer prisionero a Cecwayo y reducir a los zulúes. Una vez desaparecida la amenaza zulú, los bóers pidieron a Gran Bretaña que cumpliera el compromiso contraído de devolver al Transvaal su independencia. Al no actuar el gobierno de Gladstone con suficiente rapidez para sus deseos, los bóers pasan a la acción; se reúnen en Pardekraal y —según su antigua costumbre— proclaman una República. Esta tiene a su cabeza un triunvirato dirigido por Paul Krüger. Se libran combates entre los bóers y las tropas británicas, que son vencidas en Majuba Hills, el 27 de febrero de 1881.

Por la Convención de Pretoria, firmada el 3 de agosto de 1881, Gran Bretaña reconoce la independencia del Transvaal según la fórmula un poco feudal e insuficientemente explícita: «la autonomía completa, con el respeto de la soberanía de Su Majestad» (complete self-government, subject to the suzerainty of Her Majesty). Esta fórmula significa que Gran Bretaña conserva el control de la política extranjera y de la política indígena de la nueva República del Transvaal, heredera de la antigua República Sudafricana. Un cierto número de bóers, descontentos de estas restricciones, reanudan el éxodo en dirección Norte; van a fundar un poco más lejos pequeñas repúblicas autónomas: Stellalandia y Goshen.

En 1884 se reanudan las negociaciones entre el Transvaal y el gobierno de Londres, sobre la cláusula de «soberanía». Finalmente, Gran Bretaña renuncia a intervenir en adelante en la política indígena del Transvaal que recupera su nombre de República Sudafricana. Esta concesión, que en el futuro tendrá consecuencias considerables, tiene por objeto conciliar a los bóers y llevarlos a posiciones más favorables a las perspectivas británicas sobre la Gran Carretera del Norte (The Great North Road) considerada como la llave de las carreteras del interior del Continente; algo así como «el canal de Suez del Africa meridional».

Precisamente en este momento Cecil Rhodes está construyendo el ferrocarril de El Cabo más allá de Kimberley, sobre Mafeking y Bulawayo: el tradicional trayecto de los misioneros.

Precisamente también ocurre en este momento un acontecimiento considerable en la historia del Transvaal: se acaba de descubrir oro en las colinas del Witwatersrand. En septiembre de 1886, la afluencia de los buscadores lleva a fundar una nueva ciudad, Johannesburgo. Por el momento, no es más que un inmenso campamento de buscadores de oro instalados en el corazón del territorio de los patriarcas bóers. Los ganaderos se quejan de verse invadidos por la oleada del oro; pero los ingresos del Estado aumentan prodigiosamente. Se decuplican en cuatro años; en quince años van a multiplicarse por veinticinco. El Gobierno obtiene importantes ingresos del monopolio de la dinamita, de la que las minas del Rand necesitan. No obstante, nuevos problemas comienzan a plantearse por el hecho de la concentración de una mano de obra bantú.

Cecil Rhodes invierte capital en las minas de oro del Transvaal, pero no intenta ni monopolizarlas ni siquiera tener en ellas una participación mayoritaria. En 1890 se ha convertido en el Jefe de Gobierno de la colonia de El Cabo; la riada del oro enriquecerá la colonia suficientemente, y enriquecerá de paso a Cecil Rhodes, gracias a la inevitable utilización de su ferrocarril, obligada vía de acceso. Es más o menos la misma política que seguirá en los Estados Unidos la Standard Oil en el dominio del petróleo, al procurar asegurarse no ya el monopolio de los pozos sino el de los transportes y la refinería.

Lo que demuestra la imaginación de Cecil Rhodes, y lo que justifica el apoyo que le concede el gobierno británico, es la famosa carretera del Norte.

En Bulawayo, que el ferrocarril prevee como objetivo, al menos provisional, el soberano Lobenguela (del que hemos hablado antes), tiene por consejero a John Moffat, el hijo del misionero británico Robert Moffat, establecido desde tiempos atrás en territorio matabelé, y cuñado de Livingstone. En 1888 Cecil Rhodes envía a uno de sus antiguos compañeros de Oxford, Charles Dunnell Rudd, a negociar un acuerdo con el rey. Rudd les gana la partida a los otros solicitantes ofreciendo a Lobenguela una pensión desahogada, armas y un barco de vapor sobre el Zambeze. A cambio, el soberano concede a Cecil Rhodes el monopolio de los recursos mineros del país matabelé. La Concesión Rudd es aprobada inmediatamente por el gobierno británico, que se apoya en ella para su proyectada invasión en dirección al Norte.

El instrumento de esta expansión no será ni un Gobierno ni una administración; lo será la Compañía privilegiada *British South Africa Co.* El privilegio otorgado a la Compañía, en octubre de 1889, por el gobierno británico le concede, además de los derechos mineros, el control del comercio, de la inmigración, de las comunicaciones, así como los poderes policiales. Pero el privilegio no surtirá efecto hasta el día en que Lobenguela manifieste libremente su conformidad. Ahora bien, Lobenguela tenía la costumbre de no cumplir su palabra, diciendo que no había comprendido bien lo que se le había hecho firmar. Por eso se hacía el remolón a la hora de aprobar el privilegio, poniendo en cuestión incluso la concesión que él había otorgado a Rudd.

El Transvaal, por su parte, ponía también dificultades, reclamando el derecho de tener un acceso directo al mar y de escapar al monopolio que ejercía el ferrocarril perteneciente a Cecil Rhodes. El proyecto del Transvaal consistía en construir una vía férrea desde Pretoria hasta el puerto portugués de Lourenço Marques. Después de prolijas negociaciones, el presidente Krüger fue al fin autorizado por los británicos a construir su ferrocarril. Las negociaciones habían durado largo tiempo, lo suficiente para permitir que una rama del ferrocarril de Cecil Rhodes alcanzara Johannesburgo en 1893.

Para convencer a Lobenguela de que aceptara la Convención, Cecil Rhodes le envía a otro de sus amigos, el doctor Jameson. Este termina por arrancar al soberano su asentimiento para «cavar un pozo». Jameson anuncia triunfalmente que Lobenguela ha ratificado el acuerdo. En Londres, este anuncio basta para que el gobierno británico ponga inmediatamente en vigor y reconozca la Compañía con carácter definitivo. El 27 de junio de 1890, se anuncia a Lobenguela que 200 pioneros protegidos por 700 hombres de la fuerza de policía de la Compañía marchan a través de su territorio. Se asombra de que sea necesaria tanta gente para abrir un solo agujero, pero se contenta con protestar. Los agentes de la Compañía, disciplinados, evitan hacerse ver en Bulawayo dando un rodeo por la maleza. Con todo orden, se instalan el 12 de septiembre de 1890 en un lugar que fortifican y que bautizan como Salisbury.

La carrera hacia el Norte continúa aún más lejos. Mientras que los pioneros de la Compañía se instalan en territorio matabelé, sus agentes firman un acuerdo con la tribu de los barotses, en el Zambeze, al oeste de los Victoria Falls. Tiene lugar un reparto de zonas de influencia entre la Compañía y el Estado libre del Congo, para repartirse los yacimientos de cobre que se supone existen en lo que será el *Copper Belt*. La influencia de los agentes de Cecil Rhodes se extiende hasta las orillas del lago Nyassa; allí, tocan los confines de los intereses alemanes.

El 13 de abril de 1891, el alto comisario de Capetown puede proclamar que existe una zona de influencia británica efectiva cuyo control es ejercido por la Compañía privilegiada. Cecil Rhodes es el dueño real de la colonia de El Cabo, de Bechuanalandia, y del inmenso territorio que se extiende al Norte hasta el Congo, hasta los lagos de Nyassa y Tanganyka. El único punto débil de su sistema —según su personal apreciación— es que su ferrocarril atraviesa Bechuanalandia, que continúa siendo protectorado de la corona. Esta tiene así controlado al imperio de Cecil Rhodes, si éste tuviera la veleidad de emanciparse.

No obstante, Lobenguela no se resigna del todo a la implantación masiva de los pioneros de la Compañía en territorio matabelé. A consecuencia de incursiones hechas por los súbditos de Lobenguela en país Maschona (donde está situada Salisbury), Jameson, que es ahora el administrador delegado de la Compañía y que representa en ella a Cecil Rhodes, se aprovecha de un conflicto entre tribus para terminar con Lobenguela. Las fuerzas de policía de la Compañía atacan Bulawayo con metralletas. Lobenguela huye al malezal; allí muere de viruela. El país matabelé es en adelante parte integrante, sin que ya nadie lo ponga en duda, del territorio de la Compañía privilegiada. En mayo de 1895, este territorio toma el nombre de Rhodesia.

Cecil Rhodes, en su visión grandiosa de un Imperio sudafricano, se esfuerza por granjearse la amistad de los bóers, al menos de algunos de ellos, para unirlos a la idea de una federación de Africa del Sur. Pero los bóers, al menos los del Transvaal, son irreductibles y tienen medios para serlo, ahora que son ricos a causa de sus minas de oro y que tienen un acceso directo al mar a través del ferrocarril de Lourenço Marques.

El viejo presidente Krüger tiene, no obstante, una inquietud: el número de inmigrantes extranjeros que las minas de oro han atraído al Transvaal. Estos «uitlanders» amenazan con ahogar, simplemente a causa de su número, a los bóers de vieja raigambre. Krüger y el Volksraad (Parlamento), rehúsan concederle los derechos políticos, o al menos subordinan su atribución a rigurosas condiciones de duración de resistencia. Los uitlanders, artífices de las prosperidad del Transvaal, reclaman ser algo más que simples extranjeros sin derecho.

Jameson, la mano derecha de Cecil Rhodes, monta una nueva operación. Piensa arreglar las cuentas del presidente Krüger, de la misma forma que se las ha arreglado a Lobenguela. Hace pasar clandestinamente armas a los uitlanders. Organiza con ellos una operación combinada. Previene a las autoridades británicas y al alto comisario de Capetown que algo va a pasar en Transvaal; que se preparen, por tanto, a proclamar una «Unión aduanera» entre el Transvaal y la colonia de El Cabo. En octubre de 1895 sale de Rhodesia con 800 hombres, el grueso de las fuerzas de policía de Rhodesia, y con un cañón. En Johannesburgo, voluntarios uitlanders se unen masivamente. En Inglaterra se embarcan tropas con destino a Africa del Sur.

No obstante, el presidente Krüger se muestra hábil y conciliador; evita proporcionar el pretexto esperado. El complot recibe contraorden en el último momento por los uitlanders y por Cecil Rhodes, que intenta en vano avisar a Jameson.

Demasiado tarde; éste ha franqueado ya con sus hombres de confianza la frontera del Transvaal. Los uitlanders, al no recibir órdenes, no se mueven; el alto comisario de Capetown desaprueba el complot. Un comando de bóers hace prisioneros a Jameson y a sus hombres. El gobierno de Transvaal los envía a la justicia británica. Es el fracaso del intento llamado «asalto de Jameson».

Cecil Rhodes dimite de su puesto de ministro y de su cargo de director de la Compañía. Después de esto, su carrera política está terminada. Rhodesia es privada de sus dueños reales, Cecil Rhodes y Jameson, que es transferido a Inglaterra; es asimismo desprovista de sus mejores fuerzas de policía. Los matabelés se aprovechan de ello para levantarse, seguidos de los maschonas; para resistir, los blancos se agrupan en las aglomeraciones. Las finanzas de Rhodesia —más exactamente las de la Compañía— están en mal estado.

El gobierno británico toma a su cargo el territorio, sometiendo la actividad de la Compañía al control de tres comisarios residentes en el sur, el nordeste y el noroeste de Rhodesia. En 1899 la línea de ferrocarril de Salisbury a Beira, en la costa de Mozambique, es abierta al tráfico. Esto libera a Rhodesia de la pesada obligación, que hasta entonces pesaba sobre ella, de tener que hacer pasar todo su tráfico por el ferrocarril de El Cabo.

El presidente Krüger sale de esta aventura engrandecido y afianzado. Esto no convenía a los británicos que continúan invocando, basándose en la Convención de Pretoria de 1881, que la corona británica ejerce sobre el Transvaal un derecho de soberanía; lo que niegan Krüger y sus partidarios. El Transvaal es una espina clavada en el pie de Gran Bretaña que precisamente está negociando un amplio reparto de Africa del Sur con el Reich alemán. Los dos países otorgan un préstamo conjunto a Portugal; secretamente se conviene que, si Portugal no paga su deuda, se repartirán sus posesiones africanas.

IV. LA GUERRA DE LOS BOERS

En 1897 el gobierno británico, inquieto al ver que Krüger compra armas a Alemania, designa un nuevo alto comisario en Capetown, sir Alfred Milner, que parece haber recibido la misión de eliminar a Krüger. En 1899, 10.000 soldados británicos reclutados en el Medio Oriente se embarcan con destino a Africa del Sur.

Las Repúblicas bóers toman precauciones. Ante el estado de

tensión, piden la mediación de los Estados Unidos; Londres rehúsa, argumentando otra vez más en torno a su «soberanía». Los bóers, levantados en armas, se sitúan en las fronteras.

El 12 de octubre de 1899 comienza la guerra. Los bóers, más numerosos, acostumbrados a las armas, peleando en su propio país, tienen la ventaja inicial. Las tropas del Transvaal, mandadas por el general Botha, atacan Mafeking, junto a la vía férrea; las del Estado libre de Orange, dirigidas por De Wet, atacan Kimberley. Gran Bretaña emplea casi todo el ejército de las Indias. Llegan voluntarios de Canadá y de Australia.

Con el apoyo de estos refuerzos, las tropas británicas, esta vez muy superiores en número, vuelven a ocupar las posiciones perdidas, penetran en las repúblicas, y entran sin dificultad en Johannesburgo y Pretoria. A los gobiernos de las repúblicas no les queda otra salida que pedir la paz. Sin embargo, no cesan de reivindicar como un derecho propio la independencia de su país y el arbitraje de una tercera potencia, que Gran Bretaña continúa rehusando. Los destacamentos bóers se repliegan, batiéndose, hasta territorio portugués, donde deponen las armas en agosto de 1900. El presidente Krüger se refugia en Holanda. Gran Bretaña proclama la anexión del Transvaal y envía a lord Kitchener para restablecer el orden.

Pero el pueblo bóer no acepta la anexión. La guerra continúa. Durante dos años, los bóers mantienen una ruda guerrilla contra los británicos. Esta vez, no son ya solamente las dos repúblicas las que están involucradas, sino los bóers de toda el África del Sur. El incendio ha alcanzado a la colonia de El Cabo y al Natal.

Los británicos se atrincheran en las ciudades, defienden el ferrocarril, construyen fortines; pero la iniciativa pertenece a los comandos bóers. En esta ocasión se experimentaron tres procedimientos de guerra moderna: la guerrilla y la contraguerrilla, el empleo del alambre de espino y el agrupamiento de poblaciones en campos de concentración.

Kitchener conduce la guerra total. Limpia el país de zona en zona. Las granjas son quemadas, las cosechas destruidas, los rebaños liquidados. Los hombres son exiliados a Santa Elena o a Ceilán; las mujeres, los niños y los sirvientes son separados y encerrados en los campos de concentración. Pero no basta con conquistar el país granja por granja; en un país arruinado y hambriento es preciso hacerse cargo de la alimentación de la población. Gran Bretaña debe importar víveres en enormes cantidades.

Los comandos bóers y sus jefes, el general Botha, Smuts y de Wet, mantienen durante largo tiempo la campaña. Jamás emplearon más de 80.000 hombres. Hay cerca de 250.000 personas en los campos. Los ingleses debieron movilizar cerca de 450.000 hombres. Por otra parte, esto no impidió que 45.000 nuevos buscadores de oro llegaran al Transvaal en pleno período de hostilidades.

Finalmente, el 31 de mayo de 1902, se restablece la paz. Las Repúblicas bóers se convierten en colonias de la corona. Pero se les promete devolverles la autonomía más adelante. Quedan por borrar las consecuencias de la guerra, reinstalar a los bóers, reconstruir las granjas destruidas y rehacer la cabaña ganadera. Gran Bretaña, generosa después de la victoria, no regatea su apoyo financiero, pero esto no resuelve todos los problemas, sobre todo el de la mano de obra bantú empleada en la agricultura y en las minas.

En cuanto al vasto proyecto británico de organizar una Federación Sudafricana, no se realizará hasta septiembre de 1909 después de largas y difíciles negociaciones.

Los territorios implicados son: la colonia de El Cabo, el Transvaal, el Estado libre de Orange, el Natal; además, las dos Rhodesias y las reservas bantúes. Territorios todos ellos con circunstancias muy diferentes.

Las Rhodesias —reducidas a dos, la del Sur y la del Norte, por la fusión de los territorios del Nordeste y del Noroeste— habían tenido un destino aparte durante la guerra de los bóers. Habiendo permanecido leales a la corona, utilizando el nuevo ferrocarril de Salisbury a Beira, se habían desolidarizado de Africa del Sur en la guerra. Su problema era encontrar en sus minas oro al mismo precio que en Transvaal y cobre al mismo precio que en Katanga (el cobre fue descubierto en 1902, año de la muerte de Cecil Rhodes); por otra parte, valorizar las tierras más fértiles empleándolas en la agricultura y la ganadería; y, en fin, atraer colonos y hacer que se afincaran. Teniendo en cuenta la divergencia de intereses con los países de Africa del Sur, el proyecto de gran federación es abandonado; las negociaciones continúan sin las Rhodesias.

Las reservas bantúes, Bechuanalandia, Basutolandia y Swazilandia, en ningún caso pueden ser integradas en una Federación, porque la corona británica se siente la sola responsable de la defensa de los intereses de los negros. Todo blanco que desee establecerse en las Reservas, debe solicitar una autorización previa, que le es generalmente denegada si no es misionero.

Los otros territorios de la futura Federación constituyen un auténtico vestido de arlequín; la situación en ellos es muy compleja.

Desde el punto de vista racial, hay bóers y hay colonos de origen británico; divergen en la apreciación del problema racial, hablan lenguas diferentes y se detestan cordialmente. Hay bantúes, en plena expansión demográfica, que proporcionan la mano de obra indispensable a los blancos. Hay hindúes, malayos, 50.000 chinos inmigrados en 1904... Hay incluso hotentotes y aún algunos bosquimanos, los primitivos detentadores del suelo.

Desde el punto de vista social, hay ganaderos bóers y plantadores británicos del Natal; hay buscadores de oro, mineros, empleados blancos y obreros negros. Existe la población de las ciudades, los funcionarios, los comerciantes. Todas estas categorías tienen intereses divergentes, si no opuestos.

Desde el punto de vista lingüístico y desde el punto de vista religioso, encontramos el mismo rompecabezas. El mapa político no está simplificado. El hecho de que la guerra tuviera un desenlace claro no impide la supervivencia de la animosidad y el rencor.

Existen los intereses de Gran Bretaña y los de sus colonos; ambos no tienen por qué coincidir forzosamente. Tenemos la política de Gran Bretaña; ésta va directamente en contra de la de los bóers, que rehúsan obstinadamente a los no blancos toda existencia política y todo derecho de ciudadanía, sea cual fuere su forma.

Por último, el 31 de mayo de 1910, coincidiendo con el octavo aniversario del fin de la guerra de los bóers, es proclamada la Unión Sudafricana, cuya constitución había sido adoptada el año anterior. Esta Unión está basada sobre una serie de compromisos. Así no hay capital única; el Parlamento se reúne en Capetown, el ejecutivo reside en Pretoria, el Tribunal Supremo en Bloemfontein. La Unión Sudafricana es un dominio británico, el único cuya población no es blanca en su mayoría.

El primer ministro es el general Botha. Este se esfuerza en hacer viable la Federación y reconciliar, al menos, los dos clanes blancos. Bajo su égida, los elementos menos extremistas de las dos partes se reúnen en un «Partido Nacional Sudafricano», que se convertirá (1913) en el *South African Party*.

V. ETIOPIA EN EL SIGLO XIX

En Etiopía, después del breve apoyo dado a la dinastía por los portugueses a principios del siglo XVI, no se produce durante largo tiempo ninguna intervención europea. No obstante, en 1603, el jesuita Pedro Páez convierte a un Negus al catolicismo. Pero en 1632 los jesuitas son expulsados.

Son, sobre todo, el problema de las fuentes del Nilo y el mecanismo aún ignorado de las crecidas de este río, los factores que excitan la curiosidad de los europeos. En el siglo XVIII un francés, G. Poncet, parte de El Cairo, pasa por Dongola y Sennar, atraviesa el Nilo Azul, alcanza Gondar y vuelve por Massaua. En 1700, Theodor Krump, y, en 1768, James Bruce, hacen viajes de reconocimiento y exploración al país, sin conseguir identificar las fuentes del Nilo.

El poder central se ha debilitado en Abisinia; los paganos gallas se aprovechan de ello para, a partir del siglo XVI, invadir regularmente los mercados del Sur y del Sudoeste.

En medio de las rivalidades, un príncipe, el Ras Kassa, que reinaba en una provincia del Noroeste, se hace coronar en Axum en 1855, con el nombre de Teodoro. Moderniza al ejército, rechaza a los gallas y unifica las provincias del imperio: al Norte, Tigré y Amhara; al Sur, Choa. La manera desenvuelta con que trata a los enviados británicos sirve de pretexto para una expedición punitiva, dirigida por sir Robert Napier en 1867 contra la fortaleza de Magdala. El emperador Teodoro, cercado y abandonado por los suyos, se suicida.

Uno de los que habían traicionado, un jefe tigré, habiendo recibido armas modernas de los británicos como precio de su ayuda, se hace nombrar emperador con el nombre de Juan IV. Pronto es obligado a designar con anticipación a su sucesor: un joven ambicioso, su vasallo, el rey Menelik de Choa. Durante veinte años Menelik, pretendiente al trono, organiza su futuro imperio reuniendo territorios, sometiendo a los vecinos de Choa, dotando al ejército de un equipo militar moderno, fundando en 1883 una nueva capital en Addis-Abeba. En 1889, habiendo sido matado Juan IV en la batalla de Metemneh, en el transcurso de un combate con los mahdistas del Sudán nilótico, le sucede por fin Menelik. Es el comienzo, durante largo tiempo preparado, de un reinado histórico.

En efecto, Italia, cuya unificación no cuenta treinta años, tiene también ambiciones imperiales. Desearía, al igual que otras potencias europeas, poner el pie en Africa. En primer lugar, pone sus ojos en la costa más próxima a la península: Túnez. Pero Francia se ha asegurado el protectorado de ésta por el Tratado del Bardo, de 12 de mayo de 1881. Descartada Túnez en la costa mediterránea, Italia pone el pie en Trípoli.

Al año siguiente, en 1882, los italianos se establecen en la costa del mar Rojo, en Massaua. Se esfuerzan en avanzar hacia el interior del Tigré, pero tropiezan con una resistencia vigorosa. Cuando Menelik sucede a Juan IV en 1889, se beneficia del apoyo de los italianos que le han proporcionado anteriormente armas y que han concluido un tratado con él. Las dos partes contratantes no están de acuerdo sobre el contenido del mismo y sobre su interpretación; los italianos consideran que se trata de un Tratado que les reconoce el protectorado de Abisinia, pero Menelik no acepta esta concepción del Tratado.

Al mismo tiempo, los italianos ponen pie en la costa somalí. Tienen el proyecto de reunir bajo su tutela toda la punta oriental del continente africano: Eritrea, Somalia y Abisinia. Pero Menelik, confiando en el ejército que él ha constituido y equipado, sobre todo con el apoyo de Francia, rechaza las pretensiones italianas.

La campaña que los italianos emprenden contra él en 1895 les va mal y termina en un desastre: en la batalla de Adua (1 de marzo de 1896), de diez mil italianos, cuatro mil quinientos son muertos y mil trescientos hechos prisioneros. La paz, firmada el 26 de octubre de 1896 en Addis-Abeba, consagra la independencia de Etiopía y fija los límites entre ésta y las posesiones italianas, Eritrea y la Somalia italiana.

En 1906, Inglaterra, Francia e Italia garantizan solemnemente la independencia de Etiopía; reconocen las fronteras de un territorio considerablemente agrandado por las campañas de Menelik. A Francia se le confía la construcción de un ferrocarril desde Djibuti hasta Addis Abeba.

Con la guerra de los bóers y el fracaso de los italianos en Etiopía, puede decirse que antes de finales del siglo XIX se ha realizado, en menos de veinte años, el reparto del continente africano entre las potencias coloniales europeas.

Este reparto tendrá consecuencias decisivas para la organización política del continente africano. Es de este reparto del que salieron las colonias europeas de Africa, y, a través de ellas, los Estados modernos del Africa independiente. Ahora bien, frecuentemente son las circunstancias, e incluso el azar, los que atribuyen a una u otra potencia colonial tal o cual trozo de Continente, determinando así su delimitación; en ningún momento tienen los europeos en cuenta las razas africanas existentes, que ellos estiman como un dato poco significativo, si es que tienen conocimiento de él, lo que casi nunca es el caso. Africa es considerada a la sazón por los europeos como una tierra vacante, casi desierta, poblada solamente por tribus «primitivas», diseminadas y cuyos intereses no tienen por qué ser tenidos en cuenta frente a «la marcha irresistible del progreso».

No obstante, el «Acta general» por la cual se terminaba en febrero de 1885 la Conferencia de Berlín, no se componía más que de un mapa *ne varietur* del reparto de los territorios.

Sólo la costa era atribuida de una manera definitiva; se admitía que la potencia colonial establecida sobre un litoral tenía solamente «derechos especiales» sobre el terreno interior correspondiente a esa costa, teniendo la obligación de concretar la toma de posesión del interior mediante una penetración efectiva, concluyendo convenciones con los indígenas y acuerdos con las otras potencias coloniales en el momento en que las zonas de influencia entraron en contacto.

11. Caracteres y efectos generales de la colonización

El período colonial de la historia africana —si prescindimos de las tentativas portuguesas, de la implantación en Africa del Sur y de la penetración francesa en el Senegal— ha sido relativamente breve. Abierto alrededor de 1885 y cerrado alrededor de 1960, duró, por tanto, tres cuartos de siglo, es decir, más o menos la vida de un hombre. Y, sin embargo, cambió definitivamente la faz de Africa y remodeló el mapa político del Continente.

Es preciso señalar, para comenzar, que el hecho colonial no es específico de Africa ni de los colonos europeos. La colonización es un hecho muy común en la historia de todos los pueblos del mundo. Se podría decir que en todos los tiempos y lugares ha sido la manera más universalmente practicada para llevar a cabo la iniciación de un pueblo a un nivel más desarrollado de civilización. La epopeya de Alejandro es una aventura colonial. La historia de Roma es la de un Imperio colonial que se extendió finalmente a las dimensiones, poco más o menos, conocidas por el mundo antiguo. La historia de Francia, hasta la Edad Media, es esencialmente la historia de dos colonizaciones, primero por los romanos, que dieron al país su lengua, y después por los francos, que dieron al país su nombre. La historia de Gran Bretaña, la de Alemania, la de Persia y la de China son también la historia de colonizaciones sucesivas, por no hablar de los Estados Unidos. La historia de Africa no es una excepción.

No obstante, se ha tomado la costumbre de reservar el vocablo «colonial» (con todas sus resonancias afectivas) a las relaciones que se establecieron, particularmente en el siglo XIX, entre los Estados europeos y los pueblos de ultramar que pertenecían a otras razas —relaciones institucionalizadas bajo la forma administrativa de «colonias» dependientes de una metrópoli europea. El componente racial, por no decir racista, es muy sensible en estos casos, tanto por parte de los colonizados como de los colonizadores.

Sin embargo, es preciso examinar el hecho colonial, así definido y ya superado, en su cuadro: la historia de los pueblos africanos. Por reciente que sea el fin de la época colonial, tenemos suficiente perspectiva para deducir algunos caracteres de una época que marcó profundamente el destino de este Continente.

Agrupemos estos caracteres en tres rúbricas:

1) el contacto de las civilizaciones negro-africanas con las civilizaciones de Europa occidental;
2) la redistribución geográfica de la población africana en función de las nuevas actividades económicas y administrativas; la formación de nuevas entidades lingüísticas y políticas que han dado nacimiento a los Estados negro-africanos actuales;
3) el hecho de que, salvo en Africa del Sur y un poco en Kenya y en Rhodesia, la colonización europea no ha sido una colonización de población blanca; por el contrario, produjo en última instancia un considerable impulso demográfico a la población negra.

El contacto de las antiguas civilizaciones africanas con la civilización europea fue fatal para ellas. Al menos, rompió sus formas tradicionales. No es que se pueda reprochar a los europeos el haber atentado deliberadamente, conscientemente, al patrimonio tradicional africano —salvo en ciertos aspectos, como los sacrificios humanos, la antropofagia, la esclavitud y, en una cierta medida, la poligamia (por razones religiosas)—. En una primera fase, los europeos han ignorado las civilizaciones africanas. Para ellos no había más que una civilización, la suya. A lo máximo, las Cruzadas habían hecho suponer a algunos que el califa Harún al Raschid era por lo menos tan «civilizado» como Carlomagno. Esta constatación había sido oscurecida, por otra parte, por la absoluta convicción de que, al ser la religión cristiana la única verdadera, cristianizar al infiel era de todas formas (aunque para ello debiera masacrársele) darle la salvación y la vida eterna. Los africanos, pues, eran «salvajes» a los que convenía, en la medida de lo posible, «civilizar», y ante todo cristianizar.

En este sentido, la vieja colonización portuguesa tenía su mérito. Ignorando el racismo, aceptó fácilmente la mezcla de razas, la fusión de sangre blanca y sangre negra. Considerábase que a partir del bautismo había igualdad. Que el descendiente fuera un mestizo cada vez más oscuro no le hacía perder su pertenencia a la nación cristiana y portuguesa.

La colonización británica, de base mercantil, era generalmente respetuosa con las costumbres y tradiciones locales, a condición de que no turbasen la paz pública y la seguridad del comercio. En este aspecto había una gran parte de desdén: no valía la pena intentar hacer de un «nativo» un *gentleman*.

La colonización francesa, más intervencionista, tenía por ideal (lejano) hacer del colonizado un ciudadano, es decir, un ciudadano francés, naturalmente. De hecho, los senegaleses eran ciudadanos franceses desde mucho antes que los naturales de Saboya o de Niza, unidos a Francia en 1860. Y no dejaban de recordarlo cuando llegaba la ocasión. Entre 1945 y 1960 hubo en el Parlamento francés decenas de parlamentarios africanos, y en cada gobierno francés hubo ministros negros en pie de igualdad con los ministros de origen europeo. Es preciso decir también que, según la tradición republicana francesa, el ciudadano era ciertamente un elector; pero esto implicaba que fuera también un colegial, un soldado, un trabajador y un contribuyente.

La colonización alemana, por breve que haya sido, parecía deber ser tan eficaz como ruda; se proponía hacer de los africanos, administrados disciplinados y económicamente rentables. Reanudaba la tradición de los Caballeros de la Orden Teutónica cuando colonizaron en Europa centro-oriental los territorios hasta entonces ocupados por los eslavos.

Si consideramos las cosas desde otro ángulo, el motor principal de la colonización fue el comercio, y los primeros establecimientos, depósitos mercantiles. Esto es cierto en el siglo XVI; también lo es en el XIX, cuando los Estados —Gran Bretaña, Alemania, Italia— instalan Compañías privilegiadas como pioneras de la colonización.

Pero detrás de los mercaderes llegaban otros europeos: misioneros, militares, administradores. Los misioneros querían hacer buenos cristianos negros; los militares, buenos soldados negros; los administradores, buenos administradores negros. (Hay que hacer notar que la plantación de tipo tropical, que ha sido la base de la colonización en las Antillas y en América, desempeña un débil papel en la colonización africana al sur del Sahara, salvo en Africa oriental, bajo el control británico.) Entre estos «colonos», entre los que ciertamente el mejor se codeaba con el peor, no encontrando la brutalidad de los unos parangón más que con la abnegación de los otros, había otras cosas más aparte del deseo de ganancia. Quizá por el hecho de que la colonización de Africa rara vez enriquecía a su protagonista (hay que hacer excepción, por supuesto, de las explotaciones mineras, el diamante y el oro de Africa del Sur, el cobre y el uranio del Congo belga y de algunas plantaciones de Kenya y Rhodesia), la parte de romanticismo fue aún más grande entre los colonos europeos de Africa que entre los que fueron a las Américas o a Asia.

No obstante, el hecho es que, puestas en contacto con las civilizaciones europeas, las civilizaciones africanas tradicionales se desintegraron sin haber sido, hasta el momento presente, reemplazadas por nada; sin que aún se pueda decir si se formará una nueva capa de civilizaciones negro-africanas.

Se desintegraron no a consecuencia de ninguna maldad o mala voluntad de los colonos europeos, sino por el simple hecho de la confrontación; cayeron como una fruta madura. Es más, cuanto más simpático, generoso y entregado (por parte europea) era este contacto, más deletéreo resultaba. Los misioneros que luchaban contra los sacrificios humanos y la brujería; los administradores que construían puentes y caminos, desacralizando el paisaje; los profesores que enseñaban a los niños que eran personas humanas y no simples miembros de una tribu; los médicos que se esforzaban en reducir la mortalidad infantil, combatiendo la lepra, la fiebre amarilla, la enfermedad del sueño, la malaria, rompiendo así los equilibrios demográficos tradicionales...; todos, en su inmensa buena voluntad humanitaria, contribuían con su entrega a derrumbar el edificio de las tradiciones africanas. A decir verdad, tampoco hay que hacerse una imagen idílica de estas tradiciones.

Casi no sería paradójico decir que la acción más destructora de las tradiciones es precisamente la que se presenta como la más respetuosa de ellas; nos referimos a la prospección de los etnógrafos. Su acción es infinitamente útil porque mantiene las tradiciones en el momento preciso en que iban a perderse sin dejar huella. Y cuántas se han perdido irremediablemente, al no tener los propios africanos cuidado de conservar al menos su recuerdo, siquiera fuera por una frágil transmisión oral. Pero, al hacer pasar a la escala de la conciencia individual lo que hasta entonces permanecía a la escala de la conciencia tribal, al fijar por escrito y en cinta magnetofónica lo que no era más que palabra de boca a oreja, han tarado la fuente viva. Es algo así como la inyección de formol que el naturalista pone al lagarto para colocarlo en su colección.

Las consecuencias de la presencia europea son tan complejas que todo intento de simplificación falsea los problemas. Sus efectos son muy a menudo contradictorios según el período considerado, y también según se tengan en cuenta las consecuencias inmediatas o las consecuencias remotas, las directas o las indirectas.

Así, en una primera fase, el período precolonial, la intervención europea se tradujo durante tres siglos en un desarrollo considerable de la esclavitud tradicional. El apogeo de la trata por vía marítima había frenado las seculares corrientes comerciales del interior del Continente, había disminuido las fuentes de recursos de los grandes imperios sudaneses establecidos en la desembocadura de las rutas caravaneras del Sahara. Nuevas agrupaciones, de tipo «guineano», se habían formado en torno a los puertos, entre sabana, mar y selva, por donde ahora pasaba la trata.

Pero al principio del período colonial las potencias europeas se habían hecho antiesclavistas. En una cierta medida —esto es cierto sobre todo referido a los británicos—, su implantación colonial se inspira en la preocupación de poner fin a las prácticas esclavistas. Repentinamente, las economías «guineanas», fundadas sobre la trata, decaen a su vez. Vemos, a mediados del siglo XIX, cómo los británicos se las ingenian, sin mucho éxito, para encontrar especulaciones que reemplacen a la trata de negros: el aceite de palma en el delta del Níger, el marfil hasta en el Sudán nilótico.

Los Estados africanos costeros no son los únicos perjudicados por la supresión de la esclavitud o, más exactamente, por la supresión del comercio exterior de esclavos. A medida que la práctica de la esclavitud a escala interna y doméstica se hace cada vez más difícil, los modos de vida sufren la amenaza de desaparecer. Un cierto número de sociedades africanas reposan sobre un reparto de funciones tal que, sin él, estas sociedades dejan de ser viables. Así, en el Sahara, si los cautivos ya no trabajan, a los tuaregs, heridos en su orgullo, no les queda más que esperar la muerte.

En otras partes, en una gran extensión del Africa central, esperando el establecimiento de nuevos modos de vida, la única riqueza prácticamente comerciable y transportable que da el suelo son los hombres. La única propiedad válida no es la de la tierra, que jamás se posee, sino la de los hombres y mujeres esclavos a los que se puede hacer trabajar, que se pueden comprar, vender, exportar, cambiar por productos fabricados. De esta forma, la supresión de la esclavitud, ligada a la colonización europea, pone a su vez en cuestión a todas las estructuras comerciales y a muchas estructuras sociales.

Es precisamente poco después de esta puesta en cuestión cuando interviene el reparto del continente africano entre las potencias coloniales europeas. Este reparto se hace tomando como referencia la banda costera. Cada sector del litoral se pone en adelante a cargo de una de estas potencias; y a partir de éste, lo único realmente ocupado al principio, se organiza una administración colonial que poco a poco extiende su influencia y su autoridad hacia el interior. Las ciudades costeras, cuya actividad comercial se encontraba reducida en el siglo XIX por la asfixia del comercio de trata, encuentran en el siglo XX una nueva razón de existir. Son las sedes de la administración colonial, antes de convertirse, a mediados de nuestro siglo, en capitales de los Estados africanos independientes.

Estos mismos Estados son impensables sin haber existido el intermedio colonial. Jamás había habido en Africa Estados nacionales según la concepción europea, con lo que esta noción implica de unidad, homogeneidad y delimitación territorial. Existían Imperios, hegemonías de muy diversa naturaleza; había dinastías reinantes, de diversas magnitudes; había gobiernos y administraciones, a veces muy perfeccionados; había focos de autoridad, de influencia muy variable, según la época y el soberano; no había en ninguna parte Estados nacionales, es decir, naciones africanas que coincidieran con un territorio definido que se pudiera decir que les pertenecía. Siempre y por todas partes las tribus, los grupos lingüísticos, las castas profesionales vivían en vecindad, e incluso en estratificaciones superpuestas, sometidas a diferentes autoridades. Las relaciones entre tribus, grupos y castas estaban ciertamente jerarquizadas, pero de manera compleja y sometidas a cambios cuando se alteraba la relación de fuerzas.

En el Occidente europeo, la noción de Estado nacional se había fundado, en la época moderna, por la trasposición al plano de la política y del Estado de una noción que, en sí, no les pertenece: la de la propiedad territorial. Vemos en Europa, en el transcurso de los tiempos, cómo el señor feudal se convierte en propietario de su dominio y cómo el soberano se considera como el propietario de su reino. El pueblo soberano, heredero del rey soberano, se considera igualmente propietario de su territorio nacional, siendo el Estado nacional su gerente. Ahora bien, en Africa, hasta la llegada de los europeos, esta noción de propiedad territorial no existe. El que vive en el suelo no es más que su ocupante; ciertamente, no un ocupante sin título, pero él reconoce que otros pueden tener títulos diferentes, y con un fundamento más antiguo que los suyos. En el momento del reparto de Africa, cuando los enviados de las potencias europeas concluían contratos de protectorados con los potentados locales, los más escrupulosos de éstos se resistían a hacerlo, no reconociéndose a sí mismos el derecho de disponer de un territorio del que sabían que no eran más que los ocupantes, no los propietarios en el sentido romano del término. Otros comprendían más o menos de lo que se trataba y aceptaban firmar el documento. ¿Qué pasaba a continuación? Unos se atenían al tratado, como intentando hacerlo respetar en su espíritu y en su letra; otros, aunque lo intentaban, no lo conseguían. Por último, otros, más cínicos, negaban todo valor a un compromiso, incluso firmado por ellos, que se manifestaba contrario a la tradición local, considerada como un absoluto, al cual las convenciones particulares no podían atentar.

Las mismas potencias coloniales, al principio, ponían en funcionamiento un sistema de «concesiones» temporales, revocables, transformables poco a poco y bajo ciertas condiciones en propiedad de tipo europeo.

No obstante, las dos nociones, conjuntas en el fondo, de propiedad privada territorial y de Estado nacional, se abrían camino en Africa. Los colonos tendían a considerarse propietarios del dominio que, muy frecuentemente, habían desbrozado y valorizado; las potencias coloniales consideraban los territorios como sus «posesiones»; los africanos, blancos (como en Africa del Sur) o negros, se consideraban «desposeídos» por la potencia colonial europea. A la noción tradicional africana de posesión de las personas iba sucediendo progresivamente la noción de posesión territorial y de Estado nacional. Al cabo de algún tiempo aparecían las consecuencias: la aspiración de este Estado a la independencia.

Ya hemos señalado la extrema movilidad de los africanos; instalados hoy aquí, procedentes ayer de otra parte, siempre están dispuestos a trasladarse mañana un poco más lejos. Esto está quizá relacionado con un cierto estado de civilización, y el mismo fenómeno exactamente se constata, por ejemplo, en las tribus germánicas de la era protohistórica: se les ve aparecer, desplazarse y desaparecer, al menos con el nombre que se les conocía; incluso en los siglos v y vi de la Era cristiana vemos errar a los visigodos a través de toda Europa, desde el Mar Negro a Castilla, conservando durante largo tiempo sus reyes, sus costumbres, su fe arriana, estableciéndose a veces para partir de nuevo tras una o dos generaciones, dejando en el lugar a una parte de los suyos, más o menos asimilados a las poblaciones locales. Se tiene la tentación de pensar que esta inestabilidad corresponde —tanto en Africa como en Europa— a una situación de débil densidad demográfica, en la que el suelo pertenece al que lo ocupa mientras lo ocupa, pero nada más; que la noción romana de propiedad territorial corresponde a una densidad más fuerte, que hace imposible la expansión por otra vía que no sea la de la cesión de propiedad, es decir, generalmente por derecho de conquista, por la sumisión o la evicción del anterior propietario. La sedentarización de las tribus germánicas, de los francos, por ejemplo, en el siglo IX, tiene como señal manifiesta su renuncia a un derecho «personal» y la adopción de un derecho «territorial». Fenómenos completamente análogos son constatables en Africa.

En el período que podríamos llamar protohistórico de la historia africana, hasta la llegada de los europeos, hemos visto cómo las tribus están casi en continuo movimiento y en un permanente intercambio. En este estadio, el único bien que se posee es el ganado, animal o humano; la misma agricultura es seminómada por el hecho de que agota rápidamente la tierra y de que el campesino debe ir a buscar, tras dos o tres cosechas, sino una tierra nueva, al menos descansada. Con frecuencia, es toda la aldea la que se desplaza en bloque. Se podría decir que en esta fase y hasta la época colonial, la historia de los pueblos africanos, es la historia de sus migraciones, de sus intercambios, de sus relaciones de coexistencia en un mismo lugar; relaciones a menudo (si no siempre) jerarquizadas y dominadas por la noción de autoridad más que por la de propiedad, al menos en el sentido territorial del término.

Cuando la colonización interviene, sobreimpone al Continente una compartimentación a la europea, que tiende a limitar los intercambios a larga distancia y las migraciones masivas permanentes. Pero en el interior de los compartimentos nacidos del reparto colonial, que el acceso a la independencia tenderá, por otra parte, a estabilizar considerablemente, ocurren esencialmente dos fenómenos, uno lingüístico y otro demográfico.

El fenómeno lingüístico, consiste en que a la infinita diversidad de lenguas vernáculas, vienen a sobreponerse prácticamente tres lenguas vehiculares, el inglés, el francés y el suahelí. Hasta la época moderna, la multiplicidad de las lenguas vernáculas no había parecido oponer dificultades insuperables a los africanos, grandes viajeros, dotados para las lenguas y las artes de la palabra. Durante algún tiempo, y particularmente en los sectores abiertos a los mercaderes árabes, desde el Senegal a Zanzíbar, la lengua árabe había desempeñado el papel de lengua vehicular, ya fuera en el trayecto de las caravanas, ya en los puertos del Océano Indico. Es allí, por otra parte, donde se había formado espontáneamente una lengua común, el suahelí, una lengua fundamentalmente bantú, un poco contaminada de árabe, de la misma manera que se había formado el pidgin-english de los mares de la China o la lingua franca de los puertos del Levante.

El rápido esplendor de la colonización europea, la difusión de la enseñanza, la asociación de los africanos al comercio y a la administración, el acceso de los africanos a los organismos internacionales, han hecho del inglés y del francés instrumentos lingüísticos más cómodos que el árabe, y que sirven tanto para los intercambios entre las diferentes razas del Continente como para las comunicaciones de Africa con el resto del mundo.

El fenómeno demográfico es más complejo. Hay intercambios, migraciones, reagrupamientos, que al principio no son más que la continuación de los movimientos tradicionales, disminuidos por un lado a causa de la paz colonial que restaura la seguridad, y acelerados sin embargo, por otro lado, por la apertura de vías férreas (los europeos han construido 58.000 Km. de vías férreas en Africa al sur del Sahara), carreteras y líneas aéreas; intensificados también por la creación de nuevos polos de atracción, puertos, minas, grandes ciudades coloniales donde los africanos afluyen desde el malezal por decenas de millares. Bamako pasa de 22.000 habitantes en 1939 a 85.000 en 1951; Dakar, de 30.000 en 1930 a 273.000 en 1955; Leopoldville, de 40.000 en 1939 a 100.000 en 1945, a 360.000 en 1955.

La construcción de una vía férrea transforma la demografía de una región. Cuando en el Congo Belga se construyó de 1926 a 1928 la vía férrea entre el Bajo Congo y Katanga, se observa que, primero los obreros que trabajaban en la construcción de la vía, y después los que estaban ocupados de su mantenimiento, que cobraban un salario, hacen que toda la región pase automáticamente a la economía monetaria. Los antiguos cultivos eran sustituidos por la mandioca, el maíz, el cacahuete, el algodón, que dejan un beneficio exportable y traducible a moneda. Ciudades enteras abandonan el malezal para instalarse a lo largo de la vía férrea.

Las grandes obras públicas, como la construcción del Congo-Ocean, que ocupó entre 1920 y 1940 a unos 30.000 trabajadores, tuvo sucesivamente dos efectos. Primero, la despoblación de vastas regiones de densidad ya débil: la mortalidad en el tajo era fuerte; los supervivientes no volvían casi ninguno a la aldea de origen para reanudar la vida en el malezal. Después, en una segunda fase, se constata un efecto contrario: la creación de una zona evolutiva rápidamente proliferante.

Las explotaciones mineras del Congo y de Africa del Sur han provocado igualmente muy importantes desplazamientos de población, creando densas aglomeraciones allí donde no había más que maleza.

En la región costera del Gabón, las explotaciones forestales se multiplicaron a partir de 1920. Se producen primero cerca de la costa, desde donde los productos madereros salen fácilmente por mar. Estas explotaciones atraen y emplean a 20 ó 30.000 hombres, lo que no es demasiado. Hay que considerar, sin embargo, que, dada la débil densidad del país, esto representa entonces la mitad de la población masculina adulta de todo el Gabón. No hay que asombrarse de que en estas condiciones el interior esté despoblado, al menos en una primera fase.

Hay, por último, innumerables migraciones temporales o estacionales; son tradicionales en Africa, ya que el africano ha sido siempre un gran migrador. La introducción de nuevos cultivos, como el cacao en Gold Coast y en Costa de Marfil, y el cacahuete en Senegal y en Nigeria, atrae una mano de obra temporera, procedente de varios centenares de kilómetros a la redonda.

Si queremos ajustarnos a un balance numérico, aunque las estadísticas demográficas sean todavía hoy casi inexistentes, podemos considerar que la supresión de la esclavitud y la pacificación colonial, al poner fin a una serie ininterrumpida de guerras locales —algunas de las cuales, como las de Chaka y Samori fueron muy mortíferas— dio a la población negra un impulso considerable. El período colonial es hasta el presente el único de la historia africana que no está ilustrado por guerras, masacres y saqueos entre africanos. En la fase más reciente del período colonial, el mejoramiento del régimen alimenticio, la lucha contra las enfermedades endémicas y epidémicas, contra la mortalidad infantil, juegan en el mismo sentido. La mortalidad infantil alcanzaba normalmente el 40 por 100 en Africa; fue disminuida aproximadamente al 20 por 100 en el malezal, y al 15 por 100 en las ciudades.

De tal manera que, al término del período colonial, el 42 por 100 de la población de Nigeria (que cuenta 36 millones de habitantes) tiene menos de catorce años. En Kenya, el índice de crecimiento es superior al 1,5 por 100 anual. Al ritmo actual, la población de Ruanda-Urundi se duplicará en cincuenta años.

No obstante, Africa continúa estando muy poco poblada. La densidad media sigue siendo del orden de ocho habitantes por Km^2, lo que no es gran cosa. Es más interesante constatar que, en el momento en que los Estados africanos acceden a la independencia, menos del 5 por 100 del territorio encierra más de 40 habitantes por Km^2, y el 85 por 100 de la superficie tiene menos de 10.

Aparte de la existencia de algunas grandes aglomeraciones en Nigeria no encontramos en ninguna parte de Africa (al sur del Sahara) la densidad de población que, hasta el momento presente, parece ser la condición previa para el paso de las civilizaciones al estadio industrial de su desarrollo.

12. La colonización francesa

I. SENEGAL

Los franceses tienen una tradición colonial que se remonta a Luis XIII, más exactamente a su ministro el cardenal Richelieu. En esta época, y durante largo tiempo, en la mente de los franceses Africa es el Senegal.

En 1633 Richelieu concede un monopolio de diez años a una Compañía de mercaderes de Rouen, que debería hacer el comercio entre Senegal y Gambia. Richelieu seguía el ejemplo dado por la reina Elisabeth de Inglaterra y por los holandeses que otorgaban privilegios a compañías comerciales. Cuando Richelieu toma su decisión hacía mucho tiempo que los mercaderes y aventureros franceses habían reconocido el Senegal como la primera posibilidad de implantación que se ofrece en la inhospitalaria costa de los moros, donde no es agradable naufragar; numerosos relatos de cristianos esclavos en Marruecos, daban testimonio de la suerte miserable que allí les esperaba.

En 1638 la Compañía envía a un natural de Dieppe, Thomas Lambert, para que instale un embarcadero en la desembocadura del Senegal, río que remonta más de 200 Km., hasta Podor. Veinte años más tarde, en 1659, otro agente de la Compañía, Caullier, encuentra un emplazamiento más favorable en el mismo estuario, sobre la lengua de tierra que hay entre el río y el mar. Da el nombre de Saint Louis, rey de Francia, al fuerte que construye. La primera ciudad francesa del continente africano, Saint Louis del Senegal, es fundada, por tanto, siete años después de que Jan van Riebeeck fundase Capetown.

Colbert, ministro de Luis XIV, da un nuevo impulso a la colonización francesa. En Africa, apoya a la compañía del Senegal contra los holandeses. En 1677 el almirante d'Estrées dispersa la flota holandesa enfrente de la isla de Gorea, cerca de Cabo Verde. Los agentes de la Compañía suplantan a los holandeses en Arguin (en la costa mauritana), en Gorea y en Rufisque. Una compañía francesa de Guinea intenta establecerse en Costa de Oro, cerca de Elmina; esta vez, son los holandeses los que destruyen la factoría francesa y matan a los africanos que habían acogido a los franceses.

No obstante, el teniente general Germain Ducasse concluye

197

acuerdos con los príncipes locales en diferentes puntos de la costa. Da impulso a una exploración hasta Assinia (actual Costa de Marfil), «cuyos pueblos tienen una gran abundancia de oro y buena disposición para con los franceses».

El comercio francés con el Senegal es una operación triangular: los productos manufactureros europeos son intercambiados en Africa por la «madera de ébano», es decir, los esclavos, que se venden en las Antillas a cambio de azúcar y ron que se trae a Europa. Sin embargo, este comercio tiene que contar en el capítulo de gastos con las «costumbres», subvención que se paga a los príncipes africanos, el *brak* de Ualo, el *emir* de Trarza, el *damel* de Cayor, el *seriñe* de Lebú, el *almami* de Futa Toro, el *bur* de Djolof; además es practicado por agentes a menudo mediocres y no siempre conscientes, y los europeos se hacen entre sí una dura competencia. Con ocasión de las guerras europeas, los ingleses de Gambia ocupan Saint Louis y Gorea; pero algunos meses más tarde son los franceses los que van a Gambia a arrasar Fort James. A pesar del apoyo de Richelieu y de Colbert, las Compañías van decayendo. Una docena de ellas se suceden y quiebran entre 1626 y 1673.

No obstante, la acción de los mercaderes franceses se extiende, más por la exploración que por el comercio, dicho sea de paso. En la costa, exploran Bissao (1686) y la isla de Bolama. En el río, André Brue lo remonta durante unos 700 Km. hacia el interior de las tierras, haciendo construir fortines jalonados. Un monje, el hermano Apolinar, remonta un afluente, el Faleme; es el acceso al país legendario del oro, el Bambuk. Un albañil francés llamado Compagnon es el primer europeo que visita estas fabulosas minas, que son más exactamente depósitos de aluvión de arena aurífera. Un geólogo francés, Pelays, que las visita en 1732, es asesinado junto con sus compañeros. Un botánico, Michel Adanson, que estudia las hierbas en la costa senegalesa entre 1749 y 1753, es el primer sabio que se interesó por Africa. El baobab (Adansonia) lleva su nombre.

Una primera fase de la colonización francesa termina. Sus resultados económicos son débiles si no nulos. Pero la curiosidad por las cosas africanas ha sido despertada. Una ciudad «criolla», negro-francesa, es fundada; Saint Louis conserva aún hoy la huella y el recuerdo del siglo XVII que le ha visto crecer. Finalmente, la doctrina colonial francesa es formulada. Lo que se denomina «el pacto colonial» es la doctrina de Colbert: la metrópoli crea colonias y las mantiene; a cambio, las colonias no comercian más que con la metrópoli y se les prohíbe entrar en competencia con las producciones de ésta. Richelieu afirmaba que la colonización es una extensión del dominio nacional; Colbert decía que la colonización incita a los colonizados «a una comunidad de vida con los franceses»; en virtud de lo cual la acción de Francia en Africa ha tendido generalmente a una apropiación política.

Durante la guerra de los Siete Años, los ingleses ocupan los puertos franceses del Senegal. Al final de la guerra, en 1763, restituyen Gorea, pero se reinstalan en ella por algún tiempo durante la guerra de la Independencia americana. Al final de esta guerra, el Tratado de 1783 devuelve a Francia Saint Louis y Gorea.

En 1789, cuando la Revolución Francesa, se presenta en París un dossier de quejas a los Estados generales, en nombre de Saint Louis del Senegal, por un tal Lamiral; éste acusa a las Compañías de abusar de su privilegio. Los privilegios ya no están de moda; la libertad de comercio es proclamada en 1791.

Durante las guerras napoleónicas, Gran Bretaña penetra en las colonias francesas. En 1815 restituye a Francia, Arguin y Portendik (en Mauritania), Gorea y Rufisque, las islas Bissagos y Los, así como los antiguos derechos sobre Gambia y Casamance. Pero la trata de esclavos es abolida en la misma fecha, y no se ve muy claro lo que en adelante podrá atraer a los mercaderes a estas inhóspitas regiones.

Son los idealistas los que llegan primero: una «Sociedad Colonial Filantrópica» desembarca, en 1817 en Dakar, 200 colonos que no consiguen aclimatarse. El episodio más célebre es el naufragio del «Medusa» que conducía inmigrantes, y la odisea de los náufragos en su balsa.

En 1819 se construye una granja modelo, «la Senegalesa», 100 Km. hacia el interior de Saint Louis. Un horticultor, Richard, hace allí los primeros ensayos de agronomía africana; se da su nombre a la concesión de Richard-Toll. En 1840 se envían a Marsella algunos cargamentos de cacahuete. Al ser satisfactoria la extracción de aceite, la vocación agrícola del Senegal queda definitivamente cimentada. Aún hoy, el cacahuete es su principal producción.

En 1833 la ley francesa había otorgado a toda persona nacida libre o liberta de las colonias francesas la totalidad de los derechos políticos y civiles del ciudadano francés. El Código Civil es (teóricamente) aplicable a todos. Durante la Revolución de 1848, el decreto de la Segunda República francesa aboliendo la esclavitud en territorio francés decide que «las colonias purificadas de la esclavitud... serán representadas en la Asamblea Nacional». El mismo año, el Senegal envía un diputado a París.

Con el Segundo Imperio se abre una nueva fase de la colonización francesa. Para Napoleón III, el Segundo Imperio no comprende solamente la Francia metropolitana, sino también las Colonias. El Senado-consulto de 1854 decide que las Colonias estén regidas «por decreto del emperador». Este régimen de decretos será mantenido, curiosamente, bajo la Tercera República, cuyo Imperio colonial seguirá siendo dirigido por decretos en virtud de la ley del Segundo Imperio.

La primera consecuencia de este régimen es que el Senegal pierde su diputado en el Parlamento francés. No volverá a él hasta 1871, después de la caída de Napoleón III.

No obstante, la aplicación de un régimen de decretos hace aparecer contradicciones, precisamente por su afán de coherencia jurídica. Saint Louis y Gorea (más tarde Rufisque y Dákar) habían sido equiparadas a comunas francesas. En consecuencia, los que eran originarios de estas comunas eran ciudadanos franceses. Por tanto, debía aplicárseles el Código Civil francés, someterles a la ley francesa; hubiera sido entonces necesario, para ser consecuentes, procesar por poligamia a un cierto número de ciudadanos musulmanes de Saint Louis... Evidentemente no se pensaba en semejante cosa.

Un régimen de hecho se fue instituyendo poco a poco y se codificó. Había en Africa francesa tres categorías: los «originarios» de las cuatro comunas senegalesas que, aunque ciudadanos franceses, disponían en realidad de un estatuto personal diferente al de derecho común; los ciudadanos franceses, y los «protegidos» o «súbditos» franceses. Estos podían acceder a la ciudadanía francesa, pero abandonando su estatuto personal y sometiéndose al Código Civil francés.

Otra consecuencia del régimen de decretos: incluso bajo la Tercera República, la jerarquía colonial francesa continuó siendo de tipo autoritario. El gobernador general, que no es responsable más que ante el ministro, es un verdadero procónsul, situado a la cabeza de una jerarquía de mando: gobernadores, comandantes de círculo, jefes de subdivisión (europeos); jefes de cantones, y jefes de aldea (africanos). A ningún nivel hay separación de poderes; la autoridad ejecutiva, legislativa y judicial está (dentro de ciertos límites) confundida en una sola persona. El comandante de círculo puede infringir una pena de quince días de prisión.

Este sistema ha durado prácticamente en las colonias francesas, salvo algunas atenuaciones, hasta la Segunda Guerra Mundial.

II. AFRICA OCCIDENTAL FRANCESA

La creación del Imperio colonial francés en Africa occidental está ligada a un nombre: el del general Faidherbe. Tanto por su talento y su prestigio personal como por la orientación que da a la colonización en diez años de gobierno (1854-1865) su acción va a ser decisiva.

Oficial, perteneciente por su formación al arma del Genio, la colonización es para él menos una operación comercial de rendimiento inmediato que la implantación militar de una forma de civilización cuyo objeto es la pacificación y la administración; la prosperidad vendrá por añadidura. En la estela de la pacificación, comerciantes, colonos y plantadores, sabrán instalarse por sí mismos allí donde vean oportunidades de prosperar. Militar, sin duda, pero también administrador y constructor de caminos y estaciones; apasionado por la historia, la geografía, la etnología y la lingüística; pacificador enérgico, autoritario y muy popular entre los africanos: Faidherbe va a marcar la pauta a varias generaciones de franceses «constructores de imperio».

Es también Faidherbe el que orienta geográficamente la penetración francesa en Africa negra, a partir del Senegal, *grosso modo* de Oeste a Este, remontando el río Senegal, volviendo a descender por el Níger, en dirección al Tchad y más allá. El eje Senegal-Níger-Tchad se convierte para los colonizadores franceses de Africa en un punto doctrinal, un artículo de fe; algo así como para los británicos de Africa del Sur la «North Road». Faidherbe apenas si se interesa por la costa, sin embargo, más rica y de más fácil acceso, como lo muestran los británicos que se instalan en Gold Coast y en Nigeria.

Podemos preguntarnos por qué Faidherbe ha dado esta orientación, cuyas consecuencias se escribirán en la historia, en la geografía y en la economía del Africa occidental francesa; por qué su tendencia ha sido más «sudanesa» que «guineana». Se podrá pensar que, no siendo marino, estuvo menos atraído por las costas y la navegación. Es, sin embargo, él quien va a crear, en una de las radas mejor situadas del mundo, el puerto y la ciudad de Dákar, en 1857.

Tres factores han influenciado probablemente su mente. Ante todo, la orientación de la política de Napoleón III y de Francia en Africa del Norte. El Segundo Imperio penetró en el sur argelino hasta los oasis de Uargla y de Tugurt; Napoleón III sueña entonces en un «reino árabe» de inspiración francesa (que por el momento tiene menos visos de realidad que su otro sueño, la unidad italiana). ¿No conviene, pues, asegurar a

Francia el control de la zona sudsahariana, es decir, la zona sudano-nigero-chadiana? Además, desde un punto de vista estratégico, la costa no podía ser mantenida a la larga más que si se tenía el control del interior, como los británicos habían demostrado en Gold Coast e incluso en Nigeria.

Por último —y quizá principalmente—, Faidherbe, de curiosidad siempre aguda y de viva imaginación, fue seducido por el recuerdo de los Imperios sudaneses cuyos vestigios encontraban sus columnas, a menudo degenerados, pero evocadores de un esplendor y de una vitalidad pasada.

Toda una pléyade de exploradores había sido seducida antes que él por el misterioso prestigio del Sudán nigeriano, atraída por el nombre de Tombuctú e intrigada por el secreto del Níger, del que aún a principios del siglo XIX no se sabía si desembocaba en un mar interior o si se unía con el Congo, ni siquiera si corría de Oeste a Este o al contrario.

En 1791, un inglés, Houghton, remonta el Gambia. Camino de Tombuctú, es desvalijado y asesinado cerca de Nioro.

En 1795 el médico escocés Mungo Park remonta también el Gambia, atraviesa el Alto Falemé, y llega al Níger a la altura de Segou. Constata que el río corre hacia el Este. Agotado, vuelve en 1797 a Londres para dar cuenta de sus observaciones a la *African Association,* que ha financiado su primera expedición. Vuelve a partir en enero de 1805, esta vez con el apoyo y por cuenta del Gobierno británico, teniendo por objetivo seguir el curso del Níger descendiendo lo más lejos posible, y volver al Atlántico por otro camino. Lleva consigo toda una expedición: cuatro carpinteros para construir una embarcación para navegar el río, 34 soldados europeos y una caravana de borricos. Cuando llega al Níger, la expedición, engañada por los jefes africanos locales y diezmada por la enfermedad, está reducida a Mungo Park, un carpintero y seis soldados. El resto ha sido enterrado sumariamente a lo largo del camino. Suben a una pequeña embarcación que llaman «Dioliba», tomado del nombre local del río. En los rápidos de Bussa, desaparecen ahogados o asesinados, no lo sabemos. Consiguieron, antes de desaparecer, hacer saber a Londres que a partir de un cierto punto, el Níger corre de Norte a Sur.

Toda una serie de exploraciones emprendidas por los británicos entre 1815 y 1825 terminan en el desastre; el continente africano defiende bien su misterio. Las columnas, demasiado pesadas, demasiado bien equipadas, no avanzan. Por el contrario, un simple grumete, Mollien, superviviente del naufragio del Medusa, parte con un guía tekruri y un asno.

Recorre en 1818 el Ferlo, el Futa Toro y descubre el nacimiento del Gambia, del Río Grande, del Falemé y del Bafing.

Los británicos, perseverantes, intentan otra vía de penetración, esta vez a partir del Mediterráneo. Desde Trípoli, Clapperton y Denham, alcanzan en 1823, Bornú, el lago Tchad, Sokoto y Chari. Regresan a Trípoli en 1825. Al ser los primeros europeos llegados al Tchad, o al menos los primeros en volver de él, demuestran que el Níger no desemboca allí.

Clapperton vuelve a salir en expedición, esta vez desde Lagos, en Nigeria, y llega de nuevo a Sokoto, donde muere. Pero en 1830 sus compañeros, los hermanos Lander, descienden el Níger desde los rápidos de Bussa, allí donde había desaparecido Mungo Park, hasta el Océano, dando a los británicos una prioridad sobre el bajo curso del Níger.

Ya hemos dicho cómo René Caillié llega en 1828 a Tombuctú, en una aventura que tuvo resonancia en toda Europa.

Pero el gran nombre de la época es el del alemán Heinrich Barth quien, sin medios, reputado muerto durante largo tiempo, recorre durante cinco años, de 1850 a 1855, todas las zonas sudanesas. Pasa siete meses en Tombuctú, trayendo una gran cantidad de documentos y de informes, publicados en cinco volúmenes (1857-1858), que descubren a Europa un mundo casi insospechado y apasionante.

No cabe asombrarse, pues, de que Faidherbe y sus émulos se orienten en esta dirección, despreciando quizá imperativos económicos según los cuales el continente africano debería organizarse en adelante en función de la costa.

Faidherbe garantiza la seguridad en las principales rutas del Senegal, plantando los cimientos de la edificación del territorio que llevarán a cabo sus sucesores. Funda, junto al río, las postas de Matam, Bakel y Medina, que jalonan sobre un millar de kilómetros el futuro avance hacia el Este. Aleja del Senegal la presión de El Hadj Omar. Ocupa el Futa Toro. Envía a la misión Mage y Quintín a reconocer el Alto Níger; Ahmadu, hijo de El Hadj Omar, los detiene como prisioneros durante algún tiempo en Segou (1866). Envía al teniente Lambert al Futa Djalón.

Sobre todo organiza la colonia del Senegal; crea el cuadro administrativo que será utilizado por toda la colonización francesa en Africa, funda una escuela, un periódico y un banco del Senegal. Ya en sus tiempos, el Senegal exporta anualmente varios miles de toneladas de cacahuete.

Después de la partida de Faidherbe, después de la caída de Napoleón III y después de la derrota de Francia en 1871, la expansión se detiene durante algún tiempo. Es, sin embargo, en este momento cuando un gobernador del Senegal comienza la construcción de una carretera que irá desde Kayes, en el Senegal, hasta Bamako, en el Níger.

A partir de 1880, el presidente del Consejo de la Tercera República, Jules Ferry, vuelve a dar un impulso a la expansión colonial francesa. Una misión militar dirigida por Gallieni se enfrentó también a Ahmadu, por lo que se instala una base militar en Kayes. Se reanuda entonces la penetración, rechazando a Ahmadu y a Samori. Se alcanza Bamako en 1883, y Mopti en 1887. Se comienza la construcción de un ferrocarril que unirá el Níger con el Senegal, Bamako con Dákar, la zona sudanesa con el litoral atlántico.

La colonia del Sudán francés es creada en 1892. Su primer gobernador Archinard, alcanza Tombuctú, donde llega en 1893, pero de donde los tuaregs no serán expulsados definitivamente hasta 1898. A partir del Sudán, ocupa la Alta Guinea: Kankan, Kurussa y Kissidugu.

Un oficial de Faidherbe, Binger, explora el sur del Sudán francés; es bien acogido en territorio mossi por el soberano, el Mogho Naba. Visita la región de Kong. Creyéndole desaparecido, Treich Laplène, agente comercial de Assinia, en la Costa de Marfil, parte en su búsqueda, le encuentra en Kong y le conduce al Atlántico, concretamente a Grand-Bassam. La comunicación entre el Sudán y la costa, a través de territorio mossi, está establecida.

La importancia estratégica del Sudán francés se hace primordial. Es la llave de cierre de la colonización francesa en Africa occidental, el punto de unión entre la vieja colonia del Senegal, los depósitos comerciales de la Costa de Marfil (Grand-Bassam y Assinia), los de Guinea (Dubreka) y Dahomey, donde Francia establece, en 1882, su protectorado sobre Porto Novo.

En Guinea, el Almami del Futa Djalón acepta el protectorado de Francia en 1882. El representante de Francia, Ballay, funda Conakry en 1890, y crea la colonia de Guinea en 1891. Lleva a cabo la unión entre la costa y la región de la sabana donde Archinard, gobernador del Sudán, penetra a su vez por su lado. La pacificación queda terminada en 1896.

La colonia de Costa de Marfil es creada en 1893 y el explorador Binger puesto al frente de ella.

En Dahomey, el rey de Abomey, Gbehancin (1889-1894), es obligado por la fuerza a aceptar la presencia de los franceses instalados en Cotonou. En 1894 los franceses ocupan Abomey; Gbehancin es obligado a rendirse. Es creada la colonia de Dahomey. En 1896 la misión Voulet-Chanoine hace reconocer el protectorado francés por los mossis del Yatenga y por los de Uaga.

Todos estos establecimientos dispersos deben ser reunidos bajo una misma tutela administrativa. Por eso los franceses fundan en 1895 en Dákar el Gobierno General de Africa occidental francesa, bajo una autoridad civil. Comprende, al principio, cuatro territorios, el Senegal, el Sudán (llamado en alguna ocasión Territorio del Alto-Senegal-Níger), Guinea y Costa de Marfil. Dahomey se une a ellos en 1899, el Alto Volta en 1919 y Mauritania en 1920.

Al continuar la penetración sahariana se concluyen acuerdos con los británicos; en 1890 la *Royal Níger Co.* prohíbe a los franceses extenderse por el sultanato de Sokoto, Bornú, Air y Adamaua. Francia acepta detenerse en la línea Say-Marua. Una misión de delimitación, dirigida por un oficial, Monteil, saliendo del Senegal y atravesando el Sudán, se transforma, a partir de Sikasso, en una verdadera expedición de exploración. Avanza por territorio no controlado y mal conocido. Llega a Say, en el Níger (no lejos de Niamey), hasta donde se extienden las pretensiones de la Royal Níger. Atraviesa Sokoto, llega a Kano y alcanza Kuka. Constata que la presencia inglesa es más ficticia que real, que el acuerdo de los británicos con el soberano de Sokoto no puede concernir a un cierto número de territorios que escapan a su autoridad: sobre todo, Djerma y Gobir. Recupera así para Francia territorios que permiten avanzar en dirección al Tchad. En 1903 es fundado el puesto de Guré, a trescientos kilómetros del Tchad. El Macizo del Aïr es ocupado en 1904, y Bilma, en el Kauar, en 1905. No obstante, hay algunas sublevaciones; el orden es restablecido y la frontera es delimitada con la Nigeria británica en 1904. En 1906 la región de Konni, separada de Sokoto, es atribuida a Francia. En 1910, el territorio militar del Níger es separado del Sudán y unido al Gobierno General. En 1922 queda constituida la colonia del Níger. La Federación del Africa Occidental Francesa comprende a la sazón ocho colonias o territorios. Esta Federación subsistirá hasta que Francia otorgue la independencia a sus antiguos territorios. Un solo acontecimiento, de carácter puramente administrativo, tiene lugar: de 1932 a 1947 el Alto Volta, incluido el territorio de los mossis, fue unido a Costa de Marfil.

III. AFRICA ECUATORIAL FRANCESA

Mucho más al Sur, en la selva ecuatorial, los padres del Santo Espíritu fundan la misión de Santa María del Gabón en 1844. Algunos tratados con los soberanos locales permiten a los franceses instalarse a ambos lados del estuario del Gabón. En 1849, un cargamento de esclavos capturado en un navío negrero, el *Elizia,* es liberado e instalado allí. Su campamento toma el nombre de Libreville, siendo éste el origen de dicha ciudad.

Un oficial de la marina francesa de origen italiano, Savorgnan de Brazza, que tiene veintitrés años, pide como anticipo la paga de un año y parte en 1875 con un médico, un contramaestre y doce marineros negros. Remonta primero el curso del Ogoué casi hasta su nacimiento. Después abandona el río y continúa su exploración a pie, en dirección al Este. Al cabo de cerca de tres años de exploración vuelve, pero sale de nuevo en seguida, esta vez con el apoyo del Gobierno francés. Jules Ferry le encarga que llegue hasta el Congo antes que Stanley, el cual se había puesto en camino, según su costumbre, con poderosos medios. Partiendo en 1880, Savorgnan de Brazza remonta el Ogoué por segunda vez, funda el embarcadero de Franceville, atraviesa las altiplanicies de Bateke y llega al río Congo. Concluye un acuerdo, en nombre de Francia, con el soberano Bateke. Redesciende hacia la costa por la orilla derecha del Congo, donde encuentra a Stanley. Este, al ver que se le han adelantado, vuelve por la orilla izquierda del Congo, fundando allí Leopoldville. La orilla derecha del Congo explorada por Brazza, que ha concluido acuerdos con los potentados locales, es reconocida a Francia por el Congreso de Berlín, en 1885. Brazza es nombrado, en 1886, comisario general del Congo francés, al cual se une el Gabón en 1888.

Una serie de misiones de exploración es entonces lanzada hacia el Norte, en dirección al Tchad. Estas misiones reconocen primero las cuencas del Ngoko y del Sangha, delimitan la frontera con el Estado libre del Congo, a lo largo del Ubangui, que servirá de línea fronteriza. En 1892, Brazza encuentra en el Alto Sangha una misión francesa procedente del Níger. Otras misiones exploran el valle del Chari, que conduce al Tchad, y firman convenciones con los potentados locales.

No obstante, la penetración tropieza con la dominación de Rabah. Este Rabah es el último de los grandes aventureros africanos. Nacido en Sennar, en el Nilo Azul, fue el primer cazador de esclavos por cuenta de Zobeir, un poderoso negrero de Bahr el Ghazal. Zobeir (también llamado Ziber Pachá) incluso fue nombrado por El Cairo gobernador de Bahr el Ghazal en 1870. Pero había conquistado por cuenta propia Darfur. El Gobierno egipcio, inquieto al verle con tanto poder e independencia, llama a Zobeir a El Cairo y lo mete en prisión. Su hijo, Suleiman, toma el mando de un movimiento de revuelta. El Khedive Ismail, que ha nombrado a un británico gobernador de su «provincia ecuatorial» del Alto Nilo, envía a este general, Gordon, contra Suleiman, que es vencido en 1879.

No obstante, Rabah logra reunirse con los fugitivos, se refugia con 150 fusiles en los pantanos de Bahr el Ghazal, recluta aventureros, entre los cuales hay un cierto número de árabes o mestizos árabes. Con sus tropas organizadas militarmente, encuadradas por oficiales o suboficiales, con infantería y caballería, reina por medio del terror sobre la inmensa región situada entre Darfur, Ubangui y Tchad. Extiende su señorío sobre Uadai, Baguirmi y Bornú, y se establece a orillas del Chari. Está a punto de fundar una vasta Federación centroafricana. En 1896 se le somete la última provincia del Bornú. El sultán de Baguirmi, Gauranga, pide a los franceses que le protejan. Rabah masacra la columna Bretonnet enviada por ellos en socorro del sultán Gauranga; y ahorca al explorador francés Béhagle (en 1899).

Pero es en este preciso momento, a comienzos de siglo, cuando se realiza un gran proyecto francés: el de hacer converger en la región del Tchad tres columnas que parten, una del sur argelino, la segunda del Sudán y la tercera del Congo. Así se manifestará la unidad del Imperio colonial francés en Africa. El plan se ejecuta, pero con dramáticas peripecias.

La misión Foureau-Lamy, saliendo de Uargla, en el norte del Sahara, es duramente atacada por los tuaregs en el Aïr, y tiene inmensas dificultades para salir de Agadés, donde el sultán pretende retenerla.

La misión salida del Sudán es conducida por los capitanes Voulet y Chanoine, que en un momento determinado parecen estar atacados por la locura; matan al coronel Klobb, que les ha alcanzado; ellos mismos son matados al día siguiente. Con los restos de la columna, Joalland y Meynier continúan el camino en dirección al Tchad, ocupan Zinder y se reúnen el 1 de enero de 1900 con la misión procedente del Congo, en Fort Archambault, en el Logone. El 21 de abril de 1900 las tres columnas se reúnen en la orilla izquierda del Chari. El administrador Gentil, jefe de la columna del Sur, tiene plenos poderes del Gobierno francés; el comandante Lamy toma el mando militar. Las tres misiones reunidas atacan a Rabah, que es vencido y muerto en la batalla de Kuseri, donde el comandante Lamy pierde la vida.

En septiembre de 1900 la República francesa crea el territorio militar del Tchad. Más tarde este territorio será dependiente no del Africa occidental, sino del Africa ecuatorial francesa.

No obstante, los proyectos franceses van aún más lejos. El gobernador Lagarde se instala primero en Obok y después en Djibuti en 1892, y crea la colonia de la costa francesa de Somalia. En virtud de un tratado firmado en 1897, Menelik, emperador de Etiopía, declara que considera al puerto de Djibuti como «la salida oficial del comercio etíope». Francia construye un ferrocarril desde Djibuti hasta Addis-Abeba. Entre el Tchad, donde Francia se asienta, y Etiopía, con la cual tiene buenas relaciones, está el Alto Valle del Nilo.

Ya en 1891 Savorgnan de Brazza había encargado a su delegado general en el Alto Ubangui «ocupar progresivamente los territorios a los que tenemos acceso, y hacer de ellos una región francesa que tenga una puerta abierta al Nilo».

En 1896 es decidida una misión por el Gobierno francés, que encarga al capitán Marchand ocupar Fachoda, en el Nilo. Sale de Brazzaville a principios de 1897, arrastrando a través de la maleza, desde la cuenca del Congo a la del Nilo, un viejo barco, el *Faidherbe*. Llega el 10 de julio de 1898 al Nilo. Allí se encuentra en presencia de las fuerzas del Mahdi. Mohamed Ahmed el Mahdi es un fanático musulmán que sublevó al sultán nilótico contra Egipto en 1881. Primero es una avanzadilla mahdista la que ataca a Marchand, que se hace fuerte en Fachoda. Rechaza este ataque el 23 de agosto de 1898.

Pero precisamente los británicos están en ese momento ayudando a Egipto a recuperar el Sudán nilótico de los madhistas. Es el inglés Kitchener el que ha reconstituido el ejército egipcio, lo ha entrenado y equipado. Al frente de este ejército remonta el Nilo, reconquista la provincia de Dongola en 1896, Berber (cerca de la confluencia del Atbara) en 1897, Khartum en septiembre de 1898, después de haber vencido a las fuerzas mahdistas en Omdurman. Es en este momento cuando se entera de que el francés Marchand está refugiado en Fachoda. Remonta el curso del río con su flotilla (hay 650 km. desde Khartum a Fachoda), y encuentra a Marchand, que se halla frente a fuerzas muy superiores a las suyas.

El incidente es violento; es muy mal acogido por la opinión pública francesa. No obstante, ante la orden del Gobierno francés, Marchand se retira. El sueño francés de un Imperio desde el Atlántico al Océano Indico se desvanece ante el

sueño británico de un Imperio desde El Cairo a El Cabo...
Casi de milagro se evita la guerra entre Francia y Gran Bretaña en este otoño de 1898.

IV. EFECTOS DE LA COLONIZACION FRANCESA

Podemos preguntarnos en qué medida y en qué sentido influyó la colonización francesa en este estadio y hasta la Primera Guerra Mundial, sobre el género de vida de los 12 o 15 millones de africanos que se encontraban incorporados, al menos nominalmente, al sistema.

Las masas (si se puede hablar de masas en países donde la densidad apenas supera 10 habitantes por km.^{2}, permaneciendo generalmente por debajo de este índice) —digamos el hombre del malezal— habían tenido en realidad bastantes pocas ocasiones de contacto con la Administración francesa. La «presencia francesa», como se decía, estaba extremadamente diluida, salvo en algunos centros. Los establecimientos comerciales franceses eran poco numerosos. Entre ellos y la masa de africanos, eran sobre todo los mercaderes libaneses o sirios los que llevaban a cabo la tarea del intercambio de productos, el pequeño comercio.

La presencia francesa era de orden esencialmente administrativo, temporal y, accesoriamente, militar. Las exigencias de esta administración eran, a fin de cuentas, muy débiles. Pero tocaban un punto sensible: el trabajo forzado. El africano requerido para el trabajo, considerado como una ocupación humillante, no hacía diferencia entre un trabajo de interés general del que, en última instancia, él o los suyos serían los beneficiarios, y la obligación de trabajar por cuenta de un particular, como ocurría en las colonias portuguesas o en Africa del Sur. En las colonias francesas, el trabajo forzado no era —en principio y salvo algunos abusos— utilizado para fines privados. Pero el africano al que se iba a buscar a la selva y al que se le ponía una azada en la mano no captaba el matiz; intentando sustraerse a esta obligación, era incordiado por el administrador, comandante de círculo o jefe de cantón, responsable de la ejecución de las obras, y que no dudaba en emplear la coacción, y a veces la violencia. En Africa occidental francesa fueron construidos, en 1920, 20.000 km. de carreteras; en 1930, 60.000, y en 1940, 100.000 en 1940, 27.000 de los cuales eran utilizables en todas las estaciones; y cerca de 4.000 km. de vías férreas. Sería falso pensar que todo esto fue hecho únicamente por buena voluntad. Pero sería igualmente falso decir que la colonización marchó sobre montones de cadáveres. Tampoco sería exacto afirmar que los africanos eran rebeldes al trabajo por naturaleza. Las corporaciones de artesanos, tejedores y herreros son trabajadoras; y los campesinos saben trabajar su ingrata tierra con malos utensilios. Pero las tareas agrícolas se llevan a cabo colectivamente: desbrozamiento, arreglo del terreno con el azadón, siembra y recolección, todo esto se hace en grupo, con buen humor y al son de instrumentos de música y de cantos propiciatorios; esto parece más una fiesta, un rito o una danza que un castigo impuesto para purgar el pecado original, como ocurre en el caso del campesino cristiano en Europa, doblado sobre su gleba.

Al extender su influencia, la colonización francesa rompió una serie de resistencias. Las más notables están marcadas por los nombres de El Hadj Omar, Ahmadú, Samori y Rabah. Por otra parte, es injusto citar estos nombres indiscriminadamente, puesto que —yendo de un extremo al otro— El Hadj Omar era un místico y un sabio, mientras que Rabah no era más que un negrero sanguinario. Sin embargo, no es abusivo decir que la colonización francesa en África occidental supuso la pacificación. La presencia francesa aportó, no sin dificultades, la seguridad. En adelante, el campesino podía salir de su aldea, el niño podía ir a la aldea vecina, el mercader diula podía recorrer los caminos con su cargamento de semilla de kola y sus rollos de tela, el peule podía pasear sus rebaños sin correr el riesgo de ver en cualquier momento abatirse sobre él el pillaje, sin tener que temer ser asesinado o capturado, reducido a la esclavitud o entregado al sacrificio humano. De esta forma vemos a los grupos étnicos, hasta entonces amontonados y replegados sobre sí mismos, a la defensiva —igual que en Europa, en los tiempos de las grandes invasiones o de las grandes compañías—, diseminarse por la maleza y la sabana, conquistar los baldíos, extenderse y desarrollar los cultivos. En este período se produce una colonización de la maleza por parte de los africanos, que es una consecuencia indirecta de la colonización europea. Esta colonización interior se produce, ciertamente, en beneficio de una masa desheredada y anónima que no tiene «griots» que celebren su gloria y en detrimento de algunos que hasta entonces eran los dueños; éstos, desde luego, no tenían apenas razones para apreciar el orden nuevo, a menos que éste les aportara nuevas ocasiones de prestigio, de poderío, de gozo o de lujo.

13. La colonización británica

I. LOS COMIENZOS

La colonización británica en Africa tiene una fisonomía bastante diferente a la colonización francesa. Menos romántica, más comercial, no es ciertamente menos ambiciosa en sus vastos designios y en sus planes a largo plazo. Cuatro principios parecen guiarla.

Primero: el hecho de que Inglaterra, nación de marinos, se siente como en su propia casa en cualquier parte donde hay mar. Por esto aborda el continente africano por las costas, y su ocupación permanece el más largo tiempo posible bajo la protección directa de los cañones de la *Royal Navy*. Sólo a pesar suyo, y preferentemente bajo la forma de exploraciones privadas, subvencionadas y metódicas, se aventuran los británicos en el interior de las tierras.

Segundo principio: para tener una justificación, la colonización debe ser una operación comercialmente sana y rentable. Según la fórmula de Cobden, las colonias «no deben ser ocupadas más que por el movimiento comercial a que ellas dan lugar»; de esta forma, el Gobierno británico se inclina menos a la administración directa que el Gobierno francés; prefiere dar a las colonias el máximo de autonomía *(self-government)*, para dejarles también el máximo de cargas financieras; como dice también Cobden: «Poner a su cargo los gastos de gobierno.» O bien, según otra fórmula, el Gobierno deja embarcarse en la aventura a grandes compañías de comercio, a las que otorga privilegios y a las que apoyará, en caso necesario, con sus fuerzas navales. Imponer el respeto a sus mercaderes, a sus cónsules y a sus súbditos, allí donde ellos hayan tomado la iniciativa de ir, forma parte de la rutina imperial y marítima más que de un plan concertado.

Tercero: la Inglaterra piadosa y humanitaria se siente responsable de la suerte, de la dignidad y de la libertad de los «nativos», criaturas de Dios, que se encuentran en su zona de influencia. Conciliar esta exigencia con la precedente no es siempre fácil y da lugar, a veces, a una particular casuística.

En cuarto lugar: la obsesión por la ruta de las Indias. Gran Bretaña había expulsado a Napoleón Bonaparte de Egipto. Después había dejado construir el canal de Suez por el francés

Ferdinand de Lesseps, sin darse cuenta de su interés, puesto que no se trataba más que de un proyecto calificado por lord Palmerston como quimérico. Una vez abierto el canal, Gran Bretaña corría de nuevo el riesgo de verse alejada de este punto sensible del mundo que es el istmo de Suez y su contorno, Egipto. A partir de 1869 aprende la lección del hecho consumado y centra la totalidad de su política africana sobre el control de Egipto. Para lord Salisbury, varias veces primer ministro entre 1885 y 1902, y que representa a Gran Bretaña en el Congreso de Berlín de 1885, lo que interesa en Africa es, en primer lugar, Egipto y el Nilo; todo lo demás es accesorio.

En el momento en que se va a hacer el reparto de Africa —más o menos hacia 1880—, los británicos no están instalados (dejando a un lado, naturalmente, sus posiciones en Africa del Sur de las que precedentemente hemos hablado) más que en cuatro puntos de las costas africanas, y sin que en ninguna parte haya una penetración importante. Estos cuatro puntos son: Gambia, Sierra Leona, Gold Coast y el delta nigeriano. Además tienen un cónsul muy activo junto al sultán de Zanzíbar.

Estas implantaciones apenas eran consideradas en Gran Bretaña más que como una minucia de puertos comerciales que daban más quebraderos de cabeza que beneficios. Desde el punto de vista del continente africano, no eran más que pequeños enclaves aislados, diseminados, sin otros contactos que los comerciales con el interior del país, salvo un poco en Gold Coast.

En Gambia se practicaba un pequeño tráfico local casi sin importancia, salvo cuando la coyuntura internacional repercutía, como hemos visto, en las relaciones de la Gambia británica con los vecinos del Senegal francés.

En Sierra Leona, el problema era muy diferente. Ningún comercio provechoso se pudo establecer en este punto de la costa. Freetown fue fundada en el siglo XVIII para albergar esclavos manumitidos, a los que se les llamaba descendientes de los «criollos», mal vistos por los indígenas, que a su vez eran despreciados. La autoridad inglesa sólo se extendía en un radio de algunos kilómetros alrededor de Freetown, y así debió continuar hasta finales del siglo XIX. En 1808 el establecimiento de Freetown fue declarado colonia; el territorio indígena, protectorado. El puerto serviría de base a las patrullas navales que perseguían a los negreros en el Atlántico, desde 1807 hasta 1860, aproximadamente. Las misiones protestantes eligieron su implantación aquí para ejercer su actividad evangelizadora y educadora precisamente en este medio de africanos arrancados de su ambiente y arrojados, a causa de su misma emancipación, en este punto de la costa donde no tenían ningún arraigo natural. Se podían contar, hacia la mitad del siglo XIX, unos 70.000 en esta situación. Los africanos educados por las misiones protestantes de Sierra Leona (sobre todo en el Instituto Teológico de Freetown, convertido en 1845 en el *Furah Bay College*) probaron pronto que podían asimilar la cultura europea y llegar a ser misioneros, médicos, abogados, comerciantes y funcionarios de la administración. Algunos africanos de la Gold Coast y de Nigeria formados en el Furah Bay College desempeñarán más tarde un cometido en la emancipación de Africa.

Sobre todo, la experiencia de los gobernadores de Sierra Leona sirvió para persuadir a Inglaterra de que no pondría fin al tráfico de los negreros mientras no controlara, efectivamente al menos, los puertos por ellos utilizados.

II. GOLD COAST.

Sin duda fue bajo su influencia cuando en 1820 el Colonial Office decidió hacerse cargo de las factorías de la Gold Coast, donde continuaban afluyendo los convoyes de esclavos capturados en el interior por los achantis.

No obstante, no fue fácil conseguir el control del territorio. Las convenciones, en virtud de las cuales los europeos se habían instalado en Costa de Oro, habían sido generalmente concluidas con el pueblo costero de los fantis. En 1800 había once fuertes holandeses, ocho británicos, cinco daneses, más un fuerte construido por los propios fantis en 1798 y explotado por ellos mismos. El tráfico de los fantis consistía en comprar esclavos a los achantis del interior y revenderlos a los europeos, salvo a los holandeses, que preferían ahorrarse a los intermediarios fantis y tratar directamente con los achantis. Los mismos achantis, que hasta aproximadamente 1700 fueron un pueblo de agricultores sin más historia, al ver que la captura y el tráfico de los esclavos eran muy remuneradores, se organizaron en función de esta actividad. El jefe religioso de Kumasi se había convertido en el jefe de la alianza de las tribus achantis; había recibido del cielo un trono de oro (de madera dorada) que simbolizaba la alianza de las tribus. En esta ocasión había sido proclamado «Achantihene», que se traduce por «rey de los achantis». Estos revendían al interior del país la sal, las armas de fuego, la pólvora y los productos manufacturados

213

que compraban a los fantis, o directamente a los holandeses. A cambio, revendían en la costa, los esclavos que compraban a los Estados haussas o que ellos mismos capturaban.

Hacia 1805, los achantis intentaron eliminar por la fuerza de las armas a los fantis, que estaban instalados en la costa. Los británicos defendieron a sus aliados y protegidos fantis; pero esto fue el principio de una guerra episódica que comenzó en 1806, fecha en la que los británicos tuvieron que soportar el primer asalto achanti contra los fantis.

Cuando fue proclamada por los europeos la prohibición de la esclavitud, suprimiendo así el recurso tradicional de los achantis, se reemprendió la guerra en 1807 y duró nueve años. Los británicos decían que en cuanto los fantis y los achantis renunciaran a la esclavitud e hicieran la paz entre sí, ellos les dejarían sus fuertes.

Una vez restablecida la paz —provisionalmente— en 1816, el *Colonial Office* decidió hacerse cargo de los almacenes británicos para asegurar la ejecución de la política antiesclavista y pacificadora. El resultado fue al principio mediocre. Habiendo sido matado el gobernador de la Gold Coast en 1824, recomenzó la guerra con los achantis en 1825, y los británicos, que deseaban retirarse al menos oficialmente, debieron quedarse para impedir la masacre de sus aliados y protegidos, los fantis.

Aquí se sitúa un episodio curioso y que muestra cómo una sucesión imprevista de acontecimientos puede tener consecuencias no imaginadas. Según la tradición africana, de la que los británicos se decían respetuosos, la posesión material de los tratados de concesión convertían a su detentador en efectivo propietario de la concesión. Así, cuando los achantis capturaron a los fantis los documentos por los que éstos habían tratado con los británicos, afirmaron que en adelante era a ellos a quienes los británicos deberían pagar las comisiones, puesto que ellos estaban en posesión de los títulos.

Con ocasión de la segunda guerra contra los achantis, los británicos tuvieron la precaución de llevar adelante las operaciones hasta que fueron recuperados los documentos. No obstante, la detentación efectiva de éstos hacía que esta vez fuesen los británicos —el Gobierno— quienes, en virtud de la tradición africana, se convirtieran en propietarios de los fuertes. Sin embargo, el Gobierno los cedió, tres años más tarde, a un Comité de negociantes de Londres, y los representantes oficiales del Gobierno británico se retiraron de la Gold Coast.

No obstante, el administrador que nombraron los negociantes, George MacLean, un antiguo oficial, estaba persuadido de que una política más flexible y menos costosa de amistad con los achantis y los fantis permitiría desarrollar una colonia. Es así como a partir de 1830 preparó el camino para la reinstalación de las autoridades británicas, que tuvo lugar en 1843. A decir verdad, lo hizo indirectamente y quizá sin quererlo. Por su autoridad personal, sus buenos contactos con los africanos, su conocimiento y respeto de sus costumbres, inquietaba a las autoridades británicas, que temían que este representante de los comerciantes, apartándose de la estricta consideración de los intereses mercantiles, no comprometiera toda la política británica en Gold Coast. En 1843 el Gobierno tomó de nuevo el control de los fuertes británicos. Los daneses cedieron sus fuertes al Gobierno británico en 1850, los holandeses, los suyos en 1872. La tregua negociada por George MacLean entre fantis y achantis en 1831 persistió hasta 1871.

Un acuerdo fue firmado en 1844 entre los representantes del Gobierno británico y las tribus fantis: concedía a las autoridades británicas el arbitraje de los conflictos entre tribus. Sin embargo, habiendo oído decir que las autoridades británicas no pensaban más que en retirarse una vez conseguida la paz, los fantis se organizaban en función de esta eventualidad, con el fin de defenderse de sus belicosos vecinos, los achantis. En 1871 establecen un proyecto de construcción confederal. Las autoridades británicas, como consecuencia de un malentendido, creyendo que este proyecto iba dirigido contra ellas, oponen su veto a la puesta en vigor de la «Mankesim Constitution» y prohíben a los fantis federarse.

Cuando, en 1872, los ingleses adquieren de los holandeses sus fuertes y factorías por las que los antiguos propietarios pagaban un canon a los achantis, los ingleses dejan de pagar esta renta, estimando haber hecho bastante con pagar a Holanda el precio de la cesión. Los achantis no lo entienden así y, en 1873, entran en hostilidades con los británicos, a los que consideran deudores rebeldes. Los achantis son derrotados, pero su país no es ocupado. En 1874, la Gran Bretaña, para manifestar de forma evidente su decisión de proteger definitivamente a sus aliados los fantis contra los achantis, declara la costa (país de los fantis) colonia de la corona. Los achantis, por su parte, guardan su independencia. Sin embargo, los británicos esperan la ocasión de reducirlos.

En 1895 se presenta esta ocasión. Samori, perseguido por los franceses, se refugia en los territorios del Norte, donde los británicos habían evitado hasta entonces aparecer. No obstante, los británicos temen que los franceses, persiguiendo a Samori, entren allí, y que, una vez dentro, no vuelvan a salir. Para evitar todo problema, proclaman su protectorado sobre los territorios del Norte. Por otra parte, los franceses se han instalado durante este tiempo en Costa de Marfil, al Oeste; mientras que al este de la Gold Coast son los alemanes los que han ocupado el país Ewe, que es llamado colonia de Togo. Los británicos quieren evitar que los franceses o los alemanes se vean tentados de intervenir aprovechando un conflicto con los achantis; deciden liquidar la monarquía achanti, más o menos de la misma forma en que un año antes Jameson había liquidado a Lobenguela, el rey de los matabeles.

La situación en 1895 es, pues, la siguiente: la costa constituye la colonia de Gold Coast; los territorios del Norte están bajo protectorado británico; entre ambos, el país achanti no es ni colonia ni protectorado; y controla efectivamente el tránsito entre la colonia y el protectorado.

Prempeh, el «achantihene», inquieto al ver cómo los agentes británicos penetran en su territorio bajo el pretexto del comercio y avivan las disidencias entre las tribus achantis, prohíbe el paso por su territorio, aislando el protectorado de la colonia. Envía a Londres una embajada para explicar su punto de vista. Sin esperar el regreso de los embajadores, el gobernador de la Gold Coast envía un ultimátum al «achantihene», conminándole a volver a abrir los caminos al comercio, a detener todo sacrificio humano y a ponerse al corriente de una indemnización de guerra que fue impuesta tras la victoria británica de 1874 y cuyo pago jamás había sido exigido. El «achantihene» rechaza los términos del ultimátum; espera el regreso de su embajada. Esta vuelve sin haber obtenido ninguna satisfacción. Las tropas británicas marchan sobre Kumasi, la capital de los achantis, saquean el templo, se apoderan de Prempeh, de su familia y de dos jefes achantis, que conducen a la costa. Una vez llegados allí, deponen a Prempeh. En Kumasi exigen el pago de una enorme suma: 50.000 onzas de oro. No se trata de cobrar esta suma, sino de poner a los achantis en la imposibilidad de pagarla. Reclaman también el trono de oro del «achantihene» en señal de soberanía.

En realidad, existe una equivocación de las que suelen acaecer a los europeos en Africa: los británicos parecen haber tomado al «achantihene» por un rey, y al «golden stool» por un trono. En realidad los achantis formaban una federación de la que el «achantihene» no era más que un presidente depositario de la autoridad general simbolizada por el trono, que marcaba precisamente el carácter sagrado de la Confederación. Para evitar el sacrilegio, los achantis esconden el sillón de oro. En 1900 el gobernador de la colonia, sir Frederic Hodgson, de visita en el país achanti, reclama con violencia la indemnización más los intereses, con una tasa del 30 % por año de retraso; proclama su derecho y su voluntad de sentarse en la sede sacra. Para vengar el insulto, los achantis se sublevan. Sir Frederic es asediado en Kumasi. Consigue hacer una escapada al cabo de algunas semanas, vuelve a la costa y hace deportar a Prempeh, la reina madre y los jefes achantis a las Seychelles, en el Océano Indico. El territorio achanti es anexionado y se convierte en una colonia de la corona, administrada directamente por Gran Bretaña a partir de 1902.

Así, este territorio comprende tres zonas, que son, desde el Océano hacia el interior: la colonia de Gold Coast, la colonia achanti y el protectorado de los territorios del Norte. Un solo gobernador con residencia en Accra está al frente de los tres sectores. Le asiste un Consejo ejecutivo.

Las ciudades de Accra, Sekondi y Cape Coast se ven dotadas de Consejos municipales, la mitad de cuyos miembros son electivos y la otra mitad son designados por el gobernador.

Una sociedad semioficial, la Sociedad de Protección de los Derechos de los Indígenas (Aborigines'Rights Protection Society) se hace la intérprete de la población africana cerca del gobernador.

En los territorios del Norte se mantienen las jefaturas tradicionales.

En 1920 se encontrará por casualidad el «golden stool». En 1924 el gobernador autoriza al «achantihene» y a los suyos a volver a su país: les restituye el famoso trono simbólico.

III. NIGERIA

Más al este de la costa había una región que se llamaba Oil Rivers, «los Ríos del Aceite»: un sistema muy complicado de lagunas, ríos y arroyos abiertos al Océano, que corren entre islas donde crecen espontáneamente las palmeras de aceite. Esta red fluvial parecía tener su nacimiento a unos 100 ó 200 km. al Norte, en las montañas que nadie había tenido todavía, en 1830, la idea de explorar. En este sector, habitado por los ibos, pueblo bastante primitivo, no había un gran Estado organizado, salvo el pequeño reino de Benín, al Oeste. En 1830 los hermanos Lander, de la expedición Clapperton, que habían botado su embarcación sobre el Níger medio, en pleno desierto, llegan, entre el estupor de todo el mundo, a los Oil Rivers, de los que se constata entonces que constituyen simplemente el delta del Níger, cuya desembocadura se ignoraba hasta entonces.

El tráfico de esclavos se practicaba como en todas partes.

La mercancía humana de este sector era poco apreciada por los traficantes de «madera de ébano». Los negros que se podían adquirir allí eran más salvajes que en otras partes, inadecuados para trabajos un poco delicados. No había, como en Dahomey, un Estado que garantizara la regularidad de la trata, y la calidad y la cantidad de la mercancía humana vendida, sino solamente pequeños traficantes, bien organizados por otra parte, que abastecían a todo el que venía. Los barcos negreros debían, por tanto, anclar en los ríos y recoger aquí y allá, en pequeñas cantidades, el material para su cargamento. Durante esta espera, que nunca se sabía cuánto iba a durar, la «mercancía» se estropeaba; había muchas pérdidas. No obstante, el Brasil se acomodaba a ella, pues costaba menos cara y, en las grandes plantaciones, se conseguía sacar partido de una mano de obra no cualificada. A partir del momento en que los británicos se pusieron a interceptar a los negros, éstos se aficionaron a proveerse en los Oil Rivers, cuyos numerosos cursos de agua les permitían echar el ancla sin demasiado temor de ser sorprendidos. Por otra parte, Gran Bretaña no se interesaba oficialmente por esta región que parecía sin perspectivas de futuro.

Una vez que se hubo descubierto que se trataba del delta del Níger, las cosas cambiaron. Los mercaderes británicos frecuentaron mucho más la región. El cónsul británico de la isla de Fernando Poo fue declarado competente en los asuntos del delta. Lagos continuaba siendo una base privilegiada para el contrabando de los negreros, hasta el punto de que, con objeto de eliminar la competencia, Dahomey lanzó al asalto de Abeokuta a su famoso cuerpo de amazonas, mujeres-soldados que eran muy temidas. Aunque se estimó en 18.000 el número de estas guerreras, Abeokuta resistió el asalto. Pero para evitar la repetición de tales incidentes, los británicos ocuparon el puerto y la ciudad de Lagos en 1861. La convirtieron en colonia, pero sin territorio. Los negreros debieron buscar fortuna en otra parte.

En 1882 el cónsul británico de Fernando Poo fue a residir en la costa, en Calabar, al este del delta. Tenía jurisdicción sobre la costa desde Lagos hasta Camerún; este territorio era demasiado extenso para que el cónsul tuviera una acción eficaz sobre él.

Un negociante británico oriundo de la isla de Man, George Goldie, más tarde sir George Taubmann Goldie, se interesó por el Níger a partir de 1877. Tomó rápidamente el control del comercio en el delta y constituyó la United African Co., que en 1882 se convierte en la National African Co. Ltd. En cierta medida, repite la operación de Cecil Rhodes en Africa del Sur. Igual que a Cecil Rhodes, el Gobierno británico le anima a avanzar, a tomar posiciones en el delta y a remontar el curso del río que los franceses están intentando descender a partir del interior.

No obstante, al anunciarse la Conferencia de Berlín, el Gobierno británico piensa que es hora de intervenir de manera oficial. En 1884 envía un agente, Hewett, provisto con el título de cónsul de Calabar, para que concluya oficialmente acuerdos con las potencias locales del delta del Níger. Hemos visto cómo estas negociaciones retardaron a Hewett, lo que le hizo llegar al Camerún cinco días después de que el doctor Nachtigal hubiera firmado el tratado de protectorado con el rey Bell de Duala, en nombre del Reich alemán.

En 1885 el Parlamento británico ratificó los acuerdos realizados en la Conferencia de Berlín y constituyó el protectorado del delta nigeriano (Oil Rivers Protectorate), cuya sede estaba en Calabar. Este protectorado permaneció siendo meramente teórico durante largo tiempo.

En realidad continuaba siendo Goldie el que actuaba. Es su Compañía, que remonta el Níger, la que va a concluir acuerdos en el país haussa, principalmente con el emir de Sokoto. En 1886, su Compañía recibe del Gobierno británico el monopolio del comercio del Bajo Níger. Se convierte en la Compañía privilegiada, Royal Niger Co., chartered and limited. A Goldie corresponde defender su monopolio contra las empresas de los franceses, que comienzan a descender el Níger y querrían intentar tomar el control del río hasta su desembocadura. Una expedición francesa sobre el río es rechazada en 1889 por una tribu africana aliada de la Compañía.

Habiendo sometido los franceses Dahomey, Goldie teme por sus proyectos en país haussa. Pide auxilio a Lugard, un antiguo oficial del ejército de las Indias reclutado por la African Lakes Co. en 1888 y que ha dado pruebas de sus dotes como militar y administrador en materia de política indígena, pacificando Uganda. Lugard toma el mando del ejército privado de la Compañía de Goldie (subvencionada, por otra parte, por el Gobierno británico) y en 1897 comienza a ejercer su autoridad en nombre de los intereses británicos en el norte de este territorio que se llamará Nigeria. En 1898 un acuerdo francobritánico regula la cuestión de la frontera, dejando a los franceses el ascenso al Tchad. Pero los tratados firmados apresuradamente por la Compañía con los emires y con el sultán de Sokoto se convierten en letra muerta. La Compañía pierde su monopolio; continuando su actividad comercial, toma el nombre de United Africa Co. (recordando la primitiva designación de

United African), asociada a la Compañía Internacional Unilever para la explotación del aceite de palma y prácticamente absorbida por ella.

El 1 de enero de 1900 el protectorado de los territorios del Norte toma el nombre de «Northern Nigeria» y Lugard es nombrado alto comisario del mismo. Su tarea va a consistir, por una parte, en poner término al tráfico de esclavos que hay en los emiratos peules (necesitará siete años para casi conseguirlo). Por otra parte, en cortar el camino al avance francés (lo consigue, reduciendo mediante una acción militar el Borgú, con el que los franceses habían ya trabado contacto), con el fin de organizar el protectorado. Es en este plano en el que Lugard, convertido en sir Frederic, se distingue particularmente. Se encuentra en presencia de una masa humana considerable —Nigeria del Norte es uno de los territorios más poblados de Africa— en la que los peules han establecido recientemente su dominación sobre la población haussa. Comienza aprovechando hábilmente los resentimientos de los haussas contra sus señores, los peules; pero mantiene la administración peule, aumentándola con algunos consejeros o residentes británicos. Lugard instituye así el sistema, típicamente británico, de la administración indirecta y de las Native Authorities. Limita la intervención de los agentes británicos a cuatro casos:

— el mantenimiento del orden y la paz;
— la lucha contra la tiranía y la corrupción;
— la limitación del tráfico comercial con las posesiones francesas;
— la supresión del tráfico de esclavos. A decir verdad, la esclavitud no es suprimida de golpe, sino progresivamente limitada de tal manera que desaparezca poco a poco por vía de extinción.

Nigeria del Sur forma también un protectorado, distinto de la colonia de Lagos y del protectorado de Lagos, que se extiende sobre el país yoruba. Este protectorado de Nigeria del Sur se anexionó al reino del Benín, que en 1897 había asesinado a una delegación británica. Desde hacía largo tiempo se reprochaba a sus soberanos ser tiranos sanguinarios que practicaban sacrificios humanos.

En 1906 la colonia y el protectorado de Lagos se fusionan con el protectorado de Nigeria del Sur. El puerto de Lagos es mejorado. Para completar la unificación de los dos territorios es reclamado sir Frederic, que a la sazón estaba en Hong-Kong, cumpliendo la misión que se le había confiado. En 1912 se le confía el gobierno de los dos territorios, Norte y Sur. En 1914 es nombrado gobernador general de la Federación de Nigeria, que se acaba de crear. La colonia de Lagos, que subsiste, conserva su Consejo legislativo, pero introduce en él a dos africanos. El gobernador general está asistido, a nivel de la Federación, por un Gran Consejo compuesto por funcionarios que forman la mayoría, por siete hombres de negocios británicos y por seis jefes africanos. En el Norte, los emires son mantenidos, pero reciben su autoridad de cartas patentes británicas, lo que supone su lealtad. Se prohíbe a los europeos poseer tierras. Las escuelas coránicas tradicionales se mantienen en el Norte y las misiones cristianas en el Sur.

IV. AFRICA CENTRAL Y ORIENTAL BRITANICA

A finales del segundo tercio del siglo XIX, en los años 1860 a 1870, la política británica comienza a interesarse por la costa africana del Océano Indico. Hay varias razones para ello.

La más importante es la tradicional política imperial británica que la obliga a montar guardia en la ruta de las Indias. Ahora bien, el canal de Suez, en el cual los británicos no creyeron hasta que existió, va a cambiar, a partir de 1870, las condiciones de explotación y el trayecto mismo de esta ruta. Sin duda, las mercancías pesadas, transportadas en veleros, resultaba más ventajoso llevarlas por la ruta de El Cabo. Pero los buques de vapor, que llevaban mercancías más costosas, alimentos que se estropean pronto y pasajeros, tienden a usar cada vez más la ruta de Suez, más corta y más rápida, y más económica para ellos a pesar del derecho de peaje que la Compañía de Suez había calculado hábilmente para intensificar el tráfico. Esta nueva ruta de las Indias, una vez que ya existe, intenta ser controlada y explotada por Gran Bretaña; por una parte, compra en 1875 un paquete de acciones de la Compañía; por otra, penetra en 1882 en Egipto, entablando contacto con soberanos que se colocan bajo su protectorado, primero *de facto* y en 1914 *de iure;* por último, se asegura el control de la salida del mar Rojo y crea un puerto carbonífero en Aden. En Somalia sustituye su autoridad a la de Egipto en Zeila y Berbera (en 1884). El territorio, convertido en Somalia británica, es administrado hasta 1898 por el gobernador de la India. Pasa entonces a dependencia del Foreign Office, y después, en 1905, bajo autoridad del Colonial Office.

En 1899 las tropas anglo-egipcias, al mando de Kitchener, reconquistan a las mahdistas el Sudán nilótico, pasando éste bajo control anglo-egipcio. Khartum, la capital, es colocada bajo la autoridad del Sirdar del ejército egipcio, que tiene el título de gobernador general. Está asistido por un Consejo legislativo y un Consejo ejecutivo. Trece provincias son confiadas a gobernadores, todos británicos, oficiales del ejército anglo-egipcio o funcionarios civiles. Cada provincia está subdividida en distritos, mandados por oficiales egipcios y controlados por inspectores británicos.

Razones secundarias orientan igualmente la atención de los occidentales, pero sobre todo de los británicos, hacia el este africano. Una causa es el deseo de poner fin progresivamente al tráfico de esclavos; otra es la curiosidad científica. Aún se ignora, en 1855, dónde están las fuentes del Nilo. Misioneros y exploradores se entregan a la tarea.

Son dos misioneros, G. Rebmann y L. Krapf, los que, antes de 1850, hablan de altas montañas cuyas cumbres están cubiertas de nieves perpetuas. Casi no se da crédito a sus informes que, sin embargo, son la primera mención del Kilimandjaro y del Kenya. Los mercaderes y caravaneros hablan de grandes lagos. La Sociedad Real de Geografía de Londres encarga a una misión de exploración que verifique sus relatos y que explore la región del lago Ujiji. Burton y Speke, que salen de Zanzíbar en 1857, llegan al lago llamado Tanganyka en 1858. Al regreso, habiéndose separado, Speke descubre el lago Victoria. Piensa que ha encontrado la fuente del Nilo, lo que Burton niega. En el transcurso de una segunda expedición, en 1860, esta vez con Grant, Speke rodea el lago Victoria y alcanza la parte ya explorada del río.

Samuel Baker, que va al encuentro de Speke por el Nilo, remonta el río en 1864. Alcanza un lago, que denomina lago Alberto en honor del esposo de la reina de Inglaterra. Durante diez o quince años las misiones de exploración se sucederán, reduciendo poco a poco el misterio de las fuentes del Nilo.

Las tres exploraciones de Speke tienen un gran mérito geográfico; pero tienen aún más resonancia al revelar al público europeo la existencia, en el interior aún inexplorado del continente africano, por una parte, de un tráfico esclavista árabe, y por otra, de un reino negro, Buganda, cuyas instituciones le parecen testimonio de un grado de civilización hasta entonces insospechado en Africa central, aunque los asesinatos y sacrificios humanos sean en él moneda corriente.

Más al Sur, David Livingstone había descubierto en 1856 el lago Nyassa y fundó allí una misión que no había conseguido mantenerse, sobre todo a causa de la hostilidad de los negreros árabes que dominaban la región.

Quince años más tarde los británicos fundan la African Lakes Company, que construye una carretera hasta el Tanganyka y hace navegar un pequeño vapor sobre el lago. Los esfuerzos británicos de penetración misionera, consular y comercial en la región del Nyassa chocaban con las pretensiones portuguesas y con la hostilidad de los cheiks árabes cuyo tráfico se interfería.

Los sucesivos Gobiernos británicos, sobre todo los de lord Salisbury, dieron un apoyo político, moral y financiero a la Compañía de los Lagos, cuya acción fue conducida por el capitán Lugard, del ejército de las Indias, y por Harry Hamilton Johnston. En su calidad de agentes de la Compañía asumieron a partir de 1888 «la pacificación y la organización de Nyassalandia», es decir, su colonización. Concluyeron con los jefes de las tribus numerosos tratados de protectorado; esto permitió, de momento, bloquear las pretensiones portuguesas y las de la Asociación Internacional del Congo, es decir, de los agentes de Leopoldo II, que comenzaban a manifestarse. La preponderancia británica en Rhodesia del Norte quedaba así asegurada y, más tarde, confirmada por el acuerdo anglo-portugués de 1891. La costa occidental del lago Nyassa y el valle del Chiré, que desciende desde el lago hasta el Zambeze, fue declarada protectorado británico de Africa central: **British Central Africa** Protectorate.

La Compañía de los Lagos, cuyas operaciones comerciales —y, por tanto, los beneficios— se reducían a poca cosa, conservaba sus propias responsabilidades y se convertía en una filial de la South Africa Co. de Cecil Rhodes. En 1891 Johnston se convertía en comisario del protectorado. El territorio del protectorado permanecía distinto del que más tarde debía constituir Rhodesia del Norte; por el contrario, englobaba (a partir de 1893) el territorio de las misiones cristianas.

No obstante, la pacificación sólo avanzaba lentamente, a pesar del apoyo de las tropas que Johnston había hecho venir de las Indias. Hasta 1895 no fueron definitivamente sometidos los mercaderes árabes y sus aliados locales, los yaos; en 1904 todas las tribus reconocieron la autoridad del protectorado, que en 1907 tomó el nombre de protectorado de Nyassalandia. Al lado de las misiones se instalaron plantadores europeos que sembraron té y tabaco en las mesetas situadas al sur del lago.

Más al Norte, de 1875 a 1895, los dos factores políticos son, por una parte, la Compañía británica IBEA (Imperial British East Africa Co.), y, por otra, el rey Kabaka de Buganda.

La Compañía IBEA era una Compañía privilegiada encargada de representar los intereses británicos en el este africano, tal como habían sido definidos por la Conferencia de Berlín y por los acuerdos germano-británicos de 1886. La comarca, situada entre el Océano Indico y el lago Victoria (lo que más tarde constituirá Kenya y Tanganyka), parecía poco atrayente: a lo largo de la costa, marejadas; en el interior, altas mesetas y terreno montañoso mal conocido y ocupado por tribus peligrosas. El único interés de la región parecía ser, en esta época, el acceso al lago Victoria y a la región de Uganda, a donde en 1875, unos doce años después de Speke, hizo Stanley (que era periodista antes de ser explorador) una expedición con gran tumulto, anunciando que el Kababa Mutesa, rey de Buganda, pedía que se le enviaran misioneros.

Inmediatamente (en 1877) la Church Missionary Society enviaba una misión anglicana, al tiempo que de Francia partía una misión de padres blancos, una orden que acababa de ser fundada en Argelia y que se consagraba especialmente a Africa. El Kababa Mutesa acogió bien a las dos misiones, pero no les dejó desarrollar su actividad a su manera. Y es que él no pensaba servir a estas misiones, sino al contrario, servirse de ellas para luchar contra la influencia musulmana. Una doble presión árabe, procedente por un lado del litoral oriental y por el otro del Alto Nilo, comenzaba a alcanzar y a amenazar Uganda. Mutesa rogó, pues, a los misioneros que limitaran su acción a la capital.

Dejó convertirse a una buena parte de su familia, de su corte y del Consejo, el Lukiko. Unos se convirtieron al catolicismo, otros al protestantismo. Los recién convertidos de la corte constituyeron facciones políticas, los católicos *franza* y los protestantes *ingleza,* que entraron en rivalidad.

No obstante, el Islam avanzaba en las provincias del norte de Uganda. Cuando Mutesa murió en 1885, su sucesor, Mwanga, se convirtió al Islam y se puso a perseguir a los cristianos. Un obispo anglicano, que venía a tomar posesión de su cargo, el reverendo James Hannington, fue asesinado en el momento en que penetraba en Uganda. Las facciones cristianas se sublevaron contra Kabaka y sus apoyos musulmanes, abocando al país a la guerra civil.

En virtud de los acuerdos germano-británicos de 1886, Uganda estaba comprendida en la zona de interés británico. La Compañía IBEA, encargada de los intereses británicos, reclutó a Lugard, que acababa de dejar Nyassalandia a Johnston; le encargó pacificar ahora Uganda. Lugard, atravesando el Kenya, llegó en 1890 con sus hombres junto al Kabaka. Dando su apoyo a las facciones cristianas y dispersando a los musulmanes, firmó un acuerdo con Mwanga por el cual Kabaka ponía su reino bajo la protección de la Compañía IBEA. No obstante, las luchas intestinas recomenzaron, esta vez entre la facción católica y la facción protestante, apoyada por Lugard y sus tropas. La situación tomaba las proporciones de una guerra civil, lo que superaba claramente la competencia de una Compañía privada.

A finales de 1893 el Gobierno británico decidió proclamar el protectorado británico sobre Uganda. En 1895 tomó bajo su control el resto del territorio de la Compañía (lo que en el futuro será Kenya) en el momento en que decidía construir un ferrocarril que uniera Uganda, a través del lago Victoria, con la costa. Este ferrocarril, terminado en 1901, unía el puerto de Mombasa a Kisumu, en la costa oriental del lago Victoria; desde aquí el vapor, atravesando el lago, llegaba a Buganda, en la costa oeste, después de una travesía de 300 km. El ferrocarril reducía en un 97 % el precio del transporte de mercancías entre el interior y la costa. Había costado cinco millones y medio de libras, es decir, veintiséis millones de dólares al curso de la época; era, después del canal de Suez, el proyecto más importante de toda África. A falta de mano de obra local, había sido necesario para realizarlo hacer venir hindúes, muchos de los cuales se quedaron después. Fue necesario atravesar desiertos y altas mesetas entre los macizos del monte Kenya y del Kilimandjaro. Los obreros eran atacados por los leones. Las tribus cuyo territorio atravesaba la línea, robaban los raíles y los hilos del telégrafo. Los trabajadores importados trajeron consigo la viruela, por lo que se produjo una epidemia entre los kikuyus que habitaban el país. La epidemia, la fiebre aftosa, que destruía el ganado, una sequía excepcional y auténticas invasiones de langostas devastaron las mesetas. Se estima que del 20 al 50 % de los kikuyus perecieron o abandonaron la región, a lo largo de la vía, con lo que aparecieron amplios espacios abandonados y disponibles para los nuevos colonos. Pronto se descubrió que el clima era soportable y el suelo fértil. A lo largo del ferrocarril se instalaron los plantadores, hindúes primero, europeos después, a partir de 1902. Estos fundaron la ciudad de Nairobi.

En Uganda, el protectorado británico traía poco a poco la paz a Buganda y a los otros Estados de Uganda, principalmente Bunyoro y Toro. En Buganda, el Kabaka Mwanga, presionado por Lugard, había renunciado oficialmente al Islam, pero en el fondo de su corazón no aceptaba el protectorado. En 1897 huyó e intentó provocar una sublevación. Reprimida la insurrección, fue depuesto. No teniendo más que un año su heredero legítimo, los británicos confiaron la regencia del pequeño kabaka a un triunvirato de ministros, dos protestantes y uno católico.

En diciembre de 1899 Johnston (convertido en sir Harry) fue enviado a su vez a Uganda, para recomenzar allí la operación que había realizado con éxito en Nyassalandia y para organizar el protectorado sobre la base de una unificación de la moneda, de una codificación de las leyes, de un mejoramiento de los ingresos, de una reducción de los gastos y de la abolición de la esclavitud, todo esto con el mayor respeto posible por las instituciones locales. Su autoridad y su eficacia le eran conferidas por la misión que le había sido encomendada, pero aún más por el hecho de que llevaba con él un bonito regalo: el ferrocarril de Mombasa.

Propuso a los regentes una reforma profunda que afectaba sobre todo al régimen de la propiedad territorial. En todo caso, fue esta parte de la reforma la que tuvo consecuencias más profundas.

Tradicionalmente, el kabaka, en tanto que soberano, era el propietario nominal de la tierra. Los jefes que él colocaba al frente de los «sazas» o distritos recibían sus derechos solamente de él. Sin duda era raro que les relevara de sus funciones, pero podía hacerlo. El jefe que había desmerecido era privado a la vez de su autoridad administrativa y de su propiedad. Pero salvo este caso, era él quien mantenía el orden en su saza, cobraba los impuestos, administraba justicia, adjudicaba las tierras a los campesinos, subdelegaba sus poderes a señores inferiores. Los jefes de saza formaban parte de una alta nobleza, los bakungos; los otros constituían una nobleza menor, los batongolos. Pero se trataba, en cierta manera, de una nobleza administrativa y no de una nobleza feudal propietaria de feudos hereditarios.

El kabaka no era tampoco un soberano absoluto. Tenía junto a él un Consejo, el Lukiko, representante de la aristocracia dirigente. Sin duda, los deseos de este Consejo no se expresaban al modo europeo, en forma de voto; pero el soberano tendría buen cuidado de hacer caso del parecer del Lukiko.

Este sistema, que aseguraba la cohesión del reino, la continuidad del poder y el control efectivo de la administración, era el resultado de una combinación de tradiciones bantúes y de tradiciones nilóticas. En efecto, parece ser que, en el transcurso de los siglos, sucesivas oleadas de cultivadores, quizá bantúes, que procedían del Camerún a través del bosque ecuatorial, y de pastores nilóticos himas provenientes del Alto Nilo que, descendiendo hacia el Sur con sus rebaños, a lo largo de los grandes lagos, a través de las regiones donde la mosca tsé-tsé no existe, se habían más o menos amalgamado, constituyendo, esencialmente en Uganda, los reinos de Buganda, Bunyoro, Toro, Acoli (o Ankole), y más al Sur los de Ruanda y Urundi. El reino de Buganda era el que más impresionaba a los exploradores europeos por el equilibrio que había sabido encontrar en el siglo XIX; la ganadería y el cultivo del mijo en las orillas del lago se complementaban favorablemente; no había conflictos raciales entre los bantúes y los nilóticos de origen, que parecían haberse fusionado con facilidad, casándose los príncipes himas gustosamente con las mujeres de la raza de los cultivadores; no había conflictos religiosos, ni sociales, ni políticos. Aunque disponía de un ejército disciplinado y de una flota con varios centenares de canoas de guerra, el kabaka era un soberano pacífico. Numerosas tribus vecinas pedían su protección y les pagaban gustosamente tributo.

El reino de Bunyoro tenía una organización ligeramente diferente. Territorio más extenso, también más poblado, el reino de Bunyoro había extendido su dominación en el siglo XVIII por vía de conquistas. Sus soberanos, al contrario de los de Buganda, no habían escogido una capital fija. No obstante, el Bunyoro no había mantenido su cohesión, a causa de una misma extensión (Toro se había rebelado al principio del siglo XIX), y cuando los europeos llegaron tuvieron la impresión de que Buganda ofrecía un terreno más favorable para una experiencia de cooperación entre negros y blancos, bajo la forma de un protectorado británico.

Es esta idea la que sir Harry Hamilton Johnston viene a proponer a Buganda y a concluir la Convención de 1900.

Según los términos de esta Convención, era proclamado el protectorado británico sobre Uganda en el sentido amplio del término, es decir, no solamente sobre Buganda, con quien se había llevado a cabo la Convención, sino también sobre Bunyoro, Toro y Acoli. Bunyoro, que había ofrecido alguna resistencia, fue liquidado militarmente por las tropas de Buganda, actuando por cuenta del protectorado. Considerado como país conquistado, parte de su territorio se adjudicó a jefes protestantes y católicos de Uganda.

Desde el punto de vista de la estructura política, el kabaka continuaba siendo soberano autónomo, aunque protegido. El Consejo consultivo o Lukiko estaba compuesto en principio por jefes de saza designados por el kabaka; su designación estaba, en adelante, sometida a la aprobación de la autoridad británica; por el contrario, la autoridad británica podía pronunciar las revocaciones directamente sin el acuerdo del kabaka.

Este debía obtener el asentimiento de la autoridad británica para cualquier medida que adoptara. Los británicos se reservaban el derecho de deponer al kabaka si éste era «manifiestamente desleal» *(distinctly disloyal)* hacia la corona británica.

Pero la particularidad de este acuerdo de protectorado, hasta aquí relativamente trivial, consistía en una originalidad que arrastraba muchas consecuencias. Comprendía una reforma total del sistema de propiedad territorial de Uganda. Al principio de la negociación del acuerdo, sir Harry, aportando consigo la noción europea de propiedad, e incluso más exactamente una concepción británica del latifundio, propuso al kabaka atribuir las tierras del reino al propio kabaka, a la familia real, a los jefes de saza, al conjunto de la población y el resto a la corona británica. El dominio de ésta comprendería esencialmente los bosques y las tierras sin cultivar. En el transcurso de las negociaciones, sir Harry renunció rápidamente a defender a los dos últimos beneficiarios, el pueblo de Uganda y la corona británica. De la reforma de la propiedad territorial llamada *mailo* quedaba únicamente el reparto de tierras entre el kabaka y la aristocracia, o más exactamente los miembros de esta aristocracia que estaban en la corte en aquel momento. Hubo alrededor de 3.700, a quienes el Lukiko distribuyó las tierras. En términos de derecho feudal, sus «beneficios» o «feudos» eran transformados en «alodios»; en lugar de ser depositarios provisionales de una función administrativa, los señores se convertían en propietarios (en el sentido europeo del término) de inmensos dominios. A este título, se hacían relativamente independientes del kabaka, del mismo modo que los señores feudales se habían ido independizando frente al rey de Francia o al rey de Inglaterra. Los campesinos quedaban reducidos al estado de simples colonos, sin que se tuvieran en cuenta sus anteriores derechos o su estatuto tradicional.

Es difícil determinar cuál era, en la mente de los negociadores, tanto africanos como británicos, la parte de astucia, la de buena fe y la de interés en todo este asunto. Al introducir en esta parte de Africa un régimen de propiedad territorial que se parecía más al de la Inglaterra medieval que a ningún sistema africano, los británicos ciertamente estimaban que hacían realizar a Uganda un progreso político y social; pensaban que el régimen de la propiedad territorial desarrollaría una nueva oligarquía de *landlords* africanos, de entre los que se destacaría una *élite* dotada de un sentido británico de la responsabilidad. Pensaban también, quizá con razón, que esta aristocracia que veía como se le atribuía, a título de propiedad privada y hereditaria, inmensos dominios (la base del reparto era la milla cuadrada, es decir, el lote de doscientas cincuenta hectáreas), se sentiría ligada a la potencia británica que tan ricamente la abastecía.

En todo caso, en 1900 se habían sentado los cimientos para una experiencia de gobierno indirecto por asociación de la autoridad británica y de la autoridad indígena con vistas al establecimiento de estructuras estables. Esta experiencia presentaba una doble originalidad: en primer lugar, se acompañaba por una reforma del régimen de la propiedad, y por tanto de la estructura social, en un sentido casi feudal, siendo considerado el feudalismo como una etapa educativa de las naciones; por otra parte, esta experiencia coincidía con la apertura de la comunicación por vía férrea con la costa y con el desarrollo de cultivos industriales, el algodón y el azúcar. Más adelante veremos el desarrollo de esta experiencia.

14. La colonización belga

Los planes de Leopoldo II —que obraba a título personal y no como rey de los belgas— sobre la cuenca del Congo habían provocado indirectamente la Conferencia de Berlín de 1884-1885, y habían, si no desencadenado, al menos animado, la carrera hacia el reparto de Africa entre las potencias europeas. Al contratar al explorador Stanley en 1879, Leopoldo le encarga abrir una vía de penetración a lo largo del río Congo, desde la desembocadura hasta las cascadas de Stanley, en el lugar donde se encuentra hoy Stanleyville, en el mismo lugar también donde el río se acerca más a Uganda. El curso del Congo, el río más poderoso de Africa, está interrumpido por rápidos, a 150 km. de su desembocadura. Después se le puede remontar durante 1.500 km. sin interrupción; pero a continuación se encuentran tres series de rápidos que dividen su curso en presas navegables. La utilización de la vía fluvial planteaba, pues, numerosos problemas de organización y exigía para comenzar la construcción de una vía férrea desde Matadi hasta lo que más tarde sería Leopoldville.

Leopoldo II había encargado igualmente a Stanley que negociara tratados con los potentados locales. Por su lado, se dedicaba a comprar las participaciones que otras personas, belgas o extranjeras, tenían en la Asociación Internacional del Congo, convirtiéndose así en el único detentador de la misma.

La Conferencia de Berlín reconoce en 1885 que el Estado libre del Congo es propiedad de la Asociación Internacional (es decir, de Leopoldo como persona privada). El Estado libre debe ser independiente, neutro, y forma parte de una zona libre, abierta a la navegación y al comercio, que se extiende hasta el Océano Indico. No obstante, Leopoldo había gastado casi toda su fortuna personal en comprar las participaciones de que hemos hablado y financiar las primeras operaciones de toma de posesión de su inmenso dominio. Quedaba ahora valorizarlo. Ahora bien, no le quedaban ya recursos personales suficientes; la Convención de Berlín, que hace del Estado libre del Congo una zona de libre-cambio, le prohibía, en principio, imponer derechos de aduana en la entrada (esta restricción fue levantada en 1891); ningún tributo fiscal era posible, al no existir movimiento de fondo y administración financiera. El Estado belga, por su parte, no tenía ninguna razón para otorgar créditos con la finalidad de valorizar la propiedad privada de su soberano.

Para financiar esta valorización no le quedaba a Leopoldo II más que una solución: otorgar concesiones y monopolios a las Compañías privadas. Es así como otorgó monopolios para la construcción y explotación de ferrocarriles, sobre todo el que, partiendo del puerto de Matadi, llega al río más arriba de los primeros rápidos, a la altura de Leopoldville. Las Compañías concesionarias de ferrocarriles recibían además, accesoriamente, concesiones territoriales sumamente extensas.

Leopoldo otorgó también otras concesiones, éstas puramente territoriales, que implicaban todos los derechos de valorización sobre el territorio concedido. La más importante fue atribuida a la Compañía de Katanga, que recibió aproximadamente la quinta parte de la superficie territorial del Congo.

Era habitual que Leopoldo se reservara a título personal una parte importante —el 50 %— de las acciones de las Compañías concesionarias. Además, se había hecho atribuir a título de propiedad personal alrededor de la décima parte del territorio en un solo bloque situado en el centro del Estado libre. Se podía constatar que esta propiedad privada era tan extensa como el territorio de las Islas Británicas. Por otra parte, era el mayor comerciante del mundo en marfil y caucho.

En 1890, Leopoldo II hizo público el testamento por el cual legaba el Congo a la nación belga. Con esto intentaba incitar al Parlamento belga a que le concediera un préstamo para la valorización; este préstamo fue rehusado por el Gobierno liberal.

El rey Leopoldo se revelaba como un gran comerciante; su ambición era tan grande como la de Cecil Rhodes. El Congo, por lo demás, no representaba más que una parte de sus operaciones; se dedicaba también a especulaciones de terrenos en la Costa Azul y en las playas belgas.

No obstante, la valorización realizada por las Compañías privadas, orientadas hacia la rentabilidad inmediata, desembocaba en la explotación tanto del suelo como de los habitantes, sin perspectivas de desarrollo a largo plazo, sin inquietud social o política. Las jefaturas tradicionales eran consideradas núcleos de resistencia a la autoridad colonial y, en la medida de lo posible, eran dislocadas por los agentes de las Compañías. Su autoridad era sustituida por la de los negros que habían sabido complacer a los blancos por su diligencia en servir a sus deseos. Los colonos les dejaban elegir los medios necesarios para ejercer su autoridad, una vez que su fidelidad había sido comprobada. Las aldeas se veían obligadas a prestaciones en trabajo o en género: caucho, marfil, alimentos, gallinas o corderos, sin que nadie se asegurara previamente de que tenían la posibilidad de entregar lo que se les pedía.

El primer gobernador es Stanley; dimite muy rápidamente, en 1887. El poder efectivo del Alto Congo, de difícil acceso, se le deja durante cierto tiempo al negrero Tippu Tip, abastecedor de los mercaderes de esclavos árabes. Los abusos de las Compañías, los de Tippu Tip, acaban siendo conocidos en Europa, a pesar de que Leopoldo se esfuerza en impedir el acceso al territorio a los investigadores, y, sobre todo, a los miembros de una Sociedad humanitaria británica, la «Aborigines' Protection Society», que desencadena una campaña de opinión contra la forma en que es administrado el Estado libre del Congo. Un cónsul británico, Roger Casement, hace en 1903 un informe muy duro que incita al Parlamento británico a votar una resolución pidiendo una profunda reforma. Por la Ley de 18 de octubre de 1908, el Parlamento de Bélgica decide desposeer a Leopoldo de sus derechos sobre el Congo y confiar al Gobierno belga la gestión del Estado libre, que toma el nombre de Congo belga.

El Estado belga, que asume de improviso esta responsabilidad, no tiene ni doctrina colonial, ni cuadros, ni medios presupuestarios para asegurar la gestión de un territorio con una extensión 90 veces mayor que la de la metrópoli, casi tan grande como la India, aunque infinitamente menos poblado. Las Compañías ven sus privilegios reducidos, al menos desde el punto de vista administrativo; sus derechos económicos son mantenidos, puesto que se trata de animar la inversión de capitales privados. La Compañía de Katanga, que está poniendo en explotación en ese momento minas de cobre fabulosamente ricas, pasa a ser controlada por el Estado belga. Varias ciudades, entre ellas Elizabethville, son fundadas. Se establecen comunicaciones ferroviarias y fluviales de un extremo a otro del Congo, así como con los territorios vecinos de Tanganyka y Rhodesia del Norte. No obstante, los africanos no son asociados en ningún aspecto, más que como asalariados, a esta valorización del país. La doctrina oficial es que, automáticamente, todos se beneficiarán al final de la prosperidad del territorio, único objetivo que hay que perseguir.

15. La colonización alemana

Hemos visto el papel que los exploradores alemanes (sobre todo, Barth y Rohlfs) han desempeñado en el descubrimiento del interior del Continente. Hemos visto igualmente cómo uno de ellos, el doctor Gustav Nachtigal lleva a cabo, cinco días antes de la llegada del cónsul británico, un acuerdo de protectorado con el rey Bell, jefe de la tribu de los dualas, en la costa del Camerún. En el transcurso de la misma expedición, Nachtigal concluyó un acuerdo semejante en la costa togolesa. Esto sucedía entre mayo y julio de 1884. La preponderancia de los intereses alemanes en esta zona fue reconocida, bajo la forma de un protectorado, por la Conferencia de Berlín.

El Gobierno alemán no tenía ninguna intención de emprender, al menos inmediatamente, una política colonial. Sus tomas de posición en Africa, eran más bien peones colocados sobre el tablero diplomático, y opciones para el futuro. Consideraba que los protectorados debían ser el campo de acción de Compañías privadas; no tenía la intención de invertir en ellos los fondos públicos.

No obstante, pronto se hizo evidente que la tarea asumida en Africa era demasiado ingente para los medios de simples Compañías privadas, y planteaba problemas de Estado. Por ejemplo, desde 1891 había sido necesario constituir fuerzas de policía indígenas, a veces poco seguras, y cuyas actividades sobrepasaban rápidamente los límites del mantenimiento del orden. Así, cuando los comerciantes alemanes quisieron, en virtud del monopolio que les había sido concedido, controlar el tráfico entre la costa del Camerún y el interior, sobre todo la plaza comercial de Yaoundé, que servía de enlace con las altiplanicies de Adamaua, chocaron con los intereses particulares de la tribu de los dualas, con quienes precisamente había sido concluido el tratado de protectorado, y que en el momento de la firma del mismo tenía el monopolio de hecho del tráfico entre las costa y el interior. Fueron precisos cuatro años de verdadera guerra para reducir a los dualas y abrir a los mercaderes alemanes el camino de Yaoundé. Se necesitaron aún veinte años para construir una carretera de 200 Km. practicable para vehículos. Hasta entonces, no había sido posible hacer el transporte más que a hombros.

Los plantadores blancos intentaban implantarse, sobre todo,

en las laderas del monte Camerún, donde esperaban encontrar tierras fértiles. No obstante, las plagas hacían estragos entre las plantaciones de café. Al igual que en otros lugares de Africa, la plantación planteaba aquí dos clases de problemas. En primer lugar, era necesario encontrar mano de obra barata; en este aspecto la única solución era prácticamente el empleo del trabajo forzado. Por otra parte, ¿era aplicable el régimen europeo de la propiedad privada? ¿Lo era solamente para los blancos, o en pie de igualdad para blancos e indígenas? La administración alemana adoptó en 1907 un código colonial de la propiedad aplicable a todos, cualquiera que fuera su origen.

La administración militar alemana se había visto obligada a tomar rápidamente el relevo de las Compañías concesionarias que quebraban. No obstante, en 1903, el Consejo Consultivo (Gouvernementsrat) le fue adjuntado al gobernador. El mismo año, la administración colonial alemana se había hecho civil. Pero, civil o militar, practicaba la administración directa. El término de protectorado no era más que un nombre. En 1910 la pacificación estaba acabada. En 1894 la Convención de Berlín adjudicó a Alemania la región de Adamaua, que hasta entonces había estado en manos de los emires peules.

La administración colonial alemana tendía a ser eficaz; a veces ruda y expeditiva, pero siempre preocupada del interés general, considerado como el objetivo supremo al cual todo se subordina. Así, estimaba que era interesante desarrollar la instrucción a fin de aumentar el rendimiento de los trabajadores africanos, mejorando su cualificación. El principio de la enseñanza obligatoria fue proclamado por primera vez en un territorio africano, en el Camerún, en 1910. Fueron abiertos Institutos de agronomía colonial. Se hizo un gran esfuerzo por desarrollar los transportes. Los administradores coloniales alemanes eran mantenidos durante largo tiempo en su puesto para que conocieran su circunscripción y fueran útiles en la misma.

Los alemanes ocuparon otros dos puntos del Continente. Había un vasto territorio litoral entre Angola y la colonia de El Cabo, entre el Atlántico y el desierto de Kalahari, que era poco fértil, estaba poco poblado y había sido poco explotado. En 1847 una misión religiosa alemana, la Misión Rhenana, se estableció allí. En 1883 es un comerciante alemán, Lüderitz, el que desembarca en Angra Pequenha y se instala allí, fundando el establecimiento de Lüderitz-Bucht. En 1884 es proclamado el protectorado alemán sobre Damaralandia y Namakualandia, bajo el nombre de protectorado del Sudoeste Africano. En este territorio casi desierto (en 1913, después de la pacificación, no había más de 80.000 habitantes en un espacio de 800.000 km^2) de sabana y estepa, hay pocos recursos; esencialmente la cría de ovejas, un poco de cobre y diamantes.

Los alemanes habían tenido que enfrentarse a la viva resistencia, primero de los hotentotes namakuas, vencidos en 1894, luego de los hereros, vencidos y parcialmente «domesticados» en 1904-1905. La administración alemana construye ferrocarriles, de interés más estratégico que económico, abre pozos de agua e instala algunos colonos alemanes.

En Africa oriental, la toma de posesión de su territorio colonial por parte de los alemanes fue también agitada. Un explorador, Karl Peters, había sido enviado a la región por una Compañía privada que actuaba por cuenta propia. Concluyó tratados de protectorado en una zona situada entre el Océano Indico, el lago Victoria, el lago Tanganyka y el lago Nyassa. En febrero de 1884 funda una Compañía, la *Deutsch-Ostafrikanische Gesellschaft*, que recibe inmediatamente de Bismarck un privilegio imperial. Esta Compañía se hace ceder por el sultán de Zanzíbar, en virtud de un contrato de arrendamiento de cincuenta años, una parte de la zona costera, estando concedido el resto a la Compañía británica IBEA. Peters y sus hombres exploran el interior en dirección a los lagos. Pero tropiezan con los tratantes árabes que están establecidos en la región. La resistencia se hace violenta, algunos alemanes son matados y la Compañía evacua finalmente el interior del territorio, replegando a sus hombres sobre la costa. Bismarck envía en 1889 una expedición militar que lleva a cabo una dura campaña. Una vez liquidada la resistencia el Gobierno alemán se encarga, sin mediación ya de la Compañía, de colonizar un territorio que es dos veces más grande que el del Reich.

Un acuerdo germano-británico fijó las fronteras entre los territorios británicos (Kenya, Uganda y Rhodesia del Norte) y el territorio alemán. En virtud de este acuerdo de 1890 la isla de Zanzíbar es atribuida a Gran Bretaña, cediendo en cambio los ingleses a Alemania la isla de Helgoland, en el Mar del Norte.

Un episodio más rocambolesco que político tiene lugar en esta época: un sabio alemán, Eduard Schnitzler, convertido al Islam y habiendo adoptado el nombre de Emin Pachá, recibe del Khedive en 1878 el gobierno de la provincia egipcia de Equatoria, en el Alto Nilo. La revuelta de Mahdi hace que éste quede aislado de Egipto. En Europa se extiende el rumor de que se encuentra en dificultades. Stanley, a la sazón gobernador general del Congo, siempre al acecho de la ocasión de hacerse publicidad, y quizá previendo también una ampliación del dominio del rey Leopoldo hacia las fuentes del Nilo, emprende en 1889, con gran bullicio, una expedición de socorro. Mientras él sale del Atlántico, el alemán Karl Peters organiza una expedición con el mismo objeto, pero que parte de Zanzíbar. Stanley se encuentra en dificultades. Peters llega primero. Persuade al Emin Pachá para que abandone Equatoria a los mahdistas. Emin Pachá y Peters reemprenden juntos el camino de Zanzíbar. A su paso por Uganda, concluyen un acuerdo de amistad con el kabaka. Este acuerdo, que podía haber supuesto para Alemania la anexión de Uganda, no tendrá en realidad consecuencias. Unos y otros ignoran que lord Salisbury y Bismarck realizan en Europa en el mismo momento el Tratado de Heligolandia, que atribuye a Gran Bretaña, Uganda, Kenya y el control sobre el sultanato de Zanzíbar; mientras que Alemania, por su parte, recibe lo que más tarde será Tanganyka.

16. Africa y las dos guerras mundiales

I AFRICA Y LA PRIMERA GUERRA MUNDIAL

Desde hacía varios decenios se había consumado el reparto de Africa, y cada uno de los países coloniales se ocupaba —sin prisas— de organizar sus posesiones de ultramar, cuando sobrevino la Primera Guerra Mundial. Todas las potencias coloniales, y a través de ellas, sus posesiones africanas, fueron arrastradas a la guerra.

En la misma Africa las acciones de guerra fueron relativamente escasas. Había, en un campo, las cuatro posesiones alemanas, y, en el otro, el resto de Africa.

En Togo, el mayor Von Doering, que manda la Colonia, propone a los aliados una neutralización del territorio. Pero una columna francesa procedente de Dahomey, junto con elementos británicos llegados de Gold Coast, prefieren forzar a Von Doering a capitular al cabo de tres semanas, el 26 de agosto de 1914. Francia ocupa la parte oriental de la colonia: la costa hasta Anecho y el interior hasta la carretera Atakpamé-Sokodé-Mango; los británicos ocupan la parte occidental, es decir, Lomé.

En Camerún, territorio mucho más extenso y difícil, las operaciones duran más tiempo. En la costa, más accesible a los asaltantes, Duala cae el 28 de septiembre de 1914. Pero en el Norte las operaciones se prolongan. Columnas francesas venidas de Tchad y columnas británicas provenientes de Nigeria, convergen. Marua cae el 14 de septiembre de 1914, Garua en junio de 1915, Ngaunderé en julio y Yaoundé en enero de 1916. Las tropas alemanas se retiran a Guinea española y son neutralizadas. Hay que hacer notar que franceses, británicos y alemanes, alinearon, opuestos entre sí, a tiradores africanos encuadrados por europeos.

El Sudoeste africano plantea otro problema. Las secuelas de la guerra de los bóers no se han borrado todavía. Cuando estalla la Primera Guerra Mundial en agosto de 1914, la Unión Sudafricana se alinea decididamente al lado de Gran Bretaña. Pero un veterano de la guerra de los bóers, el general de Wet, continúa siendo un nacionalista extremista. En 1913 se separa de Botha y de su partido que intentaba reconciliar los dos elementos blancos, los británicos y los afrikaanders (como se denominaba a los descendientes de los bóers). Cuando estalla

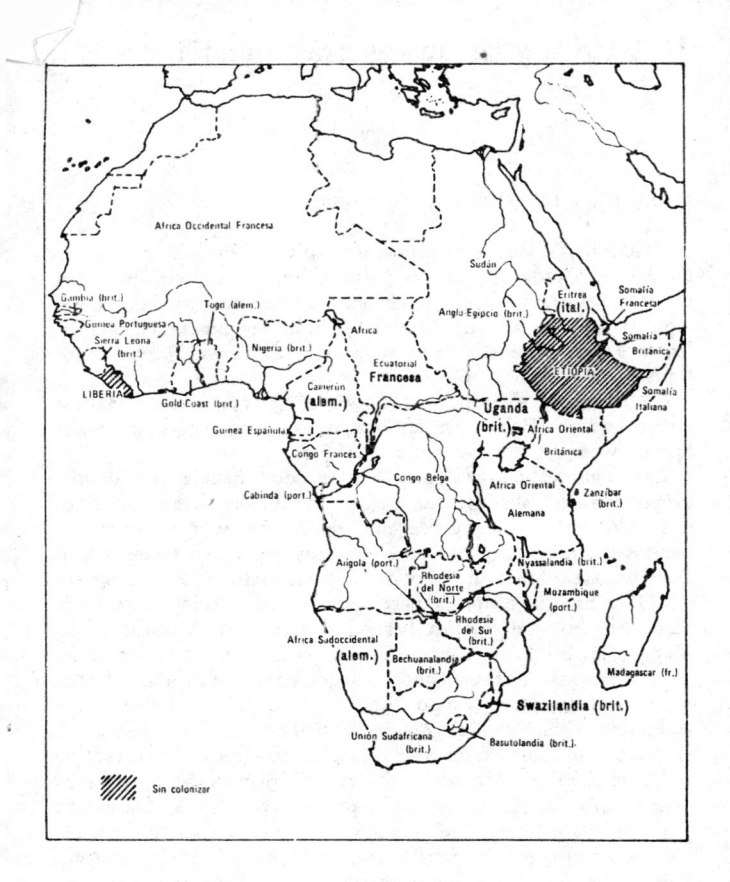

Fig. 16. Africa (1914).

la guerra, de Wet, que se acuerda de la simpatía que la Alemania de Guillermo II había manifestado por la causa de los bóers, pide primero que la Unión Sudafricana se mantenga fuera de la guerra. No obstante, pronto se ve arrastrado más allá de este objetivo; se ve llevado a asumir la dirección de algunos millares de afrikaanders que se alinean al lado de los alemanes. El primer ministro Botha envía al general Smuts para que sofoque la rebelión y ocupe el Sudoeste africano, donde los defensores alemanes son muy poco numerosos. Windhoek es ocupado en mayo de 1915, y la colonia capitula en julio.

En el Este africano las operaciones militares duraron hasta el armisticio de 1918. Por parte alemana, las operaciones son dirigidas por un oficial de gran categoría, von Lettow-Vorbeck, el mismo que había realizado en el Sudoeste africano las campañas de 1905-1906 contra los hotentotes y los hereros.

Von Lettow comienza rechazando a un cuerpo expedicionario británico que, partiendo de Zanzíbar y de la isla Pemba, intenta desembarcar en Tanga. No obstante, los belgas, cuyo territorio europeo había sido invadido por las tropas alemanas desde el principio de la guerra, atacan en Africa la Colonia alemana por el interior y liquidan las fuerzas navales alemanas en los lagos, en 1915. Los portugueses participan también en la campaña.

Pero, sobre todo, el general Smuts ataca a von Lettow con un cuerpo expedicionario reclutado esencialmente en la Unión Sudafricana, en las Rhodesias, en Uganda y en British East Africa (más tarde llamado Kenya). Obligado a abandonar la Colonia alemana, von Lettow pasa en noviembre de 1917 a Mozambique, donde se queda hasta septiembre de 1918. En este momento, desprovisto de avituallamiento, von Lettow pasa a Rhodesia, donde se apodera de los depósitos británicos. Cuando se proclama el armisticio, el coronel von Lettow tiene todavía consigo al fin de su brillante campaña, una columna de 30 oficiales y funcionarios alemanes, un centenar de suboficiales y soldados europeos y un millar de askaris africanos.

II. REDISTRIBUCION DE LAS COLONIAS ALEMANAS

Por el Tratado de Versalles (28 de junio de 1919) que pone fin a la Primera Guerra Mundial, Alemania pierde todas sus Colonias, que son adjudicadas a los aliados, sus antiguos adversarios.

Gran Bretaña, por su parte, recibe el Africa oriental alemana, que se convierte en Tanganyka (salvo Ruanda y Urundi, atribuidos a Bélgica); el Sudoeste africano, es entregado a la

Unión Sudafricana; la quinta parte del Camerún, que contiene minas y plantaciones y limita con Nigeria, y una parte de Togo, que limita con la Gold Coast, pasan igualmente a control británico. La autoridad británica se extiende, por fin, sin solución de continuidad, desde El Cabo hasta El Cairo, pero la época de los sueños imperiales y de las ambiciones planetarias toca a su fin.

Francia recibe el resto de Togo, que limita con Dahomey, y la mayor parte del territorio camerunés. Bélgica recibe por su parte los sultanatos de Ruanda y Urundi; y Portugal, el territorio de Kionga.

Pero no se trata —y esto es una innovación fundamental, al menos en su principio, que marca un giro en la historia de Africa— de una simple anexión, de una transferencia del poderío colonial. Las Colonias ex-alemanas no son adjudicadas a sus nuevos detentadores sino en virtud de un mandato de un Organismo supranacional: la Sociedad de Naciones. Esta considera que estos territorios, «al estar habitados por pueblos que aún no son capaces de dirigirse por sí mismos en las condiciones particularmente difíciles del mundo moderno», deben ser confiados a las tutelas de las potencias europeas. Estas no son ya, por tanto, potencias coloniales en el sentido clásico del término; mandatarias de la Sociedad de Naciones, han recibido el encargo de desarrollar, *en interés de los pueblos africanos,* a aquéllos de estos pueblos cuya tutela les es efectivamente confiada. En principio deben rendir cuentas a la Sociedad de Naciones de las condiciones en las cuales se ejerce su mandato; y la eficacia de la tutela será juzgada por el grado de avance de los pueblos tutelados hacia el objetivo considerado como normal y deseable, es decir, la autonomía y, seguidamente, la independencia. El deber político, moral y educativo de las potencias coloniales hacia los pueblos «menores» se coloca en el primer lugar de las exigencias.

Por supuesto, sólo después de la Segunda Guerra Mundial desarrollará todas sus consecuencias el principio instituido en 1919. Pero tiene una gran importancia el que desde entonces fuera establecido; que en definitiva las naciones coloniales suscribieran una declaración reconociendo que la relación colonizador-colonizado no era ni un ideal ni un fin en sí misma, sino la preparación de otra cosa; que era, de algún modo, una escuela de libertad e independencia.

Prácticamente, el principio no implica aún, en cuanto a aplicación del mismo, más que la obligación que asume la potencia tutelar de hacer de cuando en cuando un informe sobre su mandato, sin que la Sociedad de Naciones tenga medio de comprobar la veracidad del mismo; por otra parte, supone la prohibición de otorgar en los territorios bajo mandato privilegios o monopolios a compañías privadas. No se da ninguna indicación sobre el camino a seguir en el proceso de emancipación, no se propone ningún plan ni se impone fecha alguna; ni la cuestión de la representación africana en las Asambleas, ni la de la participación de los africanos en su propio Gobierno, son planteadas.

Los británicos integran simplemente con Nigeria su parte del Camerún y con la Gold Coast su parte de Togo. Los franceses administran los territorios bajo mandato —el resto de Camerún y Togo— como entidades separadas.

Tanganyka es el territorio que sufrió más durante la guerra; se trataba, en primer lugar, de restaurar las ruinas, de reconstruir el ferrocarril, de prestar socorro a la población diezmada por la gripe. Dos gobernadores británicos, sir Horace Byatt y sir Donald Cameron, reconstruyen Tanganyka en algunos años y hacen de ella un modelo de mandato. Los colonos alemanes son expulsados y sus concesiones son otorgadas a africanos o a nuevos inmigrantes. Un cultivo remunerador, el sisal (de donde sale el yute), es introducido y practicado a gran escala; se crean plantaciones de café. En 1925, cuando sir Donald sucede a sir Horace, Tanganyka produce ya dos veces más que antes de la guerra. Un ferrocarril une Dar-es-Salam al lago Victoria, a través de las estepas centrales.

Cameron se esfuerza en desarrollar una administración indígena. Confía a los jefes de tribu cuya autoridad le parece segura, la recaudación del impuesto y la administración de justicia en su primer grado. Crea en 1926 un Consejo legislativo cuyos miembros son designados desde arriba; en 1945 las tres razas —europeos, indios y africanos— estarán representadas en él por partes iguales.

En efecto, el problema racial no es grave en Tanganyka por parte de los europeos, teniendo en cuenta el pequeño número de colonos británicos y la expulsión de los colonos alemanes (en 1925 se había autorizado a volver a un cierto número de ellos, pero con el advenimiento del nazismo, fue necesario eliminarlos definitivamente); pero se plantea otro problema racial, el de los indios. Son ellos los que han introducido el cultivo del sisal, del que tenían experiencia; son ellos los que tienen prácticamente el monopolio del pequeño comercio.

Después de la Segunda Guerra Mundial, un plan británico muy ambicioso e insuficientemente preparado (el *Ground-Nut Scheme*) se marca como objetivo producir durante cinco años 600.000 toneladas anuales de cacahuete. Se invierten sumas enormes en el sudeste de Tanganyka y se construye un puerto artificial así como 200 Km. de ferrocarril; es importado un considerable material agrícola. El plan es un fracaso completo; es abandonado en 1951. La experiencia era, sin embargo, tanto más útil en cuanto que otro plan realizado en Gezirah (el Gezirah-Scheme), en el Sudán nilótico, había tenido un notable éxito, introduciendo el cultivo del algodón en regiones hasta entonces desechadas. Por lo menos se había aprendido la lección de que, para llevar a cabo con éxito un plan en Africa, era necesario hacerlo preceder de serios estudios preliminares, y pasar por un estadio intermedio de aplicación limitada y experimental que revelara las dificultades que no se podían preveer en el estudio teórico.

En las porciones de Togo y Camerún que les habían sido confiadas por mandato, los franceses, deseosos de presentar a la Sociedad de Naciones un balance positivo y deseosos también de no hacer menos que sus predecesores los alemanes, hacen un esfuerzo particular en el campo sanitario, extendiendo la vacunación y las medidas profilácticas; reconvierten la enseñanza escolar del alemán al francés; proceden en Togo a la valorización de sabanas estériles hasta entonces, y terminan en Camerún el ferrocarril de Yaoundé.

III. LA GUERRA DE ETIOPIA

No obstante, Italia, uno de los aliados victoriosos en 1918, que se consideraba como una potencia colonial, se veía frustrada por el Tratado de Versalles, al no haber recibido su parte de los despojos del Reich alemán. Por otra parte, quedaba un Estado africano, Etiopía, que había salvaguardado su completa independencia infringiendo a Italia la derrota de Adua.

Cuando —hacia 1928— Italia, instalada en Libia, ha terminado la conquista de Tripolitania y ha asegurado la implantación de sus colonos en la orilla del Mediterráneo, Mussolini prepara un plan más ambicioso: tomar la revancha de Adua y conquistar Etiopía.

Después de una declaración diplomática y militar, bajo un pretexto que no engaña a nadie, desencadena las operaciones de guerra en octubre de 1935. Etiopía está gobernada por un primo segundo de Menelik II. Nacido en 1892, Haile Selassie I, gobernador de provincia desde 1906, es rey (Negus) desde 1928 y emperador (Negus Negasta) desde 1930. Aunque había emprendido la modernización de su ejército, el cuerpo expedicionario italiano, provisto de armas poderosas y apoyado por la aviación que bombardea no solamente las posiciones militares sino también las ciudades, avanza rápidamente. Antes de fin de año, Adua, Axum y Makalé, caen.

El Negus pide la intervención de la Sociedad de Naciones, de la que Etiopía es miembro desde 1923. La S.D.N. constata su impotencia para hacer otra cosa que poner sanciones teóricas, esencialmente el rechazo de sus miembros a enviar materias primas a Italia. La Alemania de Hitler proporciona a Mussolini todo lo que necesita, por lo que el bloqueo resulta ineficaz.

En 1936 Gondar es ocupado, y las tropas italianas hacen su entrada en Addis-Abeba. El 9 de mayo Mussolini anuncia en Roma la anexión de Etiopía al Imperio colonial italiano. Abisinia, Eritrea y Somalia italiana forman el Gobierno general del Africa oriental italiana, gobernados por un virrey, y dividido en seis provincias. Durante cinco años Italia va a hacer un esfuerzo considerable y va a invertir sumas muy importantes para modernizar Etiopía.

Durante la Segunda Guerra Mundial, Italia debe replegarse y abandonar su imperio; en 1941 Haile Selassie vuelve de Londres de un exilio que ha durado cinco años, y vuelve a tomar posesión de su trono.

Eritrea, administrada provisionalmente por Gran Bretaña después de la guerra, fue finalmente atribuida a Etiopía, primero bajo la forma de un Estado autónomo federado, después (1960), bajo la forma de una provincia autónoma. Esta incorporación de Eritrea asegura a Etiopía un acceso al mar.

Se puede considerar la conquista temporal de Etiopía por Italia y su colonización desde 1936 a 1941 como un episodio tardío y anacrónico, sangriento pero poco duradero del reparto de Africa entre las potencias coloniales europeas.

IV. SUDAFRICA EN LA SEGUNDA GUERRA MUNDIAL

La Primera Guerra Mundial había puesto a prueba, según hemos visto, la lealtad de la Unión Sudafricana hacia Gran Bretaña. Finalmente, aparte de un pequeño movimiento rápidamente reprimido por el mismo Botha, esta lealtad había sido total, y es el general Smuts, general bóer, el que llevó la campaña de las tropas sudafricanas contra Alemania durante la Primera Guerra Mundial; es de nuevo el mariscal Smuts quien, en 1939, decidirá la participación de la Unión Sudafricana en el esfuerzo de guerra británico y aliado contra Alemania e Italia; son sus tropas las que ocuparán la Etiopía italiana y devolverán a Haile Selassie en 1941.

Idealista de temperamento, jurista de profesión, Jan Christian Smuts, nacido en 1870, tenía veintiséis años cuando tuvo lugar el *raid* de Jameson. En protesta contra el mismo y contra el imperialismo de Cecil Rhodes, abandonó El Cabo para emigrar a Transvaal donde se convierte en adjunto del presidente Krüger. General y diplomático, había desempeñado un importante papel tanto en la guerra de los bóers como en las negociaciones de paz que la siguieron. Se imaginaba la constitución, en Africa del Sur blanca, de una nueva civilización, hija de Europa ciertamente, pero original, combinando lo mejor de la tradición *afrikaander* y de la tradición británica; una civilización tutelar y tutora de otras civilizaciones menos desarrolladas. Cada nación, cada raza, conservaría su carácter particular y sus cualidades propias, sin buscar confundirse con las demás.

Smuts había sido asociado durante la guerra de 1914 al Gabinete de Guerra británico; después de la guerra había contribuido con un importante memorándun realizado en 1918 a poner en pie la Sociedad de Naciones. Se le atribuye la confección del mandato de tutela aplicado a las colonias ex-alemanas, concepción, de la que hemos dicho, que marca un giro decisivo en la política colonial europea. Había puesto a punto esta concepción para convencer a la S.D.N. de que confiara el Sudoeste africano ex-alemán a la Unión Sudafricana bajo la forma de un mandato de tutela. Quiso la ironía de la historia que éste fuera precisamente el único de los mandatos confiados por la S.D.N. que no cumplió su cometido, al haberse la Unión Sudafricana incorporado pura y simplemente el territorio en 1949, cuando la Organización de las Naciones Unidas sucedió a la S.D.N. y tomó el control de los mandatos.

A la muerte de Botha, acaecida en 1919, Smuts le sucede como primer ministro de la Unión Sudafricana. Pero tropieza con la animadversión de un ala nacionalista extremista dirigida por Hertzog, que se resiste a que el espíritu tradicional *afrikaander* se deje contaminar por el espíritu británico de liberalismo y tolerancia. En 1924 Hertzog gana las elecciones, no sólo, sino en coalición con el Partido del Trabajo, que es racista también pero por otra razón: para este partido de izquierda se trata de proteger al proletariado blanco (*poor whites*) de la concurrencia del trabajador negro, siendo el único privilegio del blanco el color de su piel. Smuts se retira, pues, ante la coalición dirigida por Hertzog. Pasa nueve años en un semirretiro dedicándose a reflexiones filosóficas y biológicas. A consecuencia de la crisis económica mundial de 1929, surgen considerables dificultades internas. Sobre todo cuando Gran Bretaña, ella misma en crisis, abandona el patrón oro, las minas sudafricanas sufren la amenaza de cierre. El partido de Smuts y el de Hertzog se fusionan en un partido centrista (United South African National Party), bajo cuya ala izquierda se desarrolla un nuevo partido extremista *afrikaander*, «nacionalista purificado», fundado por el Rvdo. Dr. Daniel François Malan, un predicador de la secta de los *doppers*. Otros grupos extremistas fundan organismos de acción directa que se inspiran en el nacional socialismo racista, entonces en el poder en Alemania.

Cuando Hitler reclama en 1935 colonias para el tercer Reich, Malan y los extremistas apoyan al principio la reivindicación alemana. No obstante, cuando en 1938 Hitler reivindica expresamente el Sudoeste africano ex-alemán, en torno al cual habían tejido su leyenda colonial los nacionalistas alemanes, los extremistas sudafricanos comienzan a dudar sobre qué partido seguir. Cuando Alemania invade Polonia, Smuts obtiene en el Parlamento de El Cabo una mayoría de 80 votos contra 67 en favor de la entrada en la guerra junto a los aliados. Smuts, que tiene sesenta y nueve años, asume los cargos de primer ministro, ministro de Asuntos Exteriores y ministro de la Guerra hasta 1948, fecha en la que se retira con el título de mariscal del Imperio británico.

V. CUADRO ECONOMICO, SOCIAL Y CULTURAL DEL AFRICA COLONIAL

De una manera general, es muy probable que, ni durante la Primera Guerra Mundial ni durante la Segunda, haya habido en las colonias africanas prácticamente ningún movimiento de rebelión, ningún levantamiento que aprovechara la ausencia de las tropas europeas, que estaban peleando entre sí. De una manera aún más general, es sorprendente que, en el Africa situada al sur del Sahara —dejando aparte el asunto de Etiopía, que sufrió la agresión de la Italia fascista— haya habido, a partir del reparto y de la pacificación, y hasta el período de autonomía e independencia (digamos hasta el asunto del Congo Belga), relativamente pocas violencias y de poca amplitud, en todo caso desproporcionadas, con lo que ocurría en Africa antes de la era colonial. En conjunto, las relaciones entre colonos (entendemos aquí por tales a los funcionarios y administradores europeos públicos y privados; en 1935 apenas hay 60.000 blancos en total, entre el Sahara y el Limpopo) y colonizados, fueron generalmente leales y confiadas, aunque no siempre fáciles. Los períodos «de erupción» fueron breves y limitados, lo que da testimonio, en líneas generales, de la buena voluntad y de la prudencia de unos y otros.

De tal forma que el período llamado colonial de la historia de Africa es la historia de un desarrollo, no ciertamente sin dificultades, pero en conjunto continuado, dirigido hacia la paz y la seguridad, el progreso económico y demográfico, la elevación del nivel de vida, la culturalización y la emancipación progresiva. Aunque las etapas de la emancipación pertenecen a las capítulos próximos, señalemos aquí algunos puntos del desarrollo.

En las primeras fases, digamos en los tiempos heroicos de la colonización, la opinión pública europea no estaba preparada para pagar de su bolsillo el esfuerzo colonial, lo que los burgueses de la «belle époque» llamaban la aventura colonial. Si había aventureros que estimaban tener alguna oportunidad de hacer fortuna en ultramar, si algunos espíritus inquietos iban a traficar con armas en Etiopía, como Arthur Rimbaud, o a predicar el Evangelio y hacerse asesinar por los senussis en el desierto de Tamanrasset, como el padre Foucauld, al menos esto no costaba un céntimo al presupuesto, es decir, al contribuyente. La tradición burguesa del liberalismo no era una tradición de liberalidades.

Gran Bretaña envió a Johnston a fundar la Colonia de Nyassalandia con 10.000 libras anuales (más su sueldo personal), lo que le permitía mantener una fuerza de 75 soldados hindúes mandados por un suboficial británico. Lugard fue enviado a tomar el control de Nigeria del Norte y de los emiratos haussas, región que tenía una población de unos 10 millones de africanos, con 100.000 libras por año, cinco administradores, 120 oficiales y suboficiales blancos y algunos miles de tiradores negros. En Francia, el presupuesto del Ministerio de Colonias era muy reducido. Durante largo tiempo se estima que los funcionarios puestos a disposición de las colonias africanas debían ser pagados con cargo al presupuesto de la colonia que se beneficiaba de sus servicios. Por esto, el sistema de las Federaciones de Africa occidental francesa y Africa ecuatorial francesa tuvo por objetivo principal el deseo de hacer mantener los territorios pobres, por ejemplo el Alto Volta, por los territorios, si no ricos, al menos con un poco más de recursos, Senegal y Costa de Marfil. El sistema francés antes de 1914 —e incluso después— está fundamentado también en una preocupación militar: la de movilizar en caso de guerra con Alemania —lo que, por otra parte, constituye la riqueza principal de Africa— sus recursos humanos. Valientes y disciplinados, los tiradores «senegaleses», como se les llama vengan de donde vengan, representan durante las dos guerras mundiales un elemento apreciable de la fuerza militar francesa. La movilización de estos cientos de miles de africanos negros que van a hacer la guerra en Europa, en Africa del Norte, y que vuelven después a su país con una pequeña pensión, con la aureola de ex-combatiente francés y el prestigio de quien ha corrido el mundo, he aquí algo que desempeñará un papel importante en la evolución de los africanos.

En Africa del Sur, en Rhodesia, en el Congo Belga, la explotación minera, que alcanza proporciones prodigiosas, modifica la economía africana y, en muchos puntos, sus estructuras sociales. Se ha estimado que, en la totalidad del Africa situada al sur del Sahara, en la fecha de 1935, las inversiones, tanto públicas como privadas, fueron hechas más de las dos terceras partes en los países de recursos mineros, es decir, *grosso modo*, el 47 por 100 en Africa del Sur, el 12 por 100 en el Congo Belga y el 8 por 100 en Rhodesia. Pero la Unión Sudafricana representa también más de la mitad del movimiento comercial internacional de Africa en esta época. Las economías mineras van a dar aún un extraordinario paso adelante en el momento de la reconstrucción que sigue a la Segunda Guerra Mundial. En 1953 el Congo Belga (exportador de uranio) multiplica por 14 el valor de sus exportaciones, y Rhodesia del Norte, que explota su cobre, las multiplica por 10.

Las consecuencias sociales de la explotación minera son, en primer lugar, la introducción de la economía monetaria en países que hasta entonces apenas si conocían más que la economía de subsistencia. Los salarios circulan, abriendo a los africanos la posibilidad de comprar objetos manufacturados. Además, los trabajadores de las minas se reúnen alrededor de los centros mineros. Es preciso distinguir dos políticas diferentes a este respecto. En el Congo, los belgas animan a los mineros para que vengan a instalarse definitivamente con sus familias en los centros urbanos y a que arraiguen en los mismos; estabilizan así una clase urbana. En Africa del Sur y en las Rhodesias los jefes de explotación, pero también los obreros y técnicos blancos, quieren evitar la formación de una clase de mineros africanos profesionales; prefieren una mano de obra no especializada, temporera, reclutada en las campiñas circundantes a varios centenares de kilómetros a la redonda, y que después de un contrato de un año se vuelve a vivir entre los suyos. Esta mano de obra no tiene tiempo de cualificarse y su rendimiento es débil; pero también el trabajador tiene menos tendencia a perder sus contactos con la tribu. A pesar de lo cual, esto contribuye a difundir por los más recónditos rincones de la campiña africana el conocimiento de la civilización urbana e industrial. En vastas regiones, raras son las familias que no tienen en algún momento a algunos de los suyos trabajando en las minas. Los salarios de la mano de obra negra permanecen muy bajos. Las compañías arguyen que si hubiera que pagar salarios más elevados, no les quedaría más remedio que cerrar las explotaciones y dejar morir de hambre a una población bantú que se ha desarrollado en número considerable. Para hacernos una idea de esto, citemos el censo de 1960 que da las cifras siguientes, en números redondos y referidas a la República Sudafricana: 11 millones de bantúes, tres millones de blancos, el 40 por 100 de los cuales son de procedencia británica, el 60 por 100 de *afrikaanders;* un millón y medio de mestizos y medio millón de hindúes.

Los europeos desarrollan la agricultura, menos bajo la forma de cultivos alimenticios, que de cultivos industriales destinados a proporcionar a los africanos un ingreso monetario que les permita ser, a la larga, compradores de productos industriales, y a la vez contribuyentes. El cultivo del cacahuete se desarrolla en el Senegal y Nigeria. En Gold Coast, Nigeria y Costa de Marfil se planta cacao y café. En Nigeria se explota el aceite de palma. Se planta sisal en Tanganyka, té en Nyassalandia, tabaco en Rhodesia del Sur, y hevea (el árbol del caucho) en Liberia. En el Sudán francés, la «Oficina del Níger» pone en marcha, a partir de 1929, un ambicioso programa de irrigación del «delta interior» del Níger, para cultivar en él arroz y algodón. Unos 20.000 colonos africanos son, pues, instalados y equipados, y 25.000 hectáreas de sabana son puestas en cultivo. La renta de las poblaciones africanas, que era muy baja, va subiendo lentamente. Al menos, alcanza poco a poco en algunos territorios un valor que se puede hacer figurar en las estadísticas. Entre 1950 y 1960 la renta anual *per capita* se estima en siete libras en Nyassalandia, 17 libras en Tanganyka y 75 libras en Gold Coast (en Europa occidental, en la misma época, es del orden de las 300 libras esterlinas).

El esfuerzo sanitario emprendido por las potencias coloniales, principalmente Gran Bretaña y Francia, es considerable. Las enfermedades tropicales son estudiadas, sobre todo la enfermedad del sueño; sus agentes, aislados y se establecen medios de lucha en contra de ellos. Las vacunaciones son practicadas a gran escala, eliminando prácticamente las epidemias, como la fiebre amarilla que, entre las dos guerras mundiales, hacía aún estragos, o las enfermedades endémicas como la enfermedad del sueño (trypanosomiasis). Numerosos hospitales son construidos de un extremo a otro del Continente.

Las potencias coloniales, sobre todo las dos principales, Gran Bretaña y Francia, completan el esfuerzo administrativo y económico con un esfuerzo educativo considerable, principalmente después de la Primera Guerra Mundial, y más aún después de la Segunda. Los planes de equipo suponen siempre una importante parte educativa. Los británicos y los franceses no persiguen siempre exactamente el mismo objetivo. Los británicos favorecen la creación de universidades africanas y tienen mayor tendencia a adaptar los niveles de educación al medio africano. En los territorios franceses —sobre todo a partir del momento en que el Imperio colonial francés se llama «Francia de Ultramar», y algún tiempo después «Unión Francesa»— la enseñanza tiene por objeto dar a los africanos una cultura propiamente francesa, que lleva consigo un aprendizaje en las universidades de la metrópoli.

Por otra parte, la fórmula de una enseñanza colonial calcada sobre la enseñanza francesa metropolitana, es menos imputable a los franceses que a los africanos. Cada vez que los franceses les proponían fórmulas diferentes del modelo metropolitano, mejor adaptadas a las necesidades y a los recursos existentes, los africanos rehusaban lo que ellos calificaban de «enseñanza de rebaja».

En el Congo Belga se puso el acento sobre la enseñanza elemental y técnica, pensando —y esto no es sólo consecuencia del paternalismo, sino que tiene también su justificación— que más vale enseñar al pueblo africano a leer, escribir y contar, que es más urgente enseñarle a manejar un martillo o una llave inglesa, que iniciarles en Schopenhauer o Nietzsche. La enseñanza estuvo fundamentalmente a cargo de las misiones católicas. En 1954 no hay en el Congo un solo abogado negro, un solo ingeniero negro. No hay estudiantes congoleses en Bélgica.

Hemos visto cómo se fundaba el Colegio de Furah Bay en Sierra Leona en 1845, y cómo numerosos estudiantes de Gold Coast y de Nigeria hacían en él sus estudios en lengua inglesa. En Nigeria, la Universidad de Ibadán funciona desde 1949, y la de Mount Pleasant en Rhodesia desde 1945.

En 1927, en Gold Coast, es fundado el Colegio de Achimota, cuyo director adjunto, un fanti, doctor por la Universidad de Columbia, James E. Kwagir Aggrey, es un pensador influyente de la joven generación de Gold Coast; es defensor de la cooperación racial y hace célebre una fórmula: la buena música de piano es la que se interpreta con las teclas blancas y con las teclas negras del teclado. Es también el autor de otra fórmula: deseo que Africa sea civilizada, no que sea occidentalizada.

En la República Sudafricana, la enseñanza de los negros es separada de la de los blancos; los negros disponen de Fort Hare College, que está reservado también a los mestizos. El acceso a las universidades blancas les está terminantemente prohibido por la *University Education Act,* de 1959.

Los franceses se esfuerzan en formar profesores africanos según las fórmulas que fueron experimentadas en Francia al principio de la Tercera República. El principio base es que toda enseñanza es dada en francés. En cada territorio se crean Escuelas Normales de maestros cuyos alumnos se supone que irán a su vez a enseñar en el malezal, liceos que imparten una enseñanza más completa, escuelas técnicas y escuelas de agricultura. Numerosos profesores franceses de la metrópoli van a pasar algunos años en Africa. Pero entre los alumnos africanos de las escuelas, una demasiado débil proporción se dedica a la enseñanza; muchos de los antiguos alumnos se convierten en funcionarios de administración y en hombres políticos. Por último, del millón de dólares que Francia invierte en Africa entre 1946 y 1960 con el carácter de Fondo de Inversión para el Desarrollo Económico y Social, una parte demasiado pequeña es destinada a construcciones escolares. Hay dos razones para esto: por una parte, este fondo debe ser prioritariamente consagrado a inversiones rentables, entre las que no figura la enseñanza; pero, por otra parte, los territorios rehusan a veces el regalo de escuelas suntuosas que su presupuesto, aún demasiado pobre, no les permite ni siquiera mantener.

Francia crea en Dákar, a partir de 1945, las bases de una Universidad, comenzando por una Escuela de Medicina y una Facultad de Derecho.

Entre los líderes africanos del período de la emancipación habrá, en todo caso, muy pocos, si es que hay algunos, que no hayan pasado por las escuelas europeas.

17. Los orígenes de la emancipación africana

Cualquiera que sea la interpretación que se de a la palabra «pacificación», empleada por los colonizadores para caracterizar su acción en Africa, se debe constatar que la colonización había puesto fin, por una parte, a la esclavitud y a su secuela de abusos, y por otra parte, a las largas series de acciones violentas entre tribus africanas y entre jefes guerreros negros, que habían devastado extensos territorios, que habían costado la vida de millones de seres, y que habían creado en todo el Continente zonas de inseguridad donde ningún desarrollo espontáneo era posible. La «pax romana» de los colonizadores había puesto un límite, desde el final del siglo XIX, a este estado de inseguridad que, ciertamente, no era general —como testimonia, por ejemplo, Livingstone— pero que, durante largos períodos, afectaba a vastas zonas. Un primer hecho, de orden demográfico, atestigua esto: durante el período colonial la población africana creció; se extendió por territorios hasta entonces desiertos o semidesérticos; constituyó importantes aglomeraciones urbanas de tipo moderno.

Un segundo hecho parece demostrar que las poblaciones africanas tenían apego a esta paz: mientras que las naciones europeas combatían entre sí por dos veces, los pueblos africanos salvaguardaban la paz entre ellos, así como entre ellos y sus colonizadores.

Sin embargo, estaba inscrito en la propia naturaleza del acontecer histórico, que los africanos —al igual que en el siglo XVIII la colonia británica de América del Norte, o en el siglo XIX las colonias españolas de América del Sur— rehusarían un día la tutela y quedarían emancipadas. Y efectivamente, después de menos de setenta y cinco años de colonización, la emancipación política y administrativa de Africa era un hecho.

Tres cuartos de siglo, la vida normal de un hombre, el espacio de dos o tres generaciones: es éste un lapso de tiempo muy breve para una doble evolución: de la antigua libertad a la colonización, de ésta a la emancipación. Es preciso no olvidar que no eran naciones las que habían sido colonizadas, sino sistemas tribales, a menudo, ya en vía de disgregación. La toma de conciencia de los pueblos africanos, la constitución de estados africanos modernos, con sus cuadros políticos y administrativos según una compartimentación geográfica arbitraria, todo esto ha sido realizado de una forma extremadamente rápida. Esto prueba, por una parte, el poderío de atracción de la civilización occidental, y por otra, la gran flexibilidad de adaptación de los pueblos africanos.

Uno de los testimonios más sorprendentes de esta adaptabilidad viene dado, en el dominio religioso, por las sectas cristianas negras llamadas «etíopes». Los misioneros cristianos de Europa, con todo su celo, no podían disimular el hecho de que su Historia Sagrada era «una historia de blancos», que Jesucristo, hijo de Dios, Salvador del mundo, es un blanco, que el cristianismo, sea como sea, es una religión «de blancos». Una religión «de blancos», es decir, una religión extranjera, y también una religión de clase social. Adoptarla, convertirse, podía ser considerado por los africanos como una promoción social, ciertamente; pero podían tener también la impresión de haber entrado en una religión que no era «la suya», sino la de «los otros», que eran, según la expresión corriente, «costumbres de blancos». Podían sentirse tránsfugos, e incluso traidores a las tradiciones ancestrales, cuando adoptaban otro credo, nuevos comportamientos. Aquí tenemos la ocasión de constatar incidentalmente cómo el Islam, curiosamente, no produjo las mismas reacciones, sin que sea fácil averiguar por qué. El Islam fue introducido generalmente como religión de blancos, de conquistadores, de dominadores, e incluso de esclavistas y negreros, y, sin embargo, su esencia fue considerada menos extraña; pareció (al menos en la sabana, mucho menos en la selva) mejor adaptada a las circunstancias y a las mentalidades de África; su adopción tomó, generalmente más que el cristianismo, el carácter de una promoción social. Constatemos aquí el hecho sin pretender explicarlo. Constatemos también que el Islam progresó en el siglo XIX dos veces más rápido e hizo dos veces más adeptos que el conjunto de las religiones cristianas.

Por otra parte, los africanos constataban por evidencia que no había un solo cristianismo, sino varios que se hacían la competencia. Hemos visto cómo las misiones católicas y protestantes rivalizaban en Uganda. Las misiones anglicanas y los ministros escoceses, los metodistas de Africa del Sur, minaban la influencia de la Iglesia reformada holandesa *(Nederlands Gereformeerde Kerk,* o NGK), para ver levantarse contra ellos en el Transvaal, a partir de 1853, una nueva Iglesia reformada «extremista», la *Nederlands Hervoormde Kerk* o NHK, que interpreta de manera rígida la doctrina de la predestinación, y que considera a los bantúes como los descendientes de Cam, de raza definitivamente inferior.

Era normal que los negros fundaran a su vez sectas cristianas, donde se sintieran más a sus anchas. Por otra parte, encontraban en el Antiguo Testamento referencias a creencias y prácticas que les eran familiares; encontraban en él incluso la poligamia, la esclavitud y la organización tribal; comprenden el Antiguo Testamento mejor que lo comprendían los propios misioneros.

Hemos dicho los negros; no hemos dicho los africanos. Y es que los negros de América han desempeñado un papel en este asunto. Es de los Estados Unidos, paraíso de las sectas cristianas, de donde venían los misioneros negros a los cuales prohibió Bélgica en 1908 la entrada al Congo Belga; es a los Estados Unidos donde a principios del siglo el obispo H. M. Turner, jefe de la Iglesia metodista episcopal americana en África, enviaba a los zulúes del Natal que él había convertido para que estudiaran y se hicieran a su vez misioneros. En 1924, el Gobierno de la República Sudafricana puso fin a estos intercambios que tomaban un carácter subversivo. En 1926 una conferencia internacional de misiones cristianas condenó a las sectas separatistas «etíopes», es decir, africanas, o digamos más exactamente negras, consideradas como cismáticas.

Es preciso decir que estas sectas eran, a veces, causa de graves incidentes. En 1892 un predicador australiano, Joseph Booth, adventista del Séptimo Día, se instala en la región del lago Nyassa. Uno de sus prosélitos, John Chilembwe, partió a los Estados Unidos para realizar estudios. Allí, Chilembwe tomó contacto con una secta baptista negra de Filadelfia. Vuelto a Nyassalandia, rompe con Booth: los hijos de África, dice, no tienen necesidad de nadie para encontrar en el Evangelio la inspiración evangélica y encontrar su sitio en la gran familia humana. En 1915, durante la Primera Guerra Mundial, desencadena un movimiento de revuelta; dos plantadores europeos son matados. El movimiento fue rápidamente reprimido y Chilembwe matado a su vez. Pero sus discípulos no quisieron creer su muerte; se extendió la leyenda de que había escapado de sus perseguidores tomando la forma de un pájaro, que había volado a América desde donde se le vería volver bien pronto como libertador del país.

De la misma forma, las sectas llamadas «etíopes» (lo que no tiene nada que ver con Etiopía) desempeñaron un papel en los movimientos esporádicos que se produjeron después de la Primera Guerra Mundial en África del Sur y en el Congo Belga. Allí, un profeta negro de veinticinco años, Simón Kimbangou, bautizado por misioneros protestantes, se puso en 1921 a predicar y a hacer milagros. Se presentaba como el profeta de los bantúes. No incitaba a la violencia; no se presentaba ni como un mesías ni como un emancipador. «No me sigáis; seguid solamente a Dios», decía. No obstante, las autoridades belgas le hicieron arrestar y condenar a muerte. Indultado, fue mantenido durante largos años y hasta el fin de sus días, en prisión. Sin embargo, sus discípulos constituyeron, contra su propia voluntad, una Iglesia «kimbanguista», haciendo de él, mientras vivía, una especie de Cristo negro. Esta Iglesia tenía numerosos adeptos en la región de Leopoldville, pero también en Katanga y en Angola.

Otra secta, los Kitawalas, inspirada al principio por los Testigos de Jehová americanos, cristalizó bajo una forma religiosa, al igual que la precedente, el sentimiento anticolonialista y antiblanco del Congo Belga; pero a diferencia de los kimbanguistas, los kitawalas no excluían el recurso de violencia, la rebelión y el martirio.

En Nigeria, se había formado una «Iglesia nacional de Nigeria», un poco a la imagen de la Iglesia anglicana, que consideraba como su profeta a un ibo, Azikiwe. Este había estudiado en los Estados Unidos desde 1925 a 1934. Había obtenido su graduación universitaria en Lincoln, en Pennsylvania y en Harvard, donde se doctoró. Azikiwe desempeñará un papel importante en la emancipación de Nigeria. El impulso que diera origen a la Iglesia nacional nigeriana fue dado en 1891 por un negro nacido en las Antillas británicas, Edward Wilmot Blyden, que había emigrado a Liberia en 1850. En sus escritos, Blyden proclamaba la existencia de una «personalidad africana» que tenía sus propios méritos y su propio valor. Sobre el modelo de la «doctrina Monroe» había lanzado la fórmula: Africa para los africanos. Inspirado, al principio, por la lucha contra la segregación racial en los Estados Unidos, y guardando el contacto con los negros americanos, había adquirido, sin embargo, gran audiencia en Africa occidental británica, cuando murió en 1912. Siguiendo su huella, se publican entonces en Nigeria diarios africanos. En Lagos, un liberiano, John Payne Jackson, publica entre 1891 y 1898 un semanario, *Lagos Weekly Record,* que desarrolla el tema de Africa para los africanos, al mismo tiempo que, en el campo religioso, las sectas cristianas africanas iban adquiriendo esplendor.

Un mestizo de Massachusetts, William Edward Burghardt Du Bois, que lucha en los Estados Unidos por los derechos civiles y políticos de los negros, participa desde antes de la Primera Guerra Mundial en la fundación en los Estados Unidos de la

«National Association for the Advancement of Colored People». Después del armisticio de 1918 decide extender su acción a los negros de otros Continentes, y particularmente a los de Africa, donde forman la gran mayoría de la población.

Blaise Diagne, africano francés, diputado del Senegal en el Parlamento francés, organiza, con Du Bois, el primer Congreso Panafricano, que tiene lugar en París en 1919. En este Congreso participan delegados de Africa y de las Antillas. Los negros americanos no pueden participar en él, porque el Gobierno americano les niega los pasaportes. Este Congreso reivindica un Código internacional que garantice en Africa Tropical los derechos de los indígenas, así como el establecimiento de un plan que conduzca, por etapas, a la emancipación de las colonias.

En 1921 tiene lugar un segundo Congreso Panafricano en Londres, Bruselas y París. Este atrae la atención de la Sociedad de Naciones sobre los problemas raciales y le pide que designe un negro en la Comisión de Mandatos.

El tercer Congreso Panafricano tiene lugar en Lisboa en 1923, y el cuarto en New York en 1927. Pocos africanos participan en él. Ya no habrá más Congresos Panafricanos antes del final de la Segunda Guerra Mundial. En 1945 Du Bois convoca, después de un intervalo de dieciocho años, un quinto Congreso Panafricano que tiene lugar en Londres. Esta vez es a la inversa: los problemas raciales de los Estados Unidos pasan a segundo plano, mientras que la emancipación de Africa está a la orden del día. Entre los participantes están: George Padmore y Kwame Nkrumah, de la Gold Coast, y Jomo Kenyatta, de Kenya.

Después del quinto Congreso, el movimiento panafricano se disuelve. Por una parte, se producen infiltraciones comunistas que provocan reacciones en diversos sentidos; por otra, y sobre todo, hay movimientos locales de independencia que están desarrollándose, que tienen cada uno sus propios problemas, y que saben adaptarse a las circunstancias mejor que un Congreso Panafricano.

Otro movimiento —el de Marcus Garvey— reprocha al de Du Bois ser demasiado moderado, demasiado conciliador; ser un movimiento de mulatos; Garvey era un negro de Jamaica. Convencido de su misión redentora, desembarcó en New York en 1916. En Harlem, predicaba que la raza negra era la raza elegida, que Moisés era de raza negra. Bien dotado como agitador, se proclamó en 1920 presidente provisional de Africa. Fija como objetivo la liberación de Africa. Funda una nueva Iglesia, la Iglesia ortodoxa africana, una línea política y un diario: «The Negro World»; nombra un arzobispo, distribuye títulos de nobleza y organiza manifestaciones en Harlem. Su racismo negro encuentra un eco considerable en los Estados Unidos. Los ecos de su extremismo llegan hasta las ciudades de Africa y suscitan allí alguna agitación, al menos en las mentes.

Garvey entra en negociaciones con el Gobierno de Liberia para obtener allí una concesión que sirviera de punto de partida para su imperio negro. Por otra parte, coincide en sus proyectos con los racistas extremistas blancos del Mississippi que sugieren deportar en masa a los negros americanos hacia su Continente de origen. No obstante, en 1925, un tribunal americano condena a Garvey a una pena de prisión por un delito de derecho común. Cumplida su condena es expulsado de los Estados Unidos y enviado a Jamaica. Desde allí llega a Londres, donde vive en una relativa oscuridad hasta su muerte acaecida en 1940. Se cuenta que a veces se le oía predicar en Hyde Park, contando a los mirones que él era el verdadero inventor del fascismo, mientras que Mussolini no había hecho más que copiar sus métodos de propaganda y de acción política.

Como vemos, el espíritu panafricano había encontrado su primer terreno favorable en los Estados Unidos. Esta circunstancia le daba al principio un carácter de reivindicación racial. Es preciso, no obstante, decir que si bien un cierto número de africanos —hemos citado a Azikiwé— iban a hacer sus estudios en los Estados Unidos, muy pocos negros americanos —aparte de algunos misioneros— sentían la vocación necesaria para volver al Continente de sus antepasados y tomar arraigo en él. Ni siquiera parece ser que veían el suelo de sus abuelos como una Tierra Prometida.

Por el contrario, un mayor número de jóvenes africanos frecuentaba las universidades de Gran Bretaña y Francia. En Francia tenían oportunidad de encontrarse con antillanos que les iniciaban en la vida parisina y en la política. Rápidamente se ponían al corriente de las finezas de la táctica electoral y parlamentaria.

En Londres fundaron en 1925 la «West African Students Union», un hogar para estudiantes que publicaba un boletín de información que organizaba la acogida a los recién venidos. Muchos líderes nacionalistas africanos de habla inglesa han pasado por este hogar. Fundado por estudiantes de Derecho, el WASU estaba impregnado de la tradición jurídica y universitaria británica: respeto de las libertades, parlamentarismo, reformismo que acepta los plazos necesarios para una evolución progresiva.

En 1920, un abogado fanti, Joseph E. Casely Hayford, miembro del Consejo legislativo de la Gold Coast, funda el Congreso Nacional del Africa occidental británica (National Congress of British West Africa). Este movimiento pedía que el Estatuto político de las colonias y protectorados se transformara por etapas en una autonomía política; que fueran instituidas asambleas deliberantes cuyos miembros fueran, al menos parcialmente, electivos; que los poderes ejecutivos fueran progresivamente entregados a los africanos, obteniendo los territorios el Estatuto de Dominio dentro del cuadro de la Commonwealth. Este Congreso se inspiraba en el Congreso de Gandhi, en la India. El movimiento apenas se extendió más que en Nigeria. No obstante, inspiró a un político que gozaba de una influencia personal considerable en Lagos y en la región: Herbert Macauley. Muerto en 1946, se le llama a veces «el padre del nacionalismo nigeriano».

En las posesiones francesas de Africa el movimiento intelectual es, en su primera fase, puramente senegalés, y muy accesoriamente antillano. Después de Blaise Diagne, diputado del Senegal en el Parlamento francés, después de Lamine Gueye, alcalde de Saint Louis, y luego de Dákar, parlamentario, socialista y ministro en Francia, es Leopold Sédar Senghor el que da al movimiento senegalés de emancipación sus cartas de nobleza intelectual. Nacido en 1906 en una familia católica, alumno de las escuelas de las misiones, brillante universitario, gran poeta de lengua francesa, toma una parte muy activa en la vida política francesa. Miembro de la Asamblea Constituyente de 1945, desempeña en París un papel primordial en la redacción de la Constitución de la Cuarta República francesa. Es él quien forja el término y el concepto de «negritud», esa personalidad de la raza negra que designa su misión y le confiere sus propias responsabilidades. El poeta antillano Aimé Césaire le hace eco.

Como vemos, los gérmenes de la toma de conciencia africana han encontrado un terreno favorable entre los intelectuales negros que viven en Europa y en América, entre los «destribalizados», e incluso podemos decir los occidentalizados, en la medida que escapaban a la influencia del terruño. Recíprocamente, su fermentación casi puramente intelectual apenas si tenía arraigo en las masas africanas, al menos hasta 1945.

Salvo en el Senegal, sólo después de la Segunda Guerra Mundial se destacan en el Africa de habla francesa líderes políticos africanos que constituyen movimientos y organizaciones de masas, como veremos más adelante.

Paralelamente a esta evolución en el espíritu de los africanos —en todo caso en una minoría de intelectuales que va a servir de fermento— se produce una evolución en el ánimo de las potencias coloniales.

Es bueno precisar que, durante el período considerado, es decir, la primera mitad del siglo XX, hay en el mundo tres potencias coloniales menores: Bélgica (con el Congo), Holanda (con las Indias holandesas), Portugal (con Angola y Mozambique); y cuatro potencias coloniales mayores: Gran Bretaña, Francia y también los USA y la URSS. Estas dos últimas han evitado, dentro de lo posible, figurar, al menos nominalmente, entre los Imperios coloniales. No por eso deja de ser cierto que la dominación económica de los Estados Unidos en América Central, el Caribe, Liberia representan una forma de colonización económica y técnica que oculta las apariencias, pero no la realidad, de la implantación colonial. La URSS, por su lado, es en realidad un Imperio colonial ruso que comenzó en tiempos de los zares y que los soviéticos han consolidado, designando su política colonial con el nombre de «política de las nacionalidades». Comenzado en el siglo XVI, extendido en el XVII y XVIII, el Imperio colonial ruso se ha extendido progresivamente a las regiones del Volga, del Ural, del mar Negro y del Cáucaso; en el siglo XIX, a Siberia. La política stalinista de centralización ha acentuado la influencia del partido comunista de dirección rusa sobre las «nacionalidades». El Comité Central del P. C. de la URSS elegido en 1939 comprendía, de 70 miembros, una ínfima minoría de no rusos, uno solo de origen turco y un solo musulmán.

Los dos grandes Imperios coloniales confesados, e incluso declarados, eran el británico y el francés. Ahora bien, estos Imperios a escala mundial, que tenían ambos su cabeza en Europa, a uno y otro lado del canal de la Mancha, habían fundado su gloria y su fortuna política sobre la idea de libertad: libertad garantizada a los individuos, libertad de los pueblos a disponer de sí mismos (entendiendo que la libertad es la de los otros; tiene menos mérito batirse por su propia libertad que por la de los demás). La Carta Magna inglesa de 1215, la Declaración de Derechos del Hombre y del Ciudadano proclamada en Francia en 1789, ¿eran trasplantables al Imperio colonial? Por un azar (si es que en historia hay azar), las otras potencias coloniales implantadas en Africa no tenían —es lo menos que podemos decir— una tradición semejante de defensa de las libertades. Ahora bien, ninguna de estas últimas había llegado a implantarse fuertemente. El Imperio colonial portugués estaba en declive, en la medida en que hubiera existido alguna vez; España apenas si ponía el pie en Africa negra; Alemania perdía su Imperio después de la Primera Guerra

Mundial e Italia el suyo después de la Segunda. Cabe preguntarse, después de todo, lo que habría pasado si las potencias coloniales mayores no se hubieran encontrado como moralmente «obligadas» por su tradición liberal. En una cierta medida, el mantenimiento de las posesiones portuguesas en Africa parece demostrar que las posiciones de autoridad pueden ser mantenidas, al menos durante un cierto tiempo, si el poder colonial está firmemente resuelto a ello.

Se trataba, pues, para la tranquilidad de la conciencia británica y francesa, de encontrar —sinceramente— el medio de concordar la ambición imperial y la profesión de fe liberal. Es el caso de conciencia que ha dominado la política colonial de las dos potencias a partir del final de la Primera Guerra Mundial. La solución de esta contradicción apenas podía ser encontrada más que planteando el problema en términos de evolución: la potencia colonial podía considerarse como tutor legítimo de pueblos menores que se trataba de llevar a su mayoría. Una vez sentado el principio, las divergencias comenzaban en la práctica. Los británicos concebían el acceso de cada uno de los pueblos tutelados a una muy amplia e incluso total autonomía, pero tres lazos estaban destinados a subsistir siempre: las relaciones económicas y monetarias, la fidelidad a la corona británica y a la lengua inglesa. Añadamos un cuarto: el sistema británico de pesas y medidas. Los franceses liberales, por su parte, soñaban con un Imperio o una Unión de ciudadanos libres e iguales, federados (no olvidemos que la gran fiesta de la Revolución Francesa es la fiesta de la Federación que consagró la unidad de la Francia republicana) a escala mundial; Unión de ciudadanos que hablan la misma lengua y disfrutan de los mismos derechos, estén donde estén y sea cual sea su origen.

Por supuesto, cuando se trataba de pasar a la práctica y de definir unos plazos, un programa de etapas, los pareceres dejaban de concordar. Para los unos era necesario contar con siglos antes de que los «indígenas» estuviesen en estado de dirigirse a sí mismos; para otros era cuestión de generaciones, y quizá de muchas generaciones. Solamente algunos, muy raros, pensaban que verían durante su vida un Africa independiente. Unos tenían menos prisa que otros; y en conjunto, los tutores, como es lógico, tenían menos prisa que los pupilos en verlos alcanzar la mayoría de edad. Pero, en conjunto, la sorpresa consistió en la rapidez del proceso de emancipación y en la manera relativamente pacífica en que acaeció.

Paralelamente a esta evolución que, según cierta terminología, se podría considerar como la resolución dialéctica de una contradición interna entre los Imperios británico y francés, sucedía otra cosa: el mundo anglosajón y el mundo latino estaban descubriendo realmente África. Queremos decir que aprendían a apreciar algunos valores negroafricanos y negroamericanos, sobre todo en dos planos: la música y la escultura. El *jazz* y el negro espiritual de los negros de América aparecía como la principal revolución artística del período de entreguerra. Sabios como el alemán Frobenius, artistas como Picasso revelaban el arte plástico negroafricano. Se descubría en Europa que en el mundo existían otras civilizaciones; los museos etnográficos se multiplicaban; incluso el *snobismo* y la especulación se mezclaban en este asunto, animando a los etnógrafos e inspirando también las artes pictóricas. Sin embargo, todo este movimiento no iba a provocar una seria investigación histórica; es notable el hecho de que prácticamente no haya habido obras de conjunto, y solamente pocos estudios de detalle sobre la historia de África negra antes de los años 1950 a 1960. Las preocupaciones humanitarias se unían a la curiosidad turística. En 1927 André Gide, a su vuelta de un viaje al Congo, Camerún y Tchad, causaba sensación en los medios parisinos denunciando ciertos excesos y numerosas insuficiencias de la administración colonial. No obstante, ni por un instante puso en cuestión el principio del papel tutelar de la potencia colonial. Solamente recuerda a los que la representan que «cuanto menos inteligente es el blanco, más bestia le parece el negro». Así como afirmaba también: «al contacto del Islam, este pueblo se supera y se espiritualiza. La religión cristiana, de la que a menudo no toman más que el miedo al infierno y la superstición, hace muchas veces de ellos (al menos en ciertas razas) granujas e hipócritas».

Así, los intelectuales africanos que desean la emancipación rápida de sus pueblos encuentran un apoyo considerable, primero entre los intelectuales europeos y después en los medios políticos, sobre todo en los partidos de izquierda.

18. Emancipación de los territorios británicos

I. LOS COMIENZOS

Para los británicos, la regla de oro era la administración indirecta. Esta presentaba la ventaja de ser un procedimiento de administración mucho menos costoso y de igual eficacia que la administración directa. Era económico para el colonizador conservar, en la mayor medida posible, la existencia de instituciones y autoridades locales, asegurar su funcionamiento y respetar la organización habitual. Bastaba entonces, teóricamente, con «aconsejar» a los jefes para obtener del sistema colonial las satisfacciones que el colonizador esperaba, es decir, esencialmente, el rendimiento económico y comercial. Según la tradición anglosajona, el aprendizaje de la libertad debía hacerse desde el primer escalón, aprendiendo a respetar la libertad del vecino, del amigo y del subordinado, a condición de que, en revancha, el súbdito de Su Majestad británica se someta a una disciplina, la «regla del juego», sin importar cuál fuera ésta, por otra parte. Después, el aprendizaje concomitante de la libertad y de la disciplina amplía el campo de su acción administrativa, y finalmente política, paso a paso: en el ámbito comunal, regional, nacional e internacional.

En el plano de la emancipación colonial, esto implica etapas teóricas: *local government, self government, dominion*. La escuela de la democracia la constituyen las asambleas, cuyos poderes están al principio limitados a un cierto número de cuestiones, mientras que otras cuestiones —cada vez menos numerosas— quedaban tradicionalmente reservadas a la autoridad de tutela, cuyo papel se atenúa progresivamente hasta no ser más que un derecho de veto que termina por no usar más que excepcionalmente. Los miembros de las asambleas, al principio designados, son progresivamente elegidos, por sufragio restringido al principio y universal a continuación.

Al final de la evolución se encuentra el Estatuto de *Dominion*. Según la definición del Estatuto de 1926, los *dominions* son «comunidades autónomas en el seno del Imperio británico, de estatuto idéntico entre sí, no subordinadas la una a la otra y, sin embargo, unidas por su común fidelidad a la corona». Los *dominions* constituyen, junto con las colonias y los Estados

Fig. 17. Africa (1939).

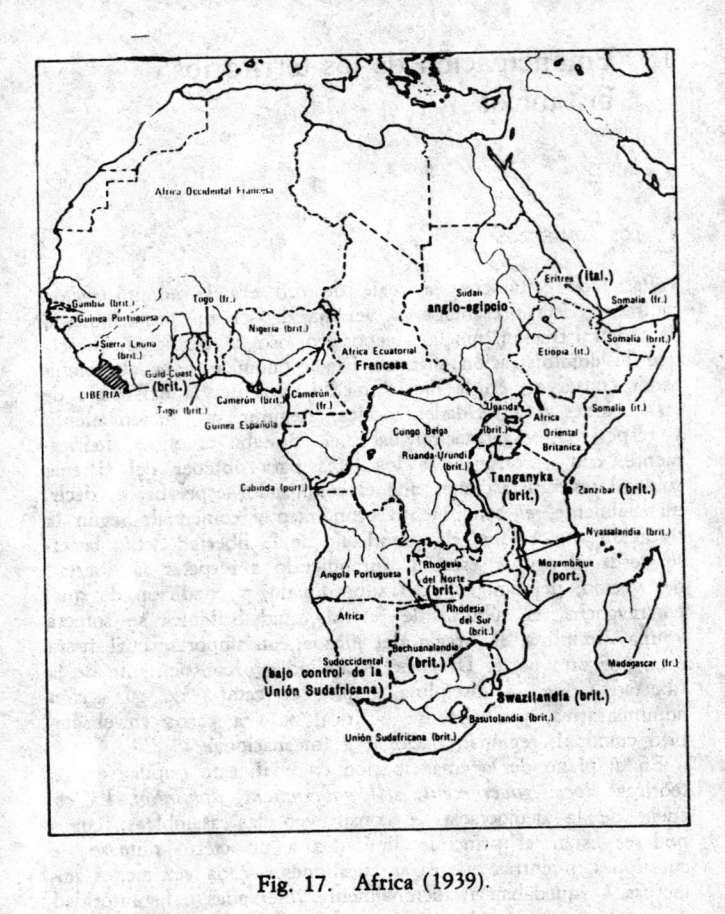

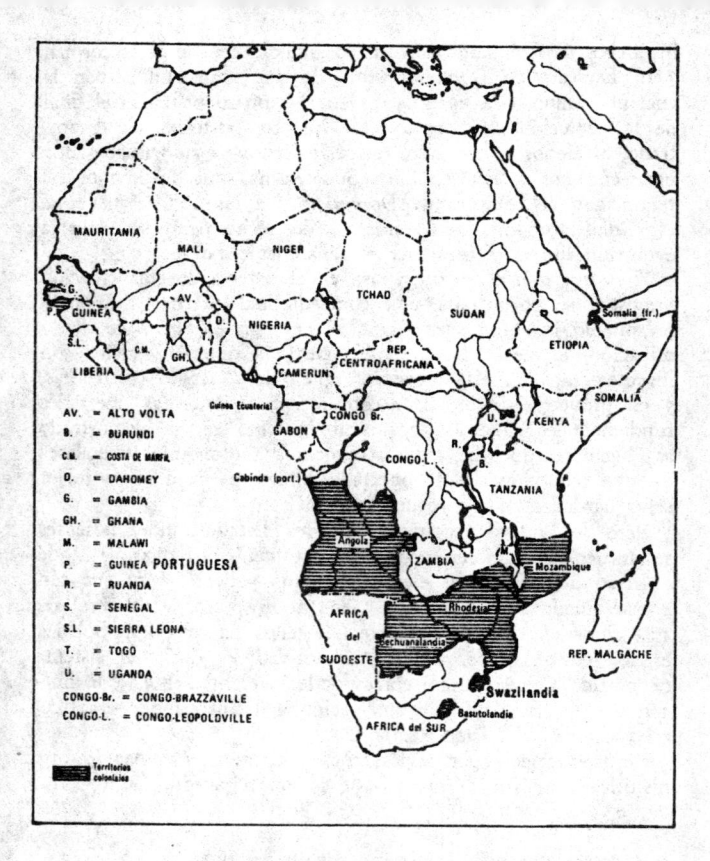

Fig. 18. Africa en la actualidad.

británicos, la Commonwealth, cuyo símbolo central es la corona.

El Estatuto de *Dominion,* hijo de una gran familia con la cual no rompe toda ligadura, es en el espíritu británico el final de la evolución. No obstante, la historia posterior ha demostrado, al menos en un caso, que este límite ha sido traspasado: nos referimos a la República Sudafricana, que finalmente ha renunciado al Estatuto de *Dominion* y a las obligaciones que éste implicaba aún; pero esto ha sido hecho para escapar a la evolución liberal y mantener el separatismo racial.

Y es que aun en esto, incluso en el sistema de emancipación previsto, se encontraba una contradicción interna: otorgar a un pueblo la autodeterminación es entregar el poder de determinación, es decir, la dirección, pero ¿a quién? ¿Cuáles son los elementos de esta población que van a ser los dirigentes, y en provecho de quién, y con qué respeto de las libertades fundamentales? No es inconcebible, como se ha demostrado ampliamente, que dar a un territorio su autonomía desemboca en una reducción de las libertades individuales, a veces mejor salvaguardadas bajo el régimen colonial.

Pero los nuevos regímenes de los Estados independientes se encuentran también encerrados en una contradicción: ¿qué objetivo deben fijar al ejercicio de sus poderes y de sus responsabilidades, la libertad o bien la prosperidad (relativa) de sus ciudadanos? Para muchos de ellos la elección política estriba entre la anarquía y la autoridad, es decir, el sistema de partido único que no corresponde, evidentemente, a la imagen que se hacía de la emancipación una Europa que era liberal y colonial al mismo tiempo.

Pero es región por región como debemos examinar lo que históricamente fue el proceso de la emancipación.

II. AFRICA DEL SUR, APARTHEID Y BANTUSTANOS

Hemos visto cómo en 1909 el *South Africa Act,* que votó el Parlamento británico, otorgaba a la República Sudafricana su autonomía dentro del cuadro de la Commonwealth; hemos visto a esta República participar en el esfuerzo de guerra junto a los Aliados, pero hemos visto igualmente a sus dirigentes encerrarse en una política racial cada vez más intransigente.

Al principio de nuestro siglo, la situación entre los blancos que hablaban inglés y los *afrikaanders* era más o menos igual. Pero al ser la natalidad más fuerte entre estos últimos, la proporción pasa, a mediados de siglo, a ser de 40 a 60. Por otra parte, los anglófonos eran urbanos y los *afrikaanders* rurales. Un índice de aumento demográfico más fuerte, un sistema electoral que favorecía a los distritos rurales, éxito tras éxito: a partir del éxito electoral del Dr. Malan en 1948, todo contribuye a reforzar progresivamente el poderío de los nacionalistas *afrikaanders*. Al retirarse Malan en 1954, su sucesor, Johannes Strijdom, muere después de tres años de gobierno. Es reemplazado en 1958 por Verwoerd. Los tres continúan, acentuándola progresivamente, la misma política racial: el *apartheid* o separatismo racial. Hay que hacer notar que Verwoerd, nacido en los Países Bajos en 1901, llevado por sus padres a África del Sur a la edad de un año, no es un *afrikaander* arraigado, sino un emigrante. Profesor de sicología aplicada en la Universidad de Stellenbosch, teórico del *apartheid*, es bajo su dirección cuando se aplica el programa racial con todas sus consecuencias lógicas. En 1961, un referéndum da a los nacionalistas, por primera vez, una mayoría absoluta: el 52 por 100 de los votos contra el 48 por 100 de las otras tendencias. La República Sudafricana independiente es proclamada el 31 de mayo de 1961. El nuevo Estado, pues de esto se trata, rechaza toda fidelidad a la corona británica, rehúsa adherirse a la Commonwealth y prohíbe a cualquiera que sea —sobre todo a los miembros de la Commonwealth— toda ingerencia en sus asuntos internos. Se elige como presidente a Charles Swart, hijo de una vieja familia de granjeros bóers, que es en adelante el Jefe del Estado.

La política del *apartheid* consiste en promover el desarrollo separado de las diferentes razas, bajo la dirección tutelar de la raza blanca, considerada de esencia superior.

El acento debe ponerse sobre el *desarrollo separado*. En 1949 la ley prohíbe los matrimonios interraciales, e incluso las relaciones sexuales. Otra ley exige que todo el mundo lleve un certificado de identidad racial. En el caso de pertenencia dudosa, una Comisión especial del Ministerio del Interior tiene competencia para dilucidar la cuestión teniendo en cuenta, para su apreciación, el aspecto externo del individuo de que se trate, su reputación general y la historia de su vida privada.

En 1950 una ley (Group Areas Act) prevé la delimitación de zonas territoriales que se atribuyen a cada uno de los cuatro grupos raciales reconocidos: blancos, negros, indios y mestizos. En virtud de esta ley, y sobre todo de una enmienda de 1954, es posible, por ejemplo, expulsar a los negros que residan en zona «blanca». Es aplicando esta ley como un centenar de millares de africanos fueron expulsados, cerca de Johannesburgo, de la zona residencial blanca y reinstalados en otra parte, en una zona más alejada del centro.

Por último, el Gobierno Malan sienta el principio de un «*apartheid* positivo», según su expresión, mediante la ley llamada «Bantustan Authorities Act». El principio consiste en constituir territorios (en número de ocho, según se había previsto) donde los africanos, al principio bajo la supervisión de los blancos, debían ser «retribalizados» para que reencontraran su identidad racial en una comunidad propia, progresivamente elevada a la autonomía. El primer bantustano que se organizó, el Transkei, que es el hogar étnico de los xosos, fue llamado a votar por primera vez en noviembre de 1963, formando su primer Gobierno autónomo.

Para mantener su autoridad, el Gobierno Malan había instituido una legislación de excepción: «Suppression of Communism Act», que daba a un alto funcionario especialmente designado (*State liquidator*) el poder de suprimir toda publicación u organización que, según él, tuviera una tendencia comunista. Bajo este vocablo podían ser englobadas todas las tentativas, por acción u omisión, de «provocar un cambio cualquiera en el aspecto político, industrial, social y económico». Como vemos, el campo de aplicación es particularmente extenso e indeterminado, la tendencia es totalmente conservadora y la arbitrariedad absoluta.

En virtud de esta ley tuvieron lugar en 1956 los procesos monstruos «Treason Trials», donde fueron implicados líderes negros, sobre todo Albert J. Luthuli, pero también blancos: miembros del Parlamento, ministros religiosos, personalidades conocidas por sus ideas liberales. Después de cuatro años, el proceso terminó con un sobreseimiento; pero durante el largo espacio de su instrucción se había conseguido el efecto pretendido y se había mantenido la presión sobre los medios de los que podía surgir una oposición.

Por otra parte, una ley permitía el encarcelamiento, sin juicio alguno, durante un período de noventa días, renovable.

A pesar de ello, no se había resuelto el problema de la evolución en un Estado cuya población se descompone *grosso modo* de la forma siguiente: tres millones de blancos, once millones de negros, un millón y medio de mestizos y medio millón de asiáticos.

El caso de la República Sudafricana es precisamente en el que se manifiesta de manera más rotunda la contradicción de que hablábamos más arriba: dar a un Estado la independencia no significa, sino a veces al contrario, que sus súbditos disfrutarán de una mayor libertad. Por ello la corona británica ha conservado, en interés de los bantúes, el protectorado sobre tres enclaves situados en el interior de la República Sudafricana: Bechuanalandia, Swazilandia y Basutolandia. Su situación es original, compleja y delicada. 1.200.000 africanos y 12.000 europeos viven allí en territorios que están bajo protectorado británico y cuyo acceso está controlado por la República Sudafricana. Tienen necesidad de la misma como salida para sus productos: el trigo, el amianto y los bueyes. Teóricamente forman parte de ella, y Gran Bretaña había prometido antaño que a ella se reintegrarían un día. Pero no subsisten más que en la medida en que Gran Bretaña conserva el control; pues si la República Sudafricana hubiera conseguido integrarles, habría procurado transformarlos rápidamente en bantustanos. Añadamos que, para complicar la situación, la mitad de las tierras de Swazilandia están en manos de propietarios sudafricanos.

III. GHANA

En Gold Coast, el gobernador sir Gordon Guggisberg había instaurado en 1925 una reforma constitucional, estableciendo la administración indirecta en los territorios del Norte y en el país achanti. Los jefes tradicionales no dependían más que del gobernador (británico) y eran solamente asistidos por consejeros (británicos también). En la colonia propiamente dicha, es decir, la parte litoral de la Gold Coast, había un Consejo legislativo que se componía de 29 miembros, de los cuales 15 funcionarios coloniales y cinco europeos que representaban los intereses económicos, más nueve africanos designados, seis de ellos por los Consejos provinciales y los tres restantes por las tres ciudades principales. Un sistema de sufragio censatario daba el derecho de voto a menos del 1 por 100 de los habitantes de la colonia. No obstante, la aplicación de la reforma hizo aparecer en seguida en los medios africanos una oposición entre los jefes tradicionales y las nuevas *élites*. Estas, impregnadas de cultura occidental, eran acusadas por sus adversarios de ser descastadas. La reforma de 1925, al introducir en el Consejo la voz de los tradicionalistas, suplantaba a los intelectuales africanos, hasta entonces consultados con gusto por la autoridad colonial. La medida de liberalización aparecía bajo un cierto ángulo como una medida de conservadurismo.

No obstante, todo iba más o menos bien mientras la situación económica era favorable. La Gold Coast proporcionaba la tercera parte de la producción mundial de cacao. Los plantadores de cacao eran en esta época africanos, pequeños o medianos propietarios que vivían con desahogo. Su nivel de vida era el más alto de todo el continente. El mercado de cacao era un monopolio de hecho de la United Africa Co., controlada por Unilever. Pero las consecuencias de la crisis económica mundial de 1929 hicieron bajar considerablemente los precios del cacao, y más aún los precios pagados a los plantadores. Estos sospecharon que la United Africa manipulaba los precios en su propio beneficio y en detrimento de ellos. Cuando en 1939 estalló la Segunda Guerra Mundial, el Gobierno británico decidió que el Ministerio de Avituallamiento comprara la producción directamente a los plantadores, eliminando el intermedio de los recogedores y el monopolio de hecho de la Compañía. Después de la guerra, en 1947, fue institucionalizado el sistema bajo la forma de una Oficina estatal de compra, el «Cocoa Marketing Board», que tenía como misión no solamente recoger la cosecha y sustituir a los intermediarios onerosos, sino también compensar las fluctuaciones estacionales y anuales de los precios del cacao, de manera que se garantizara a los productores un ingreso relativamente estable. Un fondo de compensación y estabilización dirigido por los representantes de los productores africanos cobraba una prima sobre las rentas cuando los precios eran remuneradores, y entregaba una subvención cuando los precios eran demasiado bajos. En el *boom* de la postguerra mundial todos los años eran beneficiosos y el fondo de compensación representaba una de las más fuertes entidades del mundo. No obstante, a partir de 1947 una epidemia, el *swollen shoot,* se había abatido sobre las plantaciones. El único medio de lucha era destruir las plantaciones de los sectores afectados, incluso cuando los árboles estaban aparentemente sanos. Muchos plantadores vieron en esto una maniobra de las autoridades coloniales para reducirlos a su merced.

La Constitución otorgada en 1946 por el gobernador sir Alan Burns atribuía a los territorios del Norte y a los achantis puestos en el Consejo legislativo, lo que reforzaba aún más la posición de los tradicionalistas. El descontento de los plantadores de cacao vino a combinarse con el de los intelectuales y la población urbana. La oposición cristalizó en torno a J. B. Danquah, un abogado que fundó la «United Gold Coast Convention». Confió la dirección a Kwame Nkrumah. Este, nacido en 1909, había estudiado primero en una escuela misional católica. Después estudia sociología y teología en Pennsylvania y en Londres. Es allí donde participa en 1945 en el V Congreso Panafricano de Du Bois y donde toma parte en las actividades de la «West African Student's Union» de Londres.

El partido de Danquah y Nkrumah organizó el boicot de las mercancías europeas en Accra. Después de un período de agitación, el 28 de febrero de 1948 la muchedumbre marchó sobre el palacio del gobernador. Acogida a tiros, la revuelta se extendió por la ciudad. Danquah, Nkrumah y cuatro líderes más fueron detenidos. No obstante, el Gobierno británico envió al lugar a una Comisión investigadora. El informe final, llamado «Watson Report», denunciaba los errores cometidos por las autoridades de la colonia, causados por un contacto insuficiente con la opinión pública, cuya existencia e importancia quedaban así oficialmente reconocidas.

El gobernador nombró entonces a un Comité compuesto por 36 africanos y presidido por un magistrado africano, sir Henley Coussey, que tenía como misión determinar cuál debería ser la constitución que se diera a la Gold Coast. La Comisión Coussey aconsejó el otorgamiento de una constitución de tipo británico con un ejecutivo responsable ante una Asamblea legislativa. Esto quería decir: la autonomía.

El *Colonial Office* de Londres pensaba que era necesario conservar todavía durante algún tiempo el control del ejecutivo. Kwame Nkrumah, separándose de Danquah, reivindicaba «la autonomía inmediata» *(Self-government now)*. Fundó su propio partido bajo el nombre de «Convention People's Party», y lanzó una campaña de agitación: boicots, huelgas, manifestaciones. Esto le valió ser condenado a dos años de prisión.

Londres, que había hecho suyas las conclusiones del «Coussey Report», no retardó la puesta en vigor de la nueva Constitución. Fue creada una Asamblea única: 37 elegidos directamente, 37 elegidos por los consejos de los jefes tradicionales, nueve designados por el gobernador. Los ministerios eran confiados a los africanos, pero el jefe del Ejecutivo seguía siendo el gobernador, responsable solamente ante el Gobierno británico.

Las elecciones tuvieron lugar en febrero de 1951. Entre los 37 elegidos por el pueblo, el partido de Nkrumah ocupaba 34 escaños y el partido más moderado de Danquah solamente tres. Nkrumah era uno de los elegidos. Pero en ese momento se encontraba en prisión. El gobernador británico, sir Charles Arden Clarke, tomando en consideración el movimiento de opinión claramente expresado, hizo salir a Nkrumah de su calabozo de Fort James y lo llamó a consulta, en tanto que líder del grupo parlamentario más importante de la Asamblea. En marzo de 1952 le confiaba el puesto de primer ministro y le encargaba formar Gobierno.

En 1954 la Asamblea votó una nueva Constitución previendo que todos sus miembros serían en adelante elegidos directamente y que no habría más europeos en el Gobierno. Esta Constitución fue aprobada por Londres y puesta en vigor. En las elecciones siguientes el partido de Nkrumah consiguió 71 mandatos sobre 104. La oposición se manifestaba en los territorios del Norte bajo la forma del N.P.P. o «Northern People's Party», y en territorio achanti por la voz del N.L.M. o «National Liberation Movement». La oposición deseaba el mantenimiento de un control británico sobre el Ejecutivo, que le parecía la única garantía de subsistencia de una oposición, a la espera de que la instauración de un sistema federal garantizara una cierta autonomía a los territorios del Norte y al país achanti. No obstante, la mayoría decidió pedir la independencia completa, que fue otorgada por la corona británica y proclamada el 6 de marzo de 1957.

En esta ocasión Nkrumah rebautizó la Gold Coast. Le dio el nombre de Ghana, en recuerdo del viejo imperio que, a decir verdad, no había jamás extendido su dominio a la Costa del Oro. Para asociar el nuevo Estado africano al prestigio del antiguo imperio, se invocaba —afirmación difícil de mantener— que los herederos del antiguo Ghana habían emigrado un día desde el interior del Continente hacia la costa.

No obstante, la fidelidad teórica a la corona británica se mantenía en principio. Una nueva Constitución, aprobada por un referéndum popular, transformaba Ghana en República el 1 de julio de 1960. Nkrumah, reelegido por una gran mayoría, era su presidente y el jefe del Ejecutivo; representaba en la nueva República a la reina de Inglaterra, reducida al papel de cabeza *(Head)* de la Commonwealth. Ghana era la primera República africana miembro de la Commonwealth.

La evolución había sido rápida, pero no sin problemas. Hemos visto cómo se había manifestado una oposición a Nkrumah, sobre todo en territorio achanti, país de fuertes tradiciones, una de las cuales era no soportar la autoridad de las gentes de la costa; de hecho, la tradición era más bien inversa. Pero Nkrumah, instituyendo un poder autocrático, no dejó desarrollarse la oposición. Procedió a detenciones masivas, a expulsiones de los líderes de la oposición. La joven República copiaba exteriormente el ceremonial de Westminster —hasta el *speaker* con peluca blanca—, pero no imitaba su respeto a los derechos y libertades de la oposición. Es verdad que en Accra la fiebre de las muchedumbres subía más rápidamente que a orillas del Támesis y que el liberalismo británico no se ha fundado tampoco en un día.

Nkrumah fue favorecido por una circunstancia: encontró al llegar al poder la caja de la Oficina de Compras de cacao

(Marketing Board) bien provista. Mantuvo la institución, pero los fondos sirvieron para objetivos diferentes a la mera estabilización del precio del cacao. Uno de los primeros cuidados de Nkrumah fue poner en aplicación desde 1952 una Ley de Enseñanza (Education Act) gracias a la cual el número de analfabetos de su país descendió en siete años del 80 al 20 %.

Un problema anejo se había planteado a raíz del paso de Ghana a la independencia. Por razones de comodidad administrativa, los británicos unieron a la Gold Coast la administración de la parte de Togo cuyo mandato les había sido confiado por la Sociedad de Naciones. ¿Qué iba a pasar con este territorio bajo mandato? ¿Iba a reconstituirse un Togo unitario reuniendo la parte que estaba bajo mandato británico y la parte bajo mandato francés, reuniendo las tribus ewes que estaban separadas por una frontera accidental? Un referéndum de mayo de 1956 decidió por mayoría la unión del Togo ex-británico a Ghana, consagrando así la división de los ewes.

Es cierto que en Ghana aparecían otras ambiciones además de la de independencia. Este territorio es el primero de la nueva Africa que obtuvo su independencia, y la fecha del 6 de marzo de 1957 es una fecha de la historia africana en general. La independencia de Ghana ha precipitado, si no desencadenado, el movimiento hacia la independencia de toda el Africa negra. Ghana —y personalmente Kwame Nkrumah— puede vanagloriarse con razón de haber despejado el camino y haber dado el ejemplo. Ser un ejemplo y un guía para los otros podía no ser suficiente para la ambición de Kwame Nkrumah. A ello podía unirse el pensamiento de federar bajo su batuta a las jóvenes naciones africanas, al menos a las del Africa occidental. En abril de 1958 convocó en Accra una reunión de todos los Estados independientes de Africa. Entonces no había nada más que ocho, es decir, Ghana, Etiopía, Liberia, Sudán, y cuatro Estados norteafricanos: Egipto, Marruecos, Túnez y Libia. Más adelante, en diciembre de 1958, fue organizada una Conferencia Panafricana (All-African People's Conference), en la cual participaban los delegados de 62 organizaciones «nacionales» africanas bajo la presidencia de Tom Mboya, de Kenya. La Conferencia de Accra de 1958 marca una fecha importante en la historia de la emancipación de Africa. Da testimonio de un sentimiento de solidaridad panafricana, pero también de numerosas diversidades y divergencias. Uno de los terrenos en el que se enfrentaron los delegados era el de saber en qué medida debería ser fomentado y sostenido el recurso a la fuerza para la adquisición de la independencia. Los delegados de Argelia, que estaba en guerra, deseaban naturalmente un apoyo al empleo de la fuerza; la mayor parte de los delegados de Africa negra esperaban, por el contrario, disminuir los enfrentamientos bélicos, que en la mayoría de los casos no parecían necesarios, dada la actitud liberal de las antiguas potencias coloniales, Gran Bretaña y Francia. Sin embargo, ni Bélgica ni Portugal manifestaban el mismo liberalismo, y la República Sudafricana menos aún. Y, sobre todo, el argumento de ciertos delegados —principalmente de Africa del Norte— era que una independencia entregada no tendría jamás el mismo valor a los ojos de los pueblos que una independencia arrancada por la fuerza y conquistada a costa de sacrificios. La unión nacional, decían algunos, no podía forjarse más que en la sangre. No obstante, la Conferencia concluyó moderadamente, dando su apoyo a todos los movimientos de liberación, a los que evolucionaran pacíficamente allí donde fuera posible, y también, bajo otras formas, a los que las circunstancias y la represión colonialista obligara al uso de la fuerza.

No obstante, no todos los africanos estaban dispuestos a aceptar la tutela de Nkrumah ni a considerar Accra como la meca del Africa negra. No había delegados de Nigeria del Norte en la Conferencia de Accra. Nigeria, aunque ligeramente retardada en su evolución, pensaba que no debía nada a Ghana, a la que sólo las circunstancias había hecho llegar la primera a la meta.

IV. NIGERIA

Nigeria era cuatro veces más grande que Ghana y cinco veces más poblada (36 millones de habitantes). Tiene más de un punto en común con Ghana: la lengua inglesa como lengua vehicular y administrativa; la situación climática escalonada desde la sabana sudsahariana hasta la selva tropical situada en zona litoral; el encuadramiento de tribus heterogéneas dentro de un sistema complejo de colonias y protectorados; la existencia de una importante vida urbana e intelectual.

No obstante, Nigeria no era una nación, menos aún que Ghana. Era el resultado de la división y del montaje efectuado por lord Lugard antes de la Primera Guerra Mundial, y poca cosa unía a sus tres partes entre sí. El Norte, de población haussa y peule, era musulmán, y sus emires conservaban un carácter feudal: aún no ha otorgado el derecho de voto a las mujeres y no parece inclinado a hacerlo. Ahora bien, es allí donde vive casi la mitad de la población de Nigeria. El Oeste, al igual que el Este y el Norte, tiene su Parlamento y su Gobierno; fundamentado sobre los yorubas, que no representan más que tres millones de habitantes sobre los nueve millones que tiene la región (más que Ghana), su prosperidad puede compararse a la de Ghana, cuya situación climática es semejante. En el Este, los ibos, activos y con espíritu de iniciativa, proporcionan a Nigeria su gran líder político, Azikiwé.

Benjamín Nnamdi Azikiwé, familiarmente llamado «Zik», es un ibo nacido, sin embargo, en Nigeria del Norte. Hemos dicho que, al igual que Nkrumah, pero diez años antes que él, había estudiado en Pennsylvania. Vuelto a Lagos en 1934, funda un movimiento de juventud, el «Nigeria Youth Movement», y varios periódicos.

No obstante, en 1941 un yoruba, Obafemi Awolowo, que había estudiado en Londres, quitaba a Azikiwé el control del movimiento de juventud. En 1944, Azikiwé volvía al país ibo para fundar allí un movimiento político, el «National Council of Nigeria and the Cameroons», que reclamaba la independencia de Nigeria dentro del marco de la Commonwealth.

Los territorios del Norte, por su parte, quedaron fuera del movimiento político; los emires, en el fondo, se acomodaban muy bien a la tutela británica y no tenían que esperar nada bueno de una independencia total, de una democratización de las masas y de una difusión de la actividad política.

En 1946 el gobernador sir Arthur Richards promulgó una Constitución que creaba un Consejo legislativo federal cuyos miembros eran designados casi en su totalidad. Esta Constitución, considerada por su propio autor como una institución de transición, no daba satisfacción a nadie. Se desencadenó una agitación, sobre todo en torno a Azikiwé.

Un nuevo gobernador, sir John Macpherson, fue enviado en 1948. Tranquilizó los espíritus y prometió una nueva Constitución, consiguiendo tiempo para observar, calmar, consultar y negociar. En 1949 inauguró el Colegio Universitario de Ibadán. Por último, en 1951 promulgó una Constitución de tipo federalista. Este nuevo texto fue objeto de la misma oposición que el de Richards. Además, el Norte comenzó a agitarse y hubo revueltas en Kano.

Para calmar una vez más a la opinión, el Gobierno británico puso en marcha un nuevo proyecto que fue discutido con los líderes de los partidos políticos nigerianos. La reina de Inglaterra hizo una visita oficial a Nigeria que constituyó un éxito. Durante este tiempo, y paulatinamente, todos los poderes habían sido entregados a los nigerianos, hasta el día en que se proclamó la independencia de la Federación nigeriana (octubre de 1960), que en octubre de 1963 se convertía en República de Nigeria.

V. SIERRA LEONA

En Sierra Leona, el acceso a la independencia fue un parto sin dolor. En 1958 se constituyó el primer Gobierno y el Dr. Milton Margai fue designado primer ministro. Cuando dos años más tarde sir Milton fue a Londres al frente de una delegación para examinar las condiciones del acceso a la independencia, el ministro británico de Colonias le rogó que no perdiera tiempo en exponer las razones que tuviera en favor de la independencia; el Gobierno de Su Majestad estaba absolutamente de acuerdo; no se trataba más que de determinar las modalidades. Sierra Leona se convertía a su vez, al igual que Nigeria, en miembro de la Commonwealth.

VI. UGANDA

En Uganda, la administración colonial británica había quedado favorablemente impresionada —quizá demasiado— por el funcionamiento de las instituciones del reino de Buganda. En el Kabaka y el Lukiko había creído reconocer una especie de reflejo negro de las instituciones británicas, el rey y el Parlamento. Hemos visto cómo la autoridad colonial se había esforzado en crear una aristocracia de propietarios del suelo, de *landlords* a la inglesa; y cómo había intentado después, al menos por el contagio del ejemplo, establecer el sistema en las otras regiones de Uganda. Los británicos veían el porvenir de Uganda en una federación de monarquías locales, constitucionales y parlamentarias, controladas desde lejos por la corona británica. La autoridad colonial había instituido en 1920, junto al gobernador, un Consejo legislativo de Uganda cuyos miembros eran, por el momento, designados, y cuyo parecer era consultivo. Esto debería ser el principio de un Parlamento federal de Uganda.

La evolución, sin embargo, siguió otras vías. En primer lugar, en las otras provincias el sistema de Buganda (un Kabaka y un Lukiko) no era fácil de ser superpuesto a otras tradiciones y a una situación social y racial diferente. No había allí una aristocracia del pueblo, ni estaba creándose. Existía, en cambio, una corriente más favorable a una evolución en el sentido de la democracia.

En 1922 se constató que la reforma territorial de 1900 había sido hecha sin tener en cuenta los derechos de los verdaderos propietarios del suelo según la tradición africana, los batakas, cuyos privilegios eran anteriores a la inmigración de la aristocracia representada por el Lukiko y el Kabaka. Los británicos intervinieron para hacer conceder una compensación a los batakas, pero la aristocracia poseedora se opuso a ello. A los británicos no les quedaba más que expresar su condolencia a los batakas.

Del mismo modo, intentaron en vano hacer renunciar a los nuevos señores de Buganda a una enojosa costumbre establecida como consecuencia de la reforma territorial: encargados en principio de cobrar el impuesto a cambio de una comisión, rápidamente tomaron la costumbre de considerar el producto del impuesto como un ingreso personal, siendo los campesinos susceptibles de ser gravados a su arbitrio; llegaban así a cobrar hasta un tercio de la cosecha. Lo más que consiguió el protector británico fue que la tasa fiscal se redujera un poco.

No obstante, nuevas categorías sociales se estaban creando o desarrollando en Uganda, que producía más café y algodón que ningún otro país de la Commonwealth. Se estaba formando una clase de comerciantes de origen indio que constituía un principio de clase urbana. Un cierto número de plantadores africanos había formado una Unión Cooperativa para la comercialización de sus productos. En 1922 se abrió una escuela técnica en Makerere; ésta se desarrolló y en 1938 fue transformada en Colegio Superior (Higher College for East Africa) destinado a preparar a los estudiantes para que pudieran seguir los cursos de la Universidad de Londres. En 1950 el colegio de Makerere, convertido en el centro universitario del Africa oriental británica, obtuvo el privilegio de conferir grados (*degree-granting powers*).

Al desarrollarse el país, con altibajos naturalmente, la aristocracia de Buganda aparecía cada vez más como una clase particularista, conservadora y hostil al progreso representado por el federalismo.

El Consejo legislativo de la Federación de Uganda, creado por la autoridad británica, constituía un factor de evolución y progreso, a pesar de que sus miembros eran designados y no elegidos. Los indios estuvieron representados en él a partir de 1926 y los africanos desde 1946. Pero había una oposición constante entre el Consejo federal y el Lukiko.

En 1945 habían estallado revueltas y había sido asesinado un ministro de Buganda. Bajo la presión, el Lukiko consintió, no sin reticencia, en abrir sus puertas a la elección. Un tercio (exactamente 31 sobre 89) de los escaños debería ser cubierto mediante un sistema electoral de varios grados.

En 1958 los batakas reanudaron su agitación. A decir verdad, no se trataba ya de los antiguos batakas y de sus reivindicaciones territoriales, sino de un movimiento nuevo que reclamaba la designación del Lukiko por vía electoral y la eliminación de los comerciantes indios. El Lukiko rehusó atender estas reivindicaciones.

La autoridad británica, por el contrario, se interesó por las reivindicaciones económicas y sociales, compró las máquinas trilladoras de algodón *(gins)* y las cedió, en 1952, a cooperativas africanas de explotación, estableciendo así una experiencia de gestión indígena de una pequeña industria de base.

En el plano político creó consejos provinciales elegidos en las otras regiones de Uganda distintas de Buganda. Esperaba crear así una presión sobre el Lukiko que, de este modo, no tendría fundamento para considerarse más que como consejo provincial de Buganda.

En 1939 un nuevo Kabaka, Edward Frederick Mutesa II, subía al trono a la edad de quince años. Había tomado posesión de su trono en 1942, pero continuó aún sus estudios en Cambridge y cumplió durante algún tiempo el servicio militar en Inglaterra como granadero de la guardia real. Vuelto a su país, se hizo eco de una declaración oficiosa británica que concernía a los proyectos de constitución de una Federación africana oriental. Defensor encarnizado de la autonomía de su reino, el Kabaka reclamó en agosto de 1953 la independencia completa de Buganda, lo que hubiera significado la ruina de los otros territorios de Uganda, Bunyoro, Ankolé y Toro, menos ricos. El gobernador, sir Andrew Cohen, no consiguiendo convencer al Kabaka, invocó la Convención de 1900 y, considerando el acto del Kabaka como una falta de lealtad hacia la corona británica, le deportó a Inglaterra.

Por una reacción sorprendente, este gesto rehízo la unidad de Uganda. En Buganda, el Lukiko rehusó toda cooperación con la autoridad colonial mientras el Kabaka estuviera ausente. Pero incluso la opinión de los otros territorios de Uganda, generalmente hostil a la política separatista del Kabaka y del Lukiko, se declaró solidaria del príncipe exiliado. La crisis pudo, sin embargo, ser resuelta por vía de negociación y compromiso. En octubre de 1954, después de veintitrés meses de un exilio dorado, el Kabaka volvió a estar entre sus súbditos.

El compromiso de 1955 tomó la forma de una revisión del acuerdo de 1900. El Kabaka se convertía en soberano constitutucional de Buganda, monarquía integrada en un Estado de Uganda unitario y democrático cuyo jefe era la reina de Inglaterra representada por un gobernador. Uganda tenía una Asamblea Nacional de 91 miembros, los de Ankolé, Bunyoro y Toro designados por sufragio directo y los 21 miembros de Buganda designados por el Lukiko. Sistema bastardo, fórmula de transición, que refleja una situación particular: la autoridad colonial aparece como defensora del progreso, de la democracia y de las libertades, en contra de una autoridad indígena autocrática.

VII. KENYA

Si el Kabaka había reaccionado tan fuertemente a los propósitos británicos sobre una eventual federación africano-oriental era porque Buganda temía ser asociada más estrechamente a Kenya, donde la situación era radicalmente diferente. Hemos visto cómo los colonos británicos se instalaron, en calidad de plantadores, en las altiplanicies relativamente vacías en el momento en que el ferrocarril las atravesaba por primera vez. Gozando de un clima sano, tierras fértiles y una escasa ocupación indígena del suelo, al menos en apariencia, Kenya era uno de los raros puntos del continente africano donde parecía poder establecerse de forma duradera, si no definitiva, una población blanca.

Es en 1902, fecha de la terminación del ferrocarril de Uganda, cuando llegaron los primeros plantadores blancos. Se consideraba entonces que la corona británica era propietaria de las tierras aparentemente vacantes. Con este título es con el que la corona otorgaba a los plantadores concesiones de novecientos noventa y nueve años. Unos 20.000 de ellos se establecieron, aportando capitales considerables, creando vastas plantaciones de café, tabaco, cereales, azúcar y algodón; creando pastos para las ovejas y criaderos de avestruces en las tierras menos ricas. Se realizó un enorme trabajo: roturación y mejoramiento del suelo, lucha contra las epidemias de los animales y plantas, creación de cereales híbridos adaptados al país, etc. Se levantaron industrias anejas: serrerías, molinos, lecherías. Los blancos se sentían en su propia casa en un país cuya fisonomía habían transformado.

En 1907 había sido creado un Consejo legislativo. En 1920, lo que hasta entonces se llamaba «British East Africa Protectorate» recibió un nuevo estatuto. La banda costera, en principio propiedad de los árabes de Zanzíbar y donde estaban sus plantaciones de caña de azúcar, se convertía en «protectorado de Kenya», mientras que el interior se convertía en «colonia de Kenya», siendo ambos administrados, de todas formas, por el mismo gobernador británico. De los 22 miembros del Consejo legislativo, 11 serían de ahora en adelante elegidos por los plantadores británicos. Los indios, dos o tres veces más numerosos que los europeos, recibían dos escaños y más adelante cinco. Sin embargo, una reglamentación intentaba restringir la inmigración india, subordinándola a un número máximo. A partir de 1944 era admitido en el Consejo un africano que era nombrado, no elegido.

No obstante, la población negro-africana se desarrollaba rápidamente. Dos razas, los kikuyus y los lúos, representaban la mayor parte de la población negra; es preciso añadirles, en las estepas situadas al pie de la meseta, a los pastores masais, supervivientes de las tribus nómadas que a mediados del siglo XIX dominaron una parte del África oriental pero que, como consecuencia de la peste bovina de 1891 que aniquiló una buena parte de sus rebaños, vieron su autoridad y su expansión fuertemente reducidas. Hay que tener igualmente en cuenta a los somalíes establecidos en el nordeste de Kenya y que se sienten más solidarios de sus hermanos de Somalia que de sus conciudadanos de Kenya.

Los kikuyus, por su parte, son bantúes que residían desde hacía cuatro o cinco siglos a orillas del lago Victoria. A partir de 1800, penetran en las altiplanicies y se instalan progresivamente en ellas. ¿A qué se dedicaban anteriormente? No se sabe prácticamente nada. A principios del siglo XX, diversas circunstancias, sobre todo los azotes naturales: epidemias, invasiones de langosta, hambre, habían reducido considerablemente en número a los kikuyus, ya por extinción, ya por repliegue de los supervivientes a regiones menos hostiles.

A medida que se desarrollaba la colonización europea, los kikuyus se multiplicaban en la meseta y otros volvían a ella. Su mano de obra era apreciada por los plantadores blancos. Parecía que no habían conocido jamás ninguna forma de organización política y que habían permanecido en el estadio tribal. Otros vivían en simbiosis con los plantadores blancos, trabajando en las plantaciones o en sus propias explotaciones situadas al lado de las mismas. Había también cada vez más kikuyus en la ciudad, habiéndose convertido Nairobi en una ciudad de más de 200.000 habitantes. No recibían enseñanza más que de las escuelas de las misiones cristianas. Los kikuyus habían combatido bajo mando Aliado durante la guerra de 1914-1918 en la campaña contra Von Lettow-Vorbeck.

No obstante, diversas causas de insatisfacción daban lugar a diferentes categorías de descontento. Los antiguos combatientes negros habían tomado conciencia de sus derechos. Los granjeros negros que explotaban por cuenta propia las sierras situadas al lado de las grandes plantaciones se veían expulsados a medida que las plantaciones de los europeos extendían su explotación sobre las concesiones que les habían sido otorgadas desde el principio, pero que habían ido valorizando progresivamente.

Las tribus, muy tradicionalistas, se negaban a admitir de nuevo en su seno a los kikuyus que, habiendo trabajado en contacto con los blancos, se habían convertido o habían simplemente recibido una enseñanza en las escuelas cristianas. Las mismas tribus, en fuerte expansión demográfica, se encontraban apretujadas en las reservas (Native Reserves) que les habían sido atribuidas en propiedad. Los destribalizados no se encontraban a gusto ni en las reservas, de donde se les expulsaba, ni en los territorios destinados a la colonización (European States), donde además les fue prohibido adquirir tierras a partir de 1923.

Entre los que estaban cristianizados se formaron sectas «africanas» que asociaban a la tradición bíblica prácticas locales; crearon escuelas para africanos, como el «Kenya's Teachers College», dirigido por Jomo Kenyatta. Desde un punto de vista político, la oposición cristalizó hacia 1922 bajo la forma de un movimiento (Kenya Central Association) que reclamó para los africanos, por una parte, derechos políticos hasta entonces inexistentes, y por otra, la restitución de las tierras que, según los africanos, les habían robado los blancos.

En 1932 la colonia decidió acrecentar considerablemente las reservas indígenas y detener la expansión europea de la meseta. Las reivindicaciones no fueron, sin embargo, reducidas al silencio.

Después de la Segunda Guerra Mundial, para acomodarse a la evolución de la situación, el Consejo legislativo introdujo un sistema electoral que atribuía 11 escaños a los europeos, tres a los indios no musulmanes, dos a los indios musulmanes y uno a los árabes; ninguno a los africanos.

Cuatro años más tarde estallaba el movimiento Mau-Mau. Este movimiento, aún mal conocido, se había desarrollado en una clandestinidad casi total durante tres o cuatro años. No partía de las tribus, sino de los destribalizados. Al principio no era un movimiento violento; sin embargo, para mantener el secreto comenzó a imponer a sus miembros un juramento imitado del juramento tradicional de los kikuyus, pero muy diferente en su objeto y en su concepción misma. El juramento tradicional kikuyu se parecía más bien a las ordalías y tenía por objeto el arreglo de los litigios privados; debía confirmar que el que lo pronunciaba decía la verdad. El juramento Mau-Mau era diferente: el que lo pronunciaba se comprometía a no revelar el secreto de la organización bajo pena de muerte. El primer juramento Mau-Mau no parece remontarse más allá de 1949. No obstante, para dar al juramento toda su validez, los Mau-Mau se pusieron a realizar ejecuciones. Pronto hicieron reinar el terror entre los obreros agrícolas y los granjeros kikuyus, y después en la misma Nairobi. Ante una ola de terrorismo cuyas raíces y objeto permanecían en el misterio, el Gobierno de Kenya reaccionó enérgicamente, poniendo a la población en estado de sitio. Por otra parte, el movimiento no estaba dirigido directamente contra los blancos. De unos 10.000 muertos que causaron la revuelta y su represión, apenas unas 30 víctimas eran colonos europeos. La liquidación del movimiento Mau-Mau se apoyaba en la inmensa mayoría de los kikuyus que habían permanecido leales, ya entre el personal empleado por los europeos, que era la primera víctima del movimiento, ya entre las tribus que veían con disgusto cómo sus ritos eran caricaturizados de manera sangrienta. Fue de acuerdo con estas últimas como se instituyó una ceremonia de «contrajuramento», administrada masivamente en 1954 y en 1955, que desligaba solemnemente a los miembros del movimiento clandestino del compromiso que habían contraído por el juramento. Al cabo de tres o cuatro años de esfuerzo el movimiento era eliminado.

En el marco de la campaña anti-terrorista, 90.000 kikuyus habían sido alejados de Nairobi, siendo reemplazados un cierto número de ellos por lúos, entre los cuales el movimiento Mau-Mau no había penetrado. Tras el retorno a la calma, se adoptó un plan de reorganización y de reimplantación de las tribus kikuyus, que tenía por objeto mejorar la suerte de un millón y medio de africanos. Este plan comprendía la construcción de aldeas, con un sistema de mercados, una red de vías de comunicación, transportes, escuelas, debiendo servir de base todo ello para una evolución social. En cuanto a la evolución política, es en 1957 cuando tuvieron lugar las primeras elecciones en las cuales participó un cierto número de africanos, estando subordinado el derecho de voto a ciertas condiciones de fortuna y educación. En 1959 las restricciones de orden racial o tribal para la compra de tierras fueron levantadas. Hay que decir que los precios de las tierras sobre la meseta fértil eran muy elevados y poco accesibles para los africanos; pero se había establecido el principio.

En este momento se destacaba una figura, la de un kikuyu, Jomo, que más adelante tomaría el nombre de Kenyatta. Nacido hacia 1893, dos años antes del establecimiento del protectorado británico sobre Kenya, había aprendido a leer en una escuela de las misiones de la Iglesia de Escocia. Siendo adolescente, vivió en Nairobi como pequeño empleado. Rápidamente envuelto en la acción política, fue a Londres en 1929. Mientras estudiaba antropología, publicó en 1938 un notable trabajo sobre las tradiciones kikuyus. En 1945, todavía en Londres, donde pasó casi quince años de su vida, participa en el Congreso Panafricano de Du Bois, al lado de Nkrumah. Es entonces cuando vuelve a Kenya como director del «Kenya's Teachers College», que es un foco de oposición al colonialismo. En el momento del terrorismo Mau-Mau, Kenyatta es detenido, procesado y condenado, sin que jamás haya podido establecerse el grado exacto de su participación en el movimiento. Pasa entonces ocho años, ya en prisión, ya deportado en la región desértica del nordeste de Kenya.

En su ausencia, es un joven sindicalista de origen luo, Tom Mboya, el que se convierte en líder de la oposición al colonialismo.

En 1957 la autoridad colonial británica atribuye 14 escaños del Consejo a los elegidos por los europeos, 14 a los elegidos por los africanos y ocho a los elegidos por asiáticos. La reforma no tuvo tiempo de funcionar. Los africanos no aceptaron que la representación de cinco millones de africanos no fuera más numerosa que la de unos 65.000 europeos. Una Conferencia celebrada en Londres en 1960 bajo la presidencia del ministro de Colonias dio como resultado un nuevo sistema y nuevas elecciones que dieran esta vez 33 escaños a los africanos, 10 a los europeos, ocho a los asiáticos y dos a los árabes. Por primera vez en cincuenta años los europeos veían escapar de sus manos el control de la colonia. La doble preocupación, tanto del Ministerio británico y sus colonos como de un cierto número de africanos evolucionados, era, por una parte, asegurar una convivencia equilibrada entre las numerosas razas que tienen a Kenya por patria, por otra, dar a los colonos blancos que han creado y que aseguran aún la prosperidad de Kenya, las garantías necesarias para el mantenimiento de su permanencia.

En las elecciones de febrero de 1961 un partido, el KANU (Kenya African National Union), sale vencedor. Su líder, Tom Mboya, se niega a formar Gobierno sin Kenyatta. Algunos meses más tarde, Kenyatta es liberado y entra en el Gobierno de Kenya, para convertirse en primer ministro en 1963. Tom Mboya era su ministro de Justicia.

Finalmente, en diciembre de 1963, era proclamada la independencia de Kenya. El proceso había sido muy rápido desde el momento en que —cuando Jomo Kenyatta tenía dos años—

los colonos británicos se instalaban en un país que creían vacío y disponible, y donde se obtenían concesiones de novecientos noventa y nueve años, y el momento de la independencia, que lleva al poder a este mismo Kenyatta, en cuya sola prudencia podrán confiar en adelante los colonos europeos. Es de destacar sobre todo la velocidad con que los africanos, kikuyus o lúos, partiendo de una vida tribal de tipo prehistórico, se han adaptado, casi sin ayuda occidental, sino por sus propios medios, a la vida política moderna.

VIII. TANZANIA

Tanganyka, antigua colonia alemana colocada bajo mandato británico después de la Primera Guerra Mundial, estaba poblada, al igual que Kenya, por bantúes y pastores masais, por unos 100.000 indios y por unos 20.000 europeos, entre los que había una gran proporción de griegos. Los colonos poseen menos del 2 por 100 del suelo. Es en 1948 cuando cuatro miembros africanos y tres asiáticos fueron invitados a formar parte del Consejo Legislativo. En 1955 fue constituido un Consejo de 61 miembros, 31 de los cuales eran funcionarios y 30 no funcionarios, es decir, 10 por cada uno de los tres grandes grupos étnicos; miembros designados, no elegidos. En 1958 fue inaugurado un sistema electoral original: cada elector, sea cual fuere la raza a que perteneciese, disponía de tres boletines de voto, uno para un africano, uno para un europeo y uno para un asiático. Se esperaba establecer así una cooperación interracial. La principal organización política del país, el «Tanganyka African National Union», presentó candidatos de las tres razas. En las primeras elecciones consiguió la totalidad de los 30 escaños; en las elecciones siguientes, 70 escaños sobre 71. Su líder, Julius Nyerere, un universitario, había estudiado historia y economía en Edimburgo. La evolución de Tanganyka se produjo sin dolor, sin estrépito, sin estallidos de odio, sin choques entre las razas. La fecha de la independencia fue prevista por un acuerdo entre el Colonial Office y Julius Nyerere para 1961. Habiéndose convertido Tanganyka en República en 1962, Julius Nyerere se convirtió naturalmente en su presidente.

No obstante, una común esperanza de Nyerere y del Colonial Office se vio defraudada. Tanto por uno como por otro lado se había deseado formar una Federación Africana Oriental que habría englobado, además de Tanganyka, Kenya, Uganda, Zanzíbar y, eventualmente, Nyassalandia. Las ventajas teóricas de una Federación son evidentes: ninguno de estos territorios puede ser totalmente independiente desde un punto de vista económico. La administración colonial había dado algún paso hacia la Federación, al instituir una Conferencia periódica de los tres gobernadores, y más adelante una Alta Comisión en la que estaban asistidos por los representantes de cada uno de los territorios. Este principio de Federación había creado ya una comunidad de transportes y comunicaciones, una unión fiscal y aduanera, y un organismo común de investigación científica. Por evidentes que fueran las ventajas de una Federación, Kenya (sobre todo sus colonos blancos) temía disolverse en una federación demasiado negra; Uganda, por el contrario, temía caer bajo la égida de los colonos de Kenya. Nyerere había llegado incluso a proponer que se retrasara la proclamación de independencia de Tanganyka si ello iba a favorecer los proyectos de Federación, que él había hecho suyos. En 1964 aún no le había sido posible disipar las desconfianzas y superar las hostilidades de los otros Estados interesados. Sin embargo, este mismo año, un levantamiento que tuvo lugar en Zanzíbar le dio la ocasión de realizar una parte del sueño federal, formando una unión entre Tanganyka y Zanzíbar, llamándose el nuevo Estado federal Tanzania.

IX   RHODESIA. ZAMBIA. MALAWI

Otro proyecto británico de federación no tuvo más fortuna. La fórmula que había resultado en Nigeria no parecía, decididamente, ser fácilmente aplicable a otra parte. Se trataba de la asociación en una federación centroafricana de las dos Rhodesias y, eventualmente, de Nyassalandia, estos tres territorios que hoy se llaman Rhodesia del Sur, Zambia y Malawi.

Había entre ellos en principio una cierta comunidad de situación: países de mesetas, sabanas y selvas secas, sin grandes recursos alimenticios, con una población bantú relativamente diseminada; los tres bajo tutela inicial de Compañías privadas británicas: la British South Africa Company, en Rhodesia, la African Lakes Co., filial de la precedente, en Nyassalandia; más adelante, los tres estaban bajo administración colonial británica. Es útil aún precisar que Nyassalandia había recibido la influencia de la Iglesia presbiteriana de Escocia más que la de la African Lakes Co., o incluso que la de la administración. Allí, al igual que en Africa oriental, algunos eran favorables a la federación, pero por razones diametralmente opuestas, esperando unos y otros hacer prevalecer su punto de vista dentro de una futura federación; otros eran irreductiblemente hostiles, también por razones diametralmente opuestas los unos a los otros, temiendo cada uno de ellos ser desbordado y ahogado en la masa.

Es preciso decir que la situación de los tres territorios había terminado por ser muy diferente. Recordemos que Rhodesia del Sur era desde 1923 colonia autónoma, representando el gobernador a la corona británica. Estaba ligada no al Colonial Office de Londres, sino al Commonwealth Relations Office, y su primer ministro era miembro de pleno derecho de la Conferencia de primeros ministros de la Commonwealt. Rhodesia del Norte y Nyassalandia eran protectorados confiados al «trusteeship» de la corona británica. En Rhodesia del Sur, donde residían 200.000 blancos, una política racial apartaba a los africanos de toda actividad política. En Nyassalandia, algunos centenares de plantadores europeos se habían instalado sobre las mesetas relativamente desiertas del Chiré, atrayendo allí a más de 200.000 bantúes procedentes, bien de las orillas del lago Nyassa, bien de Mozambique. Las mesetas, es decir, el sur del territorio, se convirtieron así, a causa de la colonización, en uno de los sectores más poblados del Africa central; poblado, es cierto, por una masa heterogénea y destribalizada. De donde procedía, por otra parte, la necesidad que esta población tenía de emplearse como mano de obra temporera fuera del territorio, en las minas de Katanga o de Rhodesia del Norte, o en las plantaciones de Rhodesia del Sur. Malawi (antiguamente Nyassalandia) tiene hoy tres millones de habitantes.

Rhodesia del Norte (hoy día Zambia) siete veces más extensa, está en total menos poblada y su densidad apenas supera los tres habitantes por Km^2. La puesta en explotación de las minas de cobre de Copper Belt, alrededor de 1930, atrajo a un cierto número de británicos, sobre todo técnicos en minería, pero que no representan apenas más que 70.000 almas, frente a tres millones de bantúes.

Se puede decir generalizando que, entre 1920 y 1960, la población africana se ha triplicado en los tres territorios, mientras que la población europea pasaba de 40.000 a 300.000, esencialmente por vía de inmigración. Al ser más fuerte la natalidad africana, la desproporción tiene tendencia a acentuarse.

Desde un punto de vista económico, la actividad de los tres territorios ha evolucionado de manera divergente. Rhodesia del Sur se ha convertido esencialmente en un país de plantaciones europeas. Los colonos poseían en 1930 el 30 por 100 de las tierras, y en 1960 tenían el 50 por 100. Los africanos recibieron el 20 por 100, siendo el resto desértico o unido a las reservas naturales, dominio por tanto de la corona británica. En Rhodesia del Norte (o Zambia), la actividad de los colonos europeos gira fundamentalmente en torno a la explotación de las minas de cobre. En Nyassalandia (o Malawi), los europeos no han ocupado jamás más que apenas el 5 por 100 de las tierras, sobre las mesetas del Chiré, donde introdujeron sucesivamente el café, el tabaco y el té, que desde 1933 se convirtió en el principal producto exportable.

Parecía, por tanto, evidente que sería interesante integrar las economías complementarias: Rhodesia del Norte con su vocación minera, Nyassalandia, cantera de mano de obra, y Rhodesia del Sur con su carbón, sus competencias administrativas, comerciales y bancarias, su aportación de capitales y la salida de su mercado para los productos de los otros dos territorios.

La idea de una federación había sido ya examinada antes de la Segunda Guerra Mundial, en 1938, por la Comisión Bledisloe. Esta había rechazado entonces el proyecto a causa de la oposición de los africanos que temían la preponderancia de los colonos de Rhodesia del Sur. Después de la guerra, los ferrocarriles de los tres territorios fueron puestos en comunicación y el sistema bancario había sido unificado. En 1951 el Gobierno británico había propuesto un proyecto de federación centroafricana. El proyecto fue aceptado por el Parlamento británico en 1953 y puesto en aplicación. Debía haber una asamblea federal de 35 miembros, 26 de los cuales representarían a los europeos, debiendo representar los nueve restantes (tres de los cuales eran europeos) a los millones de africanos de la federación. La posición de los blancos parecía muy reforzada, teniendo en cuenta además que el sistema federal acrecentaba las perspectivas de prosperidad en los tres territorios.

Pero la oposición de los africanos y su reivindicación de derechos políticos era cada vez más firme. El Gobierno de la Federación fue confiado en 1956 a Roy Welensky, un blanco de Rhodesia del Norte, sindicalista, antiguo boxeador y conductor de locomotoras, cuyo dinamismo se dedicaba a defender la preponderancia de los blancos. No obstante, la oposición africana se organizaba, sobre todo en Nyassalandia, donde en 1950 se creaba el Malawi Congress Party, cuya jefatura alcanzó Hastings Banda en 1958. El doctor Hastings Kamuzu Banda había nacido en 1906 en Nyassalandia; estudia en las escuelas de las misiones; estudia medicina en los Estados Unidos; ejerce la medicina en los suburbios del norte de Londres y después pasa tres meses en Ghana. De regreso a su país, fue

285

acogido como el Mesías. Algunos meses después de su regreso estallaban las primeras revueltas. La represión fue enérgica. Rhodesia del Sur promulgó una ley de excepción (aplicable en la federación) que daba al Gobierno Welensky el poder de encarcelar a todo el que le pareciera conveniente durante cinco años. En Nyassalandia, Banda fue detenido, así como un millar de miembros de su partido, y puesto en libertad algún tiempo más tarde, con el prestigio ya de un mártir de la emancipación. De esta forma, en 1961 se convertía en ministro, y en 1963 en primer ministro del Estado autónomo de Malawi (ex-Nyassalandia), mientras la reina Elizabeth II seguía siendo Jefe de Estado hasta la proclamación de la independencia y el definitivo fracaso de la Federación Centro-Africana.

Rhodesia del Norte siguió el mismo camino, con algunos matices. Aquí también, tomaron posesión contra la federación líderes políticos africanos. Harry Nkumbula (nacido en 1916) y Kenneth Kaunda (nacido en 1924), antiguos alumnos de las escuelas de misiones, Nkumbula había estudiado también economía política en Londres, y Kenneth Kaunda hizo una estancia en las Indias. No obstante, los británicos, siguiendo su política de asociación progresiva de los líderes africanos a los problemas de gobierno, hicieron en 1962 a Nkumbula ministro de Educación, y a Kaunda ministro de Asuntos Administrativos y Sociales de Zambia (ex-Rhodesia del Norte).

Por último, en 1963, al mismo tiempo que Malawi, Zambia abandonaba la Federación Centro-Africana y proclama su independencia. El primer ministro era Kenneth Kaunda.

En Rhodesia del Sur, los acontecimientos del Congo producían inquietud a los colonos blancos sobre la suerte que les sería reservada si el Gobierno era entregado un día, sin garantías concretas, a los líderes africanos. La federación les había parecido un medio de retra ar la evolución en los países vecinos y asociados, Rhodesia del Norte y Nyassa; pero precisamente porque querían utilizarla para este fin, fracasó la federación. Esperaban poder contar con la solidaridad del Gobierno británico para con los intereses de los colonos blancos; pero el Gobierno británico no estaba dispuesto a arriesgar, para defenderlos, el comprometer su política de buenas relaciones con los nuevos Estados africanos.

Rhodesia del Sur, autónoma desde hacía cuarenta años, ve cómo el Gobierno británico le rehúsa la independencia, al no querer consagrar la autoridad de un Gobierno de blancos sobre la población africana. La vida política estaba allí enteramente en manos de los colonos, puesto que el Gobierno británico no disponía para proteger a los indígenas más que del poco eficaz derecho de veto y de medios de presión económicos. La situación terminó por ser allí casi tan explosiva como en Africa del Sur, y el Gobierno británico casi tan impotente para intervenir.

19. Emancipación de los territorios franceses

La emancipación de los territorios de Africa que eran colonias francesas o territorios bajo mandato francés se llevó a cabo según una línea y un proceso diferentes de los seguidos en los territorios británicos. En conjunto, tuvo lugar sin violencia, a diferencia de la emancipación de Indochina y de Argelia, cuyas independencias costaron guerras largas y sangrientas. Hay que decir que el Africa negra no era para la Francia metropolitana ni una colonia de población, como Argelia, ni fuente de ingresos importantes públicos y privados, como Indochina. Si hubiera sido posible hacer un balance económico y financiero de la colonización francesa en Africa, poniendo a un lado los gastos militares y civiles, las subvenciones de índole diversa, las inversiones privadas y, sobre todo, las públicas, como gastos realizados por Francia en Africa negra, y poniendo en otro lado lo que la economía francesa ha sacado como beneficio de la colonización, el balance sería muy ampliamente deficitario para Francia. En todo caso, nadie ha demostrado jamás lo contrario, y sin duda nadie ha pensado jamás otra cosa. Y sin embargo, aún algún tiempo después de 1950, nadie hubiera osado decir en Francia que antes de diez años los territorios africanos serían independientes. ¿Cómo se ha producido esta rápida y sin embargo pacífica evolución? ¿Cuáles han sido sus fases?

I. LA SEGUNDA GUERRA MUNDIAL

La Segunda Guerra Mundial había quebrantado el Imperio colonial francés en sus propias bases. El azar había querido que la Federación de Africa occidental francesa (A.O.F.) permaneciera fiel al Gobierno del mariscal Pétain, quien, habiendo concluido el armisticio con el Reich hitleriano en junio de 1940, gobernaba desde Vichy (al estar París ocupada por las fuerzas alemanas) lo que la Alemania victoriosa le había dejado de territorio y ejército. En Londres, el general De Gaulle, uniéndose a los que no aceptaban el armisticio concluido con la Alemania hitleriana por el Gobierno de Vichy, se preocupaba inmediatamente por la suerte de las posesiones francesas de Africa. Una vez llegado a Londres el 16 de junio de 1940 y tras lanzar desde allí su llamada del 18 de junio a los franceses que, en el mundo entero, no aceptaban como definitiva la victoria alemana, empezó a preocuparse a partir del 19 de junio de unificar el Africa septentrional francesa, es decir, Marruecos, Argelia y Túnez. Pero el general Noguès, comandante en jefe de Africa del Norte y residente general de Marruecos, permanecía fiel al Gobierno de Vichy. Era preciso buscar más lejos, al sur del Sahara, en Africa negra. Habiéndose establecido el Gobierno belga en Londres, después de la ocupación de Bélgica, el Congo belga había permanecido fiel a la causa de los aliados. En Tchad, un hombre notable, el gobernador Felix Eboué, un negro de Cayena (Guayana), se unía a la causa, al principio discretamente, a partir de mediados de julio de 1940. En los otros territorios del Africa ecuatorial francesa la situación era menos clara. En el Camerún había manifestaciones; sobre todo, se temía que volvieran los antiguos colonos alemanes. Una misión enviada por De Gaulle, después de haber hecho escala en Lagos (Nigeria), proclamaba solemnemente el 26 de agosto el alineamiento de Tchad. El 27 de agosto, el capitán Leclerc de Hauteclocque (más tarde mariscal Leclerc) ocupaba el palacio del Gobierno en Duala. El 28 de agosto tuvo lugar una operación semejante en Brazzaville. El gobernador de Ubangui telegrafió inmediatamente notificando su alineamiento. De este modo, todo el bloque de Africa ecuatorial-Camerún, excepto Gabón, se adhería a la Francia libre.

Pero en Dákar, capital del Africa occidental francesa, el gobernador general Boisson permanecía fiel al Gobierno de Vichy. El primer ministro británico, sir Winston Churchill, proponía a De Gaulle una expedición que intentara apoderarse de Dákar, base fundamental para la guerra naval en el Atlántico. La expedición, en la que De Gaulle participó personalmente, hizo escala en Freetown el 17 de septiembre, y el 23 se presentaba ante Dákar. Los parlamentarios enviados al comandante del puerto fueron acogidos a tiros de ametralladora y las baterías de Dákar abrieron fuego sobre los navíos ingleses y franceses libres. Renunciando a un desembarco a la fuerza, que casi no había sido previsto y que presentaba graves riesgos, la expedición desistió de su empeño. De Gaulle fue a Duala y de allí a Fort Lamy, Brazzaville y Leopoldville. Una breve operación militar en Lambarene, Libreville y Port Gentil aseguró la alineación de Gabón junto a la Francia libre. De Gaulle encargó a Leclerc que estableciera en los confines de Tchad y Libia un teatro de operaciones saharianas que en su día permitió a una columna francesa apoderarse de Fezzan, llegando al Mediterráneo. Tarea increíblemente difícil: ¿no era acaso necesario empezar por construir y mantener 6.000 Km. de carreteras en un país desprovisto de recursos? Sin embargo, esto fue exactamente lo que se hizo. Ya a principios de 1942, las columnas saharianas de Leclerc recorrían Fezzan, destruyendo los puestos enemigos. En noviembre de 1942, las fuerzas americanas desembarcaban en Africa septentrional francesa. El 28 de diciembre Somalia francesa se unía a Francia libre. De Gaulle daba a Leclerc la orden de ponerse en marcha desde Tchad en dirección a Fezzan. El 13 de enero la columna de Leclerc tomaba el Oasis de Murzuk, en el Sahara. Era el primer éxito militar de la Francia combatiente. En este momento, los franceses vichystas de Africa occidental comenzaban a preguntarse si no habrían jugado una mala carta; y reservaban una mejor acogida a los emisarios que les enviaba la Francia libre. La columna Leclerc, coordinando sus movimientos con las tropas de Montgomery, participaba en la campaña que terminaría el 12 de mayo con la capitulación de las tropas alemanas de Túnez. En Africa occidental francesa, el gobernador general Boisson, convencido por el desembarco americano, se unía a los aliados. Madagascar, que había sido ocupada en 1942, al principio por cuenta de los aliados anglosajones, por tropas sudafricanas, pasaba de nuevo bajo control de la Francia libre que, a fines de 1943, había rehecho la unidad del Africa francesa. La columna del general Leclerc, que había salido de Tchad, seguía su camino y participaba con el nombre de Segunda División Blindada en 1944 en la liberación de París y de Strasburgo.

II. LA CONFERENCIA DE BRAZZAVILLE

Habiendo constituido en Argel, bajo el nombre de Comité de la Liberación Nacional, un Gobierno provisional, De Gaulle piensa en las reformas que deben ser realizadas en cuanto Francia sea liberada. Conduciendo la guerra con los recursos y hombres del imperio, piensa que sería necesario reformar profundamente los estatutos de los territorios de ultramar y los derechos de sus habitantes. «¿Cómo podría yo dudar, escribía, que al día siguiente del conflicto que abarca la tierra, la pasión por liberarse no levantaría oleadas de fondo?... Y como, en semejante materia, jamás es demasiado pronto si se quiere actuar bien, mi Gobierno debe tomar sin retraso la iniciativa». (Memorias, II, 182). René Pleven, comisario de colonias, inspirado por Eboué, propone y organiza en Brazzaville a principios de 1944, una reunión de 20 gobernadores con un cierto número de personalidades. La Conferencia tiene por finalidad confrontar las ideas y las experiencias «a fin de determinar sobre qué bases prácticas podría ser progresivamente fundada una comunidad francesa que englobara los territorios del Africa negra», reemplazando el sistema colonial de administración directa. Brazzaville fue escogido como lugar de reunión para agradecerle el haber «servido de refugio a la soberanía de Francia en los peores años» (De Gaulle, Memorias). En su discurso de apertura hace notar que desde antes de la guerra existía en Africa la necesidad «de establecer sobre nuevas bases las condiciones de la organización del territorio africano, las del progreso de sus habitantes y las del ejercicio de la soberanía francesa». Francia, continúa el general, ha escogido conducir por la vía de los tiempos nuevos «a los sesenta millones de hombres que se encuentran asociados a sus cuarenta y dos millones de hijos». ¿Por qué? «En primer lugar, porque se trata de Francia... Además, porque en sus tierras de ultramar y en su fidelidad es donde ha encontrado sus recursos y la base de partida para su liberación... Por último, porque está animada hoy por una ardiente voluntad de renovación.» Se trata de hacer «una obra nacional a escala universal» y de transformar el imperio en unión francesa.

No obstante, la Conferencia de Brazzaville no examina más que los aspectos administrativos, sociales, culturales y, se sobreentiende, los económicos, del principio adoptado, sin tener en cuenta su aspecto político; desde el principio, la afirmación de la soberanía francesa indiscutible queda establecida: «Los fines de la obra de civilización realizada por Francia en las colonias descartan toda idea de autonomía, toda idea de evolución fuera del bloque francés del imperio; hay que desechar la creación eventual, incluso lejana, de *self-government* en las colonias.»

A los que querían ver una contradicción entre la posición tomada por el general De Gaulle en la Conferencia de Brazzaville en 1944 y la que tomará el presidente De Gaulle entre 1958 y 1963, es preciso recordarles que Charles De Gaulle, en 1944, no tenía otro mandato que el que se había dado a sí mismo como representante de la «legitimidad de hecho», que estaba vacante en 1940 a partir de la derrota de Francia; no le correspondía entonces, desde su punto de vista, más que administrar el patrimonio de Francia y restaurar la nación a la espera de que ésta pudiera decidir por sí misma libremente su destino; merecer que sobre su tumba se pudiera inscribir: «Patriam restituit». A partir de 1958, por el contrario, se consideraba encargado por la nación misma, en virtud de un mandato formal, de proceder a las transformaciones necesarias, a las eventuales renuncias y a las operaciones quirúrgicas indispensables para la salud de Francia.

No obstante, Felix Eboué, en su ensayo «La nueva política indígena para A.E.F.», estableció un principio diferente, a saber, que la vía a seguir para la evolución y el desarrollo del indígena no es la asimilación, sino la adopción pura y simple de la cultura francesa. Felix Eboué declara que el indígena tiene una patria «que no es la nuestra». Hay que notar, accesoriamente, que el guayanés Eboué, al igual que muchos antillanos y numerosos senegaleses, cuando dicen «nosotros», se refieren a «nosotros, los franceses metropolitanos», con los que se siente —y, por otra parte, lo está— perfectamente integrado, sea cual sea el color de su piel. Es en su calidad de francés y de funcionario ilustre y lúcido de la administración colonial francesa, como Felix Eboué traza para la evolución, al menos de ciertas regiones de Africa (las que él tiene a su cargo), una vía que no es ya forzosamente la de la asimilación.

III. LA «UNION FRANCESA»

Francia, liberada de la ocupación enemiga, elige en octubre de 1945 una Asamblea Constituyente. De sus 522 miembros, 63 son elegidos por los países de ultramar, nueve de los cuales son africanos negros, que forman al principio un grupo parlamentario, el «bloque africano», en relaciones con el grupo socialista. Es un socialista, Marius Moutet, quien preside la Comisión de Ultramar. Dos problemas se plantean inicialmente a los constituyentes: primero, se entiende que las poblaciones de las antiguas colonias estarán representadas en la futura Asamblea Nacional; pero ¿por qué procedimiento y en qué proporciones? y además: en cada uno de los territorios será instituida una asamblea territorial, del mismo modo que en la metrópoli hay una en cada departamento; pero ¿cuáles serán sus atribuciones y cuáles sus relaciones con el gobernador, emanación del poder central? Sobre el papel, se llegó a ciertos compromisos que no solucionaban nada pero que al menos dejaban abierta la puerta para el futuro. No obstante, el proyecto de Constitución, sometido a referéndum popular, fue rechazado.

De todas formas, algo quedaba de la obra de la primera Constituyente. En abril de 1946, ésta había decidido crear una oficina, el Fondo de Inversiones para el Desarrollo Económico y Social o FIDES, mantenido por Francia.

En el mismo momento adoptaba una ley, llamada Ley Houphouet-Boigny, por el nombre del líder político de Costa de

Marfil, que era autor de la proposición; esta ley abolía en principio el trabajo forzado. Por último, por la ley llamada Ley Lamine-Gueye, de mayo de 1946, proclamaba ciudadanos franceses a los que hasta entonces habían sido súbditos franceses; se comparaba esta ley al Edicto de Caracalla del año 212 d. C. que había extendido la ciudadanía del Imperio romano a todos sus habitantes. No obstante, esta «ciudadanía» teórica, no implicaba *ipso facto* la igualdad de derechos. Ya para la elección de los delegados a la asamblea constituyente se habían creado dos clases de electores, unos los franceses metropolitanos y los senegaleses de las cuatro comunas (Alt-Senegalesen) y otra los africanos. Más tarde veremos cuál era la finalidad fundamental de esta separación en dos colegios electorales, que evidentemente privaban de parte de su sentido a la Ley Lamine-Gueye.

El segundo proyecto de Constitución, aprobado por referéndum el 13 de octubre de 1946, fundaba la IV República Francesa. Es en el cuadro de esta Constitución en el que, hasta 1958, van a evolucionar las relaciones entre Francia y sus antiguas colonias africanas. Pero ¿cuál es este cuadro? Es bastante complejo y merece alguna atención, pues esta complejidad revela el fondo inconfesado del problema planteado a Francia por la búsqueda de nuevas instituciones para Africa.

El principio adoptado es el de una «unión francesa» «compuesta por las naciones y pueblos que ponen en común o coordinan sus recursos y sus esfuerzos para desarrollar sus respectivas civilizaciones, aumentar su bienestar y garantizar su seguridad».

El título VIII de la Constitución francesa que trata de la Unión francesa precisa: «La Unión francesa está formada, por una parte por la República francesa, que comprende la Francia metropolitana y los departamentos y territorios de Ultramar, y, por otra parte, por los territorios y Estados asociados». Esto quiere decir que los Estados de Indochina son Estados asociados en virtud de un tratado, que Togo y Camerún, cuya tutela ha sido confiada a Francia en virtud de un mandato internacional, son territorios asociados, pero que los departamentos de ultramar (Guadalupe, Martinica, Guayana y Reunión) y los territorios de ultramar (Africa occidental francesa, Africa ecuatorial francesa, Madagascar y la costa francesa de Somalia) forman parte de la República Francesa, que es proclamada una e indivisible.

La Asamblea nacional es elegida por sufragio universal directo, y el Consejo de la República (el antiguo Senado) por sufragio universal indirecto por las asambleas locales. En cada territorio (sobre todo de Africa) se constituye una asamblea elegida. Una Asamblea de Unión francesa, que no tiene ninguna función legislativa, pero que puede emitir opiniones y formular proposiciones, está compuesta en su mitad por miembros representantes de la Francia metropolitana, y en su otra mitad por representantes de ultramar. Por último, en el artículo 80 se especifica que «todos los nacionales franceses y los súbditos de la Unión francesa tienen la cualidad de ciudadanos de la Unión francesa».

Esta «ciudadanía de la Unión francesa», que se distingue de la ciudadanía francesa pura y simple, asegura «el disfrute de los derechos y libertades garantizados por el preámbulo de la presente Constitución». Este preámbulo prevee que «Francia forma junto con los pueblos de ultramar una Unión fundada sobre la igualdad de derechos y deberes, sin distinción de raza ni religión... Fiel a su misión internacional, Francia pretende conducir a los pueblos a su cargo, a la libertad de administrarse por sí mismos y de gestionar democráticamente sus propios asuntos; eliminando todo sistema de colonización fundado sobre la arbitrariedad, garantiza a todos el acceso igual a las funciones públicas y el ejercicio individual o colectivo de los derechos y libertades proclamados o confirmados más arriba».

No era inútil citar lo fundamental de estos textos, a fin de mostrar su complejidad y destruir la leyenda de los «franceses con espíritu cartesiano». En efecto, no se descubre indicio alguno del verdadero problema, que nadie se atrevía en aquella época a plantear en términos claros pero que, sin embargo, estaba presente en muchas mentes.

Por una parte, se establece que los territorios africanos forman parte, indisolublemente, de la República francesa. Por otra parte, que los que lo habitan son tan ciudadanos como los de la Francia metropolitana. Esto debería querer decir que los habitantes de la Francia metropolitana no son ya los únicos dueños de su casa. Si se sueña, como el general Mangin, constructor del imperio, en una «Gran Francia con 100 millones de habitantes», esto quiere decir que los que habitan la Francia europea, lo que se llama «el hexágono», que a la sazón no son más que 40 millones, están en minoría. Lo que significa que sus recursos, el fruto de su trabajo, su patrimonio, estarán a disposición de los representantes de los pueblos menos evolucionados..., es decir, expuestos al saqueo. Un ejemplo bastará: Si se hubiera extendido el sistema francés metropolitano de subsidios familiares al Africa negra donde los hijos son mucho más numerosos, dada la extensión de la poligamia y la inexistencia del estado civil, las cajas se habrían vaciado en algunas semanas.

¿Tendría al menos esta generosidad el efecto de soldar el bloque de 100 millones? Ni siquiera esto, pues una vez vacías las cajas, los pueblos de ultramar mirarían a otra parte, abandonando a sí misma a una Francia arruinada y en adelante sin medios y sin prestigio. Pues Francia no podría, en todo caso, continuar el esfuerzo y equipar sus territorios africanos y la reconstrucción de su economía fuertemente dañada por la guerra, la eliminación de sus ruinas, la equipación de sus industrias y la puesta a punto de una fuerza atómica y militar, sin que su figura como potencia europea se eclipsara: era necesario escoger entre Europa y Africa. El diputado de Senegal, Senghor, lúcido, planteaba el problema, ya en 1953, en términos claros: «si la integración de la comunidad europea es imposible, es preciso que Francia escoja la Unión francesa en contra de Europa; en caso contrario, marcharíamos derechos hacia la secesión de los países de ultramar». La razón, si no el sentimiento, obligaba a Francia a escoger Europa. Pero no podía decirse esto; apenas si se osaba pensarlo. Y de ahí la complicación y confusión aparente, y finalmente la contradicción profunda existente en los textos.

Habría habido una solución: el federalismo. Pero casi únicamente un movimiento de intelectuales, salido de la Resistencia, el movimiento «Liberar y Federar», había buscado expresamente en el federalismo la solución —la única posible— para la doble ambición de los franceses: la República igualitaria por una parte, y la vasta Unión euroafricana, por otra. El federalismo había sido rechazado, en las Constituyentes, como «acéfalo y anárquico», como decía Edouard Herriot, como pensaba De Gaulle. Por lo que surgieron fórmulas bastardas y engañosas, como el doble colegio o la doble ciudadanía. Los africanos eran «ciudadanos de la Unión francesa», pero no, a excepción de algunos senegaleses, ciudadanos franceses. No obstante, para las elecciones de la asamblea nacional, y sólo para ellas, todos juntos elegían sus diputados por sufragio universal en un solo colegio.

Y es preciso decir que entre 1945 y 1948 el Africa negra de habla francesa no dejó casi de votar: dos constituyentes, una asamblea nacional, asambleas territoriales, elecciones de segundo grado para el Consejo de la República, para el Consejo de la Unión francesa... Todo esto fue un aprendizaje intensivo, si no del ciudadano, al menos del elector africano.

Fue también una escuela del elegido africano. En 1946 hay en París, en el palacio Borbón, 23 diputados de Africa negra.

En 1956 hay 38, cuando por fin para la tercera asamblea nacional se ha generalizado el sufragio universal y se ha suprimido el doble colegio. Representan a más de 10 millones de electores. En el Consejo de la República hay 32 senadores africanos sobre 315; 40 africanos miembros de la asamblea de la Unión francesa; 550 miembros de las asambleas territoriales. Es interesante comparar estas cifras con los apenas 400 estudiantes africanos que estudiaban en 1956 en las cuatro Facultades de la Universidad de Dakar; se comprende por qué muy pocos de ellos se quedaban en los territorios para desempeñar las funciones de médico, profesor o magistrado. Además, desde 1946, hubo permanentemente uno o varios ministros de origen africano en los sucesivos Gobiernos de Francia; por ejemplo, y con mucho prestigio, Felix Houphouet-Boigny, procedente de Costa de Marfil. Sin embargo, en ningún momento se les confió el Ministerio de Colonias, rebautizado como Ministerio de la Francia de Ultramar.

Bajo su nuevo nombre, la nueva administración continuaba realizando lo esencial de la gestión de los territorios, por mediación de su jerarquía habitual: gobernadores generales y gobernadores, comandantes de círculo y de subdivisión —todos blancos— que actuaban sobre los jefes de cantón y jefes de aldea, todos indígenas. Es a la administración ex colonial a la que incumbía la tarea, a menudo ingrata, de hacer que las carreteras fueran mantenidas, que los alimentos fueran llevados a tiempo, que se administrara justicia, se pagaran los impuestos, se mantuviera el orden y se garantizara la seguridad; mientras que los recién elegidos, invocando el preámbulo de la Constitución, se quejaban diciendo: ¿entonces no ha cambiado nada?

La tarea de la administración era particularmente delicada cuando se trataba de repartir los créditos de inversiones que Francia empleaba en Africa; créditos siempre demasiado débiles, en comparación a las inmensas necesidades, pero que representaban en los años 1948 a 1958 el 1,5 por 100 de la renta nacional francesa, es decir, tres veces más que ninguna otra nación occidental: 0,6 por 100 en Gran Bretaña, 0,5 en los Estados Unidos. Se calculaba en 1953 que para explotar suficientemente las riquezas de los territorios de ultramar, la Francia metropolitana debería dedicar a ello durante varias generaciones ¡el 25 por 100 de su renta nacional! Esta desproporción entre las necesidades y los medios disponibles debía ser resumida algunos años más tarde por uno de los pioneros de la independencia africana, Sekú Turé, cuando se le hizo notar un día que él solicitaba créditos en todas partes, tanto de los americanos como de los rusos: «y si el mundo entero nos ayudara ¿cree usted que aún esto bastaría?». En este caso, no se trataba más que de la Guinea, uno solo de los 14 territorios africanos que Francia tenía a su cargo, sin hablar de sus obligaciones fuera de Africa, por ejemplo en Madagascar.

Además la equipación, incluso la más generosa, hacía surgir problemas conexos frecuentemente insolubles. Se construía en Togo un hospital modelo de un billón de francos, como había pocos en Francia; pero su mantenimiento absorbía la mayor parte del presupuesto de que disponía Togo para la salud pública. Escuelas suntuosas, edificadas en el corazón del Africa negra, permanecían cerradas a falta de maestros. No obstante, se realizó un esfuerzo enorme, cuya medida nos dará un solo ejemplo: se abrió el puerto de Abidján, horadando el cordón litoral que le separaba de alta mar, creando así un poderoso foco de atracción para el Africa futura. La población de Abidján se cuadruplicó en diez años, al tiempo que la de Dakar se duplicaba y la de Duala se triplicaba entre 1950 y 1960. Este es quizá el hecho social más importante: a principios de siglo no había en Africa Occidental Francesa más que un 2 por 100 de la población urbana; en 1960 había un 30 por 100.

Sin duda, las antiguas estructuras étnicas y tribales y las antiguas castas subsisten aún, incluso en la población urbana; pero las clases sociales hacen su aparición. Se forma un proletariado, una burguesía de negocios e incluso una nueva casta: los profesionales de la política. En esta etapa, como dice el sociólogo Georges Balandier, Africa negra pasa «de una edad en que el mito justificaba el orden de las relaciones sociales e imponía la conformidad con la tradición, a una edad en que la ideología moderna prescribe una actitud militante y asegura la movilización de las emociones». Y concluye diciendo: «es éste un acontecimiento rico en consecuencias».

La vida política, la actividad electoral, la fermentación de los partidos, se desarrolla primero en Africa occidental, y principalmente en Senegal y en Costa de Marfil. En Senegal, Leopoldo Sedar Senghor, se separa en 1948 del Partido Socialista francés (SFIO) y funda su propio partido: el Bloque Democrático Senegalés o BDS, que desde entonces domina completamente la vida política del Senegal.

En Costa de Marfil, un médico y rico plantador, Felix Houphouet-Boigny, nacido en Yamussukro —pequeña aldea a la que mantiene su afecto y a la que hace célebre— funda en 1944 un Sindicato agrícola africano. En 1945 es elegido justamente para la primera Constituyente francesa. En septiembre de 1946 un grupo de diputados africanos convoca un congreso político africano en Bamako. Los socialistas franceses convencen a sus amigos de que no participen en él, mientras que los comunistas impulsan a los suyos a lo contrario. Un gran partido africano, la Reunión Democrática Africana (RDA), es fundado; Houphouet es su presidente. El movimiento, llevado por el entusiasmo de las masas africanas, alcanza al Sudán, Níger y Guinea, donde Gabriel d'Arboussier apoya a un joven empleado de correos sindicalista de veinticuatro años, Sekú Turé. En Costa de Marfil el RDA consigue 125.000 sufragios sobre 127.000 votantes.

D'Arboussier, hijo de un gobernador blanco y de madre africana, que es uno de los fundadores del RDA, que estuvo en Moscú, se hace sospechoso de ser cripto-comunista y de ser el enlace entre el África negra y Moscú. El único hecho patente y concreto es que el RDA se organiza según los esquemas del Partido Comunista: formación de células, subordinación estricta de los parlamentarios a las instancias superiores del partido, centralismo democrático. Además d'Arboussier declara que el Partido Comunista es el único que no ha apoyado nunca los intereses colonialistas, sino que ha defendido siempre a las masas oprimidas. No obstante, afirma que el RDA es un movimiento puramente africano, únicamente al servicio de las masas africanas, en favor de la democracia, contra el imperialismo, sin ideología ni fidelidades especiales.

Puesto que en Francia el Gobierno y la mayoría que lo sostienen se esfuerzan por desembarazar la vida pública de la influencia del Partido Comunista, la administración colonial francesa se inquieta por el desarrollo del RDA. Se pregunta si el África negra francesa no basculará repentinamente hacia el campo comunista. Recibe del Gobierno francés la misión de luchar por todos los medios contra el desarrollo del RDA. Por todas partes se fomenta oficialmente una oposición al RDA. Las manifestaciones provocan incidentes violentos, por ejemplo, en Costa de Marfil el 6 de febrero de 1949 y el 30 de enero de 1950. El Gobierno francés decide prohibir toda afinidad al RDA. La represión produce decenas de muertos; centenares, si no millares de personas, son detenidas. No obstante, los parlamentarios RDA no son inquietados. Houphouet decide dar al RDA una nueva orientación y romper con los comunistas. El ministro francés de Ultramar, François Mitterand, busca una ocasión para entrevistarse con Houphouet-Boigny y le propone un pacto de colaboración leal en interés del África francesa, pacto que las dos partes respetarán fielmente en adelante. Mitterand y Houphouet inauguran juntos, en febrero de 1951, el nuevo puerto de Abidján y el canal que le une al mar. El RDA queda a salvo y, al mismo tiempo, se salva la cooperación con Francia. Al tercer Congreso del RDA en Bamako en 1957, asisten tres antiguos presidentes del Consejo francés: Mitterand, Mendès-France y Edgar Faure, y numerosos africanos no afiliados al RDA, por ejemplo los senegaleses Lamine Gueye y Mamadú Dia. Vienen delegados del Sudán, de Guinea, de Costa de Marfil, del Níger, del Senegal, del Alto Volta, del Tchad, de Dahomey, del Medio Congo y de Gabón. Hay entre ellos, según sus propias declaraciones, 181 musulmanes, 66 cristianos, cinco librepensadores, un deísta y un animista. Desde un punto de vista social, se encuentran 162 funcionarios y asimilados, 17 agricultores, otros tantos comerciantes o artesanos, 53 empleados u obreros, y solamente cinco jefes tradicionales.

El RDA es una organización de masas. En París, en las diferentes asambleas, los parlamentarios que no pertenecen al RDA se afilian a los partidos metropolitanos, o permanecen independientes hasta que en 1953 fundan, en Bobo Dioulasso, el Movimiento de los Independientes de Ultramar, en el que Senghor desarrolla una concepción federalista de la evolución y de la Unión francesa. En un trabajo sobresaliente por su clarividencia y finura, habla de «la interdependencia de los pueblos y naciones»; dice que los africanos prefieren *las* libertades a *la* libertad, la independencia material y moral de cada uno en tanto que individuo a la independencia del territorio; propone, por último, la revisión del título VIII de la Constitución francesa, que se opone a que la Unión francesa adopte una estructura federalista.

Pero en 1953 es demasiado tarde, por dos razones, una concerniente a Europa y otra a África. En Europa, Francia atraviesa el momento de su adhesión a la Europa de los Seis, es decir, está eligiendo entre sus pertenencias europeas y su vocación africana; sus aliados europeos, es lógico, no aceptan repartir las cargas de la Unión francesa. En Strasburgo, donde se discuten los problemas de la comunidad europea, Senghor, delegado de Francia, advierte a los aliados de Francia que prevean el lugar de África en el edificio europeo, pues, dice él, si no se le hace este lugar aquí, ahora, este año, no habrá jamás Euráfrica, pero tampoco habrá en África territorios solidarios de Europa.

El segundo hecho es que en Gold Coast, Nkrumah ha sido sacado de su prisión y hecho primer ministro en marzo de 1952. El país que va a llamarse Ghana camina a marchas forzadas hacia su independencia, que será adquirida en marzo de 1957. Pero ya antes de esta fecha, el acontecimiento, hacia el cual tiene toda Africa vueltos los ojos, repercute a través del Continente y produce una reacción en cadena. No hay ya más que una sola salida posible para las reivindicaciones africanas, la independencia total y absoluta. El hombre de Estado africano que no se une a esta reivindicación es un tibio, y se hace sospechoso de ser un aliado del colonialismo.

Otros dos acontecimientos incitan al Gobierno francés a tomar con urgencia nuevas disposiciones: la Conferencia Afroasiática de Bandung, en abril de 1955, manifiesta la solidaridad de los pueblos colonizados y descolonizados y cristaliza su aspiración a la independencia. Por otra parte, en noviembre de 1954, ha estallado en Argelia una rebelión que toma rápidamente gran amplitud y que desembocará en la independencia de Argelia.

IV. LA «COMUNIDAD»

El ministro socialista de Ultramar, Gaston Defferre, propone al Parlamento y hace adoptar la Ley de 23 de junio de 1956, llamada Ley-Cuadro, que autoriza al Gobierno francés a tomar por simple decreto las medidas necesarias para garantizar la evolución de los territorios de ultramar.

La propia ley (cuya constitucionalidad era discutible, pero era preciso actuar, y rápido) suprime el sistema electoral de doble colegio y da el derecho de voto a todo hombre y mujer con veintiún años cumplidos; confía a las asambleas territoriales atribuciones presupuestarias haciendo de ellas pequeños Parlamentos; descentraliza un gran número de decisiones administrativas, preparando el camino a los gobiernos territoriales. Los gobernadores generales de AOF y de AEF no serán en adelante más que altos comisarios, encargados, en realidad, de preparar las etapas hacia la autonomía y, después, la independencia.

Ni en la Ley-Cuadro ni en los decretos de aplicación se hablaba para nada de autonomía; pero la «descentralización» de poderes y la flexibilidad de los gobernadores o altos comisarios que han recibido instrucciones al respecto, permite entregar a las autoridades locales una parte cada vez más importante del poder y responsabilidades. Al lado del gobernador, nombrado por París, que continúa siendo «jefe del territorio», la asamblea territorial designa un «vicepresidente del Consejo de Gobierno» que, si lo desea y si una mayoría estable lo apoya, es prácticamente el primer ministro del territorio. La administración francesa impulsa activamente lo que se llama «la africanización de los cuadros», es decir, el reemplazamiento de los funcionarios metropolitanos por africanos.

En marzo de 1957 tienen lugar en Africa negra francesa elecciones territoriales. Son las primeras elecciones por sufragio universal y con colegio único. El RDA sale vencedor absoluto; la confianza en Francia se restablece; es el idilio. En Guinea, Sekú Turé dice: «Guinea está orgullosa de pertenecer a la comunidad francoafricana; Francia puede contar con Guinea.»

En Francia, el 13 de mayo de 1958, con ocasión de un complot de oficiales en Argelia, el general De Gaulle es llamado al poder. Pone en marcha una nueva Constitución, la de la que se llamará quinta República. El texto es publicado el 4 de septiembre. Los electores de Francia y de ultramar son llamados a pronunciarse con un SI o con un NO a aceptarla o rechazarla, el 28 de septiembre. Incluso antes de que el texto sea conocido, el presidente De Gaulle hace una *tournée* por Madagascar y Africa negra. Ya no hay «Unión francesa» sino una «Comunidad» (la palabra «francesa» no se añade, como tampoco la palabra «británica» se añade al término Commonwealth). Esta «commonwealth a la francesa», como dice Senghor, no es exactamente ni una Federación ni una Confederación; no se trata ni de autonomía ni de una cooperación entre Estados que aceptan coordinar lo fundamental de su política. Esto quiere decir que Francia continuará su esfuerzo financiero hacia los otros países en el cuadro de la comunidad, pero también que reconoce la existencia de éstos como Estados. Sin embargo, De Gaulle parece pedirles que hagan, el día del referéndum sobre la Constitución, una elección definitiva: los que respondan NO a la Constitución propuesta por él se excluirán de la Comunidad y serían, según la frase de Senghor, «arrojados a las tinieblas exteriores». No obstante, en el transcurso de su gira, y quizá a consecuencia de una entrevista celebrada en Brazzaville con Barthélémy Boganda, presidente del Gran Consejo del AEF, De Gaulle parece suavizar su posición y aceptar que la Comunidad no sea fijada de una vez para siempre sino que, incluso después de un SI inicial, al cambiar las circunstancias, un Estado miembro pueda abandonar la Comunidad y obtener la absoluta independencia. En Abidján, donde Houphouet quiere permanecer solidario de Francia, no hay problema.

Pero en Conakry... ¿qué ha pasado en Conakry? Sin duda el choque de dos temperamentos y un «incidente técnico»; la negligencia de un ministro que no ha advertido a tiempo a De Gaulle del discurso que iba a pronunciar Sekú Turé; el tono de Sekú Turé que es el de una reunión pública más que el de un parlamentario; el orgullo irascible del general

De Gaulle enojado. Parece ser que no había nada subversivo en el texto del discurso de Sekú Turé, aparte de algunas fórmulas como: nosotros preferimos la pobreza en la libertad a la riqueza en la servidumbre; o bien: el derecho al divorcio... Fórmulas, después de todo, triviales, en la perspectiva de la elocuencia africana. En un discurso que termina con las palabras: «¡Viva Guinea, viva Francia!», nada o casi nada, había que justificara la viva respuesta de Charles De Gaulle. «No hay política que no tome como base simultáneamente los sentimientos y las realidades. Se ha hablado de independencia. Yo digo aquí, más alto que en otra parte, que la independencia está a disposición de Guinea. Esta puede tomarla el 28 de septiembre diciendo NO a la proposición que se le hace, y en este caso, yo garantizo que la metrópoli no pondrá obstáculos. Ella sacará, por supuesto, las consecuencias; pero obstáculos no pondrá, y vuestro territorio podrá, como quiera y en las condiciones que quiera, seguir el camino que le plazca».

Un mes más tarde, el 28 de septiembre, Guinea es el único territorio de Africa francesa que vota NO; y un NO masivo: 1.200.000 NO contra 57.000 SI.

Sekú Turé telegrafía a De Gaulle para afirmar su voluntad de salvaguardar «la colaboración fraterna». Pero el mismo día el Gobierno francés decide retirar en el plazo de tres semanas a todos sus funcionarios, salvo algunos profesores que quieren quedarse voluntariamente. Los bancos cortan los créditos. Ya no se responde oficialmente a las peticiones del presidente guineano. Antes de partir, los administradores franceses queman sus expedientes. Francia se hace esperar para dar su reconocimiento oficial; mantiene a Sekú Turé y a Guinea en cuarentena. Solamente tres meses más tarde se reanudarán las relaciones bajo la forma de acuerdos técnicos y culturales. Mientras tanto, 60 Estados han reconocido ya a Guinea, y ésta ha entrado en las Naciones Unidas.

Sin embargo, Sekú Turé no había economizado sus llamadas a Francia ni ahorrado los gestos de distensión. Ciertamente no había tampoco rechazado las ofertas de apoyo que le habían sido hechas casi de todos lados. Desde Ghana, Kwame Nkrumah le prestaba su apoyo dos días después del referéndum. Los Estados del bloque soviético le apoyaban, pero también los Estados Unidos, Gran Bretaña, la República Federal Alemana y la China popular. Sekú Turé hacía en octubre y noviembre de 1959 una gira por Washington, Londres, Bonn y Moscú; en 1960 realizaba una segunda gira sobre todo por los países del Este. Los observadores del mundo entero se preguntaban si iba a caer en el campo comunista. De hecho, Sekú Turé parece haber buscado y aceptado apoyos financieros y técnicos allí donde podía encontrarlos más fácilmente y con el mínimo de compromiso para el futuro, manteniendo la balanza equilibrada, en la medida de lo posible, según la fórmula de un «neutralismo positivo».

En el interior de Guinea continuaba el trabajo de organización que había comenzado desde antes de la proclamación de la independencia. Desde el final de 1957 había procedido, de acuerdo entonces con el gobernador francés, a una reforma administrativa profunda. Había suprimido de un plumazo a los jefes de Cantón, lo que se llamaba la «Jefatura tradicional» que, aunque indígena y reputada tradicional, era considerada como una secuela del sistema colonialista. Manifestaba así su voluntad de forjar un Estado africano moderno. Mantenía, no obstante, a los jefes de aldea elegidos del mismo modo que se hace con los alcaldes y los Consejos Municipales. De hecho, desde antes del referéndum, había organizado su partido, el Partido Democrático de Guinea o PDG, sobre el modelo del Partido único de las Repúblicas populares, de manera que pudiera controlar toda la vida del país y su administración. El principio del centralismo democrático es rigurosamente aplicado. El aparato del Partido y del Estado son prácticamente una única y misma cosa. En el marco de las directivas establecidas por los sucesivos congresos del partido, es el Comité político quien determina la línea a seguir; las instancias del partido aseguran o controlan su ejecución, a todas las escalas. Sekú Turé explica que Guinea no es suficientemente rica en hombres para permitirse el lujo de tener dos aparatos paralelos, la administración y el partido; y él considera que el partido es un instrumento indispensable para la animación de las masas. En suma, adopta la técnica política de los partidos comunistas. Lo cual no significa, sin embargo, que acepte su ideología, de la que se dice independiente. Pero estima que la técnica del partido único es solamente la que permite a las masas africanas una evolución rápida.

El ejemplo de Guinea fue tan contagioso para el Africa francesa como el de Ghana para el Africa británica. Sin duda, en una primera fase, el Gobierno francés tuvo a Guinea en cuarentena, incluso a petición de los otros Estados que habían votado SI en el Referéndum, que no querían que se dijera que después de todo el NO era tan beneficioso, si no más. En una segunda fase, estos mismos Estados pidieron su acceso a la independencia completa, y ésta fue otorgada por vía de negociaciones amistosas entre ellos y el Gobierno francés.

En efecto, después del Referéndum, entre el 24 de noviembre y el 4 de diciembre de 1958, los once territorios de Africa, aparte de Guinea, así como Madagascar, escogen la opción prevista por el artículo 76 de la Constitución de 1958, es decir, el estatuto de Estado miembro de la Comunidad; se proclaman Repúblicas y se dan cada uno de ellos una Constitución. De esta forma, después de haber formado parte integrante de la República francesa durante doce años, se separan de ella. Al mismo tiempo, los diputados y senadores africanos desaparecen del Parlamento francés. No obstante, desde julio de 1959 hasta septiembre de 1960 el presidente De Gaulle conservará junto a él, en el Gabinete francés, a cuatro ministros-consejeros: Félix Houphouet-Boigny, Leopold Senghor, Gabriel Lisette y Filibert Tsiranana, primer ministro de Madagascar. Apadrinadas por Francia, todas estas Repúblicas entraban en las Naciones Unidas.

Cada uno de ellos una República, cada uno un Estado, sí, pero pequeños y conscientes de su pequeñez. Por ello, estos Estados intentaron desde el principio agruparse. Uno de los últimos daños realizados durante la administración colonial fue precisamente haber destruido, en virtud de la Ley-Cuadro, las Federaciones existentes de AOF y AEF, haber «balcanizado» Africa.

Desde finales de diciembre de 1958, se reúnen en Bamako los representantes de cuatro de los Estados de la antigua AOF: Senegal, Sudán, Alto Volta y Dahomey, para estudiar la manera de federarse. El 17 de enero, los representantes de los cuatro Estados proclaman en Dakar la «Federación del Malí», heredando así el nombre del antiguo Imperio de Sumdiata y Kankan Muza. Pero rápidamente el Alto Volta se da cuenta de que su economía está orientada mucho más hacia Abidjan que hacia Dakar. También en Dahomey se da marcha atrás. Finalmente quedan frente a frente el Senegal y el Sudán en la Federación del Malí.

En septiembre de 1959, la Federación del Malí pide al Gobierno del presidente De Gaulle el otorgamiento de la independencia, estando sobreentendido, por otra parte, que una vez fuera de la Comunidad, pretende unirse a ella, pero libremente y por vía contractual. Después de alguna duda y de negociaciones, es otorgada la independencia, no al Senegal y al Sudán, sino a la Federación del Malí. Proclamada la independencia el 20 de junio de 1960, tienen lugar nuevas elecciones y se fija la elección de un presidente para el 27 de agosto. Pero incluso antes de esta elección, en la noche del 19 al 20 de agosto de 1960, el sudanés Modibo Keita, en tanto que jefe del Gobierno de la Federación del Malí, intenta en Dakar un golpe de Estado para eliminar a Mamadu Dia, es decir, a Senghor y a su equipo. Los ministros senegaleses reaccionan rápidamente. Apoyados por la policía francesa, que ha permanecido a sus órdenes, restablecen su autoridad, meten a Modibo Keita y a 20 de sus colaboradores sudaneses en un vagón del tren de Bamako y lo expulsan. La Federación del Malí ha sobrevivido.

Vuelto a su país, Modibo Keita proclama en Bamako la República del Malí, que corresponde al antiguo Sudán francés. En Senegal, Leopold Senghor es elegido presidente de la República del Senegal. Se restablecen relaciones, si no cordiales, al menos satisfactorias, entre los dos Estados, que entran ambos en las Naciones Unidas apadrinados por Francia.

Por su parte, Houphouet-Boigny era hostil a una Federación que habría integrado la economía de Costa de Marfil, país relativamente próspero, a la de los otros Estados, siempre deficitarios. Antifederalista por principio, hostil a la Federación del Malí, deseaba, sin embargo, que se realizara una coordinación de políticas a seguir; por ello puso en marcha un «Consejo de la Entente» entre Costa de Marfil, Alto Volta, Níger y Dahomey. Deseoso de reforzar y no de aflojar los lazos entre Africa y Francia, no podía, sin embargo, dejar a sus rivales el monopolio del prestigio de la independencia. Después de negociaciones amistosas y en acuerdo total con Francia, los cuatro Estados de la Entente proclaman su independencia en agosto de 1960. A finales de septiembre eran admitidos en las Naciones Unidas. En el momento de la proclamación de la independencia, Houphouet-Boigny declaraba: no decimos adiós a Francia, sino hasta luego.

En Africa ecuatorial, donde la vida política estaba menos desarrollada, donde los líderes políticos eran más escasos, el ex fraile Barthélémy Boganda proclamó a su país, el territorio de Ubangui-Chari, miembro de la Comunidad bajo el nombre de República Centroafricana. Esto sucedía el 1 de diciembre de 1958. Este hombre, que representaba por sí solo casi toda la vida política de su patria, moría tres meses más tarde en un accidente de aviación.

En el Medio Congo es otro ex fraile, Fulbert Youlou, quien el 22 de noviembre de 1958 proclamaba en Pointe Noire a la República del Congo miembro de la Comunidad. Inmediatamente fijaba la capital en Brazzaville. Allí, al igual que en Costa de Marfil y otros lugares, choques violentos entre fracciones étnicas ensangrentaron las calles. Otras revueltas tuvieron lugar cuando Fulbert Youlou se vio obligado a reducir a la obediencia cívica a la secta de los matsuanistas. No obstante, su país presentaba un aspecto de calma y de paz en contraste con lo que sucedía al otro lado del río, en el Congo ex belga.

En Camerún, después de un breve período de autonomía, Francia notificaba a las Naciones Unidas, ya en la primavera de 1959, que renunciaba a su mandato y que otorgaría la independencia al país el 1 de enero de 1960. También aquí se manifestó una oposición mediante violencias y crímenes. No obstante, el hombre fuerte del Camerún, Ahmadú Ahidjo, consiguió no solamente dominar la oposición, sino también restablecer la calma y la legalidad en el país; mejor aún, toleraba la existencia de una oposición, a condición de que quisiera manifestarse en el plano electoral y parlamentario y no mediante el terrorismo. No obstante, necesitó aún reducir a un cierto número de guerrillas existentes en el país.

En Togo, desde mayo de 1958, Sylvanus Olympio, tras haber ganado las elecciones sobre la plataforma de la reivindicación de independencia, era primer ministro. Pero no tenía prisa en realizar su programa. En noviembre del mismo año, el Gobierno francés y el Gobierno togolés proponían conjuntamente a las Naciones Unidas el fin del mandato y la proclamación de la independencia para abril de 1960. Sylvanus Olympio había conseguido una gran reputación en las esferas internacionales, por su moderación y su realismo, cuando fue asesinado. Como sucede generalmente en Africa (aunque no solamente en Africa), donde los hombres cuentan más que las ideas, la oposición ganó las nuevas elecciones, y el adversario de Olympio (cuñado suyo, por otra parte), Nicolás Grunitzky, hijo de un misionero alemán y de una africana, tomó el poder en enero de 1963.

Naturalmente, Camerún y Togo eran miembros de las Naciones Unidas, donde los Estados africanos del sur del Sahara (comprendida Etiopía) y Sudán representan un bloque de 27 votos, mientras que Europa (comprendiendo en ella la Unión Soviética, Ucrania, la Rusia Blanca, los países de Europa del Este y Albania) no totaliza más que 23.

20. Emancipación del Congo belga

En el Congo belga, la situación parecía perfectamente estable y los colonos europeos franceses de África occidental y ecuatorial, así como los ingleses de Rhodesia, consideraban el colonialismo belga como un modelo del género: una administración paternalista, que cuidaba de que nadie tuviera hambre, si era posible, pero también de que nadie hiciera política. El Congo belga era próspero y tranquilo. Es verdad que apenas había 80.000 europeos, generalmente funcionarios o empleados, sobre un territorio de dos millones y medio de km.^{2}, junto a 14 millones de bantúes; y que la explotación minera, concentrada sobre todo en Katanga, permitía exportar metales, uranio (la mitad de la producción mundial) y diamantes por valor de mil millones de libras esterlinas anuales. En los servicios administrativos apenas si había algunos centenares de africanos, junto a unos 10.000 funcionarios europeos. En el ejército, llamado Fuerza Pública, no había un solo oficial africano. Los tres poderes del Congo —la administración belga, los cinco *trusts* y la Iglesia Católica— parecían controlar bien la situación.

En 1952 el Ministerio belga de Colonias había introducido y puesto en práctica el principio del empadronamiento; un africano evolucionado podría, después de haber dado pruebas de sus aptitudes y de su nivel de civilización, ser tratado como ciudadano belga y escapar a la segregación. Pero pocos africanos aprovecharon esta posibilidad, tanto porque ello les parecía una traición a su raza como porque los colonos belgas rehusaban, a pesar de todo, el considerar como sus iguales a los africanos empadronados. En 1954 es aún el Gobierno belga el que hizo instituir escuelas laicas abiertas a los africanos. Un profesor de la Universidad de Anvers, A. A. J. van Bilsen, católico liberal, causaba sensación en 1956 al publicar un «plan de treinta años para la emancipación política del África belga».

En el bajo valle del Congo se había formado un movimiento, el Abako, o asociación de los bakongos. Su líder era Joseph Kasavubu, hijo de un trabajador chino y de una mujer bakongo, educado en las escuelas católicas, y que había llegado a alcalde de un barrio de Leopoldville. En el Congo belga había bakongos, pero también los había en la otra orilla del río, en el Congo medio francés, y éstos estaban entonces obteniendo su autonomía, como una etapa hacia la independencia. Cuando Kasavubu quiso participar en la Primera Conferencia Panafricana de Accra en diciembre de 1958, cuatro delegados congoleños, entre ellos Kasavubu y un joven empleado de correos, Patricio Lumumba, obtuvieron la autorización para acudir a ella. No obstante, en el último momento Kasavubu se vio imposibilitado de asistir, y fue Lumumba quien dirigió la delegación. Ocho días después de su regreso de Accra tuvieron lugar revueltas en Leopoldville. Fueron matados europeos y un cierto número de africanos. Kasavubu fue detenido y deportado a Bélgica. Casi inmediatamente el rey Balduino hizo una declaración anunciando un cambio de política. La independencia —era la primera vez que un personaje oficial pronunciaba esta palabra— era prometida, tras una serie de etapas: elecciones en 1959, reunión de un Parlamento en 1960, nombramiento de africanos para altos puestos administrativos... Al experimentar las reformas un retraso con respecto a las promesas, la temperatura subió y se reanudó la agitación. Kasavubu, después de tres meses de estancia forzada en Bélgica, fue reenviado al Congo. La oposición africana estaba muy dividida. Lumumba deseaba mantener la unidad del Congo, Kasavubu prefería una forma de Federación análoga a la de Nigeria. En Katanga, Moisé Tshombe representaba a las poblaciones africanas urbanas y a los desarrollados. En Kasai del Sur, Albert Kalonji representaba a los balubas. Ileo representaba a los bangalas de la provincia del Ecuador. No hay que olvidar que en el Congo, inmenso territorio, se contaban más de 70 grupos étnicos importantes y había más de 400 dialectos. Al subir la fiebre, el Gobierno belga decidió forzar las cosas. Convocó a los líderes africanos a Bruselas en enero de 1960 y anunció la proclamación de la independencia del Congo para la fecha del 30 de junio. Seis meses serían necesarios para hacer los preparativos del paso a la independencia. Habiendo tenido lugar elecciones en mayo, se reunió el Parlamento, se constituyó un Gobierno y la República del Congo fue efectivamente proclamada el 30 de junio. Lumumba, jefe del Gobierno, con el apoyo de Kasavubu, nombrado presidente de la República, y de Ileo, formaba su Gabinete, pero el partido de Tshombe no tenía más que un Ministerio y el de Kalonji ninguno.

Seis días después de la proclamación de la independencia se produjo la explosión. Los soldados africanos de la Fuerza Pública se rebelaron contra sus oficiales. Esta fue la señal del pánico de los europeos, de un desencadenamiento de violencias, de la anarquía. Para proteger a sus súbditos, los belgas enviaron paracaidistas de la metrópoli. Lumumba afirma que esto es una agresión colonialista y rompe las relaciones con Bélgica. Aconsejado por Nkrumah, pidió auxilio a las Naciones Unidas. Por su lado, Tshombe se aprovecha de la oportunidad para proclamar la secesión e independencia de Katanga. Recomenzaban las luchas tribales, sobre todo entre los balubas y los lulúas.

Las fuerzas de las Naciones Unidas tenían como misión mantener el orden en la medida en que esto fuera posible, a fin de evitar en todo caso que los belgas no aprovecharan la ocasión o el pretexto de los desórdenes para volver por la fuerza. Pero Lumumba esperaba de ellas mucho más: les pedía que redujeran la secesión katangueña. Era evidente que, sin la aportación de la economía katangueña, el Congo sería, y permanecería siempre siéndolo, un país pobre; era evidente también que las Compañías mineras belgas, instaladas todavía en Katanga, apoyaban la secesión.

Lumumba, buscando apoyos por todas partes, aceptó la ayuda soviética; los occidentales temieron por un momento que los rusos se instalaran en el Congo ex belga, de la misma manera que se temía, en la misma época, que se instalaran en Cuba. Kasavubu, en tanto que presidente de la República, revocó a Lumumba de sus funciones; Lumumba respondió revocando a su vez a Kasavubu. La Fuerza Pública, ejército ahora africanizado, decidió poner fin al embrollo y arrestó a todo el mundo: Kasavubu, Lumumba y los demás. En su nombre, el coronel Mobutu constituyó un Colegio de Altos Comisarios que reunió a todos los congoleses con títulos universitarios; había 15. Expulsó a las misiones soviéticas y checas. Kasavubu, liberado, se alió con Mobutu; pero Lumumba, detenido y entregado a Katanga, fue asesinado.

La histeria desencadenada en el Congo se extendía por el mundo; en media docena de capitales, las Embajadas de Bélgica fueron atacadas por las masas; Kruschef acusaba al secretario general de las Naciones Unidas, Dag Hammarskjöld, de ser el asesino de Lumumba.

En la primavera de 1961, el avión de Hammarskjöld se estrellaba en Rhodesia del Norte, en el momento en que iba a negociar con Tshombe el regreso de Katanga a un Congo federado.

En un momento dado, se había podido temer que el Congo ex belga se convirtiera en un campo de batalla donde se enfrentaran el Este y el Oeste, el capitalismo mundial y el comunismo mundial, como había sido el caso en Corea. Se podía temer también —y éste fue a menudo el caso— que en el Congo, como en otras partes, se reanimaran viejas rivalidades tribales y que la libertad política significara los asesinatos y la anarquía, cosa que se había producido más de una vez. Como lo recordaba Leopold Senghor, «no hay fronteras en Africa negra: ni siquiera entre la vida y la muerte». Pero aún es demasiado pronto para hacer el balance de la emancipación de Africa. La historia continúa.

21. Madagascar

La historia de la «Gran Isla» se desarrolla durante largo tiempo, prácticamente hasta el siglo XIX, al margen del resto del mundo. El canal de Mozambique, que la separa de Africa, tiene unos 400 km. de ancho; y por el lado del sudeste asiático hay que franquear millares de kilómetros (6.000 km. hasta Indonesia y casi tanto hasta Ceilán o Arabia).

I. BOSQUEJO HISTORICO

Es a mediados de la Era Terciaria, antes de la aparición del hombre e incluso del mono, cuando se rompieron las comunicaciones entre Madagascar y el Continente. De forma que la fauna es bastante original en esta isla.

Pero, sobre todo, mientras que en Java y en Africa oriental se encuentran esqueletos de los más antiguos antepasados del hombre, ningún esqueleto humano fósil ha sido descubierto hasta el momento presente en Madagascar, ni siquiera ninguna huella de las Edades de la Piedra o del Bronce. Parece ser que los hombres que pisaron por primera vez Madagascar conocían ya el hierro.

¿De dónde venían estos hombres? ¿Quiénes eran? Ninguna hipótesis ha sido hasta el momento apoyada con argumentos decisivos.

Si se consideran los tipos humanos representados en Madagascar, parece ser que representan un mestizaje, en diversos grados, de asiáticos y africanos negros. En la aristocracia del pueblo, el tipo dominante es moreno claro, de estatura más bien pequeña, las facciones finas y con un evidente parecido con el tipo javanés. Pero incluso en este grupo numerosos individuos presentan caracteres negros: cabellos encrespados, piel oscura, labios gruesos.

Todos los grupos étnicos de Madagascar, en la medida en que han sido estudiados científicamente, presentan las características de un mestizaje afroasiático, en diversos grados, en proporciones diferentes y bajo formas variadas. Hay quizá una preponderancia de elementos africanos en el *stock* cromosómico malgache. Pero el mestizaje es generalmente antiguo, y en el marco de la isla se han desarrollado, a la larga, caracteres

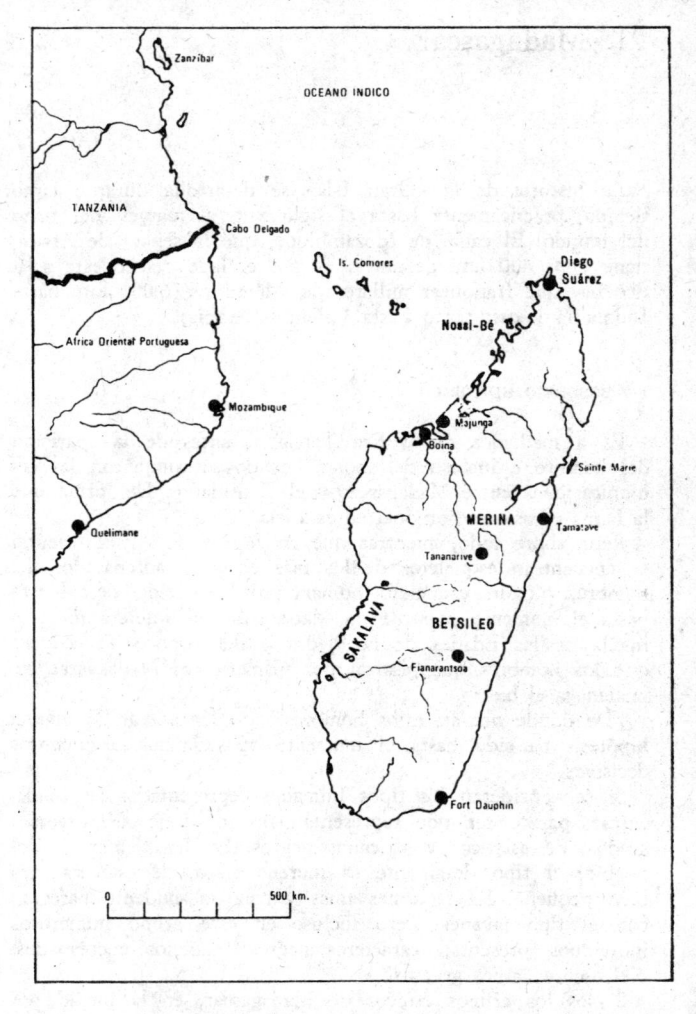

Fig. 19. Madagascar.

originales, según los modos de vida y según también las nuevas aportaciones, que confieren a las razas malgaches una gran variedad.

Por el contrario, la unidad lingüística es clara. Los diversos dialectos presentan pocas diferencias entre sí, y el conjunto de ellos está emparentado con la rama indonesia de las lenguas malayo-polinésicas.

Las técnicas tradicionales de Madagascar presentan también una gran unidad, y se relacionan en general con las técnicas indonesias. No obstante, la cría del buey, con su carácter social y casi religioso, el cultivo del mijo, la circuncisión y la hilatura del algodón parecen provenir de África. Los instrumentos de música son unos de origen indonesio, otros de origen africano; pero ambos son de los más antiguos de su país de origen, lo que hace pensar que la importación se remonta a mucho tiempo atrás.

El estudio de las estructuras etnológicas —sociedad, religión, costumbres, tradiciones— revela también huellas que provienen de una y otra fuente.

La situación geográfica de la isla no aporta tampoco argumentos decisivos. Ciertamente, está mucho más cerca de la costa africana, pero los negros de la costa oriental de África, como testimonian los geógrafos árabes, no son pueblos navegantes. Según El Idrisi, en el siglo XII «no tienen barcos para navegar». Eran los árabes quienes navegaban a lo largo de la costa del Zendj, como ellos la llamaban.

Los indonesios, por el contrario, eran navegantes audaces y expertos que atravesaban inmensas extensiones de océano a bordo de sus canoas y que sabían vivir en simbiosis con el mar, sus islas y sus orillas. Las corrientes marinas y los vientos dominantes no permiten excluir ninguna hipótesis. De todas formas, la hipótesis más verosímil actualmente es que «nómadas del mar», procedentes de Indonesia, haciendo escala en el sur de la India o en Ceilán, aprovechando los monzones, se dejaron llevar hasta la costa oriental de África, llevando consigo el cocotero, sus peculiares barcos y otras aportaciones indonesias que se encuentran en algunos puntos del litoral africano.

Es verosímil que, después de una estancia en la costa africana, algunos de estos «nómadas del mar» —ellos, o sus descendientes un poco africanizados— se hicieran de nuevo a la mar, atravesando el canal de Mozambique, haciendo quizá escala en las Comores.

De esta forma, la función de los elementos étnicos y culturales indonesios y africanos habría podido realizarse desde antes de la llegada a Madagascar. Seguidamente, al ser más frecuentes las relaciones con la cercana Africa que con la lejana Indonesia, el elemento africano se pudo reforzar en el transcurso de los siglos, sobre todo por la importación de esclavos negros.

¿En qué fecha puede situarse esta primera llegada a la Gran Isla de estos «protomalgaches» hipotéticos? Después del comienzo de la Edad de Hierro (digamos, poco antes de la Era cristiana, si admitimos la salida de Indonesia); pero antes de la hinduización de Indonesia, que tuvo lugar entre los siglos II y VIII d. C. Es más o menos en este período —y más bien en sus comienzos— en el que se podría situar la migración protomalgache, sin olvidar, en todo caso, que la misma no se realizó de una sola vez ni en el transcurso de una sola generación, sino que más bien debió tener el carácter de una lenta infiltración que se extendió durante un milenio. En todo caso, aún no es posible fechar con una aproximación de cinco siglos el momento en que pusieron el pie en Madagascar los primeros hombres, y estamos obligados a adoptar hipótesis aventuradas sobre quiénes eran estos hombres.

¿Cuál es el aspecto geográfico y climatológico de la Gran Isla que mide 2.300 km. de Norte a Sur (entre los paralelos 12 y 25) y 900 km. de Este a Oeste?

El subcontinente de 600.000 km.^{2} es poco penetrable y solamente a partir de 1870 han dado los exploradores una idea de conjunto del mismo. Está constituido por un macizo interior de más de 800 metros de altitud, que desciende escalonadamente hacia la costa Oeste, y que cae bruscamente hacia el Este en dos series de acantilados. La costa Oeste, cálida y seca, tiene un clima tropical; la costa Este, cálida y húmeda, un clima ecuatorial. La meseta es más fría. Poblada antiguamente de árboles, la selva abrigaba allí especies hoy día desaparecidas: tortugas gigantes, hipopótamos enanos, lemúridos de gran altura y pájaros gigantes como el Aepyornis. Los hombres quemaron la selva, y la meseta está hoy casi enteramente desnuda, cubierta por débiles pastos que crecen en la estación de las lluvias sobre un suelo en vias de laterización.

En un primer momento, sólo algunos puntos de la costa fueron ocupados por los piragüistas que vivían de la pesca, y que habían aportado consigo de Indonesia el cocotero y el taro *(Colocasia esculentum)*, y quizá la banana, y que sin duda habían importado de su paso por la India el arroz, la caña de azúcar y el algodón, y de su paso por Africa la miel y la judía, así como los animales domésticos, la gallina, la pintada, la cabra, el cordero y, sobre todo, el buey, cuya cría se extendería considerablemente.

La población, de una densidad extremadamente débil, esparcida en medio de inmensos terrenos vírgenes, permanece durante largo tiempo organizada a escala familiar, o todo lo más en una familia ampliada. Los vínculos matrimoniales, los encuentros y los intercambios (en un país de difícil circulación), no exigirán durante largo tiempo la creación de organizaciones políticas. Sin embargo, los habitantes eran suficientemente numerosos, sus tradiciones bastante sólidas y su originalidad lo bastante señalada como para que se asimilaran sucesivas aportaciones: navegantes indonesios, esclavos africanos, marineros indios, mercaderes árabes que habían transitado por las Comores, gentes de origen y características indefinidas, mercaderes, piratas o náufragos, según las circunstancias. En la costa Este, algunas razas —más exactamente, algunas castas de las razas antanosis y antemoros— se consideran ligadas a la tradición islámica y dicen provenir de La Meca. En realidad, su tradición islámica está muy degradada. De hecho, llegaron sin duda entre los siglos XIV y XVI procedentes de las Comores, donde en el siglo XII se había formado una civilización original que procedía de la costa oriental de Africa, de Kilua sin duda. Los comorianos fundaron en la costa Noroeste de Madagascar algunos puertos fortificados, donde los árabes que venían de la costa africana cambiaban paños y perlas de cristal de la India por esclavos negros, cera y algunos productos locales: miel, arroz y ganado. Al frente de cada puerto comercial había un Cheik. Estos puertos estaban aún en actividad cuando los portugueses descubrieron Madagascar. La prueba es que, en 1506, Tristán da Cunha saqueó y destruyó el más importante de ellos, Nosy Manja, que más adelante fue reconstruido.

En el siglo XVII (1613-1619) el Rvdo. P. Luis Mariano constata que la parte central de la costa Oeste (alrededor de la desembocadura del Manambolo y de la ciudad de Sahadia) estaba habitada por africanos «de lengua cafre». Más adelante, estos mismos pueblos adoptarían la lengua malgache.

Los lazos con el mundo árabe eran, de todas formas, suficientes como para que a través de ellos los europeos tuvieran conocimiento por primera vez de la Gran Isla: No obstante, cuando Marco Polo, en el siglo XIV, habla de la isla de «Madeigascar», cuyos habitantes son musulmanes y comerciantes, se trata de Mogadisho, en la costa somalí. Es con el nombre de Komr con el que los árabes designaban a la Gran Isla.

Pero cuando en 1498 Martín Behaim de Nuremberg, el primer geógrafo europeo que atravesó el Ecuador, como hemos dicho antes, dibujó su célebre globo terrestre, siguió el error de Marco Polo, y dibujo al oeste de la isla de Zanzíbar, en la latitud del Capricornio, otra isla a la que dio, al igual que el viajero veneciano, el nombre de «Madagascar», corrupción de Mogadisho.

II. EL DESCUBRIMIENTO

En 1500, siguiendo el camino recién abierto por Vasco de Gama, la escuadra portuguesa de Alvarez Cabral fue dispersada por la tempestad en el Océano Indico. Uno de sus barcos, mandado por Diego Dias, declaró haber recorrido una costa que no era la de Africa. En 1502 un portulano indicaba una isla alargada situada frente a la costa africana, que designaba con el nombre de Madagascar.

En 1506 y en 1507 los portugueses desembarcan en la isla para destruir, según hemos visto, los puertos comerciales árabes. Establecen relaciones comerciales irregulares con los malgaches (Diego Suárez lleva esclavos malgaches a las Indias y da su nombre a un puerto).

Sólo un siglo más tarde, entre 1613 y 1619, hicieron los portugueses, partiendo de Goa, una exploración metódica de las costas de la isla. Desembarcaron en el territorio de los matacassis, siendo sin duda ésta la causa por la que los habitantes de la isla fueron llamados madicasses o malgaches, y de donde procede igualmente el vocablo actualmente utilizado de Malagasy, con el cual se refieren los malgaches a sí mismos y a su lengua.

Concluyeron tratados de amistad con los jefes locales y establecieron los primeros jalones de una predicación cristiana. Igual que en el Congo, se llevaron a un joven príncipe y lo educaron en la fe católica. Pero después de algunas tentativas, se vieron obligados a constatar que no podían conseguir que los indígenas creyeran en el Infierno. Finalmente, los misioneros fueron expulsados. Los portugueses renunciaron a toda influencia política, no manteniendo más que relaciones comerciales irregulares entre Mozambique y la costa Noroeste de Madagascar.

Tras los portugueses, fueron los holandeses quienes frecuentaron en el siglo XVII la costa malgache (sobre todo Santa María). Pero después de la fundación de El Cabo, no teniendo ya necesidad de hacer escala en Madagascar, raramente se ven navíos holandeses en la isla.

En 1644, en Inglaterra, Richard Boothby hacía un elogio ditirámbico de Madagascar, «verdadero paraíso terrenal». Una colonia inglesa de 140 hombres y mujeres fue a establecerse al Sur de la costa occidental, en la bahía de San Agustín. Al cabo de un año volvieron doce supervivientes. Otras tentativas de implantación no tuvieron más éxito, unas expediciones asesinadas y otras desaparecidas sin dejar huella.

Los franceses pusieron más empeño. A partir de 1527, los navegantes dieppeses hicieron escala en la isla. En 1642, el capitán Rigault había obtenido del cardenal Richelieu un privilegio de diez años para comerciar con la isla y establecerse en ella. Este fundó una «Compañía de las Islas Orientales», uno de cuyos accionistas era el célebre superintendente Fouquet. El jefe de la primera expedición, después de una primera tentativa desafortunada, fundó en 1643, en una rada al amparo de las epidemias y próxima a la selva, un establecimiento que en honor del futuro Luis XIV llamó Fort Dauphin.

Los franceses, poco numerosos (un centenar), se encontraron mezclados en la política local y en los conflictos entre príncipes. Los flojos resultados del comercio (un poco de ébano, cera y cuero) no justificaban los sufrimientos de los colonos, que perecían asesinados, comidos por las fiebres, divididos entre sí. No obstante, uno de los jefes de la colonia, Etienne de Flacourt, vuelto a Francia, publicó en 1658 una *Historia de la Gran Isla de Madagascar* y *Relaciones* que hasta el siglo XIX fueron la fuente esencial de información sobre Madagascar.

Otras tentativas de colonización que se produjeron durante treinta años no tuvieron más éxito. En 1674 reembarcaron los supervivientes de la última expedición. Habían fracasado en su intento de poblar la isla y de establecer relaciones comerciales duraderas. Abandonados por la metrópoli, debieron soportar saqueos y diversos males. No obstante, dos hechos resultaron de estas tentativas francesas del siglo XVII: por una parte, la primera penetración, en 1667, de Francois Martin con 19 franceses y 4.000 malgaches de la costa, en dirección a la meseta central, llegando hasta el lago Alaotra; por otra parte, la anexión teórica llevada a cabo por Francia en 1665 de la Gran Isla, a la que dio el nombre de Ile Dauphine. En el transcurso del siglo XVIII, la monarquía francesa confirmó mediante tres decretos esta pretensión teórica.

En adelante, la frecuencia de los europeos y los árabes en la costa malgache será irregular, sin objetivos a largo plazo. Su finalidad principal es la piratería y la trata de esclavos. En 1667 se estima que los árabes capturan cada año más de un millón de esclavos, sobre todo niños, que revenden en Anjouan (islas Comores) y en el mar Rojo. Los holandeses, portugueses, ingleses y franceses practican también la trata. En 1826 hay en la isla Reunión 14.000 esclavos malgaches. Los esclavos son generalmente capturados por los sakalavas de la

317

costa, que hacen saqueos entre sus vecinos, y los cambian por tejidos, mosquetones, pólvora y alcohol.

Por otra parte, Madagascar continuaba importando de la costa africana esclavos negros que traían los mercaderes árabes.

III. LOS SAKALAVAS

Entre los siglos XVI y XVIII se forman en diversos puntos de la Gran Isla agrupaciones, a las cuales se da el nombre de reinos, que superan en amplitud la organización fundamental, anárquica, familiar y tribal. No es fácil, en general, discernir si estas organizaciones políticas tienen por origen la ambición y las dotes organizativas de un individuo, o si un grupo étnico o una familia ha impuesto su autoridad a otros, constituyendo un sistema de clanes o de castas superpuestas, siendo el «rey» una especie de delegado de la autoridad del clan dominante o de la casta superior. De hecho, los dos fenómenos acontecen de manera diversa y en variable proporción según las circunstancias. En cada caso, el monopolio de una superioridad técnica —el empleo de armas de fuego, la técnica del saqueo, por ejemplo— sirve de apoyo para el establecimiento de la autoridad de un hombre o de un grupo sobre los otros.

Es a lo largo de las costas donde se forman las primeras unidades políticas: sobre todo, en las amplias llanuras de la costa Oeste, los reinos sakalavas.

Al soberano sakalava Andriandahifotsi (el señor varón blanco), que vivió en el siglo XVII (alrededor de 1610 a 1685), es al que se hacen remontar las instituciones y las tradiciones de las monarquías sakalavas. El rey es sagrado, casi divino. Es escogido en la familia real por los jefes de tribu. Es el propietario teórico de las tierras, que entrega en feudo a los príncipes de la familia. Aparece en público muy raramente. Tiene derecho de vida y muerte sobre sus súbditos. Cuando muere, su nombre se hace tabú, designándosele en adelante con un nombre póstumo que sustituye al primitivo. Las reliquias de los reyes difuntos (dientes, cabellos, uñas, fragmentos de esqueleto), piadosamente conservadas en recintos construidos en lugares elevados, son objeto de culto. El rey difunto es un intercesor cerca de la divinidad.

En el momento del esplendor de los reinos sakalavas, en el siglo XVIII, un navegante holandés, un negrero, visita en 1741 la capital de un reino sakalava, Boina (en la costa Noroeste). La describe como una aglomeración de varios millones de casas. En su palacio, rodeado de cinco empalizadas, más grande que el palacio del gobernador de El Cabo, recibe el rey al negociante extranjero, rodeado de 100 hombres armados con mosquetones y sentado en un trono lacado y dorado de origen chino. Lleva una corona de oro, un cinturón de oro y cadenas de oro. Antes de discutir el precio de los esclavos, hace mostrar al negociante los regalos que le han hecho los anteriores mercaderes europeos; le hace visitar los almacenes llenos de mercancías extranjeras. En Majunga, el puerto por el que pasa el comercio exterior, viven 6.000 árabes e indios, que practican el comercio de tejidos con Surate. La moneda de cambio son los bueyes y los esclavos. Poderosos jefes poseen más de 10.000 cabezas de ganado.

El más antiguo de los reinos sakalavas es el de Menabe, fundado en el siglo XVII por Andriandhifotsi. Su tercer hijo, Andriamandisoarivo (éste es su nombre póstumo), expulsado por su hermano mayor, había emigrado hacia el Norte sometiendo a las poblaciones locales, fundando a principios del siglo XVIII un segundo reino sakalava, el de Boina, cuya prosperidad acabamos de describir.

Periódicamente los príncipes sakalavas, yendo a buscar fortuna un poco más lejos, fundaban pequeñas soberanías locales, sometiendo sin dificultad a las poblaciones existentes, disputándose los rebaños o aliándose entre sí para saquear a otros. La dominación sakalava se extendió así durante un cierto tiempo sobre aproximadamente la tercera parte de la Gran Isla. Pero es preciso no olvidar que estos territorios estaban muy poco poblados y que no había un poco de densidad de población más que en muy raros puntos de la costa, donde el comercio mantenía los intercambios y alimentaba una relativa prosperidad.

IV LA COSTA ESTE. LOS REINOS BETSILEOS

La costa Este es de naturaleza diferente. La banda costera, encerrada entre la meseta y el Océano Indico, más húmeda a causa de su clima ecuatorial, más frondosa y más dividida, no se presta ni a la cría de ganado ni a la formación de unidades políticas de alguna amplitud. En ella vivían sobre todo pescadores, y más tarde piratas de origen europeo. A principios del siglo XVIII, uno de sus descendientes, Ratsimilaho, hijo del pirata inglés Thomas White y la princesa Rahena, que había estudiado en Inglaterra, decidió a su regreso fundar un reino. Elegido rey por aclamación de los zano-malatas (los niños mulatos, descendientes de los piratas), fundó el reino de los betsimisarakas (los numerosos inseparables) y se apoderó de Tamatave. Se casó con la hija del rey sakalava de Boina y comerció con los europeos. Pero después de su muerte, acaecida en 1750, el reino no sobrevivió más que algunas decenas de años; y fue cayendo poco a poco en la anarquía. No obstante, una institución mantuvo durante algún tiempo el renombre de los betsimisarakas: el pillaje periódico de las Comores y de la costa de Africa. Las expediciones tenían lugar todos los años, y una más importante cada cuatro años. En piraguas de un eje, casi sin vela, desorganizadamente, los descendientes de los piratas salían de Tamatave. En cada puerto de la costa Nordeste, la expedición desembarcaba y aumentaba. En Nossi-Bé se unían a ella los sakalavas. Después se salía para las Comores, cuyas aldeas eran saqueadas, siendo llevados sus habitantes como esclavos. De cuando en cuando se saqueaban las ciudades, donde el botín era más rico. Otras veces, para dejar a las Comores tiempo de reconstituir las riquezas, se iba a saquear la costa de Africa o las costas malgaches del Sudeste. Estas expediciones duraron hasta 1823, cuando el rey de Imerina, Radama, ocupó Tamatave con diez mil soldados, poniendo fin a las piraterías de los betsimisarakas.

También en la costa Este, pero un poco más al Sur, en una región selvática y tormentosa, protegida por fallas, se formaron pequeños reinos en el siglo XVII. De quienes conocemos la historia un poco mejor es de los cuatro reinos betsileos. Lalangina, el más antiguo; después, Arindrano, Isandra y Manandriana. Un rey de Isandra, Andriamanalina, que reinó en el siglo XVIII, merece que se tenga en consideración. Desarrolló los cultivos alimenticios en el valle y la ganadería en la meseta; hizo criar gusanos de seda, dando origen a una industria textil. Cuando los comerciantes procedentes de la costa le ofrecieron armas de fuego, rehusó los fusiles y expulsó a los comerciantes, no conservando más que un solo cañón que se disparaba con motivo de las grandes solemnidades. Tuvo también la idea de que las moscas desempeñaban un papel en la transmisión de las enfermedades y organizó su destrucción para poner fin a una epidemia.

En la misma época, un rey de Lalangina, Andrianohindrinarivo, tuvo un reinado largo y placentero. Dio un gran impulso al cultivo del arroz, desarrollando las técnicas agrícolas, sobre todo el regadío y el abonado. «Ningún enemigo —decía— es más temible que el hambre.»

Los reinos betsileos no realizaron su unidad, al no experimentar la necesidad de ella. Serán absorbidos por la monarquía merina a principios del siglo XIX.

V. LOS REINOS DE MERINA

Hacia comienzos del siglo xv, en el borde oriental de la meseta, en la región forestal, vemos aparecer un pequeño grupo que va a imponer su sello a la Gran Isla. Se trata de los hovas, y la casta de sus jefes los andrianas. Las contradictorias tradiciones apenas concuerdan más que en un punto: procedían de la costa oriental y, franqueando las montañas y la densa selva, remontando los torrentes, se instalaron en la meseta. No parecían tener un origen étnico diferente al de los otros pueblos malgaches. No obstante, la proporción de tipos indonesios de piel clara es más fuerte entre ellos, sobre todo en la casta aristocrática de los andrianas, que en las otras razas de la isla.

En el siglo xvi, el rey Andriamanelo desarrolló la utilización del hierro, bajo formas de hachas y lanzas, asegurando a su pueblo una superioridad técnica sobre sus vecinos, sobre todo los pescadores vazimbas, que, sin desconocer el hierro, no tenían, sin embargo, más que lanzas de madera dura. Los hovas les ocuparon extensiones pantanosas donde organizaron el cultivo del arroz, base de su desarrollo demográfico y de su expansión.

En el siglo xvii, Ralambo (el sangriento), hijo de Andriamanelo, da al reino su primera organización. Instituye la monarquía absoluta: «No puede haber —dice— dos toros en un parque.» Lleva a cabo la unidad del Estado. Da al país el nombre de Merina. Establece la casta gobernante de los andrianas, emparentada con el rey, cuyos miembros reciben feudos y proporcionan administradores a la monarquía. Esta tiene un carácter religioso-popular: la fiesta del baño, los talismanes reales, sacralizan la monarquía a los ojos del pueblo.

Su segundo hijo, Andrianjaka (el señor que gobierna), funda en la cumbre de una colina desierta la Ciudad de los Mil, Tananarive, donde en adelante residirá. Comienza un trabajo de valorización de la llanura pantanosa que los sucesivos soberanos transforman en arrocera, mediante la construcción de diques y canales. La autoridad de Andrianjaka reposa también sobre su fuerza militar: dispone de 50 fusiles y tres barriles de pólvora.

El reino de Imerina creció constantemente bajo los sucesivos soberanos; sin embargo, apenas se extiende sobre unos 60 kilómetros a lo largo y otros tantos a lo ancho. No obstante, en el siglo xviii se divide en cuatro reinos distintos, bien pronto reducidos a tres. La anarquía lo amenaza.

Hacia 1787, un joven príncipe llamado Ramboasalama (el

perro con buena facha) fue aclamado como rey de uno de los cuatro reinos, el de Ambohimanga. Tomó el nombre de Andrianampoinimerina, o más brevemente, Nampoina el Deseado. Primero concluye tratados y alianzas matrimoniales con los otros reinos merinas, lo que le asegura siete años de paz, durante los cuales reorganiza su Estado. Da a sus parientes el mando de las aldeas fortificadas que protegen su frontera; compra fusiles; reúne tropas. Cuando los otros príncipes se inquietan es demasiado tarde. Nampoina se apodera de Tananarive hacia 1796, después de duros combates y de reveses que logra superar. Reconstituye la unidad del reino merina.

Pero no se detiene ahí. Se anexiona los pequeños reinos vecinos. Los reyes betsileos se ven obligados a sometérsele, ya por diplomacia, ya por la fuerza.

Después dirigió sus miradas hacia los soberanos sakalavas de la costa Oeste, el rey de Menabe y la reina de Boina. Sus negociaciones e intercambio de regalos no produjeron al principio ningún resultado decisivo. Sin embargo, supo extender poco a poco su fama por toda la isla.

Su mérito particular es haber comprendido que no bastaba apoyarse sobre una casta, aunque ésta fuera dominante. Nampoina asocia a su autoridad, bajo diferentes formas, a personajes salidos de todas las clases y castas. La clase dirigente no es ya la de los aristócratas, sino la de los administradores: gobernadores, consejeros, escogidos entre todas las castas y todas las tribus, en función no de su origen, sino de sus cualidades y de su fidelidad. Imerina es dividido en seis territorios administrados directamente. Más allá de Imerina, los soberanos vasallos conservan su autonomía, pero pagan tributo. En las regiones mal sometidas o desiertas, instala Nampoina colonos de Merina. El pueblo es consultado periódicamente: el rey celebra una gran asamblea, un «kabary», donde explica sus intenciones con una elocuencia poética y, por supuesto, las hace aprobar por vía de aclamación.

Nampoina prohíbe el alcohol y el tabaco. Prohíbe quemar el bosque. Cuida de que todo el mundo tenga trabajo y de que nadie tenga hambre. Declara la guerra al hambre, pero también a la pereza. Cuando alguno viene a pedirle auxilio, exclama ¡que se le dé un azadón! Utiliza el trabajo forzado para rehacer los diques y canales. Dicta un Código Penal que reprime la rebelión contra el soberano, el crimen, el robo y la magia maléfica. Instituye pesos y medidas, reglamenta los mercados, organiza la economía interior de Imerina en circuitos cerrados, salvo para la importación de fusiles y pólvora y la exportación de esclavos, sobre todo hacia las islas Maskareignes, que en cierto momento llegan a absorber 1.500 por año.

En 1810 Nampoina, con más de sesenta años de edad, cae enfermo. Entre sus 24 hijos, designó como sucesor único a Radama, que a la sazón tenía quince años. Le recomendó a sus consejeros, legándoles por testamento político la fórmula: «El mar es el límite de mis campos de arroz», es decir, el principio de la unidad política de la isla. Murió dejando el recuerdo de haber sido el más grande soberano y hombre político de Madagascar.

Sin embargo, no había reunido bajo su soberanía más que una pequeña parte de la isla, cuya mayor extensión permanecía desconocida o casi inaccesible a los viajeros, y cuya población total no puede ser estimada sino muy vagamente en el orden de un millón de almas. Vastas regiones están aún prácticamente desiertas de seres humanos. No hay carreteras, sino algunos senderos accesibles a los porteadores, que unen entre sí las regiones habitadas, sobre todo Tananarive y Tamatave, durando dos o tres semanas el recorrido entre estas dos ciudades (Tananarive tiene 10 o 20.000 habitantes; Tamatave, un millar).

Su sucesor, Radama I, es un adolescente lleno de vitalidad, apasionado por la acción, hermoso, de rostro claro, adorado por el pueblo. Los relatos de los tratantes le han traído la noticia de la gloria de Napoleón, del que hace su modelo. Su reinado, relativamente corto (1810-1828), marca un hito en la historia de la isla, que se integra en la historia universal. Pues Radama no se contenta con someter a una parte importante de la isla; introdujo en ella, de manera selectiva, las técnicas europeas.

Después del Congreso de Viena, habiendo desaparecido Napoleón de la escena, Radama interviene en la rivalidad franco-británica, jugando a la carta inglesa. El gobernador británico de la isla Mauricio, el escocés sir Robert Farquhar, negocia con Radama el Tratado de 1817, por el que da a Radama el título de «rey de Madagascar» y se compromete a entregarle anualmente 1.000 dólares de oro, 1.000 dólares de plata, 100 barriles de pólvora, 100 fusiles y uniformes. A cambio, y conforme a las decisiones del Congreso de Viena que prohíbe en principio la esclavitud, Radama se compromete a impedir la trata de esclavos. Después de diversos incidentes, se confirma el Tratado en 1820. Los británicos asumen la educación de 20 jóvenes malgaches.

Con el apoyo de tres sargentos, un escocés, un mulato jamaicano y un desertor francés de la Reunión, convertido en secretario del rey, organiza Radama un ejército regular de 19.000 hombres, bien entrenados, sólidamente disciplinados y armados con fusiles e incluso cañones ligeros.

En la costa Este, Radama pone fin a las piraterías de los betsimisarakas y somete a las poblaciones costeras, Antefasi y Antesaka. Sobre todo, para complacer a los británicos, elimina a los pocos franceses que tienen puertos comerciales en la costa Este. Es así como un ejército de Radama rinde en 1825 Fort Dauphin, defendido por cinco franceses y algunos antanosis. Los franceses no se mantienen más que en la isla Santa María.

En la costa Oeste, Radama ataca a los reinos sakalavas. Después de expediciones difíciles en las que el ejército merina pierde muchos hombres, en 1824 parecen sometidos Menabe y Boina; fueron instaladas guarniciones merinas en un cierto número de puntos. Pero ya al año siguiente se rebelan los sakalavas, siendo reprimidos por Radama. Entre los rebeldes supervivientes, unos se refugiaron en las Comores o en África, otros se dedicaron a la guerrilla.

Radama utilizó el auxilio de los europeos para crear una lengua malgache escrita tomando como base la escritura latina, ocupándose el mismo rey de garantizar una transcripción fonética lógica y cómoda. Con el apoyo de la London Missionary Society creó escuelas. La primera escuela, abierta en 1820, tenía tres alumnos. A pesar de la resistencia de la población, en 1828 había en Imerina 20 escuelas y 2.300 alumnos, un tercio de los cuales eran mujeres. Más de 4.000 malgaches sabían leer y escribir el malgache.

El rey hizo formar carpinteros, albañiles, herreros, curtidores, hiladores, sastres y criadores de gusanos de seda. Pero no hizo construir carreteras, desconfiando de una posible invasión, contra la que sus mejores aliados eran las lluvias, las selvas, la dificultad de los senderos, y las fiebres.

No obstante, agotado por la actividad y los placeres, Radama murió en 1828, cuando no tenía más que treinta y cinco años. Su primera mujer y prima fue entronizada bajo el nombre de Ranavalona I, llevada al poder por la oligarquía de los privilegiados, jefes del ejército y de la nobleza. Convencida de su carácter sagrado, reinará durante treinta y tres años (1828-1861).

Bajo su égida, la aristocracia se desembarazó de la familia real: la madre de Radama, su hermana, su primo hermano y uno de los amantes de la reina que había creído demasiado en su buena estrella fueron asesinados. La oligarquía, disponiendo de la autoridad civil y militar, organizó en su propio beneficio una plutocracia hereditaria acumulando las riquezas.

Esta oligarquía, en nombre de la reina, elimina a los tratantes europeos y al residente británico. Los misioneros fueron exiliados; en 1835 fue prohibido el cristianismo. Entre los 200 malgaches cristianos de Tananarive, los que persistían en su fe fueron quemados vivos o matados a lanzazos. Catolicismo y protestantismo fueron eliminados, en todo caso, del reino merina. No obstante, se utilizan los servicios de dos franceses, el bretón Lastelle y el gascón Jean Laborde, que se hacen ciudadanos malgaches y se incorporan a la oligarquía. El primero de ellos crea plantaciones, una fábrica de azúcar y de ron, y una especie de monopolio del comercio exterior, cuyos beneficios reparte con la reina, los amantes y la oligarquía; el segundo, toda una serie de industrias artesanas para fabricar armas de fuego y municiones: cal, cemento, ladrillos y tejas, jabón y colorantes. Un jardín botánico permite introducir principalmente la vainilla y la viña. Construyó las primeras carretas, unciéndole bueyes, como en su país natal.

La reina (o más bien los que gobernaban en su nombre) intentó completar la conquista de la isla. Pero las expediciones marinas tropezaron con inmensas dificultades y con poblaciones encarnizadamente hostiles, fracasaron generalmente. Si bien los antesakas rebeldes fueron asesinados, ni Ikongo ni los sakalavas de Menabe pudieron ser reducidos.

Cuando murió la reina, en 1861, su hijo Rakoto (considerado hijo de Radama, aunque nació trece meses después de la muerte del soberano, esposo de la reina) subió al trono y tomó el nombre de Radama II. Reaccionó contra el absolutismo a veces sanguinario de su madre. Indultó a los condenados, reenvió a sus países de origen a los esclavos, suprimió los trabajos forzados, abolió las aduanas y se negó a hacer ejecutar a los que conspiraban contra él. Proclamó la libertad de cultos y volvió a llamar a los europeos. Las misiones católicas (francesas) y protestantes (británicas) volvieron en masa. Laborde fue nombrado cónsul de Francia.

Un tratado realizado en 1862 con Francia reconocía a Radama como el rey de Madagascar, reservando, en principio, «los derechos de Francia». Fue otorgado un privilegio a una compañía francesa, la Compañía Lambert, y se otorgaba un privilegio semejante al británico Caldwell. Uno y otro recibían derechos y monopolios considerables, mediante el pago del 10 por 100 de los beneficios en el primer caso y el 10 por 100 de las productos en el segundo.

La oligarquía, espantada por este liberalismo anárquico, se desembarazó, en un primer momento, de los amigos, camaradas y partidarios de Radama II, y en un segundo tiempo del rey mismo. Este fue primero abatido y después estrangulado con un pañuelo de seda, pues la sangre de un soberano no debía ser vertida.

Su primera mujer y prima fue proclamada reina bajo el nombre de Rasoherina. Esta mujer tuvo la inteligencia de confiar el poder a un excelente administrador, Rainilaiarivony, el hijo de uno de los amantes de la reina Ranavalona I, de la que había sido secretario particular. Nombrado primer ministro de la reina Rasoherina y convertido en su esposo, a la muerte de ésta en 1868 hizo subir al trono a la segunda esposa y prima de Radama II. Reinando bajo el nombre de Ranavalona II, se casó con el primer ministro que la había hecho reina. En 1829, los dos recibieron el bautismo y fueron casados cristianamente.

Rainilaiarivony reemplazó los privilegios de Lambert y Caldwell por tratados con Gran Bretaña, Estados Unidos y Francia. Jugando a la carta del cristianismo e inclinándose del lado británico y protestante, dejó, no obstante, a los católicos que evangelizaran al pueblo y a los esclavos.

Organizó el derecho civil, el derecho penal y el procedimiento, según principios europeos, no aboliendo, sin embargo, la costumbre más que en algunos puntos, suprimiendo la poligamia y sustituyendo la repudiación unilateral por el divorcio judicial. Organizó tribunales. Creó una administración local, confiada en cada aldea a un antiguo soldado encargado de hacer respetar la ley y recibir las quejas. Inició los consejos de aldea animados a garantizar por sí mismos la policía, la higiene y la beneficiencia.

Emancipó a los esclavos africanos, previendo la atribución de tierras con el fin de favorecer su instalación.

Creó ocho ministerios y puso a 27 gobernadores a la cabeza de las provincias no merinas.

Por último, reorganizó el ejército, restableciendo en 1879 una forma de reclutamiento, haciendo fabricar localmente fusiles e incluso una ametralladora. Algunos indicios le hacían temer una intervención francesa.

VI. LA COLONIZACION

Francia, en efecto, sin emprender jamás una acción metódica, había mantenido en el transcurso de los siglos, pretensiones de principio sobre Madagascar. La anexión pronunciada bajo Luis XIV continuaba existiendo en teoría. Radama I se había apoderado de algunos puertos franceses, pero ningún régimen jurídico había sancionado el hecho. La Francia de la Restauración y del Segundo Imperio no había renovado la expresión de sus pretensiones para no enfrentarse inútilmente con Gran Bretaña, pero no por ello había renunciado a las mismas. Bajo Luis Felipe, se había incluso instituido un protectorado sakalava, al haber buscado éstos un apoyo contra la invasión merina. Por otra parte, los católicos franceses protestaban contra la acción anticristiana de la reina Ranavalona I. Sobre todo, los colonos franceses de la isla de la Reunión veían en Madagascar la salida natural de su expansión económica y demográfica. Por último, la apertura del canal de Suez, en 1869, atrajo las miradas de las potencias europeas sobre el Océano Indico. Por otra parte, en Francia, la leyenda de la riqueza de Madagascar, seguía teniendo eco: a la sazón se creía en la existencia de una enorme cuenca hullera en el norte de la isla.

En 1883, bajo un pretexto (la regulación de la sucesión de Laborde), una expedición de la marina francesa bombardeó los puestos merinas de la costa Oeste, ocupó Majunga, y después Tamatave y Diego Suárez. No obstante, las fuerzas empleadas eran insuficientes para llevar a cabo una acción definitiva. Un tratado de compromiso, concluido en diciembre de 1885 (a la vez que tenía lugar la Conferencia de Berlín en que se repartía Africa), aseguraba a Francia un Protectorado teórico, estando encargado el Gobierno francés de representar a Madagascar en todas las relaciones exteriores; la reina (la tercera esposa de Rainilaiarivony, una joven de veintidós años, conocida en adelante con el nombre de Ranavalona II) continuaba presidiendo «la administración interior de toda la isla», lo que implicaba el abandono de las pretensiones francesas sobre las posesiones locales. Un residente francés debía instalarse en Tananarive con una escolta militar. Francia ocuparía Diego Suárez, donde tenía la intención de establecer una base militar y marítima.

El tratado, vago, fue de difícil aplicación. Durante diez años los residentes intentaron implantar la influencia francesa, mientras que el Gobierno malgache no pensaba más que en contrarrestarla, apoyándose, como es tradicional, en los británicos. Pero estos firmaron en 1890 una Convención de reparto de influencias con Francia: Zanzíbar para Inglaterra, Madagascar para Francia.

El Gobierno merina, como paralizado, no llegaba a lograr contener las revueltas que provocaba a la larga la dominación merina en las provincias exteriores. En 1873 un ejército enviado a Menabe había sido aniquilado por los sakalavas. En el Sur los baras, guerreros y pastores, ocasionalmente ladrones de bueyes, nunca sometidos realmente, reanudaban una expansión que había estado interrumpida durante algún tiempo. La administración merina había perdido terreno poco a poco, no manteniéndose más que en algunos puestos de la costa, casi más por la diplomacia que por la fuerza de las armas. No controla, de hecho, más que los dos tercios de la isla, a decir verdad los más poblados: el territorio merino, el país de los betsileos, la costa betsimisaraka, la orilla derecha del Betsileoka y algunas jefaturas de pequeños reinos cuyos soberanos permanecían ligados y fieles a los merinas. En esta época se estima la población total de la isla en dos millones y medio de habitantes, 800.000 de los cuales, en territorio merino. Las misiones protestantes estiman tener 450.000 fieles en Imerina, y los católicos 135.000 fieles en Imerina y en Betsileo.

Las misiones —protegidas por la reina y su esposo— habían reemprendido su labor educativa. En 1894 las escuelas cristianas de enseñanza primaria recibían 165.000 alumnos (137.000 de ellos en las escuelas protestantes). El índice de la escolarización en Imerina y en país betsileo era comparable al de Europa occidental en la misma época.

No obstante, la occidentalización tuvo sobre todo lugar en Imerina. Al evolucionar poco las masas se abrió un foso entre los merinas y el resto de los malgaches. Las castas subsisten y también la esclavitud, a pesar de la prohibición teórica: se estima que hay aún medio millón de esclavos. A pesar de los progresos superficiales del cristianismo, las creencias tradicionales permanecen profundamente arraigadas.

Cuando el Gobierno francés, apoyado por la mayoría del Parlamento, decidió una expedición a Madagascar, la situación era favorable: los británicos ya no se interesaban por la isla; el Gobierno merina estaba desbordado. Tamatave era ocupada en diciembre de 1894 y Majunga en enero de 1895. La expedición lanzada sobre Tananarive encontró más dificultades a causa de las fiebres y de la disentería que hicieron más de 5.000 víctimas, que a causa de los soldados merinas. El 30 de septiembre de 1895 llegó una columna ante Tananarive. Fueron lanzados cinco obuses sobre el Palacio de la reina, que mandó izar bandera blanca. Al día siguiente, los representantes de Ranavalona III firmaron el Tratado que traía el general Duchesne. Tratado de Protectorado, tratado moderado que dejaba subsistir a la reina, comprometiéndose ésta a «proceder a las reformas que el Gobierno francés estimara útiles». La calma parecía restablecida.

No obstante, algunas semanas más tarde, estallaron dos insurrecciones, en el oeste de Imerina y el territorio betsimisaraka. Fueron reprimidas duramente por el ejército francés. Un nuevo residente general hizo firmar a la reina un nuevo Tratado por el que reconocía «la toma de posesión por parte de Francia».

La insurrección recomenzó al norte y al sur de Imerina. El 6 de agosto de 1896, una ley votada por el Parlamento francés declaraba colonia francesa la isla de Madagascar y las islas que de ella dependen. El Gobierno francés enviaba al general Gallieni a tomar el mando militar y civil de la Gran Isla.

Las instrucciones que recibía Gallieni implicaban que éste pusiera fin a la hegemonía de los merinas para conciliarse las simpatías de los otros grupos étnicos. En 1897 Gallieni abolió la monarquía, suprimió la función de primer ministro y exilió a la reina a la Reunión. Gallieni era nombrado gobernador general. Francia pasaba a la política de administración directa de estilo colonial.

Gallieni redujo poco a poco la insurrección, organizando el territorio a medida que lo iba pacificando, restableciendo la seguridad, la administración, la vida económica, abriendo escuelas. Una vez vencida la insurrección en país merina, se contenta con exiliar a los tres jefes, pronto indultados. A finales de 1897 todo el antiguo reino era ocupado, pacificado y administrado. El resto de la isla fue sometido poco a poco, incluyendo el territorio de las tribus que jamás habían reconocido la dominación merina. No obstante, una gran revuelta estalló en 1904; ésta no fue reducida hasta septiembre de 1905, año de la partida de Gallieni.

Este gran administrador había evolucionado considerablemente durante el ejercicio de su mandato. A su llegada declaraba: «las colonias están hechas para los colonos franceses». Poco a poco, se sentía unido a Madagascar por sí misma. Se esfuerza, con éxito, en desarrollar la economía agrícola y minera. Se obstina en reconciliar las razas, en realizar la unión de los diversos intereses, en restaurar una nueva unidad que aún no osa denominar: la nación malgache.

Sus sucesores continuaron su obra, construyendo una red de carreteras de 25.000 Km., elevando la producción de café a 40.000 toneladas, y desarrollando la ganadería, considerada la fuente de riqueza fundamental de la isla. El ferrocarril Tananarive-Tamatave se terminó en 1913. Durante la Primera Guerra Mundial, 40.000 malgaches enrolados voluntariamente, combatieron brillantemente al lado de los franceses. No obstante, durante esta misma guerra, una sociedad secreta, la V.V.S., inquietó a las autoridades francesas. No contaba apenas 300 miembros. Sin embargo, las autoridades francesas se inquietaron temiendo una nueva insurrección cuyas consecuencias, en plena guerra, hubieran sido graves. La represión fue severa. No hubo, sin embargo, condenados a muerte. Los prisioneros fueron liberados cuando terminó la guerra, en 1918, y los condenados fueron indultados en 1921.

Pero este movimiento, cuya amplitud real es difícil de definir, daba testimonio de la formación de una opinión malgache; era el preludio del movimiento de emancipación.

VII. LA INDEPENDENCIA

Jean Ralaimongo, un profesor betsileo, ex combatiente de la guerra de 1914-1918, había fundado, en la misma Francia, la «Liga Francesa para el acceso de los indígenas de Madagascar a los derechos del ciudadano francés». Vuelto en 1922 a Madagascar, reclamaba la transformación de Madagascar en Departamento francés. Continuando en la isla su acción política en favor de la asimilación, tuvo pronto como lugarteniente a Ravoahangy, un antiguo miembro de la V.V.S. Después de una manifestación, los dos fueron puestos bajo arresto domiciliario. El movimiento evolucionó entonces en un sentido opuesto: hacia la reivindicación de la independencia. No obstante, los nacionalistas malgaches permanecían unidos a Francia, y durante la Segunda Guerra Mundial no intentaron aprovecharse de las circunstancias.

Al haber permanecido fiel al Gobierno del mariscal Pétain el gobernador general Cayla, los británicos desembarcaron en Madagascar en mayo de 1942, con tropas sudafricanas. Por otra parte, entregaron rápidamente la isla a la Francia libre. El Gobierno provisional del general De Gaulle se esforzó en restaurar la economía de Madagascar para apoyar el esfuerzo de la guerra; pero intentaba también preparar una política de colaboración efectiva con el pueblo malgache, siendo excluida la idea de autonomía.

Madagascar envió cuatro diputados a la asamblea constituyente de la IV República francesa, en 1945: dos elegidos por los ciudadanos franceses y dos por los malgaches que poseían algunas cualificaciones, garantizadas por sus diplomas escolares o sus funciones. Estos dos diputados eran el veterano Ravoahangy y Raseta, un médico. En París encontraron a intelectuales malgaches y fundaron con ellos el «Movimiento democrático de la renovación malgache» o M.D.R.M. En la propia Madagascar se creaban otros grupos políticos.

En el marco de la Constitución francesa de 1946 Madagascar se convertía en un «Territorio de la República francesa» y se proclamaba a sus habitantes ciudadanos franceses. Esta asimilación, reclamada veinte años antes por Ralaimongo, no satisfacía ya las nuevas reivindicaciones. La agitación, abierta y clandestina, se reanudaba.

En la noche del 29 al 30 de marzo de 1947 estalló una insurrección simultáneamente en varios puntos de la isla. Los colonos franceses, los soldados senegaleses de la guarnición y los funcionarios merinas eran asesinados; los rebeldes eran dueños de la costa Este, salvo las ciudades costeras. La guerrilla se instaló al norte de Tamatave. La represión fue extremadamente dura y, hay que decirlo, eficaz. En dieciocho meses fue restablecida la paz y volvió a reinar la calma. Había habido 12.000 víctimas oficiales, tanto a causa de la rebelión como de la represión. Pero se dieron otras cifras mucho más considerables extraoficialmente.

El M.D.R.M. era disuelto, sus jefes hechos prisioneros, sin que se haya podido dar la prueba de que eran ellos los iniciadores de la rebelión.

En 1954 los condenados fueron indultados. En 1956 y 1957 tuvieron lugar las elecciones con tranquilidad. En mayo de 1958 se reunía en Tamatave un «Congreso de Independencia» que preveía el acceso a la independencia de una República malgache unitaria, por vía de negociación con Francia. El general De Gaulle, vuelto al poder, reservaba a Madagascar su primera visita de ultramar. En la plaza pública, ante la muchedumbre congregada, declaró el 22 de agosto de 1958: «mañana ustedes serán un nuevo Estado». El 14 de octubre, el Congreso de todas las asambleas provinciales proclamaba la República malgache. El 15, en nombre de la República francesa, el alto comisario reconocía la creación del Estado malgache. El 16, el Congreso designaba entre los miembros una asamblea constituyente. La Constitución del 29 de abril de 1959 creaba un presidente de la República malgache, una asamblea nacional elegida por sufragio universal y un Senado que representaba a las provincias y a las colectividades. El presidente de la República malgache, Tsiranana, establecía negociaciones con Francia que terminaban, el 29 de junio de 1960, con la proclamación en Tananarive de la República malgache, Estado independiente y soberano. Este era admitido en las Naciones Unidas en septiembre de 1960, presentado por Francia.

El nuevo Estado tenía una población de cinco millones de malgaches, que se habían casi duplicado durante los sesenta y cinco años del período colonial.

Bibliografía

Ateniéndonos a los principales trabajos, no hemos retenido más que excepcionalmente los artículos de revista, demasiado numerosos y a menudo de difícil acceso. Se les encontrará reseñados en bibliografías más completas como las de Westermann, Wiedner, Cornevin.

Hemos clasificado los títulos por regiones geográficas; en el interior de cada región, o en cada subdivisión de región, los hemos clasificado en un orden cronológico aproximado, bien sea en función de la fecha del sujeto tratado o de la obra.

Los trabajos más importantes están señalados con un asterisco.

Obras bibliográficas

RAGATZ, LOWELL J.: *A Bibliography for the Study of African History in the Nineteenth and Twentieth Centuries.* Washington, 1943.
CONOVER, HELEN F.: *Introduction to Africa, a selective Guide to Background Reading.* Washington, 1952.
— *Africa South of the Sahara, a Selected List of Writings, 1951-1956.* Washington, 1957.
— *Research and Information on Africa: Continuing Sources.* Washington, 1954.
PRICE, FRANK W., and ROBERT L. LEHMAN: *Africa South of the Sahara. A selected and annotated Bibliography of Books in the Missionary Research Library.* New York, 1959.
JOUCLA, E.: *Bibliographie de l'Afrique Occidentale Française.* París, 1937.
UNIVERSITY OF CAPETOWN: *Bibliographical Series.* Ciudad del Cabo, 1941.
SOUTH AFRICAN PUBLIC LIBRARY: *A Bibliography of African Bibliographies, Covering Territories South of the Sahara.* Ciudad del Cabo, 1955.

Bibliografías importantes anexas a las obras siguientes

* WESTERMANN, DIEDRICH: *Geschichte Afrikas.* Koln, 1952. (Esta bibliografía que concierne exclusivamente a los pueblos africanos, tiene alrededor de 700 títulos.)
* WIEDNER, DONALD L.: *A History of Africa South of the Sahara.* New York, 1962. (Esta bibliografía se compone de 450 títulos. Se refiere, sobre todo, al período colonial y a Africa del Sur.)
* RICHARD-MOLARD, JACQUES: *Afrique occidentale française.* 2.ª ed. París, 1952.
* MAUNY, RAYMOND: *Tableau géographique de l'Ouest africain au Moyen Age, d'après les oeuvres écrites, la tradition et l'archéologie.* Dakar, 1961.
OLIVER, ROLAND, and FAGE, J. D.: *A short History of Africa.* Londres, 1962. (Excelente bibliografía seleccionada y comentada.)
JUDD, PETER (editor): *African Independence.* New York, 1963. (80 tí-

tulos casi exclusivamente sobre la independencia africana, y obras de uso corriente en los Estados Unidos.)

COQUERY, CATHERINE (ed.): *La découverte de l'Afrique.* París, 1965. (Resúmenes comentados y, en anexo, las principales fuentes impresas hasta 1770.)

REVISTAS ESPECIALIZADAS

I. *En lengua inglesa*

Journal of African History. Cambridge (England), 1960. sg.
Journal of the Historical Society of Nigeria. Ibadan, 1956 sg.
Sierra Leone Studies. Freetown.
The Gold Coast Review. Accra.
Nigeria. Lagos.
Tanganyika Notes and Records. Dar es Salaam, 1936 sg.
East African Studies. Nairobi, 1953 sg.
Journal of the East African Swahili Committee. Kampala.
Africa. London, 1928 sg.
(Bantu Studies) African Studies. Johannesburg, 1921 sg.
Survey of Race Relations in South Africa. Johannesburg, 1947 sg.
African Studies Bulletin. New York, 1958 sg.
(Africa Special Report) Africa Report. Washington, 1956 sg.

II. *En lengua francesa*

Journal de la Société des Africanistes. París.
Bulletin de l'Institut français d'Afrique Noire. París-Dakar, 1939 sg.
Présence Africaine. París.
Zaire. Bruxelles, 1947 sg.
Bulletin d'Etudes Camerounaises. Douala.

III. *En lengua alemana*

Zeitschrift für afrikanische Sprachen.

IV. *En lengua portuguesa*

Boletim cultural da Guinea portuguesa. Lisboa.

ETNOLOGIA. LINGÜISTICA. FILOSOFIA

I. *Etnología*

DAPPER, O.: *Beschreibung von Afrika.* Amsterdam, 1670.
FROBENIUS, LEO: *Kulturgeschicht. Afrikas.* Wien, 1933.
* BAUMANN, H., und WESTERMANN, D.: *Völkerkunde Afrikas.* Essen, 1940.
BALANDIER, GEORGES: *Sociologie actuelle de l'Afrique noire.* París, 1955.
— *Afrique ambiguë,* París, 1957.

LABOURET, H.: *Histoire des Noires d'Afrique.* París, 1947-1950.
PAULME, DENISE: *Les civilisations africaines.* París, 1956.
DESCHAMPS, HUBERT: *Les religions de l'Afrique noire.* París, 1954.
— *Les institutions politiques de l'Afrique noire.* París.
SELIGMAN: *Races of Africa,* 3 ed., 1957.
BASCON and HERSKOVITS (editores): *Continuity and Change in African cultures.* Chicago, 1958.
* CORNEVIN, ROBERT: *Histoire des peuples de l'Afrique noire.* París, 1960.
MURDOCK, GEORGE PETER: *Africa: Its peoples and their Culture History.* New York, 1959.
OTTEMBERG, SIMON and PHOEBE (editores): *Cultures and Societies of Africa.* New York, 1960.

II. *Lingüística*

HOMBURGER, L.: *Les langues négro-africaines.* París, 1941.
GREENBERG, J. N.: *Studies in African Linguistic Classification.* 1955.

III. *Filosofía*

TEMPELS, R. P.: *La philosophie bantoue.* Elisabethville, 1945; París, 1949.
TEMPELS, P. OFM (UBERS.): *Bantu-Philosophie, Ontologie und Ethik.* Heidelberg, 1955.
DIOP, CHEIK ANTA: *Nations nègres et cultures.* Editions Africaines, 1954.

FUENTES IMPRESAS

I. *Antigüedad*

HERODOTO: *Historia.* II, 31-32-33 y IV, 42-43.
FABRICIUS, B.: *Periplus des Erythräischen Meeres.* Leipzig, 1883.
SCHOFF, W. H.: *The Periplus of the Erythrean Sea.* New York, 1912.
COSMAS INDICOPLEUSTES: *Topografía Christiana.* París, 1860.

II. *Cronistas y viajeros*

MAÇOUDI (AL MASUDI): *Les Prairies d'Or.* Trad. Barbier de Meynard y Pavet de Courteille. París, 1861-1877.
IBN HAOUQAL: *Description de l'Afrique.* Trad. De Slane. París, 1842.
EL BEKRI (AL BAKRI): *Description de l'Afrique septentrionale.* Trad. De Slane. 2.ª ed. Alger, 1913.
AL IDRISI: *Description de l'Afrique et de l'Espagne.* Trad. R. Dozy y J. de Goeje. Leiden, 1866.
IBN BATTUTA: *Voyages.* Editado y traducido por Defrémery et Sanguinetti. 5 vols. París, 1853-1859.
LEON L'AFRICAIN: *Description de l'Afrique, tierce partie du monde.* Trad. J. Temporal. Anvers, 1566; París, 1898. Trad. A. Epaulard. París, 1956.

III. *Crónicas locales* (en árabe)

KATI, MAHMOUD: *Tarikh el fettach (chronique du chercheur).* Trad. O. Houdas y M. Delafosse. París, 1913.
TOMBOUKTI, ES SADI EL: *Tarikh es Sudan (histoire du Soudan).* Trad. O. Houdas. París, 1900.
STRONG, A. S. (editor): «Chronicles of Kilwa.» *Journal of the Royal Asiatic Society.* London, 1895.
PALMER, H. R.: «The Kano Chronicle, translated. With an Introduction». *Journal of the Royal Anthropological Institute.* Vol. 38. London, 1908.

IV. *Exploraciones*

* RONCIÈRE, CHARLES DE LA: *La découverte de l'Afrique au Moyen Age.* 3 vols. El Cairo, 1924-1927.
CA'DA MOSTO, A.: *Relation de voyages à la Côte Occidentale d'Afrique, 1457.* Ed. por Ch. Schefer. París, 1895.
PEREIRA, DUARTE PACHECO: *Esmeraldo de situ orbis (1508).* Trad. Raymond Mauny. Bissao, 1956.
FERNANDES, VALENTIM (1506-1510): *Description de la Côte Occidentale d'Afrique.* Editado por Th. Monod, A. Teixeira da Mota y R. Mauny. Bissao, 1951.
* PERHAM, MARGERY F., and JACK SIMMONS: *African Discovery: an Anthology of Exploration.* 2.ª ed., 1957.
PARK, MUNGO: *Travels in the Interior Districts of Africa 1795, 1796, 1797.* London, 1798.
DENHAM, D., and CLAPPERTON, J.: *Narrative of Travels and Discoveries in Northern and Central Africa.* London, 1826.
CAILLIÉ, RENÉ: *Rapport sur son voyage à Tombouctou et dans l'intérieur de l'Afrique.* París, 1828.
CLAPPERTON, H.: *Journal of a second expedition into the interior of Africa.* London, 1828.
LANDER, RICHARD L., and JOHN LANDER: *Journal of an Expedition to explore the Course and Termination of the Niger.* 3 vols. London, 1832.
* BARTH, HEINRICH: *Reisen und Entdeckungen in Nord- und Zentralafrika in den Jahren 1849 bis 1856.* Gotha, 1857-1858.
LIVINGSTONE, D.: *Missionary Travels and Researches in South Africa.* London, 1857.
SIMMONS, J.: *Livingstone and Africa.* 1955.
STANLEY, HENRI MORTON: *How I found Livingstone in Central Africa.* London, 1873.
— *Through the Dark Continent.* 2 vols. New York, 1878.
— *The Congo and the Founding of its Free State.* 2 vols. New York, 1885.
— *In Darkest Africa: on the Quest, Rescue and Retreat of Emin, Governor of Equatoria.* 2 vols. New York, 1890.
SPEKE, J. H.: *Journal of the Discovery of the Source of the Nile.* London, 1963 (Deutsche Ausgabe: *Die Entdeckung der Nilquellen.* Leipzig, 1864).
ROHLFS, G.: *Quer durch Afrika. Reise vom Mittelmeer nach dem Tschadsee und zum Golf von Guinea.* 2 vols. Leipzig, 1874-1875.
SCHWEINFURTH, DR. G.: *Im Herzen von Afrika.* Leipzig, 1874.
NACHTIGAL, G.: *Sahara und Sudan.* 3 vols. Berlín, 1879-1889.
WISSMANN-WOLFF-FRANÇOIS-MÜLLER: *Im Innern Afrikas.* Leipzig, 1888.
— *Unter deutscher Flagge quer durch Afrika.* Berlín, 1889.

PREHISTORIA Y PROTOHISTORIA DE AFRICA

* ALIMEN, HENRIETTE: *La préhistoire de l'Afrique.* París, 1955.
LEAKEY, L. S. B.: *The Stone Age Races of Kenya.* London, 1935.
— *Adam's Ancestors.* (4.ª ed.) London, 1953.
CHILDE, V. GORDON: *New Light on the Most Ancient East.* (nueva edición 1954.)
CLARK, JOHN DESMOND: *The Stone Age Culture of Northern Rhodesia.* Claremont (Cape), 1950.
— *The Prehistory of Southern Africa.* London, 1959.
COLE, SONIA: *The Prehistory of East Africa.* London, 1954.
Proceedings of the First Pan-Africanist Congress on Prehistory. Oxford, 1952.
LHOTE, HENRI: *A la découverte des fresques du Tassili.* París, 1958.
* DAVIDSON, BASIL: *Urzeit und Geschichte Afrikas.* Hamburg, 1961.
HERSKOVITS, MELVILLE J.: *The Myth of the Negro Past.* New York, 1941.

HISTORIAS GENERALES DE AFRICA

* WESTERMANN, DIEDRICH: *Geschichte Afrikas. Staatenbildungen südlich der Sahara.* Köln, 1952.
* OLIVER, ROLAND, and FAGE, J. D.: *A Short History of Africa.* London, 1962.
WIEDNER, DONALD L.: *A History of Africa South of the Sahara.* New York, 1962.
CORNEVIN, ROBERT: *Histoire de l'Afrique.* Tomo I: *Des origines au XVIième. siècle.* París, 1962.
CORVENIN, ROBERT et MARIANNE: *Histoire de l'Afrique des origines à nos jours.* París, 1964.
HARDY, GEORGES: *Vue générale de l'Histoire d'Afrique.* París, 1922. Reedición, 1948.
PEDRALS, DE: *Manuel scientifique de l'Afrique Noire.* París, 1949.
JULIEN, CHARLES ANDRÉ: *Histoire de l'Afrique.* París, 1941, 4.ª ed., 1958.
* FAGE, J. D.: *An Atlas of African History.* London, 1958.
DESCHAMPS, HUBERT: *L'Afrique Noire précolonial.* París, 1962.
SURET-CANALE, J.: *Afrique Noire, Géographie, Civilisations, Histoire.* 2.ª ed., París, 1961.
BRUNSCHWIG, H.: *L'Avènement de l'Afrique noire du XIXième. siècle à nos jours.* París, 1963.
JOOS, LOUIS C. D.: *Brève Histoire de l'Afrique Noire.* Issy les Moulineaux, 1961.

AFRICA OCCIDENTAL

I. *Generalidades*

* MAUNY, RAYMOND: *Tableau géographique de l'Ouest africain au Moyen Age, d'après les oeuvres écrites, la tradition et l'archéologie.* Dakar, 1961.
BLAKE, JOHN W.: *European Beginnings in West Africa 1454-1578.* London, 1937.

* RICHARD-MOLARD, JACQUES: *Afrique occidentale française*. 3.ª ed., París, 1956.
THOMPSON, VIRGINIA, and RICHARD ADLOFF: *French West Africa*. Stanford, 1958.
TRIMINGHAM, J. SPENCER: *A History of Islam in West Africa*. London-Oxford, 1959.
GAUTIER, E. F.: *L'Afrique Noire Occidentale*. París, 1935.
* FAGE, J. D.: *An Introduction to the History of West Africa*. (ed. Rev.), London, 1962.
WYNDHAM, H. A.: *The Atlantic and the Slavery*, 1935.
WINGFIELD, R. J.: *The Story of Old Ghana, Melle and Songhai*. Cambridge, 1957.

II. Sahara

* CAPOT-REY, ROBERT: *Le Sahara français*. París, 1953.
BOVILL, E. W.: *Caravans of the Old Sahara*. London-Oxford, 1933.
— *The Golden Trade of the Moors*. 1958.

III. Ghana, Mali, Songhai, Bambara

FAGE, J. D.: *Ghana, a Historical Interpretation*, 1959.
* DELAFOSSE, M.: *Haut-Sénégal-Niger*, 1912.
* BERAUD-VILLARS, J.: *L'Empire de Gao*. París, 1942.
BOULNOIS, Dr. JEAN, et BOUBOU HAMA: *L'Empire de Gao*. París, 1954.
ROUCH, JEAN: *Les Songhay*. París, 1954.
MONTEIL, CHARLES: *Les Bambara de Ségou et du Kaarta*. París, 1924.
TAUXIER, L.: *Histoire des Bambara*. París, 1942.
PAQUES, VIVIANA: *Les Bambara*. París, 1954.

IV. Gambia, Liberia, Sierra Leona, Guinea

SOUTHORN, BELLA S.: *The Gambia*. London, 1952.
LEWIS, ROY: *Sierra Leone: a modern Portrait*. London, 1954.
BUELL, RAYMOND L.: *Liberia: a Century of Survival, 1847-1947*, Philadelphia, 1947.
UTTING, FRANCIS A. J.: *The Story of Sierra Leone*. London, 1931.
ARCIN, A.: *Histoire de la Guinée française*. París, 1911.

V. Gold Coast, Ghana

CLARIDGE, W.: *History of the Gold Coast and Ashanti*. London, 1915.
WARD, WILLIAMS E. F.: *A History of Ghana*. 2.ª ed., London, 1958.

VI. Nigeria

NEWBURY, C. W.: *The Western Slave Coast and its Rulers*, 1961.
TALBOT, AMAURY P.: *The Peoples of Southern Nigeria; a Sketch of their History, Ethnology...*, 4 vols. London, 1926. (Vol. I: Historical Notes.)
NIVEN, C. R.: *A short History of Nigeria*. Nueva edición. London, 1949.
BURNS, ALAN C. BARONET: *History of Nigeria*. London, 1929.

JOHNSON, S.: *The History of the Yorubas*. Nueva edición, 1956.
DIKE, ONWUKA: *Trade and Politics in the Niger Delta 1830-1885*. Oxford, 1956.
BIOBAKU, SABURI O.: *The Egba and their Neighbours 1842-1872*. Oxford, 1957.
FLINT, J. E.: *Sir George Goldie and the Making of Nigeria*, 1960.
COLEMAN, JAMES S.: *Nigeria: Background to Nationalism*. Berkeley-Los Angeles, 1958.
PERHAM, MARGERY: *Lugard*. 2 vols., 1956-1960.
CROWDER, MICHAEL: *The Story of Nigeria*, 1962.
PEDRAZA, H. J.: *Borrioboola-Gha. The Story of Lokoja, the first British Settlement in Nigeria*. Oxford, 1960.

VII. Togo, Dahomey

CORNEVIN, ROBERT: *Histoire du Togo*. 2.ª ed., París, 1962.
— *Histoire du Dahomey*. París, 1962.
LE HÉRISSÉ, A.: *L'Ancien Royaume de Dahomey*, 1911.
HERSKOVITS, M. J.: *Dahomey, an ancient West African Kingdom*. 2 vols., New York, 1938.

VIII. Benín

BRADBURY, R. E.: *The Benin Kingdom*, 1957.
EGHAREVBA, JACOB: *A History of Benin*. 3.ª ed., 1960.

IX. Camerún

KIRKGREENE, A. H. M.: *A Historical Introduction to Adamawa Province*. Oxford, 1958.

X. Peule

HAMPATE BA, AMADOU et DAGET: *L'Empire Peul du Macina*. París, 1955.

XI. Sudán Central, Haussa

* PALMER, SIR H. R.: *Sudanese Memoirs*, 1928.
* URVOY, Y.: *Histoire des Populations du Soudan central*. París, 1936.
— *Histoire de l'Empire du Bornou*. París, 1949.
PALMER, SIR H. R.: *Mai Idris Aloma of Bornu*. Lagos, 1926.
— *Bornu, Sahara and Sudan*. London, 1936.
SCHULTZE, A.: *Das Sultanat Bornu*. Essen, 1910.
KRIEGER, KURT: *Geschichte von Zamfara, Sokoto-Provinz, Nord-Nigeria*. Berlín, 1959.
LEBEUF, JEAN PAUL, et MASSON-DETOURBET, A.: *La civilisation du Tchad (les Sao)*. París, 1950.

SUDAN ORIENTAL

* ARKELL, A. J.: *History of the Sudan to 1821*. 1955.
HOLT, P. M.: *A Modern History of the Sudan*. London, 1961.
— *The Mahdist State in the Sudan 1881-1898*. London, 1958.

GRAY, RICHARD: *A History of the Southern Sudan 1839-1889*. London, 1958.

VILLARD, UGO MONNERET DE: *Storia della Nubia Cristiana*. Roma, 1938.

CERULLI, E.: *La Nubia Cristiana, i Baria ed i Cunama nel X. secolo d. C. secondo Ibn Hawkal*. Ann. Stor. Univ. Orient. Napoli, nuova ser. 3, 1949.

EVANS-PRITCHARD, E. E.: *The Divine Kingship of the Shilluk of the Nilotic Sudan*. Cambridge (England), 1948.

CRAWFORD, O. S. G.: *The Fung Kingdom of Sennar*. 1951.

ETIOPIA

KAMMERER, A.: *Essai sur l'histoire antique d'Abyssinie*. París, 1926.
BUDGE, E. A. WALLIS: *History of Ethiopia*. 2 vols. 1928.
JONES, A. H. M. and E. MONROE: *A History of Ethiopia*. 1955. (Nueva edición de: *A History of Abyssinia*. 1935.).
TRIMINGHAM, J. SPENCER: *Islam in Ethiopia*. London, 1952.
SCHLEICHER, A. W.: *Geschichte der Galla. Bericht eines abessinischen Mönches über die Invasion der Galla im XVI. Jahrhundert*. Berlín, 1893.
CASTANHOSA: *Portuguese Expedition to Abyssinia in 1541-1543*. Traducido por Whiteway. Hakluyt Society. London. 1902.

AFRICA ORIENTAL

I. *Generalidades*

HOLLINGSWORTH, LAWRENCE W.: *A short History of the East Coast of Africa*. London, 1929.
COUPLAND, SIR REGINALD: *East Africa and its Invaders from the Earliest Time to the Death of Seyyid Said in 1856*. London, 1938. Nueva edición, 1956.
— *The Exploitation of East Africa 1856-1890*. London, 1939.
INGHAM, KENNETH and ROLAND OLIVER: *History of East Africa*. London, 1962.
* DAVIDSON, BASIL: *Urzeit und Geschichte Afrikas*. Hamburg, 1961.
MARSH, ZOE and KINGSNORTH: *An Introduction to the History of East Africa*. Cambridge (England), 1957.
LUGARD, FREDERICK BARON: *Rise of our East African Empire*. Edinburg, 1893.
— *The Diaries of Lord Lugard 1889-1892*. 3 vols. London, 1959.
CATON-THOMPSON, G.: *The Zimbabwe-Culture*. Oxford, 1931.
BRODE, H.: *Tippoo Tib: the Story of his Career in Central Africa*. London, 1907.
EAST AFRICA ROYAL COMMISSION REPORT 1953-1955.
FILESI, T.: *Le relazioni della Cina con l'Africa nel medioevo*. Milano, 1962.
* OLIVER, ROLAND and GERVASE MATHEW (editores): *The History of East Africa*. Vol. I. Oxford, 1963.

II. Kilua, Zanzíbar

DORMAN, M. H.: *The Kilwa Civilization and the Kilwa Mines. Tanganyka Notes and Records.* 1936.
INGRAMS, H.: *Zanzibar, its History and People.* London, 1931.
HOLLINGSWORTH, LAWRENCE W.: *Zanzibar under the Foreign Office 1890-1913.* London, 1953.

III. Uganda, Ruanda

JOHNSTON, HARRY ·H. BARONET: *The Uganda Protectorate.* 2 vols. London, 1902.
PAGES, R. P.: *Un royaume Hamite au centre de l'Afrique.*
INGHAM, KENNETH: *The Making of Modern Uganda.* London, 1958.
GALE, H. P.: *Uganda and the Mill Hill Fathers.* London, 1959.
LOW, D. ANTHONY: *Religion and Society in Buganda 1875-1900.* Kampala, 1956.
— and R. PRATT: *Buganda and British Overrule.* London, 1960.

IV. Kenya, Nyassa, Tanganyka

HANNA, A. J.: *The Beginning of Nyasaland and North-Eastern Rhodesia 1859-1895.* Oxford, 1956.
HUXLEY, ELSPETH: *White Man's Country: Lord Delamere and the Making of Kenya.* 2 vols. 2.ª ed. London, 1953.
LEAKEY, L. S. B.: *Defeating Mau-Mau.* London, 1954.
OLIVER, ROLAND: *Sir Harry Johnston and the Scramble for Africa.* 1957.
WOOD, SUSAN: *Kenya: The Tensions of Progress.* London, 1960.

AFRICA ECUATORIAL

I. Congo

ZIEGLÉ, H.: *L'Afrique équatoriale française.* París, 1952.
BRY, D. DE: *Beschreibung des Königsreiches Kongo in Afrika.* Frankfurt/Main, 1597.
CAVAZZI DE MONTECUCCULO: *Istorica descrizione dei tre regni Congo, Matamba ed Angola.* Bologna, 1687.
PROYART: *Histoire de Loango, Kakongo et autres royaumes d'Afrique.* París, 1776.
POGGE, P.: *Im Reiche des Mwata Yamwo.* Berlín, 1880.
TORDAY, E.: *Les Bushongo.* Bruxelles, 1910.
IHLE, A.: *Das alte Königreich Kongo.* Leipzig, 1929.
MOELLER, A.: *Les grandes lignes des migrations des Bantous de la province orientale du Congo belge.* Bruxelles, 1936.
CUVELIER, J. et L. JADIN: *L'Ancien Congo d'apres les archives romaines 1518-1540.* Bruxelles, 1954.
SLADE, RUTH: *The Belgian Congo: some recent changes.* London, 1960.
— *King Leopold's Congo.* 1962.
CORNEVIN, ROBERT: *Histoire du Congo (Léopoldville).* París, 1963.
PIGAFETTA, F.: *Relazione del Reame di Congo e delle circonvicine contrade.* Roma, 1591-1601 (según la relación portuguesa de Duarte López). Trad francesa de W. BAL. Louvain-París, 1963.

II. Africa portuguesa

BARROS, JOAO DE: *Dos feitos que os Portugueses fizerem no descubrimento e conquista dos mares e terras de Oriente* (1552). 4 vols. Lisboa, 1944-1946.
GALVAO, ANTONIO DE: *Tratado dos descubrimentos* (1563). Oporto, 1944.
LINSCHOTEN, JAN HUYGEN VAN: *Descriptio totius Guineae tractus Congi, Angolae et Monomotapae.* Den Haag, 1599.
BURTON, R. F. (editor): *Lands of Cazembe. Lacerda's Journey to Cazembe in 1798.* Traducido y anotado. London, 1873.
STRANDES, JUSTUS: *Die Portugiesenzeit von Deutsch- und British-Ostafrika.* Berlín, 1899.
PRESTAGE, E.: *The Portuguese Pioneers.* London, 1933.
AXELSON, ERIC: *South-East Africa 1488-1530.* 1940.
— *The Portuguese in South-East Africa 1600-1700.* 1960.
OLIVEIRA BOLEO, JOSÉ DE: *Moçambique.* Lisboa, 1951.
DELGADO, R.: *Historia de Angola.* 1953.
* DUFFY, JAMES: *Portuguese Africa.* Cambridge (Mass.), 1959.
RICHARDS, CHARLES and J. PLACE: *East African Explorers.* London, 1960.
BATTELL, A.: *Strange adventures in Angola.* London, 1901.

SUDAFRICA. RHODESIA

I. Generalidades

SPARRMANN, ANDREAS: *Reise nach dem Vorgebirge der Guten Hoffnung... in den Jahren 1772 bis 1776. Aus dem Schwedischen frey übersetzt von Christian Heinrich Grokund.* Berlín, 1784.
PATTERSON, WILLIAM: *Reisen in das Land der Hottentotten und der Kaffern während der Jahre 1777, 1778, und 1779.* Trad. por JOHANN REINHOLD FORSTER. Berlín, 1790.
SCHAPERA, ISAAC: *The Khoisan Peoples of South Africa.* London, 1930.
— *The Bantu-speaking Tribes of South Africa.* New York, 1952.
* ELLENBERGER, VICTOR: *La fin tragique des Bushmen.* París, 1953.
— *Chaka, une épopée bantoue.* Trad. del libro del escritor TH. MOFOLO. París, 1940.
— *Un siècle de mission.* París, 1933.
ELLENBERGER, D. F.: *History of the Basuto, ancient and modern.* London, 1912.
BARTHEL, K.: *Volkerbewegungen auf der Sudhalfte des afrikanischen Kontinents.* Z. d. Gesellschaft f. Erdkunde. Leipzig, 1893.
KOEHLER, OSWIN: *Die Volkerwanderungen in Afrika. Afrikanisches Heimatkalender.* Windhoek, 1958.
WILSON, MONICA: *Early History of the Transkei and Ciskei.* African Studies, vol. 18. Johannesburg.
MOFFAT, ROBERT: *Missionary Labours and Scenes in Southern Africa.* London, 1842.
MORITZ, E.: *Die altesten Reiseberichte uber Deutsch-Sudwestafrika.* Berlín, 1916.
LEBZELTEN, V.: *Die Vorgeschichte von Sud- und Sudwestafrika.* Leipzig, 1930.
VEDDER, HEINRICH: *Das alte Sudwestafrika.* Berlín, 1934.
SHEPHERD, R. H. W. and B. G. PAVER: *African Contrasts. The Story of a South African People.* Cape Town, 1947.

II. Colonia de El Cabo

* THEAL, GEORGE M.: *History and Ethnography of Africa South of the Zambezi.* 11 vols. London, 1888-1919.
THEAL, GEORGE M. (editor): *Records of the Cape Colony.* 36 vols. London, 1897-1905.
CHRONICLES OF CAPE COMMANDERS, or an abstract of original manuscripts of the Cape Colony. Cape Town, 1882.
FAIRBRIDGE, DOROTHEA: *A History of South Africa.* 1917.
MARAIS, J. S.: *The fall of Kruger's Republic.* 1961.
VAN DEL POEL, JEAN: *The Jameson Raid.* Cape Town, 1951.
THOMPSON, L. M.: *The Unification of South Africa 1902-1910.* Oxford, 1960.
WALKER, ERIC A.: *A History of Southern Africa.* 3.ª ed. revisada. London, 1957.
KIEWIT, C. W. DE: *A History of South Africa: social and economic.* 1941.
WALKER, ERIC A.: *The Great Trek.* 1929.
PYRAH, GEOFFREY BARKER: *Imperial Policy and South Africa 1902 to 1910.* Oxford, 1955.
KRUEGER, D. W. (editor): *South African Parties and Policies, 1910-1960: A select Source Book.* London, 1960.
MALAN, DANIEL FRANÇOIS: *Afrikaner Volkseenheid: En My Ervarings op die Pad Daarheen.* Cape Town, 1959.
(TOMLINSON) COMMISSION for the socio-economic Development of the Bantu Areas-Summary of the Report. Pretoria, 1956.

III. Rhodesia

HENSMAN, H.: *A History of Rhodesia.* Edimburg-London, 1900.
STANDING, T. G.: *A short History of Rhodesia and her neighbours.* London, 1935.
MASON, PHILIP: *The Birth of a Dilemma. The Conquest and Settlement of Rhodesia.* London, 1958.
WILLIAMS, BASIL: *Cecil Rhodes.* London, 1921, 1938.
REPORT OF THE ADVISORY (MONCKTON) COMMISSION on the review of the Constitution of Rhodesia and Nyasaland. 1960.

COLONIZACION

STAUDENRAUS, P. J.: *The African Colonization Movement 1816-1865.* New York, 1961.
* CAMBRIDGE History of the British Empire. 8 vols. Cambridge, 1929-1959.
* HANOTAUX, GABRIEL et A. MARTINEAU: *Histoire des colonies françaises.* París, 1931.
ROBERTS, S. H.: *A History of French Colonial Policy.* 1929.
* HAILEY, WILLIAM M. BARON: *An African Survey, revised 1956.* London, 1957.
* — *Native administration in the British African Territories.* 5 vols. London, 1950-1953.
PERHAM, MARGERY F.: *Lugard: the Years of Adventure, 1858-1898.* London, 1956.
— *Lugard: the Years of Authority, 1898-1945.* London, 1960.
TOWNSEND, MARY E.: *European Colonial Expansion since 1871.* Philadelphia, 1941.

— *The Rise and Fall of Germany's Colonial Empire, 1884-1918*. New York, 1930.
SCHNEE, HEINRICH (editor): *Deutsches Kolonial-Lexikon*, 3 vols. Leipzig, 1920.
MEYER, HANS: *Das Deutsche Kolonialreich*. Leipzig, 1909-1910.
* DELAVIGNETTE, ROBERT et CHARLES ANDRÉ JULIEN: *Les constructeurs de la France d'outre-mer*. París, 1946.
DELAVIGNETTE, ROBERT: *Service africain*. París, 1946.
* DESCHAMPS, HUBERT: *Les méthodes et les doctrines coloniales de la France du XVIième siècle à nos jours*. París, 1953.
TERSEN, EMILE: *Histoire de la colonisation française*. París, 1950.
GROVES, C. P.: *The Planting of Christianity in Africa*. Vol. I: 1840 (1948); Vol. II: 1840-1878 (1954); *Vol. III: 1878-1914 (1955).
MAURO, F.: *L'expansion européenne 1600-1870* (bibliografía). París, 1964.

INDEPENDENCIA DE AFRICA

HAILEY, WILLIAM MALCOLM LORD: *An African Survey-revised 1956- a study of problems arising in Africa south of the Sahara*. London, 1957.
CONFERENCE AFRICAINE FRANÇAISE DE BRAZZAVILLE 1944. París, 1945.
* COHEN, SIR ANDREW: *British Policy in changing Africa*. 1959.
HODGKIN, THOMAS: *Nationalism in colonial Africa*. London, 1956.
DECRAENE, PHILIPPE: *Le Panafricanisme*. París, 1959.
FAVROD, CHARLES HENRI: *Le poids de l'Afrique*. París, 1958.
— *L'Afrique seule*. París, 1961.
THOMPSON, VIRGINIA and RICHARD ADLOFF: *The emerging States of French Equatorial Africa*. Stanford, 1960.
* BOURRET, FLORENCE M.: *Ghana. The Road to Independence 1919-1957*. London, 1960.
HODKING, THOMAS (editor): *Nigerian Perspectives: a historical Anthology*. London, 1960.
REPORT OF THE (WATSON) COMMISSION of Enquiry into Disturbances in the Gold Coast. London, 1948.
BUEHLMANN, P. WALBERT: *Afrika gestern, heute, morgen*. Freiburg im Breisgau, 1960.
ITALIAANDER, ROLF: *Die neuen Manner Afrikas*. Dusseldorf, 1960.
ANSPRENGER, FRANZ: *Politik im Schwarzen Afrika*. Koln, 1961.
HUGHES, JOHN: *The new Face of Africa South of the Sahara*. New York-London-Toronto, 1961.
JUDD, PETER (editor): *African Independence. The exploding emergence of the new African Nations*. New York, 1963.
DAVIDSON, BASIL: *The African Awakening*. London, 1955.
CAMERON, JAMES: *The African Revolution*. London, 1961.
* KENYATTA, JOMO: *Facing Mount Kenya*. London, 1938.
DIA, MAMADOU: *Nations africaines et solidarité mondiale*. París, 1957.
NKRUMAH, KWAME: *Ghana: The Autobiography of Kwame Nkrumah*. 1957.
AWOLOWO, OBAFEMI: *Autobiography*. New York, 1960.
AZIKIWE, NNAMDI: *Zik, a selection from. the Speeches of Nnamdi Azikiwe*. New York, 1961.
ELIAS, T. OWALAWE, *Government and Politics in Africa*. University of Delhi, 1961.

Deschamps, Hubert: *Histoire de Madagascar*. París, 1960. (Ver su bibliografía.)
Grandidier, Guillaume: *Histoire politique et coloniale de Madagascar*. 3 vols. Tomos I y II: *Histoire des Merina*. Tomo III: *Histoire des peuples non-merina*. 1958.
Toussaint: *Histoire de l'Océan Indien*. París, 1961.
Howe, Sonia: *L'Europe et Madagascar*. 1936.
Decary: *Moeurs et coutumes des Malgaches*. París, 1951.

Indice Alfabético

Aaron, 26
Abako, 307
Abdallah, 83
Abd el Djelil, 66
Abdallah Ibn Yasin, 43
Abdulahi, 78
Abeokuta, 218
Abidján, 297, 298, 301, 304
Abisinia, 7, 27, 29, 86, 91, 92, 116, 184, 185, 243
Abisinio, Imperio, 93
Aborigines Protection Society, 272
Alubakari II, 45
Abu Bekeri, 43, 44
Abu el Hassan, 46
Ab urbe condita, de Tito Livio, 3
Abu Yazid, 69-71
Accra, 217, 269-272, 308
Acoli (o Ankole), 227
Acunha, 118
achantis, 120, 139, 140, 162, 213, 214, 215-217, 267, 268, 270
«Achantihene» (rey de los achantis), 213
Adamaua, 73, 77, 78, 205, 233, 234
Adanson, Michel, 198
Addis-Abeba, 184, 205, 208, 243
Aden, 91, 116, 221
Adrar, 42
Adriamanalina, 320
Adua, batalla de, 185, 242, 243
Adulis, 28-30, 91
«Adventistas del Séptimo Día», 253
Aidab, 91
Aïr, 68, 69, 205, 207
aedos, 3
AEF, 300, 301, 304
Afortunadas, Islas, 111
Africa, *passim*
«African International Association», 170, 202
«African Lakes Co.», 219, 223, 283

afrikaander, 237, **244**, 245, 248, 264, 265
Agades, 207
Ahaggar, 10, 11
Ahmadú, 81, 203, 204, 210
Ahmed Babá, 53
Ahmed Ben Alí, 68
Alá, 41
Alafin, 59
Albania, 306
Alberto, lago, 93, 322
Alburquerque, 116
Alcaçovas, Tratado de, 113
Alejandría, 29, 79, 83, 85, 90, 109
alejandrinos, 111
Alejandro de Etiopía, 91
Alejandro Magno, 187
alemanes, 131, 241, 242, 245, 260, 306
Alemania, 170, 172, 187, 189, 219, 234, 236, 239, 243, 245, 246, 258, 288, 302
Alemquer, Pedro de, 115, 116
Alfayas, 76
Alfonso I, 121, 122, 123
Alfonso V de Portugal el Africano, 90
Algarve, 112, 119
Alí, 97
Aliados, 264
Alí Ben, Sultán al Hassan ben Ali, 48, 49, 98
Almamy, el, 74, 76, 82
Almeida, 118
almorávides, 43, 44, 54, 73
Aloa, reino de, 30, 83, 85-87
Alto Volta, 73, 205, 246, 299, 304, 305
Alt-Senegalesen, 293
Alvarez Cabral, 316
Alvaro I, 123
Alvaro II, 123, 124
All-African People's Conference, 271
Amara Dunka, 87

Ambohimanga, 322
Amda Seyón, 90
América, 6, 22, 37, 45, 52, 58, 100, 115, 137, 189, 190, 253, 257
América Central, 258
América del Norte, 251
América del Sur, 97, 128, 251
«American Colonization Society», 137
americanos, 254-256, 297
Amhara, 92, 93, 184
Amiens, Tratado de, 149
Andalucía, 96
Andriamandisoatiro, 319
Andriamanelo, 321
Andrianampoinimerina, 322
andrianas, 321
Andriandahifotsi, 318, 319
Andrianjaka, 321
Andrianohindrinativo, 320
anglicanos, 150
Angola, 108, 123-126, 129, 131, 135, 136, 140, 162, 164, 172, 175, 234, 254, 258
Angra Pequenha, 234
Anjouan (Islas Comores), 317
Ankober, 88
Ankolé, 276
antanosis, 315, 324
Antefasi, 324
antemoros, 315
Antesaka, 324
antesakas, 325
Antiguo Testamento, 4, 12, 23, 24, 26, 27, 88, 253
antillanos, 256, 257, 292
Antillas, 122, 123, 135, 140, 141, 168, 189, 254, 255
Antonio I, 124
Anvers, Universidad de, 307
A.O.F., 300, 304

345

Alaotra, lago, 317
apartheid, 154, 264, 265
Apocalipsis de Esdras, el, 29
Apolinar, 198
árabes, 5, 26, 30, 35, 42, 43, 63, 65, 69, 79, 83-86, 96, 97, 99, 109-112, 116-119, 127, 148, 277, 279, 281, 313, 315, 317, 319
Arabia, 22, 27-29, 46, 66, 73, 91, 96, 97, 116, 164, 311
arákidas, 48
Arauan, 48, 79
Archiñard, 204
Arden Clarke, Charles, 269
ardo, 76
Argel, 290
Argelia, 42, 46, 224, 271, 288, 289, 300, 301
Arguin, 113, 132, 197, 199
Arindrano, 320
Aristóteles, 133
arvenos, 15
Asamblea Nacional Francesa, 199
Asia, 22, 26, 30, 91, 98, 109, 110, 154, 190
asiáticos, 266, 281, 282, 311
Askia, 52, 74
Askia Daud, 51, 76
Askia Mohamed, 51, 71
Askias, dinastía de los, 51
Asociación Internacional del Congo, 223, 230
Assinia, 161, 198, 204
Assuan, 83, 85
Asuero, 4, 26
Atbara, río, 28, 208
Atenas, 66
Atila, 42
Atlántico, 41, 42, 45, 65, 74, 101, 102, 108, 110-115, 117, 162, 164, 171, 208, 212, 234
Atlas, macizo del, 7
Audoghast, 5, 38, 39, 42, 43, 110
Australia, 181
Aveiro, Alfonso de, 60, 115
Axum, 27-30, 63, 87, 91, 184, 243
axumitas, 86

Ayubidas, dinastía de los, 85
azalais, 35
Azambuja, Diego de, 120
Azikiwé, Benjamin Nnamdi, llamado «Zik», 254, 256, 273
Azores, 113
aztecas, 100

Badagri, 138
Baeda, Maryam, 90
Bafing, 203
Bagana, provincia de, 76
Bagdad, 5, 94
Bagoda, 70, 71
Bagirmi, 207
Bahr el Ghazal, 166, 206, 207
Bahrey, 5
Baibars, 85, 86
Bakel, 60
Baker, Samuel, 222
bakongos, 108, 307
Ba-Kuba (Bu-Congo), 3
Balandier, Georges, 297
Balduino, 308
Balé, 60
Ba Lobbo, 81
balubas, 308, 309
Ballay, 204
Bamako, 35, 44, 195, 204, 298, 299, 304, 305
bambaras, 11, 15, 53-56, 76-81
Bambuk, 35, 45, 55, 198
bambuks, 133
Banda, 286
Bandiagara, 19, 49
Bani, el, 76
bantúes, 31-34, 94, 103, 108, 144, 145, 147, 155, 183, 227, 248, 253, 254, 267, 278, 282, 284, 304
Basutolandia, 182
«Bantustan Authorities Act», 266
bantustanos, 264, 266, 267
«Baraka», 80
Baramañgolo, 55
baras, 327
Barbosa, 318
Bardo, Tratado del, 184
barotses (rotses, lozis), 127, 178
Barotselandia, 158

Barreto, 126
Barth, 67, 68, 233
Barthélémy Boganda, 301, 305
Basutolandia, 144, 145, 152, 155, 267
basutos, 152, 154, 157, 162
Bata, duque de, 122
batakas, 274, 275
Batavia, 129, 130
Bateke, 206
batongolos, 226
Battel, Andrew, 125
Baule, río, 38, 81
Bautchi, llanura de, 2
Bechuanalandia, 152, 155, 162, 172, 175, 178, 182, 267
bedjas, 92
beduinos, 41, 42, 119
Béhagle, 207
Behaim de Nuremberg, Martin, 115, 315
Beira, 180, 182
Bekri, el, 5, 37, 38, 42
belgas, 247, 307-309
Bélgica, 239, 240, 249, 253, 258, 272, 289, 308, 309
Bell, rey de Duala, 171, 219, 233
Bemba, gran duque de, 122
Benguela, río, 108
Beni Hillal, 42
Benín, golfo, 6
Benín, reino de, 58, 60, 62, 79, 120, 132, 217, 220
Benué, 7, 68, 78
Berber, 208
Berberá, 118, 221
bereberes, 23, 26, 35, 38, 39, 42, 43, 54, 63, 65, 68, 74
Betheñcourt, Jean de, 111, 112, 113
Betsileo, 328
Betsileoka, 328
betsileos, 319, 328, 330
betsimisarakas, 320, 324
Biblia, 130
Bilma, 35, 87, 205
Binger, 204
Biram, 69
Bismarck, 171, 235, 236
Bissagos, islas, 113, 199
Bissao, 198
biturgos, 15
Bizancio, 29, 109
bizantinos, 42

Blaise, Diegue, 205, 257
Blanco, cabo, 113
Bled es Sudán, 35, 42
Bloemfontein, 183
Blonk, 132
Bloque Democrático Senegalés (BDS), 297
Bobo Dioulasso, 299
boers, 130, 131, 140, 145, 147, 148-155, 176, 243, 365
Boers, guerra de los, 244
Boha ed Din, 85
Boina, 318-320, 322, 324
Boisson, 289, 290
Bojador, cabo, 113
Bo Kama Bomankala, 3, 107
Bolama, 198
Bonn, 302
Booth, J. 253
Boothby, Richard, 316
Borbón, 295
Borgia, Alejandro, 115
Borgú, 49, 51, 220
Bornú, 40, 65, 67-71, 77, 139, 203, 205, 207
bosqui-hoteñtotes, 142
bosquimanos, 12, 13, 33, 101, 103, 131, 142, 144-147, 150, 157, 183
Botha, 181, 183, 237-239, 243, 244
bozos, 11, 76
Brasil, 124, 129, 133, 135, 136, 138, 141, 218
Brazza, Savorgnan de, 208
Brazzaville, 208, 289-291, 301, 305
Bretonnet, 207
británicos, 78, 79, 82, 132, 135, 138, 147, 148, 150, 241, 249, 259, 269, 271, 274, 275, 277, 278, 284, 286, 324, 327, 328, 330
British Central African Protectorate (Protectorado Británico de Africa Central), 223
«British East Africa» (Kenya), 239
British East African Protectorate, 277
«British South African Co.», 174, 177, 283
Brué, André, 198
Buena Esperanza, cabo de, 100, 115, 116, 129, 142
Buganda, 107, 165, 222, 225, 227, 274-277
bulalas, 67
Bulawayo, 158, 176-179
Bumba, 39
Bundú, 76
Buñyoro, 165, 225, 227, 276
Burdeos, 134
Burgers, Th. F., 175
Burghardt Du Bois, W. E., 254
Burns, sir Alan, 268
Burton, 222
Bussa, 202, 203
Byatt, sir Horace, 241
Byrne, J. Charles, 154

Cabo, El, 116, 129-132, 140, 144, 145-150, 152, 157, 162, 164, 173-176, 178-182, 209, 221, 234, 240, 244, 245, 316, 319
Cabo Delgado, 4, 164, 165
Cabo Verde, 111, 197
Cabot, Sebastián, 132
«Cacao Marketing Board», 268
Ca Da Mosto, 6, 113
cafres, 127, 131, 148-150
Caído, Antonio, 126
Caillié, René, 79, 203
Cairo, El, 22, 40, 45, 46, 66-68, 85, 86, 87, 91, 164, 184, 207, 209, 240
Calabar, 218, 219
Caldwell, 325, 326
Calient, 91, 116, 118
califas omeyas, 5, 43
Calixto II, 87
Cam, 154
Cambay, 98
Cambridge, 266
Camerón, sir Donald, 241
Camerún, 31, 32, 67, 73, 77, 103, 114, 166, 171, 218, 219, 226, 233, 234, 237, 240-242, 260, 289, 293, 306
camitas, 12, 33, 103, 142

Canadá, 181
Canarias, Islas, 111-113, 135
Cáncer, Trópico de, 7
Cangamira, 127
cangamirés, 127, 128
Cao, Diego, 108, 114, 120, 121
Cape Coast, 132, 217
«Cape of Good Hope Punishment Act», 151
Capetown, 178-180, 183, 197
Capricornio, Trópico de, 7, 100, 315
Caramansa, 120
Caribe, 258
Caribes, islas, 13
Carlomagno, 49, 188
Carlos V, 110
Carta Magna Inglesa de 1215, 258
cartagineses, 4, 118
Cartago, 4, 42
Casamance, 138, 199
Casas, Bartolomé de Las, 135
Casely Hayford, Joseph E., 256
Casement, Roger, 232
Castilla, 112, 193
Cataratas, reinos cristianos de las, 30, 41, 83, 86
caucásicos, 33, 94, 103
Cáucaso, 258
Cauller, 197
cauris, 125
Cayena (Guayana), 289
Cayor, 198
Cewayo, 175
Ceilán, 28, 181, 311, 313
Centroafricana, República, 305
Cerda, Luis de la, 111
Césaire, Aimé, 257
César, 35
Ceuta, 112
Ciudad de los Mil, 321
Clapperton, 79, 203, 217
Claudius, 93
Clytemnestra, 15
Cobden, 211
Cofradía Tidjaniya, 80
Cohen, sir Andrew, 276
Colbert, 197-199
Colón, Cristóbal, 45, 115, 117, 135
«Colonial Office» de

347

Londres, 171, 213, 214, 221, 269, 282, 284
Comisión Bledisloe, 285
Comisión Coussey, 269
Comité Central del Partido Comunista de la URSS, 258
Commonwealth, 257, 264, 265, 270, 273-275, 301
Commonwealth Relations Office, 284
Comores, 313, 315, 317, 320, 324
Compagnon, 198
Compañía de Beers, 174
Compañía BIEA (British Imperial East Africa Co.), 172, 223-225
Compañía Francesa de África Occidental, 132
Compañía Holandesa de las Indias Orientales, 129, 130, 148
Compañía de las Indias, 148
Compañía Internacional Unilever, 220
Compañía de Katanga, 231, 232
Compañía de los Lagos, 223
Compañía de Mercaderes de Rouen, 192
Compañía de Sierra Leona, 136
Conakry, 204, 301
Conferencia de Accra de 1958, 271, 272
Conferencia Afroasiática de Bandung (1955), 300
Conferencia de Berlín (1885), 125, 170-172, 185, 206, 212, 219, 224, 230, 233, 327
Conferencia de Brazzaville, 291
Congo, 11, 15, 33, 34, 100, 103, 108, 114, 117, 119-126, 135, 140, 170, 171, 189, 195, 206, 230, 232, 258, 360, 286, 299, 305, 306-309
Congo, Estado Libre del, 178, 206, 230
Congo, República del, 305
Congo Belga, 166, 195, 232, 245, 247, 249, 253, 254, 289, 307
Congreso de Ghandi, 257
Congreso Nacional del África Occidental Británica (National Congress of British West Africa), 256
Congreso Panafricano (I). París, 1919, 255
Congreso Panafricano (II). Londres, Bruselas y París, 1921, 255
Congreso Panafricano (III). Lisboa, 1923, 255
Congreso Panafricano (IV). New York, 1927, 255
Congreso Panafricano (V). Londres, 1945, 255
Congreso de Viena, 323
«Consejo de la Entente», 305
Constantino de Etiopía, 28, 29
Constantinopla, 28, 70
Constitución de la IV República Francesa, 257
Convención de 1900, 276
Convención de Berlín de 1894, 234
Convención de Pretoria de 1881, 176, 180
«Convention People's Party», 269
Copper Belt, 178, 284
coptos, 41
Corán, 43
Córdoba, 5
Corea, 309
Cosmas Indicopleustes, 29
Costa de los Esclavos, 134, 138
Costa de Marfil, 82, 111, 138, 196, 198, 204, 205, 216, 246, 248, 292, 296-300, 305
Costa de Oro, 35, 48, 111, 117, 129, 130, 132, 134, 138, 198, 230, 270; véase también Gold Coast
Cotonou, 204
Coussey, Henley, 269
«Coussey Report», 269
Covilha, Pedro de, 91, 117
Cresques, Abraham, 110
Creta, 2
cristianismo, 86, 121, 122, 126, 253, 326
Cristo, 3, 41
Crónica de Kano, 5
Crónica del Buscador (de los cronistas negros de Tombuctú), 5
Crónica del Sudán (de los cronistas negros de Tombuctú), 5
Cruzada, Séptima, 85
Cruzada, Octava, 67, 85
Cruzadas, 83, 84, 109
Cuba, 122, 138, 309

Chaka, 145, 150, 152, 155-159, 196
Chanoine, 207
Chari, 31, 203, 206
Chartered Company, 158
Cheikh, 68, 77, 78
Cheik, 315
Cheik el Bekkai, 81
Chiapa, 135
Chiré, 223, 284, 285
Chilembwe, John, 253
China, 47, 98, 99, 187, 194
China Popular, 302
chinos, 99, 100, 116, 183
Choa, 88, 92, 93, 184
«Church Missionay Society», 224
Churchill, Winston, 289

Dabra Libanos, convento de, 90
Dagomba, 54
Dahomey, 49, 134, 138, 140, 204, 205, 218, 219, 237, 240, 299, 304
Dakár, 24, 113, 195, 199-201, 204, 205, 250, 289, 296, 297, 304
Damaralandia, 234
Damasco, 96
Danakil, 45
danakiles, 92

Dan Fodio, Osmán, 77, 78, 80
Danquah, J. B. 268, 269
Darb el Arbain, 63
D'Arboussier, Gabriel, 298
Dar-es-Salam, 241
Darfur, 28, 62, 63, 87, 207
Da Silveira, 126
Dauphine, Ile, 317
Daura, 69
Daurama, 69, 70
David I, 85, 86
Debo, lago, 6, 76
Dende, río, 123, 124
Dendi, 52
Declaración de Derechos del Hombre y del Ciudadano, 258
De Gaulle, 288-290, 295, 301, 302, 304, 330, 331
Denhan, 203
«Descripción de Africa» de Leon Africano, 5
d'Estrées, almirante, 197
Deutsch-Ostafrikanische Gesellschaft, 235
De Wet, 181, 237, 238
Dia, dinastía de los, 39
Dias, Diego, 316
Díaz, Bartolomé, 115, 116
Díaz de Novais, Paulo, 23
«Diccionario de Geografía Universal» de Obeid Allah Yahut, 97
Diderot, 135
Diego I Nkungi Mpudi, 123
Dieppe, 111, 114, 118, 197
Dingan, 150, 151, 157, 159
«Dinganś Day», 150
Dingiswayo, 156, 159
Dinka, 79, 166
Diocleciano, 30
«Dioliba», 202
Disraeli, 175
Djebel Uri, 63
Djenné, 39, 49, 51, 53, 57, 78, 79
Djerma, 205
Djibuti, 24, 96, 185, 208
Djihad, 41, 77
Djolof, 198
Djukun, 69-71

«doctrina Monroe», 254
Doering, von, 237
Dogones, 19, 49
Dongola, 30, 83, 85, 86, 184, 208
Doria, Jacobo, 111
doppers, secta de los, 154, 245
Drake, Francis, 132
Drakensberg, montañas de, 151, 152, 155
Duala, 171, 237, 289, 297
Du Bois, 255
Dubreka, 204
Duchesne, general, 328
Duguesclin, 111
Dunama, 63, 66, 67
Durbán, 151

Eboué, Félix, 289, 290, 292
Ecuador, 7, 34, 100, 114, 116, 136, 308, 315
Edad del Bronce, 311
Edad del Hierro, 24, 101, 314
Edad de la Piedra, 101, 144, 311
Edad Media, 4, 11, 15, 35, 37, 73
Edén, 11
Edicto de Caracalla, 293
Edimburgo, 282
Education Act, 271
Egeo, mar, 6
egipcios, 4, 31, 63, 103
Egipto, 4, 10, 13, 23, 27-31, 34, 35, 41, 42, 46, 59, 62, 65, 71, 79, 83-85, 90, 92, 97, 109, 116, 166-171, 208, 211, 212, 221, 271
Eldorado, 37, 52, 126
El Hadj Omar, 203, 210
El Idrisi, 5, 96, 110, 313
Elizabeth II, 286
Elizabethville, 232
«Elizia», 137, 206
Elmina, 197
Emin Pachá, 235, 236
Emosaids, 97
Enoch, libros de, 29
Enrique de Portugal (Enrique el Navegante), 112-114, 118, 122
Equatoria, 235
Era Cristiana, 24, 27, 28, 32-35
Era Terciaria, 311
Eritrea, 73, 185, 243
escoceses, 252, 323
Escrituras, 24
Eskender, 91
España, 5, 34, 37, 42, 47, 110, 113-115, 123, 124, 128, 135, 258
Española, La, 122
españoles, 52, 112, 115, 124, 133, 135, 138
Es-Sadi el Tombukti, 38
Estados Generales, 199
Estados Unidos, 133, 136, 137, 141, 170, 177, 181, 187, 253, 254-256, 258, 285, 296, 302, 326
Esther, libro de, 4
etíopes, 4, 5, 12, 26, 27, 33, 34, 35, 83, 103, 252, 253
Etiopía, 4, 23, 26, 27, 28, 33, 41, 86-88, 91-93, 101, 110, 116, 117, 167, 173, 183, 208, 242-246, 271, 306
Eugenia, emperatriz, 175
Euráfrica, 299
Europa, 1-3, 6, 7, 10, 14-18, 22, 41, 46, 49, 91, 92, 93, 100, 109-112, 117, 128, 133, 154, 160, 165, 189, 192, 193, 232, 244, 247, 248, 252, 257-260, 264, 295, 299, 306, 328
europeos, 1, 6, 7, 14-16, 19, 20, 22, 91, 100, 109, 114, 121, 123, 131-134, 139-141, 144, 146, 147, 241, 248, 267, 270, 279, 280-285, 307, 308, 315, 317, 320, 324, 325
eustaquianos, 90
Evangelio, 246, 253
Evaré el Grande, 60
Evedo, 60
Eveka, 60
ewes, tribus, 271
Exeter, 132
Extremo Oriente, 22
Ezana, 28, 29

349

Fada N'Gurma, reino de, 54
Fachoda, 208
Faidherbe, 201-203, 208
Faleme, río, 35, 198, 202, 203
falachas, 28
fantis, 129, 139, 162, 214, 215, 249, 256
Farquhar, Robert, 323
Fati, 47
Faure, E., 299
Federación de Africa Occidental Francesa (A. O. F.), 205, 288
Federación Centroafricana, 207, 286
Federico el Grande, 132
Felipe II, 123, 128
fenicios, 4, 97, 111
Ferlo, 203
Fernández, Antonio, 126
Fernando Poo, 162, 218
Fernão do Po, 114
Ferry, Jules, 204, 206
Fetha Nagast, 90
Fez, 43, 46, 68
Fezzan, 35, 65, 66, 289, 290
Filadelfia, 253
Fitri, lago, 67
Flancourt, Etienne de, 317
Florencia, Sínodo de, 90
Fondo de Inversiones para el Desarrollo Económico y Social (FIDES), 292
Foreign Office, 138, 221
Formosa, 170
Fort Archambault, 207
Fort Dauphin, 317, 324
Fort Hare College, 250
Fort James, 132, 198, 269
Fort Jesus, 164
Fort Lamy, 289
Foucauld, padre, 246
Fouquet, 317
Foureau-Lamy, 207
Fra Mauro, 114, 115
franceses, 79, 81, 82, 85, 130, 132, 135, 138, 140, 148, 241, 242, 247-250, 255, 259, 289, 292-295, 317, 323-327, 330, 331
Franceville, 206
Francia Passim
Francia de Ultramar, 249
Francisco I, 123
Freetown, 137, 212, 289
Frío, cabo, 115
Frobenius, 260
Fung, reino de, 87
Furah Bay, Colegio de, 249
Futa, 52
Futa Djalon, macizo de, 6, 44, 73, 74, 76, 80
Futa Toro, 54, 73, 74, 76, 80, 198, 203
Fynn, 158

Gaadí, 87
Gabón, 82, 137, 195, 196, 206, 289, 299
Galileo, 154
gallas, 33, 92, 93, 184
Gallieni, 204, 329
Gama, Cristóbal de, 92
Gama, Stéfano de, 92
Gama, Vasco de, 91, 92, 116, 118, 119, 151, 316
Gambia, 48, 74, 113, 162, 197-199, 202, 203, 212
Gao, 22, 35, 39, 40, 45-49, 52, 53, 74, 110, 112, 139
gramantes, 4, 35
García II, 124
Garua, 237
Garona, 15
Garvey, Marcus, 255, 256
Gasa Lusere, 127
Gastón-Defferre, 300
Gaza, 26
Gbehancin, 204
Génova, 111
genoveses, 110, 113
Gentil, 207
Germain Ducasse, 197
Gezirah-Scheme, 242
Ghana, 5, 22, 34, 35, 37, 38, 39, 41, 42, 43-45 49, 54, 73, 101, 114, 132, 134, 267, 270-273, 285, 299, 302, 303
ghezo, 27, 29
Gibraltar, Estrecho de, 42
Gide, André, 260
Gidjimasú, 70
Gladstone, 175
Goa, 91, 129, 164, 316
Gobierno General de Africa Occidental Francesa, 205
Gobir, 69, 71, 77, 205
Godjam, 92
Gold Coast, 35, 138, 161, 162, 196, 201, 202, 212-217, 237, 240, 241, 248, 249, 255, 256, 267, 269-271, 299; v. también Costa de Oro
«Golden stool», 216, 217
Goldie, G. T., 218, 219
Gomes, Fernão, 114
Gondar, 28
Gordon, 207
Gordon Guggisberg, 243, 267
Gorea, 113, 132, 197-200
Graaffreynet, 146, 148, 149
Goshen, República de, 176
Granada, 5
Gran Bassam, 161, 204
Gran Bretaña, 138, 148, 149, 172, 174-176, 180-183, 187, 189, 199, 209, 211, 212, 229, 231, 236, 239, 243, 245-250, 256, 296, 304, 326, 327
«Gran Carta de los Hotentotes», 149
Gran Isla (Madagascar), 311, 314, 315, 317-320, 329
Gran Karrú, 148
«Gran Trek», 150
Grant, 222
«Great Fish River», 115, 131, 148, 149
Grecia, 15, 16, 133
grikuas, 130, 150, 155, 158, 162, 173
Grikulandia West, 130, 162
griots, 2, 3, 15
Groben, von der, 132
Gross Friedrichsburg, 132
Ground-Nut Scheme, 241
Group Areas Act, 265
Grunitzky, Nicolás, 306
Guadalupe, 293
Guayana, 289, 293

350

Guerra Mundial, Primera, 173, 209, 237, 239, 243, 245, 249, 253, 254, 258, 259, 272, 282, 329
Guerra Mundial, Segunda, 31, 200, 240, 241, 243, 245, 247, 249, 255, 257, 259, 268, 279, 285, 288, 330
Guillermo II, 239
Guinea, 35, 43, 44, 73, 82, 110, 113, 114, 138, 197, 205, 297, 298, 299, 301-304
Guinea Española, 162, 237
Guinea Portuguesa, 113, 162
Guré, 205
Gurma, 49, 54

Habibué, 81
Habsburgos, 14
Hadj Omar, 73, 80-82
Hafcida El Hostancir, 67
Hagen, 15
Haile Selassie I, 242, 243
Halaschat, 27
Ham, 253
Hamdú Bari, 78
Hamadú Chekú (o Sekú), 78-81
Hamadú Diko, 78
Hamdallay, 79, 80
«hamitas», 92, 103
Hammarskjöld, 309
Hamza, 97
Hannington, James, 224
Hannón, 4
Harlem, 129, 255, 256
Harar, 90, 93
Harum al Raschid, 188
Harvard, 137, 254
Hastings amazu Banda, 285
haussas, 5, 51, 62, 69, 70, 78, 79, 139, 220, 272
Haussas, Estados, 68-71, 77, 78, 81, 214, 246
Hawkiris, 132
hebreos, 4, 24
Hechos de los Apóstoles, 26, 90
Hechos de los Mártires, 90
Hégira, 3, 41
Heligolandia, 172

Heligolandia, Tratado de, 236
hereros, 131, 235, 239
Herodoto, 3, 16, 35
Herriot, E. 295
Hertzog, 244, 245
Hesse, 15
Hewett, 171, 219
Higher College for East Africa, 275
Himas, 105, 227
hindúes, 183, 225, 246, 248; véase también indios
Historia de la Gran Isla de Madagascar y Relaciones, de E. de Flacourt, 317
Hitler, 243, 245
Hodgron Frederic, 216
hogón, 19
Holanda, 129, 130, 132, 148, 181, 215, 258
holandeses, 11, 119, 124, 126, 128, 129, 132, 135, 138, 142, 316, 318
Hombori, 81
Homs, 34
Hong Kong, 220
Hopetown, 155, 173
hotentotes, 12, 13, 94, 103, 131, 142, 145-150, 183, 239
hotentotes namakúas, 235
Houghton, 202
Houphouet-Boigny, Félix, 296-298, 301, 304, 305
hugonotes, 130
Humé, 65, 66
Hyde Park, 256

Ibadán, 59
Ibadán, Colegio Universitario de, 249, 273
Ibérica, Península, 109
Ibn Battuta, 45-48, 62, 65, 67, 96
Ibn Haukal, 5, 37-39
Ibn Jaldún, 42-45
Ibn Seif, 164
Ibn Yasín, 43
ibos, 19, 254, 273
Ibrahima Saidú, 77
Ibrahima Sori, 74
Ibram, 68
Idris, 67
Idris Alaoma, 40, 67, 70
Idris Katakarmabi, 67

Ifat, Reino de, 88, 90, 92
Ifé, 31, 32, 59, 60, 62
Iglesia Anglicana, 254
Iglesia Católica, 21, 70, 87, 90, 307
Iglesia de Escocia, 281
Iglesia «Kimbanguista», 254
Iglesia Metodista Episcopal Americana, 253
Iglesia Nacional de Nigeria, 254
Iglesia Ortodoxa Africana, 255
Iglesia Presbiteriana de Escocia, 283
Iglesia Reformada Holandesa (N. G. K.), 252
Ikongo, 325
Ileo, 308
Ilonga Kibinda, 107
Ilonga Mbilé, 105, 107
Ilorin, 69, 71
Imerina, 320-324, 328, 329
Imola, Batista de, 91
Imperio Británico, 160, 173, 245, 260
Imperio Colonial Francés, 260, 288
Imperio Etíope, 22
Imperios Sudaneses, 22
«impis», 157
incas, 23, 100
India, 4, 26, 29, 30, 58, 94, 98, 111, 116, 129, 133, 165, 232, 257, 313, 315
Indias, las, 6, 91, 98, 110, 112, 115-118, 128, 129, 140, 211, 221, 286, 316
Indias Holandesas, 129, 258
Indias Occidentales, 115, 117, 133
Indias Orientales, 115, 117, 129
Indico, Océano, 91, 96, 100, 101, 103, 111, 115-118, 129, 151, 154, 155, 164, 165, 194, 208, 217, 221, 230, 235, 316, 319, 327
indios, 119, 241, 265, 275, 278, 279, 282, 315, 319
Indochina, 288, 293
Indonesia, 32, 311, 313, 314

indonesios, 135, 313, 321
Inglaterra, 52, 135, 136, 147, 149, 170, 179, 180, 185, 211, 213, 229, 270, 273, 276, 316, 319, 327
ingleses, passim
Instituto Teológico de Freetown, 213; véase *Furah Bay College*
«Inter caetera», Bula 115
Irán, 41
Isis, 30
Isandra, 320
Islam, *passim*
Ismail, 207
Israel, 24
Issalquier, Anselmo de, 112
Italia, 5, 172, 184, 189, 242, 243, 245, 259

Jackson, J. Payne, 254
Jacob, 12
jacobitas, 85
jacobinos, 184
jaggas, 123, 125, 126
Jamaica, 255, 256
jamaicano, 323
Jameson, 178-180, 216
Japón, 129
Java, 311
jazz, 260
jenízaros, 125
Jerusalén, 26, 27, 91
Jesucristo, 252
jesuitas, 93, 123, 124
Joalland, 207
Joâo II, 91
Joder, 52, 53
Johannesburgo, 176-179, 181, 265
Johnson, 59
Johnston, H. H., 223, 226, 227, 246
Jonatán, 24
Jos, 31
Juan I de Portugal, 112, 121
Juan II, 48, 49
Juan III, 48
Juan IV, 184
Jubileos, Libros de los, 29
judíos, 29, 110, 111-114, 140
Justiniano, 30

Kaarta, 55, 80
Kabaka de Buganda, 223-227, 274-276

«Kabary», 322
Kadem Yasu, 87
Kader Torodo, 74
Kaffir, 148
Kairuam, 43
Kakongo, 108
Kalahari, desierto de, 7, 147, 162, 234
Kalidurat, 83, 85, 86
Kalonji, Albert, 308
Kanem, 35, 63, 65-67, 78
Kanem-Bornu, 40, 62, 65
Kanembúes, 63
Kanemí, El, 68, 77, 80
kaniaga, territorio, 45
Kankan Muza, 45-47, 71, 109, 204, 304
Kano, 65, 69-72, 139, 205, 273
KANU (Kenya African National Union), 281
kanuris, 63, 67
Kasai, 107, 308
Kasavubu, J., 307-309
Katanga, 165, 166, 173, 182, 195, 254, 284, 307, 309
Katsena, 69-72, 77
Kaya Maghan Cissé, 38
Kayes, 80, 204
Kazembes, 107, 161
Kebbi, 69, 77
Kei, río, 131
Keita, dinastía de los, 45
Kenneth Kaunda, 286
Kenya, 7, 93, 94, 99, 172, 188, 189, 196, 222, 224, 225, 236, 255, 271, 278, 280, 281-286
Kenya Central Asociation, 279
Kenya Teacher's College, 279, 281
Kenyatta, Jomo, 235, 279-282
Khartum, 30, 83, 208, 222
Kikuyus, 225, 278-282
Kilimandjaro, 93, 222, 225
Kilúa, 98, 118, 119, 158, 164, 315
Kirina, batalla de, 44
Kimbanguistas, secta de los, 254
Kimbangou, Simón, 253
Kimberley, lord, 174, 176, 181
Kisamu, 225

Kissidugu, 204
Kitawalas, secta de los, 254
Kitchener, 181, 208, 221
Klipdrift del Vaal, 174
Kobb, 207
Koli Galadjo, 74
Koli Tenguela, 74
kololos, 158
Komr, 315
Kong, 57, 79, 82, 204
Kongolo, 105
Konkuré, 74
Konni, 205
Kopje, 174
Kora, 142
Kordofán, 28, 30, 87
Kororofa, 69-71
Krapf, L., 222
Krüger, Paul, 154, 176, 178-181, 244
Krump, Th., 184
Kruschef, 309
Kuch, reino de, 24, 26, 28, 29
Kuchita, dinastía, 28
Kugha, 39
Kuka, 68, 205
Kukia, 39, 47
Kumasi, 213, 216, 217
Kumayo, 71
Kumbi Saleh, 35
Kuraman, 162
Kurussa, 204
Kuseri, 208
Kwango, 103, 108, 126
Kwanza, río, 108

Laborde, Jean, 325, 327
Lagarde, 208
Lagos, 138, 162, 203, 218, 220, 221, 254, 257, 273, 289
Lagos Weekly Record, 254
Laing, 79
Lalangina, 320
Lalibela, 87
Lambarene, 289
Lambert, Compañía, 325
Lambert, Th., 197, 326
Lamine Gueye, 257, 299
Lamiral, 199
Lamú, 164, 165
Lander, hermanos, 203, 217
Lastelle, 325
Lebna Denquel (David II), 91-93

352

Lebú, 198
Leclerc de Hauteclocque, capitán, 289, 290
lemtas, 38, 43
León Africano, 5, 48, 51
León de Judá, 88
«León de Malí», 44
Leopoldo II, 170, 171, 223, 230, 231
Leopoldville, 195, 206, 231, 254, 289, 307, 308
Leptis Magna, 34
Lesseps, Ferdinand, 212
Lettow-Vorbeck, von, 239, 278
Ley Houphouet-Boigny, 292
Ley Lamine-Gueya, 293
Liberia, 82, 137, 167, 248, 254, 256, 258, 271
Libia, 34, 242, 271
Libreville, 137, 206, 289
Libro de Esther, 26
Libro de las Rutas y de las Provincias, de Ibn Khordadbeh, 94
Libro de los Números, 26
Libro de los Reyes, 26
Liga Francesa para el acceso de los indígenas de Madagascar a los derechos del ciudadano francés, 330
Limpopo, 104, 157, 158, 162, 175, 245
Lincoln, 254
Linschoten, van, 119
Liptako, 73, 76, 77
Lisboa, 112, 117, 121, 125, 135
Lisette, G., 304
Livingstone, David, 108, 162, 166, 177, 222, 251
Loanda, 123-125, 129, 162
Loango, 108, 126
Lobenguela, 158, 177-179, 216
Locke, 135
Logón, 7
Loira, 15
Lomé, 237
Londres, 149, 152, 176, 178, 181, 202, 214, 216, 243, 256, 268-270, 273, 274, 281, 284-286, 288, 289, 302, 324
Londres, Universidad de, 275
Lourenço Marques, 178, 179
lozi (o barotse), 158
Luanika, 158
lubas, 15, 115
Luba-Luanda, dinastía, 107
Lüderitz, 234
Lugard, 220, 223-225, 246, 272
Luis Felipe, 327
Luis XIII de Francia, 197
Luis XIV, 130, 197, 317, 326
Luisiana, 133
Lukaní, 108
Lukiko, 224, 226, 228, 274-277
luhías, 309
Lumumba, Patricio, 308, 309
lundas, 105, 107, 126
lúos, 278, 280-282
Luthuli, A. J., 266
Lydenburg-Zoutpansberg, 151

Macauley, H., 257
Mac Lean, G., 214
Macpherson, J., 273
Madagascar, 290-331
Madeira, 113
madicasses, 316
Mafeking, 176, 181
Maga Djallo, 76
Magdala, 184
Mage, 203
Maghreb, 22, 42
Mahdi, Revuelta de, 235
Mahoma, 29, 41, 83, 97
Maján I, 47
Majuba Hills, Batalla de, 176
Majunga, 319, 327, 328
Makalé, 243
Makerere, 265
Malagasy, 316
Malasia, 98
Malan, 245, 265, 266
malayos, 119, 130, 183
Malawi, 283-286
Malawi Congress Party, 285
Malfante, 110
malgaches, 313, 316, 317, 324, 325, 328-330

Malí, 22, 35, 44, 45-48, 51, 53, 54, 67, 71, 73, 74, 76, 101, 110
Malí, Federación del, 304, 305
Malí, República del, 305
Malindí, 96, 99, 116, 118
malutis, 152, 157
Mallorca, 110
Mamadú, 48
Mamadú II, 48
Mamadú Dia, 299, 305
Mamadú Turé, 49
Mamari Kulibali, 57
mamelucos, 85, 86
Man, Isla de, 218
Mananbolo, 315
Manandriana, 320
Mancha, Canal de la, 258
Mandi Mansa Mamadú, 48
mandingos, 53, 62, 70, 71, 80
Mangin, general, 294
Malutis, 144
Manicongo, 108
Manisa, 96
Mansa Ule, 45
Mansur el Victorioso, El, 52, 53
Manuel de Portugal, 116
Marco Polo, 315
Mariano, Rvdo. P. Luis, 315
Mari Dajata, 44
Marketing Board, 271
Marrakesch, 43
marroquíes, 43, 52, 53, 76
Marruecos, 5, 34, 38, 42, 43, 46, 51, 52, 53, 79, 110, 112, 197, 271, 289
Marsella, 199
Martin, Francois, 317
Martín V, 135
Martinica, 293
Mascata, 165
Maschona, 162, 179
Masina, 57, 73, 74, 76, 78-81
Maskareignes, islas, 323
Massana, 28, 91, 92, 93, 184
Massachusetts, 254
Masudi, El, 5, 94, 96
matabelé, 150, 157, 158, 162, 216
matacassis, 316
Matadi, 230, 231
Matam, 203

353

Matambe, 126
matsuanistas, 305
«Mankesim Constitution», 215
Mau Mau, 277, 280, 281
Mauricio, 323
Mauritania, 5, 38, 199, 205
Mbamba, 108
Mbanza, 121
Mboya, Tom, 271, 281
Mbanzacongo, 108
Mbata, 108

M.D.R.M., 331
Meca, La, 43-46, 51, 65-68, 73, 80, 97, 315
Medina, 41, 73, 80, 203
Mediterráneo, 27, 29, 41, 44, 62, 67, 109, 203, 243, 289
«Medusa», 199, 202
Mehemet Alí, 166
Méjico, 135
Menabe, 319, 322, 324, 325, 327
Mendes, Luis, 126
Mendes-France, 299
Menelik, 26, 27, 184, 185, 208
Menelik II, 242
Merchant Adventurers, 132
Merina, 321, 322
merinas, 328, 329, 331
Meroé, 23, 28, 30, 63, 94
merovingios, 133
Mesías, 286
Milner, sir Alfred, 180
Milton Margai, 274
Mina, El, 48, 114, 117, 119, 120, 129
Minotauro, 66
Mirale Bey, 164
Mirambo, 166
Misión Renana, 234
Mississippi, 256
Miterrand, F., 298, 299
Modibo Keita, 304, 305
Moffat, J., 177
Moffat, R., 158, 162, 177
Mogadisho, 97, 111, 315, 316
Mogho Naba, 54, 204
Mohamed Bello, 5, 78, 80
Mohamed el Hadj, 52
Moisés, 26, 255

Moktar, 81
Mollien, 202
Mombasa, 96, 116, 118, 164, 225
Mommsem, 3
Monomotapa, 11, 22-24, 96, 100, 101, 104, 119, 126, 127
Monroe, 127
Monrovia, 137
Monteil, 205
Montgomery, 290
Mopti, 49
Morabetin-al, 43
morabitos, 78, 79
moros, 79, 112, 113, 127, 134, 135
Moscú, 298, 302
Moschesch, 158, 162
Moselekatse, 157, 158, 159, 162
mossis, 45, 48, 49, 54, 65, 70, 77, 82, 204, 205
Mount Pleasant, Universidad de, 249
Montet, Marius, 292
Movimiento de los Independientes de Ultramar, 299
Movimiento Democrático de la Renovación Malgache (MDRM), 330
Mozambique, 5, 7, 116, 129, 130, 132, 154, 162, 164, 165, 172, 175, 180, 239, 258, 284, 311, 313, 316
Mpanda, 157
Mpemba, 108
Msiri, 166
Mswazi, 159
Mutesa, 224
Mulai Ahmed, 52
Mungo Park, 202, 203
Murzuk, 65
Murzuk, Oasis de, 290
Mussolini, 242, 243, 256
musulmanes, 37, 41, 49, 68, 70, 77, 116, 118, 126, 148, 272, 279, 299, 315
Mwanga, 224, 225
Mwata Kazembe, 107
Mwata Yamvo, 107

Naciones Unidas, 244, 302, 304-309, 331
Nachtigal, G., 68, 171, 219, 233
Nahu (o Na'od), 91

Nairobi, 225, 278, 280, 281
Namakualandia, 234
Nampoina el Deseado, 322, 323
Nantes, Edicto de, 130
Napier, R., 184
Napoleón III, 175, 200-203
Napoleón Bonaparte, 149, 157, 211, 323
Napoleón, Eugenio-Luis, 175
Narses, 30
Natal, 116, 154, 155, 158, 162, 174, 181-183, 253
Natal, República Independiente de, 151
National African Co. Ltd., 218
«National Association for the Advancement of Colored People», 255
«National Council of Nigeria and the Cameroons», 273
«National Liberation Movement» (N.L.M.), 270
nazismo, 241
N'Diadia Ndiaye, 74
Ndongo, 108, 123
ndwandés, 158, 159
Necao II, 4
Nederlands Hervoormde Kerk (N.H.K.), 252
Negro, Mar, 193, 258
Negus, Negus Negasta, 183, 242, 243
New York, 129, 255
Ngamderé, 237
Ngoka, 206
Ngola, 123, 126
Ngolo, 108
N'Golo Diara, 57
ngonis, 147, 155, 158
Ngoyo, 108
Niamey, 205
Niangolo, 55
Nietzsche, 249
Níger, 76, 80, 81, 110, 112, 138, 140, 161, 171, 191, 201, 204, 217, 219, 248, 298, 299, 305
Níger, río, 2, 6, 7, 11, 15, 31, 39, 45, 46, 48, 49, 52-55, 58, 62, 66, 68-70, 74
Nigeria, 2, 3, 32, 69, 73, 134, 138, 140, 196, 201-203, 213, 217-221, 237, 240, 241,

249, 254, 257, 272-275, 283, 289, 308
Nigeria, Federación de, 221
«Nigeria Youth Movement», 273
Nilo, 4, 23, 26, 28-31, 62, 63, 76, 83, 85, 87, 91, 93, 94, 103, 109, 166, 167, 184, 207, 222, 224, 226
Nilo Azul, 87, 166, 184, 206
Nilo Blanco, 87, 166
nilóticos, 103, 227
Nioro, 80, 202
Niza, 189
Nkrumah, Kwame, 255, 268-273, 281, 299, 302, 309
Nkumbula, H., 286
Nkuwu, 108
nobatas, 30, 83
Nobatia, Reino de, 30, 83, 85
Nok, 2, 31, 32
Normandía, 111
normandos, 111
«North Road», 201
«Northern People's Party (N.P.P.), 270
Nossi-Bé, 320
Nosy Manja, 315
Nsundí, 108
Nubia, 26, 30, 83, 85
nubios, 41, 85, 86
nuer, 166
Nueva Escocia, 136
Nueva Granada, 122
«Nueva Política Indígena para A.E.F.», de F. Eboué, 292
Nuevas Hébridas, 170
Nuevo Mundo, 115, 123, 133, 140, 141
Nukuma, 78
Nupé, 58, 62, 69, 77
nyamwezis, 165, 166
Nyassa, 178, 222, 223, 235, 284, 286
Nyassalandia, 172, 223-226, 246, 248, 253, 282, 286
Nyerere, J., 282, 283
Nzinga, 108, 123
Nzinga Bemba, 121
Nzinga Mpangu, 121
Nzinga Nkuwu, Manicongo, 120, 121

Obafemi Awolowo, 273
Obeid Allah Yahut, 97
Obok, 208

«Oficina del Níger», 248
Ogba Ibn Nafi, 65
Ogboni, 60
Ogoné, 206
Oil Rivers Protectorate, 172, 217-219
Okpame, 60
Olduwai, 9
Oluacho, 59
Olimpio, Silvanus, 306
Omán, 94, 97
Omar, 41, 67, 68
Omar Saidú Tall, 80
Omari, El, 5
Omma, 47
Oni, 59
Orán, 164
Orange, 147, 150, 151, 173
Orange, Estado Libre de, 152, 154, 162, 173, 174, 181, 182
Ordenanza de 1809, 149
Orden Teutónica, Caballeros de la, 189
Ormuz, 164
Osman Dan Fodio, 71
Oxford, 174, 177
Oyo, 59

Pachá, 52, 53, 76, 93
Padmore, G., 255
padraos, 120
Paes, Pedro, 183
Países Bajos, 129, 130, 147, 265
Palestina, 29
Palmerston, 212
Parde Kraal, 176
París, 257, 288, 290, 295, 299, 300, 330
Parlamento Británico, 136, 150, 264, 285
Parlamento Federal de Uganda, 274
Partido Afrikaander, 174
Partido Democrático de Guinea, 303
Partido Socialista Francés, 297
Partido Sudafricano, 183
Pavía, Alfonso de, 91
Pedro I, 123
Pedro V Elelo, 125
Pekín, 99
Pelays, 198
Pembe, marqués de, 122
Pennsylvania, 135, 254, 268, 273
Pericles, 16
persas, 119

Persia, 22, 87, 94, 116
Pérsico, Golfo, 98, 109, 164
Perú, 23
Petain, 288
Peters, K., 235, 236
peules, 11, 12, 14, 15, 20, 49, 53, 55, 68, 69, 71, 73, 74, 76-79, 81, 82, 220, 272
Picasso, 260
pigmeos, 12, 33, 103
Pirineos, 41, 42
Pithecanthropus, 9
Platón, 133
Pleven, R., 290
Podor, 80, 197
Pointe Noire, 305
Poitiers, 42
Polo, Marco, 111
Polonia, 245
pombeiros, 164
Port Gentil, 289
Portendik, 199
Porto Novo, 161, 204
Portugal, 6, 48, 49, 91, 112, 113, 115, 117, 120-125, 134, 136, 172, 180, 240, 258, 272
portugueses, 5, 34, 48, 60, 92, 100, 105, 107, 108, 111, 112-126, 315, 316, 317
Potchefstroom, 150, 151
Potgieter, 150
Poucet, G., 184
Prempth, 216, 217
presbiterianos escoceses, 150
«Preste Juan», 91, 112
Pretoria, 178, 181, 183
Pretorius, A., 151
protestantismo, 118
Ptolomeo, 4, 28, 34, 111

Qeita, 44
Quelimane, 116, 119, 164
Quintín, 203

Rabah, 69, 166, 167, 206, 207, 210
Radama, 320, 323, 324, 326
Radama II, 325, 326
Rahena, princesa, 319
raid de Jameson, 244
Rainilaiaribony, 326, 327
Rakoto, 325

355

Ralaimongo, J., 330, 331
Ralambo, 321
Ramboasalama, 321
Ranavalona I, 324, 326, 327
Ranavalona II, 326, 327
Rand, minas de, 176
Rano, 69
Raseta, 330
Ras Kana, T., 184
Ras, Miguel, 93
Rasoherina, 326
Ratsimilaho, 319
Ravoahansy, 330
Real Sociedad de Geografía de Londres, 222
Rebmann, G., 222
Reconquista, 112
Reich Alemán, 180, 242, 245, 288
República Autónoma de Graaffreynet, 149
República Batava, 149
República Francesa, 148, 294
República Francesa, Segunda, 199
República Francesa, Tercera, 200, 250
República Francesa, Cuarta, 293, 330
República Francesa, Quinta, 301
Retief, P., 151, 157
Reunión, 293, 317, 329
Reunión Democrática Africana, 298
Revolución de 1848, 199
Revolución Francesa, 148, 199, 259
Rhodes, Cecil, 174, 176, 177, 178-180, 182, 218, 219, 223, 231, 244
Rhodesia, 94, 131, 158, 171, 179, 180, 182, 188, 189, 235, 239, 247, 249, 283, 307
Rhodesia del Norte, 172, 223, 232, 284-286, 309
Rhodesia del Sur, 104, 105, 150, 248, 283, 284-286
Ribes, J., 112
Riebeeck, J. van, 129, 142, 197
Richard-Toll, 199
Richards, sir A., 273
Richelieu, 197, 198, 317
Rimbaud, A., 246

Río Grande, 203
Roger II de Sicilia, 110
Rohlfs, 68, 233
Rojo, Mar, 4, 7, 26-30, 45, 83, 87, 91, 92, 96, 109, 110, 116, 184, 317
Roma, 3, 87, 91, 122, 187, 243
Rómulo, 1
Romer, 111
Rousseau, 135
Royal Niger Co., 205, 219
Roy Welensky, 285
Ruanda, 227, 239
Ruanda-Urundi, 196
Rufisque, 132, 197, 199, 200
Rusia, 306
rusos, 297, 309

Saba, reina de, 26, 27, 88
Sagrada Escritura, 29, 154
Sagres, 112
Sahadia, 315
Saint Louis del Senegal, 197-200, 257
sakalavas, 317, 318, 320, 324, 325, 327
Saladino, 85
Saldanha, 118
Salisbury, 105, 172, 178-180, 182, 212, 223, 236
Salle, Gadifer de la, 111
Salomón, 26, 27, 88
Samori, 81, 82, 196, 204, 210, 215
San Luis, 67, 80
San Pablo de Loanda, 124
San Salvador, 108, 121, 123
San Vicente, 112
Santa Elena, 116, 129, 181
Santa María de Gabón, 206
Santo Tomé, 128, 140
Sangha, 206
sanhadjas, 38, 42, 43
saos, 39, 40, 63, 67
sarakolés, 35, 44, 54, 76
Saúl, 24
«Sazas», 226
Schekender, 85, 86
Schemamún, 86
Sevituané, 158
Sehiras, 98

Sebastián de Portugal, 123
Schilluk, 166
Schnitzer, E., 235
Schopenhauer, 249
Sedar Shengor, L., 257, 295, 297, 299, 301, 304, 305, 310
Segou, 49, 53, 55, 57, 78, 80, 81, 112, 202
Sekondi, 217
Sekoto, 219
Seku Turé, 296, 298, 301, 303
Senegal, 17, 38, 41-45, 54, 73, 74, 80, 81, 113, 132, 134, 140, 161, 187, 194-205, 212, 246, 248, 257, 295, 299, 304, 305
«Senegalesa, La», 199
senegaleses, 292-295, 305, 331
Senegambia, 161
Sennar, 184
senussis, 246
Senzangakona, 155, 156
Sevilla, 135
Seyyid Said, 165
Sezana, 28
Shepstone, T., 175
Siberia, 258
Sicilia, 96, 110
Sidjilmasa, 38, 43, 110
Sierra Leona, 114, 136-138, 162, 212, 213, 249, 274
Sikarro, 205
simbas, 164
Sirdar, 222
Smuts, J. Ch., 181, 239, 243-245
sobuza, 159
«Sociedad Colonial Filantrópica», 199
Sociedad Misionera de Londres (LMS), 149
Sociedad de Naciones, 240, 242, 243-245, 255, 271
Sociedad de Protección de los derechos de los Indígenas (Aborigines' Rights Protection Society), 217
Sofala, 91, 94, 96, 100, 104, 106, 126, 155
Sokoto, 5, 77, 78, 80, 203, 205
Solimán, 48

356

Somalia, 172, 185, 208, 221, 278, 293
Somalia Italiana, 243
Somalia Francesa, 290
somalíes, 33, 92, 278
songhais, 35, 39, 45-48, 51, 54, 66, 70, 76
soninkés, 38, 42, 49
Sonni Alí, 48, 49
sothos, 157, 158
sotho-tchuanas, 155
South Africa Act, 264
South Africa Co., 223
Speke, 222, 224
Standard Oil, 177
Stanley, 170, 206, 224, 230, 232, 236
Stanleyville (Kisangani), 171, 230
Stanley Falls, 170
Stellenbosch, Universdad de, 265
Strasburgo, 290, 299
Strijdon, J., 265
Stuyvesant, P., 129
Suahelí, lengua, 98
Suárez, D., 316, 327
Sudáfrica, 243
Sudafricana, Federación, 182
Sudafricana, República, 154, 162, 173-175, 248, 250, 253, 264-267, 272
Sudafricana, Unión, 183, 237-240, 243, 244, 247
Sudán, 5, 23, 28, 43, 54, 62, 63, 65, 166-184, 191, 202, 205, 208, 271, 298, 299, 304, 306
Sudán francés, 248, 305
Sudán nigeriano, 82
Sudán nilótico, 172, 242
Suez, Canal de, 30, 42, 109, 154, 172, 211, 221, 225, 327
Sumangurú, 45, 54
Sumdiata, 304
Surate, 319
Swartch, 265
Swazilandia, 159, 182, 267

Tabora, 165, 166
Talmud, 88
Tamatave, 319, 320, 323, 327, 328, 331
Támesis, 270

Tananarive, 321, 322, 323, 325, 327-329
Tanganyka, 158, 171, 178, 222, 224, 232, 236, 241, 242, 248, 282, 283
Tanganyka, lago, 165, 235
«Tanganyka African National Union», 282
Tanzania, 28, 283
Tarik el Fettach, 5, 53
Tarik es Sudán, 5, 38, 54
Tassili, 10
Taudeni, 35, 37
tchuanas, 158
Tegdaust, 38
Teghaza, 35, 110
Tekla Haimanot, 88
Tekrur, 54, 73, 74
tekruris, 45, 54, 73, 79, 80
«Tembuch» (Tombuctú), 110
Teneré, 10
Teodoro, 30
Teseo, 1
Testigos de Jehová, 254
Tete, 126
«The Negro World», 255
thongas, 155
Tibesti, 4, 63, 67
tibúes, 4, 63, 65, 67
Tidjani, 81.
Tigré, 92, 93, 184
Tigris, 27
Tilemsi, 12, 35
Tippú Tip, 166, 167, 232
Togo, 54, 134, 171, 216, 237, 240, 241, 242, 271, 293, 297, 306
Toledo, 96
Tombuctú, 5, 38, 46, 48, 49, 51-54, 57, 76, 78, 79, 81, 110, 112, 139, 202, 204, 205
Tombuctú, lagunas de, 10
Ton-Dyon, 57
Tondibi, 52
Torday, 3
Tormentas, cabo de las, 115
Toro, 225, 227, 276
Toulouse, 15
Transkei, 266
Transvaal, 162, 174, 175, 176-182, 242, 244, 252
Transvaal, Repúblicas del, 154
Trarza, 198
Treich Laptene, 204
Tres Puntas, cabo de, 132
Trípoli, 22, 35, 40, 62, 67, 79, 184, 203
Tripolitania, 34
Tristán da Cunha, 315
tuaregs, 4, 42, 48, 49, 51, 53, 63, 68, 69, 71, 77, 79, 133
Tuat, El, 46
Tucídides, 16
Tugurt, 201
Túnez, 2, 4-7, 184, 271, 279, 290
«Tunkara», 38
turcos, 70, 92, 116, 119
Turner, H. M., 253
Turquía, 65, 125, 170
Tscheng Ho, 99
Tshombe, Moisés, 308, 309
Tsiranana, F., 304, 331

Uadai, 66, 207
Uaga, 205
Uagadugú, 54
Uaglimí, 96
Ualata, 10, 46, 48
Ualo, 198
Uangara, 45
Uasgla, 201
Ubangui, 206, 208, 289
Ubangui-Chari, 305
Ucrania, 306
Udjidji, 165
Uganda, 105, 166, 172, 224-228, 230, 235, 236, 252, 274-277, 282, 283
Uganda, Federación de, 275
Uidah, 138
Uidiraogo, 54
«uitlanders», 179, 180
Ujiji, 222
Ulemas, 49, 53, 268
«Unión Francesa», 292-296, 299, 301
Unión Soviética, 258, 306
United African Co., 218, 219, 268
United Gold Coast Convention, 268
United South African National Party, 245
Uolof, 48, 74

357

Ural, 258
Urua, 105
Urindi, 227, **239**
Usodimaro, 113
Utica, **122**
Utrech, 151

Vaal, 151, 152, 173, 174
Vaticano, 93
Vazimbas, 321
Venecia, 114, 116
venecianos, 46, 113
Verde, Costa, 113
Verde, islas del Cabo, 116
Versalles, Tratado de, 239, 242
Verwoerd, 265
Victoria Falls, 178
Victoria, lago, 93, 157, 165, 222, 224, 235, 241, 278
Vichy, 288, 289
Viena, Congreso de, 136, 149
visigodos, 15
Vivaldi, hermanos, 111
Vogel, 68
Volga, río, 258
«Volksraad» (Parlamento), 179
Volta, 54
Volta Negro, 82
Voltaire, 135

Voulet, 207
Voulet-Chanoine, 204
V.V.S., 329, 330

Washington, 302
«Watson Report», 269
Welensky, 286
«West African Students Union» (W.A.S.U.), 256, 268
Westminster, 151, 270
White, T., 319
Wilberforce, 135
Wilmot Blyden, Edward, 254
Winburg, República de, 151
Windhoek, 239
Witteberg, 144
Witwatersrand, 176

xosos, 131, 147, 155, 266

Yadji, 70
Yahia Ben Ibrahim, 43
Yamussukro, 297
Yaoundé, 233, 237, 242
Yatenga, 51, 205
Yekuno Amlak, 88

Yemen, 29, 59, 90
Yetschak (o Issaac), 90
yorubas, 58-60, 62, 69, 140, 272, 273
yoruba, territorio, 77
Youlou, Fulbert, 305

Zagné, 30
Zairé, río, 120
Zambeze, río, 15, 23, 33, 96, 104, 126-128, 140, 158, 160, 162, 175, 177, 178, 223
Zambia, 283, 284, 285, 286
zambucas, 98
Zamfara, 69
Zané, dinastía, 87
Zano-malatas, 319
Zanzíbar, 93, 94, 97, 158, 164, 165, 166, 167, 170, 172, 194, 212, 222, 236, 277, 282, 283, 315, 327
Zara, Jacob, 90
Zaria, 69, 77
Zeg Zeg, 69-71
Zeila, 96, 118, 221
Zendj, 93, 94, 96, 97, 118, 126, 313
Zimbabué, 15, 104, 127
Zinder, 207
Zobeir, 206
zulúes, 145, 150, 151, 152, 155-159, 175, 253
Zwangendaba, 158

358

Indice de figuras

1. Africa (mapa físico) — 8
2. Reino de Ghana — 36
3. Malí, Songhai, Tekrur, Mossi, Bambara — 50
4. Yoruba, Benín, Nupe — 61
5. Kanem-Bornu, los Estados haussas — 64
6. Las migraciones de los peules — 75
7. Nubia — 84
8. Etiopía — 89
9. Costa oriental de Africa — 95
10. Los descubrimientos portugueses — 102
11. Colonias portuguesas: Congo, Reino de Monopotama, Mozambique, Luba, Lunda — 106
12. Africa del Sur — 143
13. Africa del Sur en 1860 — 153
14. Africa (1880) — 163
15. Africa (1890) — 169
16. Africa (1914) — 238
17. Africa (1939) — 262
18. Africa en la actualidad — 263
19. Madagascar — 312

impreso en editorial andrómeda, s. a.
av. año de juárez 226 local c/col. granjas san antonio
del. iztapalapa-09070 méxico, d. f.
dos mil ejemplares y sobrantes
7 de noviembre de 1986

HISTORIA UNIVERSAL SIGLO XXI

1. **Prehistoria**
2. **Los Imperios del Antiguo Oriente**
    I. Del Paleolítico a la mitad del segundo milenio
3. **Los Imperios del Antiguo Oriente**
    II. El fin del segundo milenio
4. **Los Imperios del Antiguo Oriente**
    III. La primera mitad del primer milenio
5. **Griegos y persas**
    El mundo mediterráneo en la Edad Antigua, I
6. **El helenismo y el auge de Roma**
    El mundo mediterráneo en la Edad Antigua, II
7. **La formación del Imperio romano**
    El mundo mediterráneo en la Edad Antigua, III
8. **El Imperio romano y sus pueblos limítrofes**
    El mundo mediterráneo en la Edad Antigua, IV
9. **Las transformaciones del mundo mediterráneo. Siglos III-VIII**
10. **La Alta Edad Media**
11. **La Baja Edad Media**
12. **Los fundamentos del mundo moderno**
    Edad Media tardía, Renacimiento, Reforma
13. **Bizancio**
14. **El Islam**
    I. Desde los orígenes hasta el comienzo del Imperio otomano
15. **El Islam**
    II. Desde la caída de Constantinopla hasta nuestros días
16. **Asia Central**
17. **India**
    Historia del subcontinente desde las culturas del Indo hasta el comienzo del dominio inglés
18. **Asia Sudoriental**
    Antes de la época colonial
19. **El Imperio chino**
20. **El Imperio japonés**
21. **América Latina**
    I. Antiguas culturas precolombinas
22. **América Latina**
    II. La época colonial
23. **América Latina**
    III. De la independencia a la crisis del presente
24. **El período de las guerras de religión, 1550-1648**
25. **La época de la ilustración y el Absolutismo, 1648-1770**
26. **La época de las revoluciones europeas, 1780-1848**
27. **La época de la burguesía**
28. **La época del Imperialismo**
    Europa, 1885-1913
29. **Los imperios coloniales desde el siglo XVIII**
30. **Los Estados Unidos de América**
31. **Rusia**
32. **Africa**
    Desde la prehistoria hasta los Estados actuales
33. **Asia contemporánea**
34. **El siglo veinte, I. 1918-1945**

COLABORADORES

Akamatsu, P., CNRS, París (Historia del Japón moderno)
Aliman, M.-H., CNRS, París (Laboratorio de Genealogía del Cuaternario, Bellevue, París)
Ankel, C., Dr. phil., Universidad de Bonn (Prehistoria)
Arkell, A. J., D. Litt. (Prehistoria)
Aron, R., Profesor de Sociología, Sorbona

Balout, M. L., Profesor, Museo de Historia Natural e Instituto de Paleontología Humana, París (Prehistoria)
Bechert, H., Profesor de Indología, Universidad de Göttingen
Bengtson, H., Profesor de Historia antigua, Universidad de Munich
Benningsen, A. de, EPHE, París, Profesor de Historia y Sociología del Islam ruso
Berciu, D., Profesor de Arqueología, Universidad de Bucarest
Bergeron, L., CNRS, París (Historia contemporánea)
Berteaux, P., Profesor en la Sorbona (Historia de Africa)
Beyhaut, G., Profesor de Historia latinoamericana, Universidad de Montevideo, y EPHE, París
Bianco, L., EPHE y ENS, París (Historia contemporánea de China)
Bivar, A. D. H., Universidad de Londres (Historia de Asia central)
Bordes, F., Profesor de Prehistoria, Universidad de Burdeos
Bottéro, J., EPHE, París (Historia del Oriente antiguo)
Bresciani, E., Profesora de Egiptología, Universidad de Pisa
Buddruss, G., Profesor de Indología, Universidad de Maguncia

Cahen, Cl., Profesor de Historia islámica, Sorbona
Carrère d'Encausse, H., Fundación Nacional de Ciencias Políticas, París (Historia de Asia Central)
Caskel, W., Profesor de Estudios orientales, Universidad de Colonia
Cassin, E., CNRS, París (Asiriología)
Cerny, J., Profesor de Egiptología, Universidad de Oxford

De Meulenaere, H., Profesor de Egiptología, Museo Real de Arte e Historia, Bruselas
Derchain, Ph., Profesor de Egiptología, Universidad de Estrasburgo.
Dhondt, J., Profesor de Historia medieval, Universidad de Gante
Dupront, A., Profesor de Historia moderna, Sorbona

Edzard, D. O., Profesor de Asiriología, Universidad de Munich
Eissfeldt, O., Profesor de Estudios bíblicos, Universidad de Halle
Elisseeff, V., EPHE, París (Historia del arte y de la cultura del mundo chino-japonés)
Embree, A. T., Profesor de Indología, Universidad de Columbia

Falkenstein, A. †, Profesor de Estudios orientales, Universidad de Heidelberg
Ferembach, D., CNRS, París (Prehistoria)

ENS = École Normale Supérieure
EPHE = École pratique des Hautes Études
CNRS = Centre National de la Recherche Scientifique

Fieldhouse, D. K., Universidad de Oxford (Historia de la Commonwealth)
Finley, M. I., Jesus College, Cambridge (Historia económica y social de la Antigüedad)
Franke, H., Profesor de Sinología, Universidad de Munich
Frye, R. N., Profesor de Estudios iranios, Universidad de Harvard
Furet, F., EPHE, París (Historia moderna y estadística económica)

Gimbutas, M., Profesora de Antropología, Universidad de California, Los Angeles
Grimal, P., Profesor de Filología clásica, Sorbona (Historia de Roma)
Grunebaum, G. E. v., Profesor de Historia del Próximo Oriente y Director del Near Eastern Center, Universidad de California, Los Angeles

Hajianpur, M., Universidad de Cambridge (Historia de Asia Central)
Hall, J. W., Profesor de Historia del Japón, Universidad de Yale
Hambly, G., British Council, Nueva Delhi (Historia de Asia Central)
Halt, J.-J., Profesor de Prehistoria, Universidad de Estrasburgo
Houwink Ten Cate, Ph. H. J., Profesor de Historia del Oriente antiguo, Universidad de Amsterdam

Jeannin, P., EPHE, París (Historia moderna y estadística económica)
Jettmar, K., Profesor de Prehistoria, Universidad de Heidelberg

Karageorghis, V., Dr. phil., Departamento de antigüedades, Nicosia (Prehistoria)
Kienitz, F. K., Dr. phil. (Egipto)
Kirkbride, D., Copenhague (Prehistoria)
Koenigswald, G. H. R. v., Profesor de Prehistoria, Universidad de Utrecht
Konetzke, R., Profesor de Historia ibérica y latinoamericana, Universidad de Colonia
Koselleck R., Profesor de Historia moderna, Universidad de Bochum
Kossack, G., Profesor de Prehistoria e Historia antigua, Universidad de Kiel

Labat, R., Profesor en el Collège de France (Historia del Oriente antiguo)
Lamb, A., Universidad australiana de Camberra (Historia de Asia Central)
Laming-Emperaire, A., Sorbona (Prehistoria)
Leakey, L. S. B., Museo Corynden, Nairobi (Prehistoria)
Le Goff, J., EPHE, París (Historia y Sociología de la Edad Media)
Lemercier-Quelquejay, Ch., EPHE, París (Historia de Asia Central)
Lê Thàn Khôi, Profesor del Instituto de Estudios del Desarrollo Económico y Social, París (Historia del sudeste asiático)

EPHE=École Pratique des Hautes Études

Maier, F. G., Profesor de Historia antigua, Universidad de Constanza
Malamat, A., Profesor en la Universidad hebrea de Jerusalén (Historia del Oriente antiguo)
Mauny, R., Profesor en la Sorbona (Historia y etnología de Africa)
Meuleau, M., CNRS, París (Culturas del Oriente antiguo)
Millar, F. G. B., Queen's College, Oxford (Historia de Roma)
Mommsen, W. J., Dr. phil., Profesor de Historia moderna, Universidad de Colonia

Otten, H., Profesor de orientalismo, Universidad de Marburgo

Palmade, G., ENS, París (Historia económica y social)
Parker, R. A. C., Queen's College, Oxford (Historia moderna)
Pierce, R. A., Profesor, Universidad de Ontario (Historia de Asia Central)
Postan, M. M., Profesor de Historia económica, Universidad de Cambridge

Robert, J., Profesor de Ciencias políticas, co-director de la Casa franco-japonesa, Tokio
Romano, R., Profesor de Historia económica, EPHE, París

Sauter, M. R., Profesor de Prehistoria, Universidad de Ginebra
Saveth, E. N., Profesor de Historia social, New School for Social Research, Nueva York
Séjourné, L., México (Historia y cultura de la América precolombina)
Sevcenko, I., Profesor de estudios bizantinos, Universidad de Harvard
Smith, M., Profesor de Historia judía, Universidad de Columbia, Nueva York
Steve, M.-J., CNRS, París/Niza (Arqueología)

Talbot Rice, T., Edimburgo (Historia de los escitas)
Tenenti, A., EPHE, París (Historia del humanismo)
Trauzettel, R., Dr. phil., Universidad de Munich (Sinología)

Vercoutter, J., Profesor de Egiptología, Universidad de Lille
Vierhaus, R., Profesor de Historia moderna, Universidad de Bochum
Villiers, J., Dr. phil., British Council en Atenas (Historia del sudeste asiático)

Wilhelm, F., Dr. phil., Profesor de Indología y Tibetología, Universidad de Munich.
Willey, G. R., Profesor de Prehistoria, Universidad de Harvard

Yoyotte, J., Profesor de Egiptología, EPHE, París

ENS = École Normale Supérieure
EPHE = École Pratique des Hautes Études
CNRS = Centre National de la Recherche Scientifique

HISTORIA DE EUROPA SIGLO XXI

La **HISTORIA DE EUROPA SIGLO XXI** ofrece una interpretación de los acontecimientos vividos en el Continente a partir de la Alta Edad Media y hasta la Segunda Guerra Mundial, sin soslayar los aspectos sociales, económicos y culturales de cada momento histórico.

Los autores, especialistas en el tema que abordan, han tenido en cuenta las últimas aportaciones de la investigación, pero han escrito su obra —que si bien está integrada en una colección tiene unidad propia— con una prosa adecuada, de modo que los datos de la erudición resulten asequibles a un amplio núcleo de lectores.

Primeros volúmenes:

Hale, J. R.: La Europa del Renacimiento (1480-1520).

Elton, G. R.: La Europa de la Reforma (1517-1559).

Elliott, J. H.: La Europa dividida (1559-1598).

Stoye, J.: El despliegue de Europa (1648-1688).

Ogg, D.: La Europa del Antiguo Régimen (1715-1783).

Rudé, G.: La Europa revolucionaria (1783-1815).

Droz, J.: Europa: Restauración y Revolución (1815-1848).

HISTORIA DE LA FILOSOFIA SIGLO XXI

1. **El pensamiento prefilosófico y oriental. 400 páginas (3.ª ed.).**

   J. Yoyotte, P. Garelli, A. Neher, M. Biardeau, N. Vandier-Nicolas (bajo la dirección de B. Parain).

2. **La filosofía griega. 360 págs. (3.ª ed.).**

   C. Ramnoux, Y. Belaval, J. Wahl, J. Brun. P. Aubenque, J. P. Dumont, V. Goldschmidt, G. Arrighetti (bajo la dirección de B. Parain).

3. **Del mundo romano al Islam medieval. 406 págs.**

   A. Michel, J. Trouillard, B. Tatakis, A. Neher, H. Corbin, O. Yahia, S. H. Nasr (bajo la dirección de B. Parain).

4. **La filosofía medieval en Occidente. 432 págs.**

   Jean Jolivet (bajo la dirección de B. Parain).

5. **La filosofía en el Renacimiento. 384 págs.**

   Maurice de Gandillac (bajo la dirección de Yvon Belaval).